I0813390

FRANSE
LITERATUUR
NA 1945

DEEL 3:
KRITIEK, THEORIE EN ESSAY

FRANSE LITERATUUR NA 1945

DEEL 3: KRITIEK, THEORIE EN ESSAY

Jan BAETENS & Koenraad GELDOF (red.)

PEETERS
2000

D. 2000/0602/175
ISBN 90-429-0969-2

INHOUDSTAFEL

VOORWOORD

Elk overzichtswerk heeft op de één of andere manier te kampen met een klassiek en steeds terugkerend dilemma: auteurs en redacteuren moeten voortdurend kiezen tussen encyclopedische volledigheid of monografische diepgang. Slechts zelden wordt een overtuigende synthese tussen beide opties gevonden. Zo zijn er, wat de Franse naoorlogse literatuur betreft, verschillende literair-historische naslagwerken voorhanden, maar in vele gevallen gaat de vereiste tot volledigheid gepaard met een zeker gebrek aan diepgang: het resultaat is een onkritisch canoniserend en stereotiep ogend beeld van de contemporaine Franse literatuur. De lezer kan natuurlijk ook terecht bij eerder monografisch opgevatte studies rond één of meerdere auteurs, maar hier is de prijs van de analytische meerwaarde vaak een verbrokkeling door de afwezigheid van een globaal panorama. Benaderingen die de literatuur niet of onvoldoende inschrijven in een ruimere intertekstuele en sociaal-historische context zijn soms even onbevredigend als de oppervlakkig gewaande literatuurgeschiedenissen: het risico is reëel dat œuvres en auteurs op een onkritische manier verabsoluteerd worden.

Franse literatuur na 1945 is geen literatuurgeschiedenis in de strikte zin van het woord en streeft dus geen encyclopedische exhaustiviteit na. Toch wil het werk een *representatief* beeld schetsen van de belangrijkste evoluties in de Franse (dit wil zeggen: voornamelijk, maar niet uitsluitend hexagonale) naoorlogse literatuur en dat aan de hand van enkele prototypische figuren binnen verschillende genres. In die optiek krijgt een monografisch opgezette bundel toch een zekere literair-historische relevantie die verder nog versterkt wordt door een drietal andere elementen. Ten eerste wordt elk volume ingeleid door een omvangrijk overzichtshoofdstuk waarin de lezer een panorama van de voornaamste stromingen, auteurs en werken aangeboden krijgt. Zo beschikt zij of hij over voldoende achtergrondinformatie om de namen en œuvres die verder aan bod komen te kunnen situeren in een ruimere context en zo hebben ook die namen die verder niet weerhouden werden een plaats in het geheel. Ten tweede bevatten de meeste van de monografische hoofdstukken tal van intertekstuele en contextuele verwijzingen, zodat de lezer ook los van het inleidende overzicht gaandeweg, doorheen de lectuur van de verschillende hoofdstukken, een totaalbeeld krijgt van de voornaamste stromingen, auteurs en werken uit de naoorlogse Franse literatuur. Ten derde – en dit is geen onbelangrijke opmerking voor een meerdelig project –, moet *Franse literatuur na 1945* beschouwd worden als een *work in progress*. Wie een blik werpt op de inhoudstafel van het eerste volume, bijvoorbeeld, zal wellicht verwonderd zijn door de afwezigheid van enkele markante en erg invloedrijke figuren zoals Michel Leiris, Maurice Blanchot of Raymond Queneau. Toch is er geen sprake van een hiaat: veel van de afwezigen komen in de volgende volumes aan bod, hetzij monografisch (in het geval van Blanchot), hetzij als doorslaggevende intertekstuele factor in het ontstaan van meer hedendaagse stromingen en tendensen (in het geval van Leiris en Queneau). Met andere woorden, de drie volumes staan in nauwe relatie tot elkaar en vormen een netwerk van problematieken, auteurs en œuvres eerder dan een streng chronologisch en/of generisch afgebakende opeenvolging van monografische essays. Het uitgebreide en cumulatieve namenregister aan het eind van elk deel is in die optiek een meer dan nuttig instrument.

We bieden met dit drieluik de Nederlandstalige lezer een degelijk onderbouwd en zo representatief mogelijk overzicht aan van de naoorlogse Franse literatuur in al haar aspecten. Alle bijdragen zijn door binnen- en buitenlandse specialisten geschreven, wat borg moet staan voor de kwaliteit van de teksten. Degelijkheid betekent echter niet: afwezigheid van kritische evaluatie. *Franse literatuur na 1945* wil niet de illusie van een boventijdelijke, statische literatuur (-kritiek) wekken of bestendigen. Literatuur en literatuurwetenschap zijn voortdurend in beweging, ze vormen een dynamisch, soms conflictueel veld van spanningsrelaties: auteurs en œuvres worden onophoudelijk aan nieuwe interpretaties en waardenschalen onderworpen. *Franse literatuur na 1945* is, met andere woorden, een momentopname die eigen accenten legt en vroegere of andere momentopnames impliciet of expliciet op de korrel neemt.

Toch zal ons opzet pas echt geslaagd zijn, wanneer de lezer zelf op verkenningstocht trekt. Om haar of hem daarbij te helpen wordt elk essay afgesloten met een beknopte primaire en secundaire literatuurlijst, aangevuld waar mogelijk met een ruime selectie van Nederlandse vertalingen.

Jan Baetens & Koenraad Geldof

I

INLEIDING

EXPRESSIE, DISCIPLINE, EXCES: LITERAIRE KRITIEK, THEORIE EN ESSAYISTIEK IN FRANKRIJK NA 1945

Koenraad GELDOF

TWEE PERSPECTIEVEN

Het is onbegonnen werk om in dit korte bestek een volledig overzicht te geven van de literaire kritiek, theorie en essayistiek in het naoorlogse Frankrijk, en dat is op zich reeds veelbetekenend. Vanaf 1945 tot het midden van de jaren negentig neemt de metaliteraire productie inderdaad exponentieel toe. Die groei is niet louter kwantitatief: ook de metaliteraire invalshoeken worden steeds diverser en specifieker. De evolutie op dit vlak kan misschien het best als volgt samengevat worden: na 1945 groeit de metaliteratuur uit tot een heus *veld* naast dat van de literaire productie. In de volgende paragrafen zou ik deze evolutie willen belichten vanuit twee verschillende maar complementaire perspectieven. Het *systemische* perspectief zoomt in op de belangrijkste *structurele* kenmerken van het metaliteraire veld zoals het zich ontwikkeld heeft tijdens de tweede helft van de twintigste eeuw. Algemene tendensen zijn hier belangrijker dan namen of individuele œuvres. Het *historische* perspectief, daarentegen, ruilt de structuren in voor de meer evenementiële geschiedenis; het laat de verschillende stromingen de revue passeren die het denken over literatuur beheerst hebben vanaf 1945 tot op heden. Maar ook hier is er geen sprake van encyclopedische volledigheid; de gehanteerde werkwijze is veeleer ideaaltypisch en exemplarisch. De beide perspectieven bieden de lezer in elk geval voldoende informatie om de monografische essays die volgen te kunnen situeren, terwijl diezelfde essays op hun beurt het algemene kader verfijnen en nuanceren.

Het systemische perspectief

De metaliteraire productie van de eerste helft van de twintigste eeuw kan op de volgende manier gestructureerd worden (de gebruikte terminologie is afkomstig uit de empirische literatuursociologie):
(a) de *primaire* metaliteratuur situeert zich op het niveau van kranten en weekbladen, en ze volgt de literaire productie op de voet; ze mikt op specifieke maar brede doelgroepen; haar belang neemt gestaag toe door de expansie van de massamedia en door de sterk groeiende ideologisering van het politieke en intellectuele klimaat in de jaren twintig en dertig; elke krant die zichzelf respecteert, heeft haar eigen literaire rubriek die ook een ideologische *Kampfplatz* is; de autonomie van de primaire metaliteratuur is beperkt, want impliciet en expliciet hanteren critici voortdurend morele of politieke, dus nietliteraire normen, of ze dienen puur commerciële belangen;
(b) de *secundaire* metaliteratuur is essayistisch en vooral terug te vinden in literaire en algemene tijdschriften die geproduceerd worden door en voor intellectuelen en schrijvers en voor een publiek van middel- tot hooggeschoolden; ze is *reflexiever* dan de primaire metaliteratuur, maar haar objectiveringsgraad blijft niettemin vrij gering, omdat ze sterk gebonden is aan individuele œuvres en esthetica's; bovendien vermengen zich bijna altijd niet-literaire – dit wil zeggen: filosofische en/of ideologische – motieven met het vertoog over de literatuur; haar autonomie is bijgevolg beperkt; het belang van de secundaire metaliteratuur neemt voortdurend toe en bereikt een hoogtepunt tijdens de jaren dertig in bladen zoals *La Nouvelle Revue française* en *Europe*; zowat alle auteurs – bekende en minder bekende, van Gide en Valéry over Proust tot Sartre en Mauriac – zijn actief in dit domein en dat maakt van de secundaire literaire kritiek een belangrijk en machtig instrument in de strijd om *literaire* distinctie;
(c) de *tertiaire* of wetenschappelijke en academische metaliteratuur staat verder van de eigentijdse literaire productie en ze houdt zich bezig met de productie van een methodologisch onderbouwd en historisch verantwoord weten omtrent de literatuur; de tertiaire metaliteratuur of literatuurwetenschap blijft tijdens de eerste decennia van de twintigste eeuw al bij al vrij bescheiden; ze wordt beheerst door twee literatuurbenaderingen, namelijk de klassieke, filologische *explication du texte* en de institutioneel oppermachtige *critique historique*

van Gustave Lanson; deze situatie zal in feite ongewijzigd blijven tot het midden van de jaren zestig.

Na de Tweede Wereldoorlog verandert er initieel weinig op het vlak van de metaliteratuur. Er verschijnen wel veel nieuwe kranten, weekbladen, tijdschriften, auteurs en critici, maar de globale constellatie van primaire, secundaire en tertiaire metaliteratuur blijft dezelfde als voor de oorlog. De grote trendbreuk dateert van de tweede helft van de jaren vijftig en het begin van de jaren zestig. De *Nouvelle critique* en wat later het structuralisme verkondigen dan niet alleen het theoretische primaat van de autonomie van het literaire object, ze liggen eveneens aan de basis van een *autonomiseringsproces* dat de tertiaire metaliteratuur uiteindelijk zal transformeren tot een autonoom veld. De evolutie is eerst merkbaar in het supra- of parauniversitaire hoger onderwijs (bijvoorbeeld in de befaamde École des Hautes Études en Sciences Sociales waar Barthes doceerde alvorens over te stappen naar het Collège de France). De felle polemiek tussen Barthes en Picard (1965-1966; zie verder in deze bundel het opstel over Barthes) is geen toeval: ze is het symptoom van de concurrentie tussen verschillende instituties in de sector van het hoger onderwijs (zie in dit verband Bourdieu's *Homo academicus*) en van een nakende ommekeer in het literatuuronderwijs en -onderzoek.

De autonomisering van de tertiaire metaliteratuur en het ontstaan van een literair-theoretisch en literair-wetenschappelijk veld impliceren:

(a) de *specialisatie* van de metaliteratuur: het spreken over literatuur krijgt meer en meer de allures van een wetenschappelijke *discipline* met een eigen onderzoeksdomein – de literatuur in al haar facetten –, met een specifieke, technisch verfijnde metataal en met eigen methodologieën en theorieën; de onderzoeker wordt gaandeweg een *technicien de la littérature* die een specifieke competentie moet verwerven; werd de secundaire metaliteratuur meestal bedreven door *algemene* intellectuelen die zich gemandateerd voelden om zich over alles en nog wat uit te spreken – denk aan Gide of Sartre –, dan is de tertiaire literatuurstudie een zaak van disciplinair opgeleide intellectuelen, van vakspecialisten;

(b) de specialisatie wordt ondersteund en versterkt door een proces van *institutionalisering*: de curricula van de academische literatuurstudie worden in de jaren zeventig en tachtig hertekend; in de traditionele filologische literatuurstudie was de grens tussen taal- en letterkunde vrij vaag; nu groeit de kloof tussen de literatuurwetenschap en de linguïstiek; de verzelfstandiging van de literatuurstudie geeft aanleiding tot een proliferatie van handboeken over de literatuurwetenschap en in de mate waarin die pedagogische instrumenten een disciplinaire traditie *creëren*, zijn ze een belangrijke indicator van de graad van institutionalisering van het academische metaliteraire veld; de omvorming van de metaliteratuur tot een veld en een discipline is verder ondenkbaar zonder die andere essentiële factor in het institutionaliseringsproces, namelijk de toename van het aantal Franse en internationale *vakbladen* over de Franse literatuur en literatuurtheorie (*Poétique*, bijvoorbeeld, wordt in 1970 gelanceerd, *Littérature* het jaar daarop); symbolisch kapitaal en distinctie zijn niet langer het gevolg van literair succes of ideologische aanhorigheid, maar van de positie die men bekleedt binnen het metaliteraire veld en van de aanwezigheid als *specialist* in gerenommeerde vakbladen; ook uitgevers volgen deze trend van institutionalisering door de creatie van specifiek literair-wetenschappelijke reeksen die vooral bedoeld zijn voor een publiek van studenten, onderzoekers en docenten in de letteren;

(c) *diversificatie*: tot ongeveer in het midden van de jaren zestig is de evolutie van de literaire kritiek en theorie vrij overzichtelijk en volgen de verschillende literatuurbenaderingen elkaar netjes op; eerst het existentialisme, het communisme en de literaire hermeneutiek, dan de *Nouvelle critique* en ten slotte het structuralisme met de narratologie en de semiotiek; in de jaren zeventig en tachtig verandert de toestand, want door autonomisering, institutionalisering en specialisatie ontstaat een veld waarin het *aantal* metaliteraire invalshoeken toeneemt en waarin heel uiteenlopende literatuurtheorieën zoals de verhaaltheorie, de literatuursociologie, het comparatisme, het tekstgenetische onderzoek, het corpus- en auteursgebonden onderzoek, de tijdschriftstudies, de vertaaltheorie, de literatuurgeschiedenis en in mindere mate de feministische literatuurtheorie en de deconstructie al dan niet concurrentieel *naast elkaar* bestaan; het metaliteraire veld is complexer geworden en dat geldt ook voor de contemporaine literatuurwetenschappelijke omgang met de literatuur; in de loop van de jaren negentig wordt de Franse literatuurstudie dan weer in toenemende mate beheerst door de verschillende vormen van genetisch onderzoek (soms met een uitgesproken psychoanalytische inslag; in dit domein bieden de informatica en internet nieuwe mogelijkheden inzake de ontsluiting van archieven); sommigen maken zelfs gewag van een zekere verschraling van het metaliteraire veld.

De autonomisering van de literatuurwetenschap is een feit; ze bepaalt nog steeds in hoge mate de alledaagse praktijk van het literatuuronderwijs en -onderzoek in Frankrijk (en trouwens ook daarbuiten). Dit betekent niet dat er geen discussie bestaat omtrent de wetenschappelijkheid van de literatuurwetenschap of dat de grenzen van het metaliteraire veld definitief zouden vastliggen. Zo hebben vele hedendaagse onderzoekers al een tijdje de structuralistische droom van de harde, bijna mathematische wetenschappelijkheid opgeborgen en gekozen voor specifieke vraagstellingen gericht op al even specifieke onderzoeksobjecten. Vandaag ligt zelfs de idee van 'literaire theorie' scherp onder vuur; Antoine Compagnons *Le Démon de la théorie: littérature et sens commun* (1998) is hiervan een sprekend voorbeeld. Daarenboven is het metaliteraire veld sinds geruime tijd onderhevig aan een dynamiek van groeiende internationalisering en op die internationale markt zijn niet de Franse literatuurdepartementen de belangrijkste spelers maar de Amerikaanse. Welnu, in de Verenigde Staten tekent er zich een duidelijke evolutie af in de richting van een *verbreding* van het metaliteraire onderzoeksveld; de opmars van de *cultural studies* spreekt in dit verband boekdelen. Sommigen pleiten dan ook openlijk voor de afschaffing van specifiek literatuurgerichte departementen. Gezien de internationalisering van de metaliteraire sector is het eerder onwaarschijnlijk dat de Franse literatuurstudie niet zou inspelen op deze trend.

Fundamenteler en meer in het algemeen geldt echter dat men de autonomie van het metaliteraire veld hoe dan ook niet mag beschouwen als een absoluut, onwrikbaar gegeven: het is veeleer een dynamische ruimte waarvan de autonomie en de grenzen voortdurend ter discussie worden gesteld en geherdefinieerd. Concreet gesproken stuit de autonomisering van het metaliteraire veld op drie *tegentendensen*:

(a) de *veldinterne* contestatie: enkele voorbeelden:

* in zijn naoorlogse literair-kritische œuvre (*Faux pas*, *La Part du feu*, *Lautréamont et Sade*, *L'Espace littéraire*, *Le Livre à venir*, *De Kafka*

à Kafka) hekelt Maurice Blanchot niet alleen de ideologisch-filosofische instrumentalisering van de literatuur, hij problematiseert eveneens de wetenschappelijke objectiveerbaarheid van het literaire 'feit';
* omwille van hun totaliserende denkstijl staan neomarxistische en sociokritische theoretici *per definitie* wantrouwig ten aanzien van de disciplinaire autonomie van de literatuurwetenschap (in hun optiek impliceert die autonomie vaak een niet-contextuele literatuuropvatting); bovendien wordt hun vertoog gestuurd door expliciet politiek-ideologische en ethische normen;
* in 1984 publiceert Tzvetan Todorov *Critique de la critique: un roman d'apprentissage*; hij veroordeelt er elke verabsolutering van de literatuur – er wordt verwezen naar de Romantici, Sartre, Blanchot, Barthes –, en hij distantieert zich ondubbelzinnig van de formalistische en structuralistische droom van een rigoureuze, strikt objectieve literatuurwetenschap; mede onder invloed van Bakhtin staat zijn omgang met literatuur voortaan in het teken van een morele reflectie over geschiedenis, geweld, alteriteit en humanisme; Todorov is trouwens niet de enige die de disciplinaire autonomie van de tertiaire metaliteratuur wil doorbreken; het werk van bijvoorbeeld Kristeva kent een gelijkaardige evolutie, terwijl Barthes vanaf het begin van de jaren zeventig de tertiaire metaliteratuur de rug lijk toe te keren ten voordele van een secundaire literatuurkritiek die *qua* invalshoek en teneur sterk verschilt van het werk van de jaren zestig;
(b) de *veldexterne* constestatie: twee sprekende voorbeelden:
* net als Blanchot maar dan vanuit een meer filosofisch en later ethisch perspectief verwerpt Jacques Derrida sinds het midden van de jaren zestig de mogelijkheid om het literaire 'object' zonder rest en in absolute eenduidigheid te objectiveren; literatuur, zo staat het ergens in *L'Écriture et la différence* (1967), is een ongrijpbare "kracht" (*force*) eerder dan een "vorm" (*forme*) waarvan een almachtige, disciplinaire metataal de structuur integraal in kaart zou kunnen brengen;
* de sociologie van Pierre Bourdieu verhoudt zich op een bijzonder paradoxale manier tot de autonomie van het literaire *en* metaliteraire veld; enerzijds wordt ze erkend in haar historische en sociologische *feitelijkheid* (zie vooral *Les Règles de l'art. Genèse et structure du champ littéraire*, 1992); anderzijds wordt het metaliteraire *discours* dat zich dankzij die autonomie kon ontwikkelen steevast afgedaan als *doxa*, als *illusio*; volgens Bourdieu zijn de spelers in het metaliteraire veld

niet in staat om het literaire feit adequaat te objectiveren, en wat ze zeggen en schrijven, verraadt meer over henzelf en hun positie in het veld dan over de literatuur; met andere woorden, literatuurkritiek en -wetenschap zijn een misleidende en terzelfder tijd noodzakelijke *croyance* want ze doen het literaire en metaliteraire veld functioneren; wie de echte waarheid omtrent de literatuur wil achterhalen, kan alleen terecht bij een sociologisch onderbouwde *science des œuvres littéraires*, dus bij Bourdieu zelf; dat deze voorstelling van zaken een hoogst problematische diagnose is, spreekt voor zich, maar ze maakt wel duidelijk dat de autonomie van de disciplinaire literatuurstudie niet door iedereen aanvaard wordt (zie verder ook het essay over Bourdieu in dit boek);

(c) de *mediatisering* van het intellectuele en metaliteraire vertoog: de disciplinaire literatuurwetenschap is vaak weinig spectaculair en niet altijd even lonend in termen van symbolisch kapitaal en prestige in het culturele veld; die vaststelling staat haaks op een trend die zich sinds de jaren zeventig en tachtig steeds nadrukkelijker doorzet, namelijk de mediatisering van het intellectuele en metaliteraire vertoog; de media – de televisie voorop – zetten met hun belofte van snel prestigegewin en maximale zichtbaarheid op de culturele markt de autonomie van de disciplinaire metaliteratuur onder druk; literairtheoretische werken, gedegen exegeses en goed onderbouwde en gedocumenteerde monografieën moeten een ongelijke strijd aanbinden met oppervlakkige en haastige essayistiek – genre Bernard-Henri Lévy – die inspeelt op modegrillen, of met de momenteel zeer populaire auteursbiografieën die zich niet zelden bezondigen aan het platste biografisme en voyeurisme; deze primaire en secundaire metaliteratuur schept in elk geval een verkeerd beeld van de stand van de literatuurstudie en hypothekeert indirect de situatie van de disciplinaire metaliteratuur die meer en meer haar heil moet zoeken bij gespecialiseerde en soms vrij marginale uitgevers; de malaise treft trouwens de hele sector van de menswetenschappen en de financieel en commercieel catastrofale situatie van de Presses Universitaires de France is in dit opzicht meer dan een teken aan de wand; op zichzelf beschouwd is de mediatisering niet nieuw; in de naoorlogse jaren hekelde Julien Gracq reeds het mediageile gedrag van auteurs zoals Sartre (zie *La Littérature à l'estomac*, 1950); alleen, vandaag is nu ook de druk van de mediatisering op het tertiaire circuit toegenomen.

Het historische perspectief: vier metaliteraire logica's

Ongeacht hun onderlinge en erg reële verschillen kunnen de vele literatuuropvattingen die het licht hebben gezien sinds 1945 gegroepeerd worden in een klein aantal metaliteraire *formaties* die gedefinieerd worden door één of meerdere specifieke *a priori's* inzake literatuur. Ik onderscheid er vier:
(a) de *transitieve* metaliteratuur beschouwt de literatuur eerst en vooral als een vorm van *expressie*; literatuur drukt iets uit, ze verwijst naar iets wat de literatuur overstijgt *en begrondt*: een bewustzijn, een filosofie, de (sociale) werkelijkheid, de geschiedenis, de klassenstrijd, God, enzovoort; de inhoud is dus van wezenlijker belang dan de vorm en de literatuur bevindt zich in een *structureel heteronome* positie; dit betekent niet dat de transitieve metaliteratuur geen oog heeft voor het *hoe* van de literaire expressie, maar van doorslaggevend belang is uiteindelijk het *wat*;
(b) de *intransitieve* metaliteratuur beklemtoont de radicale autonomie van de literatuur en meer in het bijzonder van de literaire taal en vorm; de idee zelf van transitiviteit wordt verworpen of tussen haakjes gezet; het primaat van de taal en de vorm negeert de vraag naar betekenis niet, maar betekenis is hier functie van het literaire spreken en niet omgekeerd zoals de transitieve metaliteratuur het wil;
(c) de *avant-garde*metaliteratuur vormt een variabele combinatie van transitieve en intransitieve elementen; metaliteratuur is avant-gardistisch van zodra aan de volgende voorwaarden is voldaan: 1. de *directe* en *expliciete* koppeling van literatuuropvatting en politiek-ideologisch engagement, 2. het *collectief* karakter van de metaliteraire productie, en 3. de *programmatische* inslag van het geproduceerde vertoog;
(d) de *hybride* metaliteratuur is een reactie, een correctief op radicale vormen van intransitieve metaliteratuur zonder evenwel terug te vallen in een onproblematische expressivistische literatuuropvatting; de dosering van intransitieve en transitieve elementen is ook hier variabel; in sommige gevallen is ook het schrijvende subject nadrukkelijker in de tekst aanwezig dan in de strikt disciplinaire literatuurstudie en is de schriftuur essayistischer.

Voor een goed begrip van deze taxonomie zijn enkele preciseringen onontbeerlijk. De hierboven geïntroduceerde begrippen hebben eerst en vooral een louter *ideaaltypische* waarde: ze verwijzen naar één of andere *dominante* kenmerk, wat andere dimensies in een gegeven metaliterair discours natuurlijk niet uitsluit. Voorts is de hegemonie van deze of gene metaliteraire logica *nooit* totaal; de toestand van het metaliteraire veld is met andere woorden veel complexer en concurrentiëler dan ideeëngeschiedenissen die werken met oppervlakkige etiketten suggereren. Ten slotte impliceert het einde van de hegemonie van een metaliteraire logica niet noodzakelijk dat ze van het toneel verdwijnt. Het voorbeeld – naast vele andere – van het structuralisme bewijst het tegendeel: wanneer op het einde van de jaren zestig en het begin van de jaren zeventig de *hype* en het symbolische geweld rond het structuralisme wegebben, begint de structuralistische literatuurtheorie haar opmars in de literatuurdepartementen, waar ze zich stevig inplant en verder verfijnd wordt. De mediatieke en distinctieve hegemonie in het intellectuele veld wordt aldus omgezet in een meer prozaïsche maar niet minder efficiënte institutionele en disciplinaire hegemonie. Deze randbemerkingen betekenen meteen ook dat de chronologie die aan de vier metaliteraire logica's opgehangen wordt relatief is.

1944-1956: DE EXPRESSIVISTISCH-TRANSITIEVE METALITERATUUR

De naoorlogse periode begint zoals het interbellum geëindigd was: met een extreme ideologische polarisatie. Het is alsof de Tweede Wereldoorlog nooit had plaatsgevonden. Na de pijnlijke en (nu nog steeds) controversiële afrekening met collaborerende schrijvers, critici en intellectuelen zoals Céline, Maurras, Bardèche, Brasillach of Rebatet wordt de intellectuele scène in toenemende mate overschaduwd door de polemiek tussen het communisme en Sartres existentialisme. Dit symbolisch erg gewelddadige conflict verloopt in twee fasen. Van 1944 tot 1950 is de inzet van het debat niet alleen filosofisch of ideologisch, maar wordt de strijd ook op het terrein van de literatuur uitgevochten. Zo formuleert Sartre in *Qu'est-ce que la littérature?* (1947) zijn opvatting omtrent literatuur en engagement, en hij zet die expliciet af tegen de communistische esthetica. Het eerste deel van boek is conceptueel en trekt een scherpe scheidingslijn tussen proza (de roman) en poëzie: proza is fundamenteel op de werkelijkheid betrokken, poëzie op zichzelf. Geëngageerde literatuur is per definitie transitief: ze moet zich in de geschiedenis inschrijven – letterlijk en figuurlijk –, en er bovendien naar streven om de lezer een moreel en politiek geweten te schoppen (zie ook *La Responsabilité de l'écrivain* [1946], 1998). In het tweede, literair-historische deel geeft Sartre een kritisch overzicht van de moderne Franse literatuur. Hij viseert voornamelijk de wereldvreemde, in zichzelf gekeerde literatuur, de gezapige burgerlijke ('ontspannings-')literatuur en de pseudo-revolutionaire literatuur van de surrealisten. Dezelfde transitieve literatuuropvatting doordesemt het essay *Baudelaire* (1947). Sartre leest het werk van de dichter tegen het licht van diens existentiële situatie; in de Sartriaanse terminologie heet het dan dat Baudelaires poëzie en wereldbeeld in verregaande mate bepaald worden door een *choix fondamental*, dit wil zeggen door een soort van existentiële en conflictuele oerscène die het individu en de latere schrijver Baudelaire tot welbepaalde keuzes *dwingt* (in dit geval: zich onderwerpen aan de wet van de moeder *of* de vrijheid assumeren tegen de wil van de moeder in). Sartres literaire praktijk, daarentegen, is minder eenduidig. Enerzijds hebben we duidelijk te maken met een programmatische, transitieve literatuur – denk aan *Les Mouches*, *Huis clos*, *Les Mains sales* of *Les Chemins de la liberté*. Anderzijds zet de literatuur de filosofische boodschap geregeld op losse schroeven (zie de bijdrage over Sartre in *Franse literatuur na 1945*, deel 1, pp. 31-53).

In dezelfde periode haalt de Franse communistische literatuurkritiek het socialistisch realisme opnieuw van stal, deze keer onder auspiciën van Jdanov, Stalins cultuurpaus. Net als tijdens het interbellum wordt de naoorlogse, stalinistische esthetiek slaafs door de PCF toegepast. We kunnen echter niet spreken van een herhaling in de strikte zin van het woord. Tussen 1934 en 1939 gebruikt de Franse communistische literaire kritiek het begrip "socialistisch realisme" op een *strategische* manier: het was een etiket dat op verschillende soorten literatuur – dus ook niet-communistische – kon toegepast worden. In de context van het *Front populaire* (linkse frontvorming) zoekt de PCF immers toenadering tot "burgerlijke" auteurs die, ongeacht hun literaire esthetica, openlijk hun sympathie voor de communistische zaak betuigden. Zo slaagt men erin om zelfs Gide op te voeren als een "socialistisch-realistische" schrijver. Tijdens de Koude Oorlog fungeert het begrip anders: het verwijst naar een strak omlijnd, dogmatisch en gesloten geheel van esthetische, literaire en vooral ideologische normen waarop geen afwijking wordt geduld. De "proletarische" literatuur – die van Aragon of André Stil – heeft niets, maar dan ook niets gemeen met de "burgerlijke, decadente" literatuur die steevast geassocieerd wordt met Joyce, Proust, Gide en natuurlijk Sartre. Maar misschien is bij nader toezien de kloof tussen de communisten en Sartre minder groot dan de twee partijen denken: net als bij Sartre is ook de communistische metaliteratuur radicaal transitief: de inhoud primeert en het ideologische wantrouwen (een eufemisme) ten aanzien van iedere vorm van experimentele literatuur is de regel.

Tussen 1950 en 1956 neemt het belang van de literatuur en de metaliteratuur in beide kampen geleidelijk af en wordt de discussie uitgesproken politiek en ideologisch. Intussen is ook de globale intellectuele conjunctuur omgeslagen. Vanaf 1950 betreft de inzet van de polemiek minder de antithese "existentialisme *versus* communisme"; de vraag is nu: "communisme of anticommunisme." Die nieuwe vraag zet de initiële eendracht van het Sartriaanse kamp onder druk. Op korte tijd verlaten Aron en Merleau-Ponty de redactie van *Les Temps modernes* en na de publicatie van *L'Homme révolté* (1950), een onverholen kritiek op politiek-esthetisch revolutionair purisme, wordt Camus vakkundig in de vernieling geschreven door Jeanson en kort daarna door de meester zelve. De aanklacht? Politieke incorrectheid *avant la lettre*. Inmiddels schuift Sartre steeds verder op in de richting van de PCF die op haar beurt Sartre wel ziet zitten als prestigieuze *compagnon de route*. Lang duurt de onwaarschijnlijke idylle evenwel niet. Politiek en intellectueel luidt het jaar 1956 het einde in van de publieke hegemonie van de existentialistische en communistische metaliteratuur.

Naast het communisme en het existentialisme ontwikkelt er zich in de periode 1944-1956 nog een derde, minder luidruchtige variant van de naoorlogse transitieve metaliteratuur: de hermeneutische en thematische literatuurkritiek met figuren zoals Gaston Bachelard (*L'Eau et les rêves*, 1943; *L'Air et les songes*, 1943; *La Terre et les rêveries de la volonté*, 1948; *La Terre et les rêveries du repos*, 1948), Marcel Raymond (*Le Sens de la qualité*, 1948; *Jean-Jacques Rousseau. La quête de soi et la rêverie*, 1962; *Senancour*, 1965; *Fénelon*, 1967), Albert Béguin (*Balzac visionnaire*, 1946; *Poésie de la présence*, 1957; *Balzac lu et relu*, 1965), Georges Poulet (*Études sur le temps humain*, 4 vols., 1950-1968; *La Conscience critique*, 1971), Jean-Pierre Richard (*Littérature et sensation*, 1954; *Poésie et profondeur*, 1956; *L'Univers imaginaire de Mallarmé*, 1961; *Onze études sur la poésie moderne*, 1964), Jean Starobinski (*Jean-Jacques Rousseau, la transparence et l'obstacle*, 1957; *L'Œil vivant*, 1961) en Jean Rousset (*La Littérature à l'âge baroque*, 1954; *Forme et signification*, 1962). Ondanks de onmiskenbare onderlinge affiniteiten vormen deze critici geen homogene groep. Bij de enen – Bachelard, Raymond, Béguin en Poulet – is de transitieve invalshoek vrij uitgesproken: ze onderzoeken hoe de literatuur een individuele ervaring – die van de auteur – of eerder archetypische beelden uitdrukt. Anderen – Richard, Rousset, Starobinski – tonen zich dan weer gevoeliger voor de specificiteit van de literaire taal: de hermeneutische problematiek verdwijnt niet maar wordt getemperd door een scherpzinnige, formeel-stilistische manier van lezen. We kunnen in dit laatste geval zelfs spreken van een *hybride* metaliteratuur en het hoeft niet te verwonderen dat precies critici zoals Richard en Rousset genade zullen blijven vinden in de ogen van structuralisten en poststructuralisten; Foucaults ("Le *Mallarmé* de Jean-Pierre Richard", 1964) en Derrida's ("Force et signification [Rousset]", 1967) briljante besprekingen van hun werk zijn dus zeker geen toeval.

In de marge van het ideologische gewoel en naast de hermeneutische kritiek zet een eenzaat zijn slopingswerk van de transitieve (en zelfs hybride) literatuuropvattingen verder. Maurice Blanchot publiceert in 1943 *Faux pas* en in 1945 *La Part du feu*. Het zijn twee fascinerende essaybundels die een zeer breed gamma van auteurs, œuvres en problematieken bestrijken. Maar niettegenstaande die diversiteit gebruikt Blanchot vrijwel altijd een leesstrategie waarvan het overheersende motto had kunnen zijn "de vorm en het leven." Het gaat hier dan wel niet om een onproblematische nevenschikking van literatuur en leven, van literatuur en geschiedenis: dat is precies wat de transitieve literatuur beoogt. Blanchot, daarentegen, stelt die transitief-expressivistische nevenschikking ter discussie: het behoort volgens hem tot het wezen van de literatuur dat ze de dienstbaarheid van de taal opschort, ja zelfs onmogelijk maakt. Literatuur bevindt zich aan gene zijde van de expressie, ze is iets ongenaakbaars, iets *excessiefs*. In latere werken zoals *Lautréamont et Sade* (1949), *L'Espace littéraire* (1955) en *Le Livre à venir* (1959) wordt de bevraging van de literatuur meer en meer losgekoppeld van individuele œuvres en van de concrete ervaringsproblematiek: Blanchot wil doorstoten naar de essentie van de literatuur als dusdanig. Nog iets later, vanaf de jaren zestig, laat Blanchot de nogal exclusieve focus op literatuur los in functie van een meer filosofische, ethische schriftuur (*L'Entretien infini*, 1969; *L'Écriture du désastre*, 1980; *La Communauté inavouable*, 1983) die, net als het literair-kritische en esthetische werk, elke vorm van affirmatief aanwezigheidsdenken viseert.

1956-1968: DE STRUCTURALISTISCH-INTRANSITIEVE METALITERATUUR

De tweede helft van de jaren vijftig zijn de jaren van een geleidelijke maar onomkeerbare kentering van het politieke en vooral intellectuele klimaat. De *Nouveaux romanciers* starten hun offensief tegen de esthetische dogma's van de existentialistische en ideologische literatuur. *Critique*, *Les Lettres nouvelles* en *La nouvelle N.R.F.* werpen zich op als volwaardige alternatieven voor Sartres *Les Temps modernes*. En in navolging van de uitdrukking "*Nouveau roman*" is er al gauw sprake van een *Nouvelle critique*. Het etiket is enigzins misleidend omdat er hier geen sprake is van programmatische homogeniteit. De *Nouveaux critiques* hebben meestal wel dezelfde symbolische tegenstanders – het existentialisme, bepaalde varianten van de fenomenologie, het orthodoxe partijcommunisme, de universitaire *explication du texte* en *critique historique* -, maar de metaliteraire invalshoek verschilt sterk van criticus tot criticus; zo worden zeer uiteenlopende auteurs als Goldmann, Doubrovsky (*Corneille et la dialectique du héros*, 1963; *Pourquoi la nouvelle critique?* 1966; *Les Chemins actuels de la critique*, 1968), Mauron (*Des métaphores obsédantes au mythe personnel*, 1962) en Barthes tot de *Nouvelle critique* gerekend. Wat er ook van zij, in de overgang van de jaren vijftig en zestig slaat het metaliteraire klimaat volledig om en in die evolutie hebben een aantal publicaties een belangrijke rol gespeeld. Een losse greep uit de vele markante titels die in die jaren verschenen:

* 1956: *Le Dieu caché* (Goldmann), *L'Ere du soupçon* (Sarraute);
* 1957: *Mythologies* (Barthes);

* 1958: *Anthropologie structurale* (Lévi-Strauss);
* 1960: het eerste nummer van *Tel Quel*;
* 1961: lancering van *Communications* waarvan de nummers 4 (1964) en 8 (1968) een bijzonder groot impact zullen hebben op het metaliteraire landschap; *Folie et déraison. Histoire de la folie à l'âge classique* (Foucault);
* 1962: Lévi-Strauss en Jakobson publiceren hun spraakmakende structuralistische lectuur van Baudelaires gedicht "Les Chats";
* 1963: *Sur Racine* (Barthes), *Essais de linguistique générale* (Jakobson), *Pour un nouveau roman* (Robbe-Grillet); *Naissance de la clinique* en *Raymond Roussel* (Foucault)
* 1964: *Essais critiques* en *Élements de sémiologie* (Barthes);
* 1965: *Pour Marx* (Althusser); *Lire «Le Capital»* (Althusser, Balibar, Rancière, Macherey);

1966 is dan het jaar van de complete en snelle doorbraak in alle domeinen van de menswetenschappen van wat men voortaan het structuralisme noemt. Het aantal baanbrekende publicaties is in dat jaar ronduit indrukwekkend: *Critique et vérité* (Barthes), *Les Mots et les choses* (Foucault), *Figures I* (Genette), *Sémantique structurale* (Greimas), *Écrits I & II* (Lacan), *Pour une théorie de la production littéraire* (Macherey), *Théorie de la littérature* (de Franse vertaling van teksten van Russische en Praagse Formalisten; eindredactie: Todorov), *Problèmes de linguistique générale I* (Benvéniste). Nog steeds in 1966 heeft te Cerisy-la-Salle het belangrijke colloquium "Les Chemins actuels de la critique" plaats, waarvan de akten twee jaar later zullen verschijnen.

De theoretische aspecten van de structuralistische literatuuropvatting komen verderop in meerdere monografische bijdragen uitgebreid aan bod. Het volstaat hier om even in te gaan op een drietal elementen. De structuralistische literatuurtheorie is op de eerste plaats radicaal *intransitief*, anti-expressivistisch zelfs: de literatuur verwijst niet langer naar een "subject", een "bewustzijn" of de geschiedenis, ze is een autonoom construct waarvan de formele bouwstenen op een specifieke manier geordend zijn. Ten tweede is die ordening essentieel een articulatie van *talige* tekens; de verschillende subdisciplines van de structuralistische literatuurtheorie – semantiek, semiotiek, narratologie, retoriek en stilistiek, genretheorie – hebben tot doel om alle aspecten van die specifiek literaire ordening van de natuurlijke taal in kaart te brengen. Ten derde zijn vele – *niet alle* – structuralistische literatuurwetenschappers overtuigd van de integrale *objectiveerbaarheid* van de literatuur: ze geloven dat ze exhaustief – dit wil zeggen: zonder weerstand, ondubbelzinnig – het *hoe* van deze of gene literaire tekst kunnen vatten en dat het *hoe* meteen een afdoende antwoord biedt op de vraag naar het *wat*. Met andere woorden, het lijkt erop dat het structuralisme de hoogste wetenschappelijke ambities kan waarmaken: het beschikt over een strikt afgebakend onderzoeksdomein – de literatuur als talig tekensysteem –, en over een batterij van coherente en gefundeerde theorieën en methoden die resulteren in 'harde' feiten. Dit wetenschappelijke pathos zal de vroege jaren zeventig niet overleven, wat overigens op geen enkele manier afbreuk doet aan de ontegensprekelijke verdiensten van de structuralistische metaliteratuur. Ze heeft een meer dan verhelderend licht geworpen op de *intrinsieke*, talige en vormelijke, complexiteit van het literaire object. Ook al zijn de hooggespannen en wellicht ijdele verwachtingen van het midden van de jaren zestig niet ingelost, toch hebben sindsdien (en tot op heden) vele literatuurwetenschappers elementen uit het structuralisme in hun onderzoek geïntegreerd, zelfs wanneer dat onderzoek totaal afwijkt van de oorspronkelijke structuralistische axioma's en dogma's.

Intransitiviteit, objectiveerbaarheid en wetenschappelijkheid, het primaat van de taal als constitutief gegeven voor alle aspecten van cultuur en samenleving: het zijn stuk voor stuk kenmerken die men tegenkomt in alle sectoren van het structuralisme dat juist daardoor de schijn van programmatische consistentie en homogeniteit kan ophouden. Maar schijn bedriegt. Wie zich met de historische en sociologische studie van het fenomeen "structuralisme" inlaat, moet zich inderdaad hoeden voor een aantal misverstanden. Enkele voorbeelden in dit verband:
(a) vele "structuralisten" verhouden zich op een uiterst dubbelzinnige, zoniet ronduit contradictorische manier tot 'het' structuralisme; de ene keer geven ze zich probleemloos over aan de structuralistische retoriek en aan alles wat die impliceert; op andere momenten distantiëren diezelfde auteurs zich van het structuralisme in het algemeen of van welbepaalde structuralistische auteurs:

- in *L'Archéologie du savoir* en in talrijke essays en interviews beweert Foucault dat hij geen "structuralist" is; andere teksten en interventies bulken van structuralistische *newspeak*;

- Foucaults en Althussers achterdocht jegens de Lacaniaanse psychoanalyse is legendarisch, wat hen niet belet om op bepaalde momenten met Lacans begrippenkader te jongleren;
- van Macherey wordt vaak gezegd dat hij het Althusseriaanse structuralisme geïntroduceerd heeft in de literatuurtheorie; in *Pour une théorie de la production littéraire* bestempelt hij evenwel het structuralisme van Barthes en Genette als een niet eens zo originele heruitgave van het conventionele fetisjisme van de tekst, van de typisch burgerlijk-artistieke idolatrie van de 'stijl';

(b) de structuralistische strijd om de hegemonie in het intellectuele veld gaat gepaard met intens symbolisch geweld; tegenstanders worden genadeloos naar de prullenmand van de geschiedenis verwezen, terwijl de structuralisten, in een typische geste van symbolische distinctie, zichzelf tot werkelijke vernieuwers uitroepen; dit iconoclasme vertekent de lange en complexe ontstaansgeschiedenis van het formalisme en diens verre neef, het structuralisme; wie zich niet door dat polemische zelfbeeld in de luren laat leggen, komt een andere geschiedenis op het spoor, een geschiedenis die leert dat – ironie van de geschiedenis – het structuralisme bijvoorbeeld ondenkbaar zou geweest zijn zonder Husserls (transcendentale) fenomenologie; in andere gevallen is de polemiek ten aanzien van symbolische tegenstanders – Sartre bijvoorbeeld – zo intens, dat ze een eigen leven is gaan leiden; de taaie korst van onterechte, stereotiepe vooroordelen die zo ontstaat, kan alleen maar doorbroken worden door een herlectuur van Sartre en andere structuralistische 'zondebokken';
(c) de structuralisten geven soms de indruk dat ze zichzelf uitgevonden hebben en dat geldt ook voor hun pantheon van 'illustere voorgangers'; Saussure is op dit punt wellicht de meest symbolische naam; wat de structuralisten echter ook mogen beweren, tussen hen en Saussure bestaan er enkele fundamentele verschillen met verstrekkende gevolgen; neem nu bijvoorbeeld de relatie tussen semiotiek en linguïstiek (of de taal); voor Saussure was "semiotiek" – de algemene tekenleer – de overkoepelende term, terwijl de taal en de linguïstiek slechts een semiotische *deel*discipline vormden; de structuralisten keren de optiek van de *Cours de linguistique générale* om en maken van de taal de overheersende categorie, zodat semiotiek en taal(-kunde) perfect omwisselbare grootheden worden; deze omdraaiing heeft ook

gevolgen op het vlak van de sociologie van de intellectuelen en in het bijzonder van de kritische literatuurwetenschappers; het mechanisme dat hier speelt, kan als volgt worden samengevat:

- de taal wordt de absolute basismetafoor om zich uit te laten over *alle* aspecten van de samenleving, gaande van literatuur over mode tot politieke economie;
- de literatuurwetenschapper of semioticus verwerft een nooit geziene status als expert in het ontrafelen en eventueel ontmaskeren van tekensystemen, en gezien het primaat van de taal heeft, naar eigen zeggen, elk van zijn wetenschappelijke interventies bijna automatisch een sociale en politieke relevantie;
- van hieruit is het maar kleine stap naar de gauchistische *doxa* van *Tel Quel* en van de Barthes van de vroege jaren zeventig die stelden dat er een nauw verband bestaat tussen literair-poëtische revolutie en politieke omwenteling, tussen Rimbaud (of andere normerende avant-garde-auteurs zoals Sade, Lautréamont, Artaud of Bataille) en Marx (en het marxisme-leninisme-maoïsme); impliciet plaatsten ze daarmee ook *zichzelf* in het centrum van de revolutie;

(d) "structuralisme", ten slotte, is eveneens een louter strategisch etiket dat auteurs vrij willekeurig gebruiken in functie van hun distinctieve noden in het metaliteraire en culturele veld; wanneer Barthes in 1967 *Système de la mode* publiceert, gelooft hij niet meer in het project van een sciëntistisch-structuralistische semiologie; dat is tenminste wat hij in essays uit die periode schrijft, essays die niet bestemd zijn voor het grote publiek wegens te moeilijk; maar terzelfder tijd neemt diezelfde Barthes in interviews in de meer populaire pers zonder enige *gêne* de pose aan van de exacte wetenschapper die met behulp van een haast mathematische tekenleer maatschappelijke structuren en tendensen kan blootleggen en zelfs voorspellen; of hoe de *technicien des signes* zichzelf transformeert tot volleerde *maître à penser*.

1966-1976/1977: DE AVANT-GARDISTISCHE METALITERAIRE LOGICA

In april 1966 ontketent Mao de Culturele Revolutie; een jaar later circuleert zijn Rode Boekje wereldwijd, ook in Frankrijk. Intussen escaleert de Vietnamoorlog, wat overal heftige anti-Amerikaanse gevoelens losweekt, vooral onder intellectuelen en studenten. In 1967 gaat Jean-Luc Godards *La Chinoise* in première en prijkt er een nieuwe ondertitel op het voorplat van *Tel Quel*: het motto luidt voortaan *Science / Littérature*. Op dat moment bevindt *Tel Quel* zich in een overgangsfase. De gauchistische radicalisering komt op kruissnelheid met het ideologische geflirt met Mao's Culturele Revolutie (tussen 1972 en 1974 verschijnen twee speciale nummers over China; in 1974 bezoekt een deel van de redactie het land – van enige vorm van kritiek is er bij terugkeer geen sprake – en in 1974 publiceert Kristeva haar *Des chinoises*). Anderzijds verschijnt in 1968, in de reeks "Tel Quel" van Seuil, *Théorie d'ensemble* met opstellen van Sollers, Kristeva, Houdebine, Faye en andere kernleden van *Tel Quel* maar ook van Foucault en Derrida. In feite suggereert de bundel meer eensgezindheid dan er in werkelijkheid was. Foucault is op dat moment al een tijdje geen onvoorwaardelijk sympathisant meer van Sollers en de zijnen. In "Qu'est-ce qu'un auteur?" (1969) hekelt hij zonder omwegen het voortwoekerende fetisjisme van het *écriture*-begrip en in interviews en essays uit de vroege jaren zeventig laat hij zich ironisch en vrij vernietigend uit over die intellectuelen die nog steeds zweren bij de revolutionaire kracht van de literatuur. Ook Derrida hoort niet echt thuis in deze revolutionaire context. Dat blijkt ten overvloede uit *Positions* (1972), een verzameling van interviews met enkele *Telquelliens* (Scarpetta, Houdebine, Kristeva) uit de periode 1967-1971. Derrida geeft er vrije loop aan zijn ideeën omtrent *différance*, *écriture*, *logocentrisme*, Husserl, Heidegger, en hoe hard zijn gesprekspartners het ook proberen, hij laat zich niet voor de marxistisch-leninistisch-maoïstische kar spannen: neen, zo zegt hij op een gegeven ogenblik, over het materialisme heb ik eigenlijk niets te vertellen. Een beleefde manier om niet te hoeven ingaan op een discours dat hoe dan ook onverzoenbaar is met het zijne. Het ware gelaat van *Tel Quel* op het einde van de jaren zestig is dat van een sectarische groep intellectuelen rond Sollers en Kristeva die zweren bij *Science* en *Littérature*. Het programma van *Tel Quel* is een bonte mengeling van theoretische elementen van heel diverse origine: semiotiek, Lacaniaanse psychoanalyse, linguïstiek, Marx, Lenin, Althusser, Mao, Chomsky, Bakhtin. Tot de esthetische canon van *Tel Quel* behoren Sade, Lautréamont, Laforgue, Artaud, Bataille, Klossowski, Ponge, Joyce, Pound en,

noblesse oblige, de huisauteurs van *Tel Quel* zelf. Dit syncretisme resulteert in een avant-gardistische metaliteraire logica die:
(a) de structuralistische intransiviteit ombuigt in de richting van een logica van de *transgressie* die ideologie en repressie in al hun vormen wil ontmaskeren en het bevrijdend potentieel van een welbepaalde literatuur heractiveren; *science* staat hier dus niet voor disciplinaire wetenschap maar voor "revolutionaire" wetenschap; *Tel Quel* is trouwens de enige Europese variant van het neomarxisme die zo zal dwepen met de betekenaar "wetenschap"; Althusser en Macherey houden het bij *théorie*, terwijl voor Goldmann, Sartre en de Duitse, Engelse of Italiaanse neomarxisten "wetenschap" *persona non grata* was;
(b) de immanente geslotenheid van het structuralistische literaire object openbreekt en het opnieuw inschrijft in de maatschappelijke context, in de intertekstuele (literaire en niet-literaire) ruimte en in het psychoanalytische domein van driften en affecten; *Tel Quel* behoort dus tot de freudo-marxistische traditie;
(c) een systematisch en, naar eigen zeggen, "dwingend" verband legt tussen literaire transgressie en politieke revolutie; met die *doxa* zit *Tel Quel* op dezelfde golflengte als vele andere neomarxistische theorieën.

De grootste zwakte van de meeste avant-gardebewegingen is dat ze afhankelijk zijn van een specifieke en *efemere* culturele, theoretische en politiek-ideologische conjunctuur. Slaat die constellatie om dan verandert wat eens avant-gardistisch was in een mum van tijd in een quasi *onleesbaar* relict uit het verleden. Van de structuralistische literatuurtheorie kan men met enige nuance zeggen dat haar inbreng in de verdere ontwikkeling van de literatuurwetenschap onomstotelijk is. Voor de metaliteraire productie van *Tel Quel* – zeker wat betreft de jaren 1966-1976 – geldt dit niet: het blad heeft weinig bijgedragen tot de ontwikkeling van nieuwe literatuurwetenschappelijke leesstrategieën. Anderzijds heeft *Tel Quel* wel een wezenlijke inbreng gehad in de (blijvende) herontdekking van auteurs die de literatuurwetenschap tot dan toe links had laten liggen – Sade, Artaud – of die om één of andere reden onbespreekbaar waren geworden (Céline). *Tel Quel* zal ook geassocieerd blijven met de ontdekking van Bakhtins intertekstualiteitsdenken en dialogisme in het Westen. In 1967 publiceerde Kristeva er haar beroemde artikel "Bakthine, le mot, le dialogue et le roman" en drie jaar later schreef ze het voorwoord tot de Franse vertaling van Bakhtins *La Poétique de Dostoïevski*. Dit laatste punt moet evenwel genuanceerd worden: Kristeva's Bakhtin-interpretatie is al bij al vrij tendentieus en ze wordt in menig opzicht door Bakhtins teksten zelf tegengesproken. Voor de Franse import en duiding van Bakhtin is Todorov zonder twijfel van groter belang: met een werk als *Mikhaïl Bakhtine. Le principe dialogique* (1981) en andere publicaties in dat verband zorgde hij voor een meer evenwichtige lectuur van Bakhtins werk.

Er wordt wel eens beweerd dat *Tel Quel* de laatste telg is van de Europese historische avant-garde, de laatste poging om een transgressieve esthetiek te koppelen aan het ideologische *grand récit* van het marxisme (zij het dan in een gauchistisch-maoïstische gedaante). Eén en ander, zo lijkt, wordt door de teksten bevestigd, want net voor *Tel Quel* werd opgedoekt, wijdde Sollers een essay aan het surrealisme en de problematiek van de avant-garde. *La boucle est bouclée*. Op het eerste gezicht. Hoe flatterend deze hypothese voor *Tel Quel* ook moge zijn, ze is niet plausibel. Om dit duidelijk te maken, neem ik het surrealisme als vertrekpunt. Vanuit literair en metaliterair oogpunt stoelt het surrealistische vertoog op een avant-gardistische metaliteraire logica. *Literair* bekeken aarzelt het surrealisme tussen een transgressieve, ontregelende en een expressieve esthetica. In *La Part du feu* toont Blanchot meesterlijk hoe de *écriture automatique* taal en bewustzijn desarticuleert en terzelfder tijd een *ervaringsverruimend* effect moet hebben in de ogen van de surrealisten: ze balanceert dus tussen oneindige opschorting of afwezigheid en een quasi-existentiële aanwezigheid. Op *metaliterair* vlak zien de surrealisten geen enkele contradictie tussen die esthetiek en de toenadering tot het communisme, één van de meest eenduidige transitieve formaties van de twintigste eeuw: de revolutie in de literatuur en de kunst zal en moet gepaard gaan met een revolutie in de samenleving. De relatie tussen de PCF en het surrealisme is bij voorbaat tot mislukken gedoemd en wel om twee redenen:

(a) voor hun *politiek-revolutionaire* legitimiteit zijn de surrealisten afhankelijk van een instantie die zich *buiten* het literaire en intellectuele veld bevindt, namelijk een politieke partij, de PCF, die, mede in naam van de Sovjet-Unie, het monopolie bezit over de marxistisch-revolutionaire ideologie;

(b) als *politieke* partij heeft de PCF op het eind van de jaren twintig en in de jaren dertig geen enkele vat op de evoluties in het intellectuele en literaire veld; wantrouwen zal hier dus de regel blijven en de partij is genoodzaakt om haar *eigen* doctrine en (meta-)literaire producenten – dus: een *communistisch literair subsysteem* – te creëren; daarin slaagt ze pas na 1944.

Het surrealisme wil via kunst en literatuur de wereld transformeren maar het zal dat nooit kunnen vanuit een ideologisch legitieme positie. De surrealistische droom loopt stuk op de *structurele* onverenigbaarheid van twee veldlogica's, de literair-intellectuele en de politiek-ideologische.

Het gauchistische *Tel Quel* opereert in een totaal andere veldconfiguratie. In de jaren zestig verliezen de PCF en de Sovjet-Unie hun monopolie op de revolutionaire ideologie. Als doctrine wordt het marxisme meer en meer een zaak van onafhankelijke intellectuelen in het cultureel-literaire veld en daar gelden andere regels van legitimiteit dan in het politiek-ideologische veld. Intellectuelen kunnen zelfs nu een vertoog met revolutionaire pretenties produceren op basis van heel andere referentiepunten dan de PCF, de Sovjet-Unie of het marxisme; of nog: het revolutionaire vertoog wordt herijkt door een intertekstuele kruisbestuiving met semiotiek, psychoanalyse, literatuur, enzovoort, en het wordt meegezogen in een spiraal van symbolische distinctie *in het literair-culturele veld.* Aan de betekenaar "revolutie" beantwoordt dus niet noodzakelijk een politiek-ideologische *realiteit*; hij is het *effect* geworden van een intellectuele schrijf- en leespraktijk die probleemloos laveert tussen revolutie, literatuurtheorie en literatuur. De eigenlijke problematiek van de historische avant-garde – een brug slaan tussen de twee *onderscheiden* domeinen van cultuur en politiek – is hier niet langer van toepassing. Over revolutie wordt geschreven, zonder enige weerstand, eindeloos en met een dubbele winst: een *aura* van avant-garde en *distinctieve meerwaarde* in het literaire en intellectuele veld. Zo bekeken is *Tel Quel* minder het eindpunt van de historische avant-garde dan de *herhaling* ervan. Maar beslist geen *tragische.*

Of het surrealisme op basis van deze vergelijking met *Tel Quel* dan zonder enige nuance het intellectuele keurmerk "tragisch" verdient, is twijfelachtig. Daarvoor waren *ook* Breton & Cie al te zeer uit op erkenning in het *literaire veld.* Als er al sprake is van herhaling, dan eerder van een hele configuratie: net zoals het surrealisme de *altijd al* problematische opvolger was van die andere – *dadaïstische* – invulling van de idee van avant-garde, zo is ook *Tel Quel* de intellectualistisch-literaire tegenhanger van *onuitgegeven* vormen van avant-gardekunst en -literatuur die precies willen ontsnappen aan de verraderlijke zwaartekracht van het literaire en intellectuele veld; op het einde van de jaren zestig is één van die vormen het *Situationnisme* (situationisme) met zijn nadruk op puur lokale, ludieke acties en *performances* die het *sérieux* van de erkende 'revolutionaire' intellectuelen – Kristeva en Sollers incluis – compleet carnavaliseren.

NA 1976/1977: DE POSTSTRUCTURALISTISCH-INTRANSITIEVE EN HYBRIDE METALITERATUUR

De jaren zeventig en het begin van de jaren tachtig betekenen voor de Franse intellectuele scène een periode van crisis. De gauchistische euforie van weleer verdwijnt en maakt plaats voor ontgoocheling en ressentiment. Voor sommigen is het uur van de afrekening aangebroken. Bernard-Henri Lévy maakt gewiekst gebruik van de kansen die radio, televisie en de populaire pers hem bieden en lanceert met veel tromgeroffel zijn *Nouvelle philosophie*. Samen met André Glucksmann sloopt hij alle idealen en mythen van de linkse en gauchistische intelligentsia: in boeken zoals *La Barbarie à visage humain* (Lévy, 1977) en *Les Maîtres penseurs* (Glucksmann, 1977) poneren ze dat er een direct, noodzakelijk en fataal verband bestaat tussen het Duitse Idealisme en Marx enerzijds en de stalinistische nachtmerrie van de *Goelag* anderzijds. Radicale contestatie en totalitarisme, zo luidt het nieuwe credo, zijn de voor- en keerzijde van dezelfde medaille. De genocide in Cambodja en het drama van de Vietnamese bootvluchtelingen lijken deze stelling te bevestigen. De malaise onder intellectuelen is groot; op korte tijd zakt het marxisme volledig weg als ijkpunt voor het kritische denken. Nieuwe vragen steken de kop op: wat is kritiek?; wat is de rol van de intellectueel?; en wat is de plaats van de ethiek en vooral van de mensenrechten in dit alles? Naast de *Nouvelle philosophie* is de publicatie van Lyotards *La Condition postmoderne* in 1979 het tweede symptoom van een ingrijpende mentaliteitswijziging. De postmoderniteit laat het klassieke wetenschapsideaal varen en doet het voortaan zonder *grands récits*, zonder de grote verhalen van morele en politieke emancipatie op basis van de rede en de kunst (Hegel, Marx, de historische avant-garde, enzovoort). De postmoderne culturele, wetenschappelijke en maatschappelijke werkelijkheid is er één van onvoorspelbaarheid, niet-totaliseerbaar pluralisme en conflict, en in die onoverzichtelijke, uitdijende *nébuleuse* van vertogen heeft geen enkel taalspel – ook niet dat van de filosofie – nog het laatste woord. En alsof de symbolische dood van Marx en de implosie van de grote moderne verhalen nog niet volstaan, verliest Frankrijk in het begin van de jaren tachtig enkele van zijn meest prestigieuze en invloedrijke intellectuelen. Boeiende œuvres worden abrupt afgebroken. In 1980 sterven Sartre en Barthes, en in hetzelfde jaar wordt Althusser ontoerekeningsvatbaar verklaard voor de moord op zijn vrouw. Kort daarna, in 1981, overlijdt Lacan en drie jaar later, in 1984, sterft Foucault. Nog wat later volgen Simone de Beauvoir en Jean Genet.

Een tijdperk lijkt voorgoed afgesloten. Hoewel de crisis waarvan net sprake reëel is, moet één en ander toch gerelativeerd worden. Buiten het bereik van de grote media, aan universiteiten, onderzoekscentra en hogescholen zet de vernieuwing van de menswetenschappen en van de literatuurstudie zich gestaag door. De structuralistische metaliteratuur consolideert haar institutionele positie en intrinsiek worden de theorieën, methoden en modellen die in de jaren zestig geconcipieerd werden verder uitgewerkt en verfijnd: de ontwikkelingen op het vlak van de narratologie (met Genette, Vitoux, Dällenbach, Bal), de semiotiek (Fontanille, Ubersfeld), de retoriek (zie de publicaties van de *groupe μ*), de stilistiek (Michael Riffaterre) en de discoursanalyse (Pêcheux, Maingueneau) zijn hiervan een mooi voorbeeld. Bovendien breidt het onderzoeksdomein zich uit: naast het onderzoek van de grote, gecanoniseerde literatuur is er nu eveneens plaats voor de studie van de populaire literatuur – met een bijzondere aandacht voor de politieroman en het stripverhaal –, voor de interactie tussen literatuur en andere media, tussen woord en beeld, en in iets mindere mate voor de verhouding van de hexagonale literatuur tot andere francofone literaturen (en *vice versa*). De gevestigde metaliteraire logica's handhaven zich en krijgen nieuwe impulsen. Zo blijven Jean-Pierre Richard of Jean Starobinski erg productief en krijgt de hermeneutische leespraktijk een steviger filosofische en conceptuele onderbouw dankzij het werk van Paul Ricœur. Nog steeds in de sector van de transitieve metaliteratuur levert Bourdieu's veldtheorie de nodige instrumenten om uit de impasses te geraken van de marxistische en neomarxistische literatuursociologie. Ook de buitenlandse – vooral Angelsaksische en Duitse – metaliteratuur verschijnt nu sneller dan vroeger op de Franse markt dankzij tijdschriftartikels en vertalingen: voor deze import is het tijdschrift *Critique* nog steeds één van de belangrijkste draaischijven. Daarnaast treden in het metaliteraire veld echter nog twee andere spelers nadrukkelijk op de voorgrond: de poststructuralistisch-intransitieve metaliteratuur en een zeer heterogene verzameling van *hybride* literatuuropvattingen.

We zagen reeds eerder dat 1966 het jaar is van de definitieve doorbraak van het structuralisme. Deze vaststelling is correct, zolang men maar niet vergeet dat de programmatische geboorte van nieuwe denkrichtingen zelden of nooit ondubbelzinnig is. Vaak draagt het nieuwe paradigma reeds de kiemen in zich van zijn al dan niet nakende ontbinding. Dat is ook het geval met het structuralisme. In datzelfde jaar 1966 vindt aan de Johns Hopkins University (Baltimore) een colloquium plaats waarvan de akten vier jaar later zouden verschijnen onder de veelzeggende titel *The Languages of Criticism and the Sciences of Man: The Structuralist Controversy* (1970). Eén van de sprekers was de toen nog vrij onbekende Jacques Derrida die er een lezing hield met als titel “La structure, le signe et le jeu dans le discours des sciences humaines.” Deze tekst, die wat later opgenomen werd in *L'Écriture et la différence* (1967), is een kritische reflectie op Lévi-Strauss' structuralistische antropologie. Alle basale intuïties van Derrida's latere werk komen hier aan bod: de kritiek op de geslotenheid en gecentreerdheid van het wetenschappelijke structuurbegrip, de niet-objectiveerbaarheid en fundamentele openheid van betekenis, enzovoort. Met andere woorden, Derrida plaatst ernstige vraagtekens bij de wetenschappelijke pretenties van het structuralisme. Die argwaan wordt verder gethematiseerd en geradicaliseerd in een indrukwekkende reeks werken die in 1967 (*L'Écriture et la différence*, *La Voix et le phénomène* en *De la grammatologie*) en 1972 (*Marges de la philosophie* en *La Dissémination*) verschijnen. Volgens Derrida behoort het structuralisme tot een ruimer probleemcomplex, namelijk dat van het eeuwenoude westerse aanwezigheidsdenken. Dat denken berust op een aantal steeds terugkerende dichotomieën zoals idee – empirie, lichaam – geest, subject – object, taal – metataal, literatuur – niet-literatuur, natuur – cultuur, stem – schriftuur, rede – waanzin, man – vrouw, identiteit – alteriteit, waarbij één term steeds uitgesloten wordt ten voordele van een andere. Derrida's deconstructie stelt zich een dubbel objectief: ze legt de mechanismen van die uitsluiting bloot en ze ontplooit een leesstrategie die haarfijn aantoont hoe de westerse, logocentrische waarheidsmachines zich voortdurend verslikken in die poging tot uitsluiting en meegesleurd worden in een oncontroleerbare stroom van betekenis en taal. Derrida beklemtoont met andere woorden de onherleidbare intransitiviteit van de taal, ook de literaire. Meer nog: in deze kritische filosofie speelt de literatuur – de plaats bij uitstek waar de taal *altijd al* aan het werk is – een vooraanstaande rol. De intransitiviteit van de taal doet elke poging tot beheersing en objectivering bij voorbaat stranden. Daarmee staat meteen ook de idee van literatuurwetenschap op de helling.

Het belang van Derrida's interventie kan moeilijk overschat worden. De deconstructie heeft vele mens- en literatuurwetenschappers bewuster gemaakt van de (afgrondelijke en oneindige) complexiteit van de betekenis van (literaire en niet-literaire) teksten *en* van de act van het interpreteren zelf. Initieel is de respons op zijn werk evenwel matig, zoniet ronduit vijandig. In Frankrijk blijft hij lang een marginaal figuur, zelfs wanneer hij internationaal grote erkenning geniet. In de jaren zeventig en tachtig beschouwen vele progressief-linkse intellectuelen de deconstructie als een pseudo-radicale variant van de hermeneutiek die bovendien de betekenis loskoppelt van de maatschappelijke en politieke werkelijkheid. Tekenend voor die achterdocht is Foucaults ongemeen scherpe nawoord in de tweede editie van *Histoire de la folie à l'âge classique* (1972), "Mon corps, ce papier, ce feu", waarin hij Derrida hekelt als een onverbeterlijke tekstfetisjist die de sociaal-historische mogelijkheidsvoorwaarden van teksten en van zijn eigen betekenisproductie moedwillig tussen haakjes plaatst. Op die manier, zo schrijft Foucault, verwerft Derrida een machtspositie ten opzichte van zijn lezers en toehoorders, want alleen hij heeft blijkbaar toegang tot de geheimen van teksten. Foucaults aanval die kan gelezen worden als een laattijdig antwoord op Derrida's uiterst kritische lectuur van *Histoire de la folie* ("Cogito et histoire de la folie [1963]", opgenomen in *L'Écriture et la différence*), is zeker geen alleenstaand feit op dat moment. Of de kritiek al dan niet terecht is, laat ik hier in het midden. Zeker is wel dat Derrida's denken in de loop der jaren gevarieerder is geworden. Naast de lectuur van filosofie en literatuur besteedt hij ook meer en meer aandacht aan politieke en maatschappelijke problemen allerhande. Deze verbreding van het deconstructieve denken werd versneld in de nasleep van de zogenaamde "affaires" rond Heidegger en Paul De Man op het einde van de jaren tachtig: Derrida buigt zich vanaf dan meer en meer over de vraag naar de verhouding tussen ethiek, taal en politiek engagement (zie bijvoorbeeld *Heidegger et la question. De l'esprit et autres essais*, 1987 en *Mémoires – pour Paul De Man*, 1988). In 1994 verschijnt bijvoorbeeld ook *Spectres de Marx*, een poging om het "einde-van-de-geschiedenis"-denken *à la Fukuyama* te counteren en om tenminste iets van het kritische potentieel van Marx te redden. Los van zijn intrinsieke kwaliteiten is *Spectres de Marx* ook een interessante zet in het intellectuele veld: eindelijk is de kloof tussen kritisch links en de deconstructie gedicht. Enkele van de belangrijkste neomarxistische literatuurcritici, waaronder Jameson, juichten dan ook deze publicatie toe. Intussen vindt Derrida meer en meer gehoor in Frankrijk, maar hij geniet er zeker niet de status van een alom erkende *maître à penser*. Wat er ook van zij, samen met Blanchot en Bataille is hij wellicht het verst gegaan in de poging om de literatuur – en meer in het algemeen de taal – los te wrikken uit de verstikkende greep van het objectiverende, disciplinair-wetenschappelijke denken. Literatuur is in zijn œuvre – en *net als zijn œuvre* – iets excessiefs, iets ongrijpbaars, iets wat zich aan elk transitief spreken onttrekt.

De hybride metaliteratuur is strikt genomen geen nieuwkomer in het metaliteraire veld, maar ze verdient niettemin een aparte vermelding, omdat ze zich pas in de loop van de jaren zeventig en tachtig volop manifesteert. Het adjectief 'hybride' slaat op het feit dat deze metaliteratuur het resultaat is van een wisselende combinatie van ingrediënten uit de drie andere metaliteraire formaties (de expressivistische, de disciplinaire en de excessieve). Enkele, willekeurig gekozen voorbeelden:

* het post-gauchistische werk van Kristeva vormt een kritische synthese van feminisme, psychoanalyse, semiotiek, ethiek en cultuurgeschiedenis, en dat geeft aanleiding tot boeiende denkexperimenten die wars zijn van elk dogmatisch pathos;

* de verschillende vormen van sociokritiek willen inzichten uit de vroegere neomarxistische metaliteratuur en van Bakhtin combineren met methoden en theorieën uit het structuralisme en het poststructuralisme (vooral Foucault);

* de recente Franse literatuurgeschiedenis is één van de mooiste voorbeelden van hybride metaliteratuur; in verschillende projecten breekt men resoluut met de *bellettristische* literatuurgeschiedenis en wil men de literaire historiografie loskoppelen van de (impliciete) canonisering van de strikt hexagonale "grote literatuur" en van een al te strakke chronologische en generische opdeling; vandaar de contemporaine aandacht in de literaire historiografie voor de maatschappelijke context van de literaire productie, voor de interferentie tussen literaire en niet-literaire vertogen, voor processen van literaire en niet-literaire import en export, voor de sociaal-historische relativiteit van literatuuropvattingen (dus *ook* de metaliteratuur is een onderdeel geworden van de literatuurgeschiedenis) en, ten slotte, voor culturele differentie; voorbeelden van deze boeiende vernieuwing van de literair-historiografische praktijk zijn meerdelige projecten zoals *Littérature. Textes et documents* (onder leiding van Henri Mitterand), *Littérature* (coll. "*réf.*", eveneens onder leiding van Mitterand), *Littérature française* (geleid door Claude Pichois) en "Brèves Littérature" (geleid door Michel Chaillou); Denis Holliers *A New History of French Literature* (1989; vertaald als *De la littérature française*, 1993), is wellicht de meest inspirerende en innoverende publicatie in dit domein; de overwegend Amerikaanse medewerkers aan het lijvige boek spelen bovendien maximaal in op de actuele tendensen in de Angelsaksische literatuurwetenschap; ze leggen dus, in vergelijking met de meeste Franse literaire historiografen, andere en nieuwe accenten (seksuele en etnische differentie, feminisme, *New Historicism* en het in Frankrijk nagenoeg afwezige postkolonialisme-debat).

CODA

Wat volgt, is een reeks van monografische essays over auteurs die representatief zijn voor de belangrijkste evoluties en stromingen op het vlak van de Franse literaire kritiek, theorie en essayistiek na 1945. Deze selectie is zowel bewust als pragmatisch, en dat betekent dat een aantal nochtans interessante en (direct of indirect) invloedrijke auteurs hier niet aan bod komen (of slechts terloops vermeld worden): dat is bijvoorbeeld het geval met Hélène Cixous, Luce Irigaray, Arlette Farge, Michel Serres, Henri Meschonnic, Georges Poulet, Jean

Starobinski, Jean Rousset, Régis Debray, Alain Finkielkraut, Jean Baudrillard, Philippe Hamon, Robert Escarpit, Michel de Certeau, Jacques Rancière, en de lijst is verre van volledig. *Franse literatuur na 1945* vult deze lacunes niet op en kan dat ook niet, maar we hopen wel dat het boek voldoende duidende en bibliografische informatie biedt, zodat de lezer haar of zijn verkenning van het naoorlogse Franse metaliteraire landschap alleen kan verderzetten.

Beknopte bibliografie

Dictionnaire des genres et notions littéraires, Paris, Albin Michel – Encyclopaedia Universalis, 1997.

ABRAHAM, Pierre & DESNÉ, Roland (éds.), *Histoire littéraire de la France, vol. XII (1939-1970)*, Paris, Éditions Sociales, 1980.

ANGENOT, Marc *e.a.*, *Théorie littéraire: problèmes et perspectives*, Paris, PUF, 1989.

ARNAUD, Pierre (éd.), *Regards sur la critique littéraire moderne*, Paris, Presses de l'Université de Paris-Sorbonne, 1996.

ARON, Jean-Paul, *Les Modernes*, Paris, Gallimard, 1984.

BAERT, Frank & VIART, Dominique (éds.), *La Littérature française contemporaine*, Leuven, Universitaire Pers Leuven, 1993.

BAETENS, Jan & GELDOF, Koenraad (red.), *Franse literatuur na 1945. Deel 1: Figuren uit de canon*, Leuven, Peeters, 1998.

—, *Franse literatuur na 1945. Deel 2: Recente literatuur*, Leuven, Peeters, 1998.

BOURDIEU, Pierre, *Homo Academicus*, Paris, Minuit, 1984.

—, *La Noblesse d'État. Grandes écoles et esprit de corps*, Paris, Minuit, 1989.

—, *Les Règles de l'art. Genèse et structure du champ littéraire*, Paris, Seuil, 1992.

BRANDT, Joan, *Geopoetics: The Politics of Mimesis in Poststructuralist French Poetry and Theory*, Stanford, Stanford University Press, 1997.

BRÉE, Germaine & MOROT-SIR Édouard, *Du surréalisme à l'empire de la critique. Nouvelle édition révisée*, Paris, Flammarion, 1996.

BRUNEL, Pierre *e.a.*, *La Critique littéraire*, Paris, PUF (Que sais-je?), 1994.

BUREN, Maarten van & JONGENEEL, Els, *Moderne Franse Literatuur: van 1850 tot heden*, Groningen, Nijhoff, 1996.

BÜRGER, Peter, *Das Denken des Herrn*, Frankfurt aM., Suhrkamp, 1992.

CARROLL, David, *The Subject in Question: The Languages of Theory and the Strategies of Fiction*, Chicago – London, University of Chicago Press, 1982.

—, *Paraesthetics: Foucault, Lyotard, Derrida*, London – New York, Methuen, 1987.

CLÉMENT, Catherine, *La Putain du Diable*, Paris, Flammarion, 1996.

CULLER, Jonathan, *Structuralist Poetics: Structuralism, Linguistics, and the Study of Literature*, London, Routledge & Kegan Paul, 1975.

—, *The Pursuit of Signs: Semiotics, Literature, Deconstruction*, London, Routledge & Kegan Paul, 1981.

—, *On Deconstruction: Theory and Criticism after Structuralism*, London, Routledge & Kegan Paul, 1983.

DE GEEST, Dirk *e.a.* (eds.), *Under Construction: Links for The Site of Literary Theory. Essays in Honour of Hendrik Van Gorp*, Leuven, Universitaire Pers Leuven, 2000.

DELCROIX, Maurice & HALLYN, Fernand (éds.), *Introduction aux études littéraires. Méthodes du texte*, Paris – Gembloux, Duculot, 1987.

DESCOMBES, Vincent, *Le Même et l'autre. Quarante-cinq ans de philosophie française (1933-1978)*, Paris, Minuit, 1979.

DOSSE, François, *Histoire du structuralisme. 1: le champ du signe, 1945-1966*, Paris, La Découverte, 1991.

—, *Histoire du structuralisme. 2: le chant du cygne, 1967 à nos jours*, Paris, La Découverte, 1992.

—, *L'Empire du sens. L'humanisation des sciences humaines*, Paris, La Découverte, 1995.

DUCROT, Oswald, *Qu'est-ce que le structuralisme?*, Paris, Seuil, 1968.

EAGLETON, Terry, *Literary Theory: An Introduction*, Oxford, Blackwell, 1996 (1983).

—, *The Ideology of the Aesthetic*, Oxford, Blackwell, 1990.

FERRY, Luc, *Homo aestheticus. L'invention du goût à l'âge démocratique*, Paris, Grasset, 1990.

—, & RENAUT, Alain, *La Pensée 68. Essai sur l'antihumanisme contemporain*, Paris, Gallimard, 1985.

FOKKEMA, Douwe W. & KUNNE-IBSCH, Elrud, *Theories of Literature in the Twentieth Century: Structuralism, Marxism, Aesthetics of Reception, Semiotics*, London, C. Hurst & Cie, 1979.

FRANK, Manfred, *Was is Neostrukturalismus?*, Frankfurt aM., Suhrkamp, 1983. (*Qu'est-ce que le néostructuralisme? De Saussure et Lévi-Strauss à Foucault et Lacan*, Cerf.)

—, *Das Sagbare und das Unsagbare. Studien zur deutsch-französischen Hermeneutik und Texttheorie. Erweiterte Neuausgabe*, Frankfurt aM., Suhrkamp, 1989.

GELDOF, Koenraad, *La Voix et l'événement. Pour une théorie de la production méta-littéraire*, Montréal – Leuven, Balzac – Universitaire Pers Leuven, 1993.

HAMON, Hervé & ROTMAN, Patrick, *Génération. Les années de rêve. Les années de poudre*, Paris, Seuil, 1998.

HOLLIER, Denis, *Les Dépossédés (Bataille, Caillois, Leiris, Malraux, Sartre)*, Paris, Minuit, 1993.

— (éd.), *De la littérature française*, Paris, Bordas, 1993.

JARRETY, Michel, *La Critique littéraire française au XXe siècle*, Paris, PUF ("Que sais-je?"), 1998.

KAUFMAN, Vincent, *Poétiques des groupes littéraires (Avant-gardes 1920-1970)*, Paris, PUF, 1997.

KIBEDI-VARGA, A. (éd.), *Théorie de la littérature*, Paris, Picard, 1981.

KURZWEIL, Edith, *The Age of Structuralism: Lévi-Strauss to Foucault*, New York, Columbia University Press, 1980.

LOTTMAN, Herbert R., *La Rive gauche. Du Front populaire à la guerre froide*, Paris, Seuil, 1981.

MERQUIOR, Jorgé G., *From Prague to Paris: A Critique of Structuralist and Poststructuralist Thought*, London, Verso, 1986.

MITTERAND, Henri, *Littérature XXe siècle. Textes et documents*, Paris, Nathan, 1992.

ORY, PASCAL & SIRINELLI, Jean-François, *Les Intellectuels en France, de l'Affaire Dreyfus à nos jours*, Paris, Armand Colin, 1992 (1986).

PAVEL, Thomas, *Le Mirage linguistique. Essai sur la modernisation intellectuelle*, Paris, Minuit, 1988.

TADIÉ, Jean-Yves, *La Critique littéraire au XXe siècle*, Paris, Belfond, 1997 (1987).

WINOCK, Michel, *Le Siècle des intellectuels*, Paris, Seuil, 1997.

— & JULLIARD, Jacques (éds.), *Dictionnaire des intellectuels français: les personnes, les lieux, les moments*, Paris, Seuil, 1996.

II

LITERATUUR EN ZINGEVING: DE HERMENEUTIEK

GASTON BACHELARD
(1884-1962)

Henryk CHUDAK

WETENSCHAP EN POËZIE

Een blik op het œuvre van Gaston Bachelard volstaat om zich te vergewissen van de veelheid aan interessepunten en van de evolutie van Bachelards ideeën omtrent literatuur en literaire kritiek. In feite is het œuvre tweeledig: Bachelard was actief zowel op het terrein van de wetenschapsgeschiedenis en -filosofie als op dat van de theorie van het imaginaire en van de poëziekritiek. Uit die dualiteit groeide een dubbele ervaring, die van de wetenschapper en die van de dromer – ervaringen die Bachelard tenvolle maar naast elkaar beleefde. Het was zijn levensideaal: denken met de wetenschappers en dromen met de dichters. Alles begint echter met de fascinatie voor de wetenschappen en het verlangen om de mechanismen van de objectieve kennis te ontraadselen. Men kan gerust stellen dat Bachelard één van de grondleggers van de moderne epistemologie is. Hij schrijft zich in in de antipositivistische traditie en wijst elke vorm van dogmatisme en empirisme af. Zijn denken staat volledig in het teken van de *nouvel esprit scientifique* die ontstaan was met de wetenschappelijke revolutie in tal van domeinen bij het begin van de twintigste eeuw en die Bachelard associeert met de namen van Einstein, Planck, Millikan, Bohr, de Curies, de Broglie, Dirac en Röntgen.

In wetenschapstheoretische werken zoals *Essai sur la connaissance approchée* (1928), *La Valeur inductive de la relativité* (1929), *Le Nouvel esprit scientifique* (1934), *La Formation de l'esprit scientifique* (1937), *La Philosophie du non* (1940), *Le Rationalisme appliqué* (1949) en *Le Matérialisme rationnel* (1953), en in zijn onderwijs, eerst in Dijon en later aan de Sorbonne, verdedigt Bachelard een "open rationalisme": wetenschappelijke kennis is een oneindige zoektocht in functie van steeds weer nieuwe doelstellingen, een continu objectiveringsproces. Data worden genormaliseerd en getransformeerd via een dynamiek van permanente negatie. Wetenschap kan zich ontwikkelen omdat de initiële hypotheses door het effectieve onderzoek aangepast worden. Kortom, volgens Bachelard is de fundamentele wet van de wetenschap die van vooruitgang door negatie. Strakke en harde definities van de wetenschappelijke praktijk zijn dus uit den boze. Bachelards opvatting van de wetenschapsgeschiedenis wordt gekenmerkt door dezelfde dynamische invalshoek. De historische evolutie van de wetenschap is niet lineair; ze wordt veeleer geritmeerd door "epistemologische breuken." De opeenvolging van verschillende conceptuele regimes is met andere woorden discontinu. Eigenlijk kan men zelfs niet spreken van een 'evolutie.' Zo gaapt er tussen Newtons fysica en Einsteins relativiteitstheorie een kwalitatieve kloof: Einstein is de naam van een breukmoment, hij is de schepper van een absoluut nieuwe, onuitgegeven creatie.

De geschiedenis van de wetenschap is echter niet alleen een proces van schoksgewijze innovatie. Soms wordt die dynamiek afgeremd door subjectieve reacties waarvan de gemene deler de verbeelding is. Deze "epistemologische obstakels", zo stelt Bachelard, kunnen uit de weg geruimd worden met behulp van een cathartisch instrument, namelijk de psychoanalyse. Met die "psychoanalyse van de objectieve kennis" wordt Freud voor het eerst geïntroduceerd in het domein van de kennistheorie. Voor de ontwikkeling van Bachelards denken vormt de ontdekking van de rol van de verbeelding een belangrijk moment: hij stelt immers snel vast dat de verbeelding niet alleen een epistemologisch obstakel is, maar ook een positieve, creatieve en poëtische dimensie heeft. Vanaf 1938 groeit de belangstelling voor de poëzie en het imaginaire aanzienlijk en splitst Bachelards onderzoek zich dus meer en meer in twee afzonderlijke richtingen, epistemologie en literaire kritiek.

De theorie van de vier poëtische temperamenten

Tussen 1938 en 1948 legt Bachelard de fundamenten van zijn beroemde theorie van de vier poëtische elementen, ook wel theorie van de vier temperamenten genoemd. Ze wordt uitgewerkt en geïllustreerd in een aantal klassiek geworden werken zoals *La Psychanalyse du feu* (1938), *L'Eau et les rêves* (1942), *L'Air et les songes* (1943), *La Terre et les rêveries de la volonté* (1948) en *La Terre et les rêveries du repos* (1948). Deze theorie stelt dat de verbeelding van elk dichter nauw verbonden is met één welbepaald oerelement en dat deze geprivilegieerde relatie de betekenisrijkdom van de wereld stroomlijnt tot een specifieke symbolische representatie: aan elk oerelement correspondeert een zekere imaginaire structuur. Schrijvers ervaren de werkelijkheid op een subjectieve manier, ze projecteren hun diepste dromen op de wereld. De drijvende kracht achter dit proces is de verbeelding, één van de essentieelste dimensies van de menselijke psyche. De waarneming of de ervaring zijn afgeleiden van deze verbeelding, ze vormen slechts de concrete aanleiding voor het onbewuste spel met beelden. De literaire creatie sublimeert in zekere zin de oerbeelden en stileert ze tot literaire beeldspraak. In tegenstelling echter tot Freud impliceert de sublimatie geen negatie of verdringing: ze idealiseert enkel een verlangen op de grens van natuur en cultuur. Dankzij de theorie van de vier poëtische elementen krijgt men een beter inzicht in "de psychologische betekenis van literaire werken" en kunnen werken en auteurs gegroepeerd worden in functie van bepaalde obsessionele thema's en beelden die de onbewuste dialoog van mens en kosmos veruitwendigen.

Poëtische thema's

De vierdimensionaliteit van de droom wordt geconcretiseerd door een "complex." Deze term is eigenlijk niet zo gelukkig gekozen, want hij leidt tot verwarring. Voor Freud is een complex een sterk affectief geladen verzameling van karaktertrekken die zich tijdens de vroegste kinderjaren kristalliseren, terwijl Bachelards complex enkel slaat op oerbeelden of zelfs gewoonweg op poëtische thema's. Zo spreekt hij in *L'Eau et les rêves* van het Charon-complex. Met andere woorden, complex, beeld en thema zijn hier synoniemen. Niettemin is de notie van complex belangrijk voor een goed begrip van de symbolische kracht die uitgaat van het onbewuste. Bachelard licht deze problematiek toe aan de hand van het thema van de vogel:

> Laten we hier even stilstaan bij een heel duidelijk voorbeeld van een symbool of liever van de symbolische kracht die de beelden voorafgaat. Reeds op het niveau van het onbewuste bestaat er een interactie tussen de symbolische waarde van heel uiteenlopende indrukken zoals levendigheid,

> jeugdigheid, zuiverheid en zachtheid. De vleugel komt pas later als naam voor het symbool en uiteindelijk verschijnt de vogel om het symbool tot leven wekken.
> (*L'Air et les songes*, p. 83.)

Complexen krijgen in de literatuur de vorm van een suggestieve beeldspraak met de natuur als belangrijk referentiepunt. Met zijn onderzoek wil Bachelard de fundamentele structuren van deze beelden of thema's in kaart brengen. Het is een duizelingwekkende onderneming: Bachelard moet hiervoor immers honderden thema's ordenen, een zo economisch mogelijke taxonomie opstellen, metaforen rangschikken en dichters en œuvres groeperen. *La Psychanalyse du feu* is de eerste stap in dit onderzoek van het imaginaire. Bachelard onderscheidt er vier basale complexen: het Novalis-, het Empedocles-, het Hoffmann- en het Prometheus-complex. *L'Eau et les rêves* handelt over het Charon- en het Ophelia-complex, over het thema van de zwaan en dat van het zuivere, vrouwelijke, brakke, zachte en geweldige water, over het zwemmen en het varen, over de oceaan. In het essay over het imaginaire dat verbonden is met het element lucht komen de thema's van het vliegen, de vogel, de sterren, de wolken, de wind en de hemel aan bod. Het eerste volume over de aarde analyseert thema's die samenhangen met dromerijen van de wil: harde en zachte materie, mineralen, kristallen, parels, dauw, enzovoort. Het tweede deel over dromerijen in verband met rust behandelt de thema's van het huis, de materiële intimiteit, de grot, het Jonas-complex, het labyrint, de slang, de wortel, de wijn en de wijngaard.

Het complex en het probleem van de originaliteit

Het complex of oerbeeld heeft een synthetiserende functie. Wie inzicht heeft verworven in de structuur van een complex, doorziet meteen de centrale problematiek van een literair werk:

> In wezen is de eenheid van een literair werk nauwelijks denkbaar zonder een complex. Ontbreekt het complex dan is het literaire werk als het ware ontworteld, het dialogeert niet langer met het onbewuste, het is kil, gratuit, onwaarachtig.
> (*La Psychanalyse du feu*, p. 38.)

De explicitering van een complex is dus een cruciale stap in de lectuur. De gehanteerde leesstrategie is hierbij resoluut synchroon: Bachelard zet de historische dimensie bewust tussen haakjes en zelfs de strikt literaire traditie is bij nader toezien van eerder ondergeschikt belang. Alles draait rond de paradox van de literaire creatie: het complex bepaalt de originaliteit van een werk zonder zelf ooit origineel te zijn. Zo komt het thema van de vrouwelijke zelfmoord – het Ophelia-complex – voor bij Shakespeare maar ook bij Balzac, Paul Fort, Mallarmé, Joachim Gasquet, d'Annunzio, Rodenbach, Rilke, Éluard en vele anderen. Wat deze schrijvers groot maakt, is het feit dat ze terug aanknoping zoeken met het collectief onbewuste. In die zin lijkt het complex op Jungs archetype. Maar op zich garandeert de aanwezigheid van een complex nog niet de literaire kwaliteit van een werk. Dat is een zaak van intensiteit. Lautréamonts *Chants de Maldoror*, bijvoorbeeld, geven een krachtige poëtische gestalte aan het complex van het dierlijke leven, terwijl dat veel minder het geval is bij Hugo, Kipling, Wells of Leconte de Lisle. Het bestiarium van die laatste is bijlange niet zo rijk en levensecht als dat van Lautréamont: bij deze *parnassien* wordt het thema van het dier uitgehold en verstikt door een te gesofistikeerde literaire cultuur en door het gewicht van traditionele dichtvormen die een nefast impact hebben op de poëtische representatie van het universum. Originaliteit heeft voor Bachelard dus te maken met onirische spontaniteit, met een zeker "poëtisch primitivisme."

De logica van het symbool

De thematische studie maakt duidelijk dat de verbeelding van dichters en schrijvers niet willekeurig gestructureerd is. Het imaginaire heeft zijn eigen logica en dat laat toe om beelden volgens bepaalde types te ordenen. De dichter stoot als het ware op een reeds bestaand beeld, hij onderwerpt zich aan de wetten van het onbewuste, aan het "realisme van het irreële." Zo beschikt Bachelard over een instrument voor wat ik de poëtische verificatie zou willen noemen: wie immers de logica van het beeld doorgrondt, kan ook de graad van poëtische getrouwheid, van onirische waarheid meten. Op basis van dit criterium kan men authentieke van onwaarachtige dichters onderscheiden.

Verder stelt Bachelard dat de poëtische waarheid en authenticiteit steeds gedragen worden door een "natuurlijk symbolisme": ze staan haaks op elke vorm van ideologische of morele waarde. Er bestaat dus een spanning tussen natuur en cultuur, tussen het imaginaire en de manier waarop een werk zich in de traditie inschrijft. In deze context spreekt Bachelard van een "complex van de cultuur":

> [Het complex van de cultuur] verwijst naar een geheel van onbereflecteerde attitudes die het denken zelf sturen. Op het vlak van het imaginaire zijn dat bijvoorbeeld een aantal geprivilegieerde beelden die men uit de werkelijkheid denkt te halen maar die in wezen niets anders zijn dan projecties van een vage ziel. Men cultiveert die complexen van de cultuur als waren het objectief bestaande dingen. Zo gelooft de realist dat zijn realisme een getrouwe weergave biedt van de werkelijkheid, de historicus dat zijn geschiedenis vertelt hoe de dingen werkelijk zijn geweest, en de dichter grijpt naar de traditie terug om zijn indrukken te structureren. In het beste geval doet het complex van de cultuur die traditie herleven; in het slechtste geval verraadt het de conventionele schoolsheid van een dichter zonder verbeelding.
> (*L'Eau et les rêves*, p. 26.)

Enkele jaren later lijkt Bachelard het complex van de cultuur iets positiever in te schatten; in de analyse van het imaginaire onderscheidt hij voortaan twee niveaus: "Het beeld (...) is zowel symbool als idee; het heeft betrekking op het intieme en op het objectieve." (*La Terre et les rêveries du repos*, p. 176) Dit impliceert de noodzaak van een globalere lectuur: "De aangewezen methode voor de literaire kritiek is die van de dubbele commentaar, de ene ideologisch, de andere onirisch." (*Ibid.*, p. 238) Hoe dan ook, tussen de theoretische intentie en de effectieve lectuurpraktijk gaapt een brede kloof: Bachelards œuvre overstijgt zelden of nooit het niveau van de onirische commentaar waarbij de natuur fungeert als de essentiële referent voor het imaginaire.

Het poëtische diagram

Men heeft Bachelard vaak – en soms terecht – verweten dat hij zijn aandacht te exclusief richt op afzonderlijke beelden zonder rekening te houden met hun inbedding in grotere tekstuele gehelen. De werkelijkheid is echter iets complexer dan deze kritiek laat uitschijnen.

Bachelard is een paradoxaal denker die ook op dit punt eigentijdser is dan gesuggereerd wordt. Ook hij heeft wel degelijk oog voor "intieme logica van een literair werk": via de studie van "de syntaxis van metaforen" wil hij "het poëtische diagram" blootleggen en interpreteren. Op die manier komt de criticus op het spoor van de thematische en tekstuele structuur van een werk of een heel œuvre. Met andere woorden, het poëtische diagram is een operationeel concept om tekststructuren, interne verbanden, varianten en hun onderlinge relaties, en dwarsverbindingen tussen ogenschijnlijk totaal verschillende beelden te beschrijven. Hiermee is meteen ook het probleem van de zogenaamde onleesbaarheid van bepaalde literaire teksten van de baan. In sommige gevallen is het precies de tekstuele desarticulatie die beelden psychisch activeert. De analyse van het imaginaire moet dan de relaties tussen beelden in kaart te brengen, ze toont de structurele coherentie van teksten aan, zelfs daar waar op het eerste gezicht incoherentie en discontinuïteit heersen. Die coherentie wordt verzekerd door de aanwezigheid van één centraal beeld waarvan alle andere beelden afgeleiden zijn. De idee van het poëtische diagram heeft Bachelard vooral toegepast op het werk van Lautréamont, Blake en Poe.

De evolutie van een œuvre

De ontwikkeling van Bachelards literair-kritische œuvre is een langdurig en bij momenten dubbelzinnig proces waarin twee belangrijke etappes onderscheiden kunnen worden, namelijk de periodes 1938-1948 en 1950-1962. In de eerste periode is de invalshoek voornamelijk psychoanalytisch gekleurd; vanaf 1950 wint de fenomenologische interpretatie van het imaginaire terrein. De drijfveer achter deze evolutie is echter steeds dezelfde: Bachelard is op zoek naar een methode die de specificiteit van beelden het dichtst benadert. Die betrachting komt duidelijk naar voor vanaf 1942. Toen reeds postuleerde Bachelard de noodzaak van een kritiek die literatuur vanuit de literaire activiteit zelf zou verklaren. Tussen schrijver en lezer moet een intieme dialoog ontstaan, lezers moeten luisteren naar de taal van de literatuur. Vaak ziet de kritiek niet in, zo stelt Bachelard, dat de taal het meest vernieuwende medium van de psyche is; ze koketteert met adjectieven of zwaait met het vermanende vingertje, kortom: ze verstikt juist datgene wat literatuur tot literatuur maakt. Ook in *L'Air et les songes* onderstreept Bachelard dat de verbeelding een oorspronkelijk, originair gegeven is. Zij – en niet de waarneming of het geheugen – is vertrek- en eindpunt van de analyse van het imaginaire. Het beeld moet omwille van zichzelf bestudeerd worden, niet in functie van een verleden of één of andere 'verborgen betekenis.' In 1952 schrijft Bachelard: "Het symbool is een oorspronkelijk, onmiddellijke psychologische realiteit of, anders gezegd, de act van het symboliseren is een natuurlijke psychische functie." (*Le Symbolisme dans la mythologie grecque*, p. 7)

La Poétique de l'espace (1957), *La Poétique de la rêverie* (1960) en *La Flamme de la chandelle* (1961) markeren de evolutie in de richting van de fenomenologie. Het poëtische beeld wordt voortaan opgevat als een directe uiting van de verbeelding via de taal, het is een specifieke bewustzijnsact. Het beeld is vernieuwend, het genereert een nieuwe taal en verwijst naar de oorsprong van diegene die spreekt:

> Het beeld leidt een eigen bestaan, het beantwoordt aan een eigen dynamiek. Beelden hangen samen met een directe ontologie. (...) De dichter spreekt aan de rand van het zijn. (...) Het beeld onttrekt zich aan de causaliteit.
> (*La Poétique de l'espace*, p. 2.)

Dat is zowat het credo van Bachelards nieuwe optiek, van de fenomenologie van het poëtische beeld:

> Daarmee bedoel ik de studie van het fenomeen van het poëtische beeld zoals dit in het bewustzijn ontstaat als direct product van het hart, van de ziel, van het zijn van de mens in zijn actualiteit.
> (*Ibid.*, p. 2.)

Wie het beeld wil bestuderen, moet abstractie maken van kennis: "Het culturele verleden speelt hier geen rol en moeizame geconstrueerde gedachten hebben geen enkel nut." (*Ibid.*, p. 1) Alleen subjectiviteit en bewustzijnstoestanden tellen, en dat vereist een directe invalshoek.

In deze opvatting van het bewustzijn zijn de verbeelding, de taal en het beeld onafscheidelijk. Georges Poulet formuleert het als volgt:

> Zonder bewustzijnsact geen beelden, en zonder beelden geen bewustzijn of zelfbewustzijn. Alles begint dus met een *cogito*, dat wil zeggen met een geestesactiviteit die beelden genereert.
> ("Bachelard et la conscience de soi", in *Revue de métaphysique et de morale*, 1 (1965), p. 24.)

Vroeger had Bachelard zijn onderzoek gedefinieerd als een zoektocht naar de psychologische betekenis van beelden. In een fenomenologische context is zo'n ontcijferingsarbeid zinloos geworden, want dat zou betekenen dat de betekenis aan de taal (en het beeld) voorafgaat en dat is nu juist niet het geval:

> De poëtische taal is iets totaal nieuws, ze staat volledig op zichzelf en ze kan niet losgekoppeld worden van de betekenis die ze tot stand brengt. Het poëtische beeld wordt zo de uitdrukking van een ervaring in de wereld die zonder die uitdrukking ondenkbaar is, die zich zonder beeld en taal niet kan voltrekken – en precies door die strakke correlatie hebben we te maken met een onherleidbare poëtische ervaring.
> (Anne Clancier, *Psychanalyse et critique littéraire*, p. 149.)

Met andere woorden, voor Bachelard is het poëtische beeld anagenetisch, volledig autonoom of, zoals Jean-Claude Pariente het uitdrukt, "zelf-figuratief." Vandaar zijn verzet tegen een objectieve benadering van het beeld en tegen de psychoanalyse:

> In de psychoanalyse zit het beeld steeds ingebed in een context en de psychoanalytische interpretatie van het beeld is niets anders dan een vertaaloperatie die het beeld herschrijft in een andere taal dan die van de poëtische *logos*. Nooit was de uitdrukking *traduttore traditore* beter van toepassing.
> (*Poétique de l'espace*, p. 8.)

Beelden kunnen alleen begrepen worden wanneer men ze in verband brengt met het bewustzijn, met een oorspronkelijke ervaring die zich aan het louter objectiverende denken onttrekt. Alleen de fenomenologie biedt hier soelaas. Vanuit fenomenologisch perspectief springen vooral twee kenmerken van het literaire werk in het oog: literatuur impliceert schriftuur en lectuur, ze moet in zekere zin geconcretiseerd of beter geactualiseerd worden door het bewustzijn. Welnu, via de lectuur wordt het literaire werk een levend correlaat van het bewustzijn. Ook voor de criticus geldt deze symbiose van werk, bewustzijn, woorden en beelden: lezen is zich onderdompelen in de poëzie met de bedoeling om voeling te krijgen met het poëtische bewustzijn, met de poëtische *logos*. Uiteindelijk wordt dus ook het vertoog van de criticus dichterlijk.

Een postuum werk

Bij zijn dood in 1962 laat Bachelard een onafgewerkt manuscript na dat door erfenisperikelen pas in 1988 zal gepubliceerd worden onder de titel *Fragments d'une poétique du feu*. Het boek is een soort van zelfportret waarin Bachelard het bilan opmaakt van leven en werk. De terugblik is positief: de evolutie die hij heeft doorlopen, stemt Bachelard tevreden. Hij is vooral gelukkig dat hij zich bevrijd heeft van de illusie van de wetenschappelijke studie van de literatuur; zo noemt hij het verlangen om poëtsche beelden te ordenen en te classificeren naïef en pedant. De terugkeer naar de thematiek van het vuur getuigt dan ook van een zekere onvrede bij de auteur over het vroegere *La Psychanalyse du feu*, wellicht één van Bachelards meest analytische en objectiverende werken. In 1962 is er niet langer sprake van psychoanalyse maar van een poëtica: Bachelard wil de poëzie als het ware beleven eerder dan ze te objectiveren, hij wil greep krijgen op de poëzie als uitdrukking van een specifiek, talig bewustzijn. De criticus expliciteert voortaan de weerklank van beelden zonder daarbij de taal uit het oog te verliezen, want poëtische verbeelding is eerst en vooral een activiteit die de taal vormt en vervormt en zo van de taal steeds weer iets nieuws maakt.

In zijn laatste *Poétique* onderstreept Bachelard de autonomie van de poëtische taal: ze is niet referentieel of allusief maar direct op zichzelf betrokken. Het basisaxioma van de poëtica is dan ook de onherleidbare waarde van taal en beeld. In elk poëtisch beeld ontwaart Bachelard sporen van een poëtische ontologie. De literatuur weerspiegelt wel een zekere "talige orde", maar aan die orde beantwoordt geen enkele "semantische orde":

> Het rijk van de poëzie overstijgt de vele wisselwerkingen tussen betekenaar en betekenis – wisselwerkingen die de psychoanalyse, juist door haar roeping om knopen te ontwaren, wel moet bestuderen.
> (*Fragments d'une poétique du feu*, p. 39.)

Poëzie is verheffing. Met die idee van verticaliteit, die we trouwens ook elders in het œuvre terugvinden, distantieert Bachelard zich meer en meer van psychoanalyse en komt hij in de buurt van de surrealistische opvatting van de poëzie als een soort van uitbarsting of radicale bevrijding. Voor de psychoanalyse is de taal slechts een façade, ze verwijst steeds naar iets anders, essentiëlers: het onbewuste. Voor Bachelard, daarentegen, verwijst de taal enkel naar zichzelf, ze is zelfreferentieel, een oneindig proces van zelfvernieuwing. Niets drukt dit beter uit dan het beeld van de feniks, de vogel die uit zijn as herrijst. De poëtische avant-gardebewegingen vertrekken in feite van diezelfde basisidee: poëzie is bevrijding van de taal door middel van de taal. De surrealisten laten de taal de vrije loop, ze verheerlijken de buitenissigheid van woorden die bevrijd werden:

> Alle dwarsverbindingen tussen beeld en werkelijkheid zijn als trossen die resoluut moet losgegooid worden; alleen op die manier kom je het koninkrijk van de poëzie binnen.
> (*Fragments d'une poétique du feu*, p. 156.)

De uitstraling van het oeuvre

Bachelard ligt aan de basis van de kritiek van het imaginaire en van het bewustzijn. Men kan gerust stellen dat hij de verbeelding terug in eer heeft hersteld: ze is één van de fundamentele dimensies van het menselijke bewustzijn. Verder heeft hij het beeld opgewaardeerd als een realiteit *sui generis* en de studie van het imaginaire gekoppeld aan de tekstuele dimensie van de literatuur. Methodologisch bekeken fungeert het bewustzijn van de schrijver als vertrekpunt; via een dialogische relatie herbeleeft de criticus het literaire scheppingsproces, dit wil zeggen de dynamiek waardoor ervaringen en gevoelens uitmonden in een specifieke schriftuur en stijl.

Bachelard heeft zonder enige twijfel de literaire kritiek vernieuwd. Sommige commentatoren spreken zelfs van een revolutie. Anderen hebben erop gewezen dat Bachelards inzichten de *Nouvelle critique* zullen blijven inspireren tot op het moment van de doorbraak van het structuralisme. De onmiddellijke invloed van het œuvre is het sterkst voelbaar in de thematische kritiek. Bachelard heeft inderdaad een methode ontwikkeld die een vernieuwde aanpak van de thematische lectuur heeft mogelijk gemaakt, en dat zowel op het vlak van de monografische als op dat van de vergelijkende thematische studie. In deze optiek zijn de voornaamste erfgenamen van Bachelard Jean-Pierre Richard, Georges Poulet, Jean Starobinski, Jean Rousset, Gilbert Durand en zelfs de vroege Barthes.

Uit het Frans vertaald
door Koenraad Geldof

BEKNOPTE BIBLIOGRAFIE

Primaire literatuur

Essai sur la connaissance approchée, Paris, Vrin, 1928.
La Valeur inductive de la relativité, Paris, Vrin, 1929.
Le Nouvel esprit scientifique, Paris, PUF, 1934.
La Formation de l'esprit scientifique, Paris, Vrin, 1937.
La Psychanalyse du feu, Paris, Gallimard, 1938. (*Psychoanalyse van het vuur*, Boom.)
Lautréamont, Paris, José Corti, 1939.
La Philosophie du non, Paris, PUF, 1940.
L'Eau et les rêves, Paris, José Corti, 1942.
L'Air et les songes, Paris, José Corti, 1943.
La Terre et les rêveries du repos, Paris, José Corti, 1948.
Le Rationalisme appliqué, Paris, PUF, 1949.
"Préface", in Paul Diel, *Le Symbolisme dans la mythologie grecque*, Paris, Payot 1952.
Le Matérialisme rationnel, Paris, PUF, 1953.
La Poétique de l'espace, Paris, PUF, 1957.
La Poétique de la rêverie, Paris, PUF, 1960.
La Flamme de la chandelle, Paris, PUF, 1961.
Le Droit de rêver, Paris, PUF, 1970.
Épistémologie. Textes choisis, Paris, PUF, 1980 (1971).
Fragments d'une poétique du feu, Paris, PUF, 1988.

Secundaire literatuur

CLANCIER, Anne, *Psychanalyse et critique littéraire*, Toulouse, Privat, 1973.
LESCURE, Jean (éd.), *Bachelard aujourd'hui*, Paris, Clancier – Guénaud, 1986.
MAGNARD, Pierre *e.a.* (éds.), *Gaston Bachelard: homme du poème et du théorème. Colloque du centenaire*, Dijon, Éditions universitaires de Dijon, 1984.
MANSUY, Michel, *Gaston Bachelard et les éléments*, Paris, José Corti, 1967.
MARGOLIN, Jean-Claude, *Bachelard*, Paris, Seuil, 1974.
NOUVEL, Pascal (éd.), *Actualité et postérités de Gaston Bachelard*, Paris, PUF, 1997.
ROY, Jean-Pierre, *Bachelard ou le concept contre l'image*, Montréal, Presses de l'Université de Montréal, 1977.
RUBY, Christian, *Bachelard*, Paris, Quintette, 1998.
THERRIEN, Vincent, *La Révolution de Gaston Bachelard en critique littéraire*, Paris, Klincksieck, 1970.

PAUL RICŒUR
(°1913)

Annik DUBIED & Steven ENGELS
(*Steven Engels*)

In eigen land geldt Paul Ricœur als één van de zeldzame vertegenwoordigers van de filosofische hermeneutiek. Zelf heeft hij die filiatie met de hermeneutische traditie nooit ontkend: hij ziet zijn werk als een *défense et illustration* van de moderne hermeneutiek die met Dilthey en vooral Heidegger en Gadamer uitgroeide tot een ambitieus paradigma in het denken over betekenis en interpretatie. Ook na Heidegger is de hermeneutiek een bij uitstek Duitse aangelegenheid gebleven die in Frankrijk op heel wat minder aanhang kon rekenen. Daar wordt sinds het structuralisme van de jaren zestig en het poststructuralisme van de jaren zeventig de hermeneutiek van de hand gewezen omwille van haar vermeende 'metafysische' karakter. In het Franse intellectuele veld bekleedt Ricœur dan ook een vrij marginale positie, maar ondanks dat relatieve isolement is hij blijven dialogeren met de meest uiteenlopende theoretische tradities zoals het structuralisme, de psychoanalyse en de Angelsaksische *ordinary language philosophy*. Die intellectuele openheid werd verder gestimuleerd door langdurige verblijven aan buitenlandse universiteiten (Montréal, Yale en Chicago). De interesse voor alles wat er zich buiten de grenzen van de hermeneutiek afspeelt, resulteerde uiteindelijk in een voortdurende verfijning van Ricœurs oorspronkelijke hermeneutische project. Gestaag bouwde hij verder aan een omvattende wijsgerige antropologie waarin steeds nieuwe inzichten werden geïntegreerd. Toch heeft Ricœur nooit zijn oorspronkelijke intuïties verloochend, integendeel: wie het latere werk met de allereerste teksten vergelijkt, zal kunnen vaststellen dat het hermeneutische perspectief zelfs radicaler is geworden. In wat volgt, zoom ik in op deze dubbele evolutie van verfijning en radicalisering. Centraal hierbij staan Ricœurs teksten waarin ook de literatuur(-wetenschap) aan bod komt. Zijn theologische en politieke interventies laat ik buiten beschouwing.

Tussen fenomenologie en existentie

In het begin van de jaren dertig ontmoet Ricœur als student Gabriel Marcel. Hij wordt opgenomen in de wijsgerige kring rond Marcel en maakt op die manier kennis met de krachtlijnen van diens filosofie. Marcel is vooral gefascineerd door de problematiek van de concrete ervaring en door het mysterie van het Zijn waarin die ervaring is ingebed. Ricœur wordt blijvend beïnvloed door Marcels overtuiging dat het bewustzijn nooit zuiver bij zichzelf aanwezig kan zijn: bewustzijn is per definitie geïncarneerd bewustzijn en juist omwille van die lichamelijkheid wordt het altijd en overal geconfronteerd met zijn eigen anders-zijn. Marcel brengt de jonge Ricœur bovendien in contact met de Duitse filosofie en vooral met het werk van Karl Jaspers, in menig opzicht een voorloper van de latere Franse existentiële fenomenologie. Ricœur ontdekt er een analoge vraagstelling: net als Marcel legt Jaspers de nadruk op die situaties waarin het belichaamde subject op zijn eigen grenzen stuit. Tijdens de oorlogsjaren en de krijgsgevangenschap verdiept Ricœur zich verder in Jaspers' filosofie die hem meer en meer begeestert. Deze interesse komt goed tot uiting in Ricœurs eerste publicaties, *Karl Jaspers et la philosophie de l'existence* (1947) en *Gabriel Marcel et Karl Jaspers. Philosophie du mystère et philosophie du paradoxe* (1948). Het zijn erg persoonlijke lecturen van twee leermeesters met veel aandacht voor "grenservaringen" zoals de dood, de eenzaamheid, het falen en de schuld. Beide monografieën hebben niet dezelfde kwaliteit als het latere werk, maar ze zijn toch van belang. Samen met de eerste publicaties van Sartre, Levinas en Merleau-Ponty speelden ze eerst en vooral een belangrijke rol in de verspreiding van het Duitse existentieel-fenomenologische gedachtengoed in het naoorlogse Frankrijk. Vervolgens zijn ze onontbeerlijk voor een beter inzicht in de evolutie van Ricœurs denken. Zo heeft de vroege kennismaking met de existentiële thematiek zonder enige twijfel zijn lectuur van Husserl gekleurd. Net als Sartre en Merleau-Ponty heeft Ricœur meer oog voor Husserls ideeën omtrent het intentionele karakter van het menselijke bewustzijn dan voor diens soms verregaand idealisme. Het bewustzijn, zo stelt Husserl, is intentioneel: het is per definitie betrokken op de omringende werkelijkheid. Deze basisidee impliceert: (a) dat het bewustzijn nooit volledig aanwezig is bij zichzelf; (b) dat het bewustzijn niet oorspronkelijker is dan de werkelijkheid;

(c) dat bewustzijn en werkelijkheid met elkaar verweven zijn op een manier die de (conceptuele) tegenstelling tussen realisme en idealisme overstijgt en voorafgaat. Sartre, Merleau-Ponty en Ricœur zullen deze drie fundamentele intuïties verder gestalte geven in hun respectievelijke filosofieën.

Ricœurs houding ten aanzien van de transcendentale fenomenologie is bijzonder dubbelzinnig. Dat bewijst in elk geval zijn nog steeds erg gewaardeerde vertaling van Husserls *Ideen zu einer reinen Phänomenologie* uit 1950. De vertaling is voorzien van een uitgebreid notenapparaat dat leest als een doorlopende commentaar op Husserl. Uiterst nauwgezet reconstrueert Ricœur de evolutie van de Duitse fenomenoloog en zo kan hij laten zien wanneer Husserl zijn oorspronkelijke gedachtengoed trouw blijft en op welke momenten hij in een traditioneel idealisme vervalt. In dat laatste geval primeert het zuivere subject-denken op de ervaringsgebonden problematiek van de intentionaliteit. Ricœurs lectuur is dus ook kritisch en programmatisch: de fenomenologie kan en mag niet bezwijken voor de idealistische verleiding, ze moet het bewustzijn altijd en overal denken in relatie tot de werkelijkheid. *Le Volontaire et l'involontaire* (1950), het startpunt van Ricœurs eigen filosofisch project, draagt de sporen van dezelfde dubbelzinnigheid. De fenomenologische methode wordt er toegepast op een tot dan toe onontgonnen probleemveld. Hadden Husserl en Merleau-Ponty de analyse van het bewustzijn vooral beperkt tot de sfeer van de waarneming en de representatie, dan concentreert Ricœur nu zijn aandacht op de intentionele structuur van de wil. Voor hem is het bewustzijn meer dan een louter neutrale, waarnemende instantie; het is eveneens betrokken op de werkelijkheid via wilsacten waarvan de structuur fenomenologisch geduid kan worden. Zo wijst Ricœur bijvoorbeeld op de essentiële verwevenheid van vrijwilligheid en onvrijwilligheid: beide dimensies van de wilsact zijn onlosmakelijk met elkaar verbonden. De analyse van de wil verloopt in feite in twee stappen. De fenomenoloog buigt zich eerst over "de wil als bewustzijnsact" in zijn meest zuivere gedaante: daarvoor worden de werkelijkheid en alle feitelijke beperkingen van de wil "tussen haakjes geplaatst." Pas nadat deze "reductie" van de empirische wereld is voltrokken, kan de echte fenomenologische reflectie beginnen. Door die werkwijze oogt de stijl van *Le Volontaire et l'involontaire*, het eerste deel van Ricœurs *Philosophie de la volonté*, dan ook bijzonder abstract. Tien jaar later verschijnt *Finitude et culpabilité* (2 vols.: *L'homme faillible* en *La symbolique du Mal*), het tweede luik van de filosofie van de wil. De fenomenoloog ruilt hier de techniek van de reductie in voor een perspectief dat laat zien hoe de wil voortdurend doorkruist en "verstoord" wordt door emoties en passies. De zuivere fenomenologische analyse wordt op die manier omgebogen in de richting van een concrete wijsgerige antropologie die nu ook een beroep doet op inzichten uit de disciplinaire menswetenschappen zoals de psychologie. Toch komt het nooit tot een dilemma waarbij de filosoof gedwongen zou zijn om te kiezen tussen de fenomenologie en de psychologie. Beide analysemodellen zijn complementair. De fenomenologie ontkracht de naturalistische pretenties van de klassieke psychologie, want ze toont aan dat het bewustzijn of de wil geen 'dingen' zijn die men via experimenten restloos kan objectiveren en/of kwantificeren. Anderzijds draagt de empirische psychologie bij tot een beter inzicht in de structuur van de wil die complexer en paradoxaler is dan de zuivere fenomenologische abstractie laat uitschijnen.

HERMENEUTICA PHILOSOPHIAE ANCILLA

In *Finitude et culpabilité* komt de hermeneutiek voor het eerst als zelfstandige problematiek ter sprake. Volgens Ricœur kunnen fenomenen zoals onschuld of het Kwaad niet afdoende beschreven worden met een louter conceptuele of wetenschappelijk-empirische methode. Hij spreekt in dit verband over "de onpeilbaarheid van het Kwaad" dat zich aan elke rationele verklaring schijnt te onttrekken. Alleen de mythe, zo gaat Ricœur verder, is bij machte het Kwaad te doorgronden. Welnu, het is de taak van de filosofie om de kennis die in de symbolische taal van de mythe ligt opgeslagen, aan de oppervlakte te brengen. En dat is pas mogelijk van zodra de filosofie haar arrogante rationalisme en haar minachting ten aanzien van de mythe achterwege laat. Bovendien geven de mythen hun geheimen niet zomaar prijs: mythen spreken in symbolen – zondeval, Hemelvaart, godendeemstering; achter de manifeste taal schuilt een diepere betekenis. Die symbolische code kan alleen ontcijferd worden wanneer de filosoof de geëigende en onontbeerlijke ontcijferingstechniek, de hermeneutiek, beheerst. Hoewel Ricœur dus onomwonden de noodzaak van de hermeneutiek affirmeert, toch moet één en ander genuanceerd worden. Bij nader toezien is het belang van de hermeneutiek in *Finitude et culpabilité* nog zeer relatief. De hermeneutiek fungeert er eigenlijk als de dienstmaagd van de filosofie: ze moet enkel symbolische obstakels opruimen; of nog: uit de mythische symbolen distilleert ze de inhouden die de filosofie op haar beurt zal systematiseren tot een wijsgerige antropologie. De filosofie bezit dus nog steeds het monopolie op de uiteindelijke waarheid.

In 1965 verschijnt *De l'interprétation. Essai sur Freud*, een reflectie over de psychoanalyse en de interpretatie-problematiek als dusdanig. Op het eerste gezicht is er in vergelijking met *Finitude et culpabilité* niet veel veranderd. *De l'interprétation* definieert de interpretatie nog steeds als de ontcijfering van symbolen en ook het strakke onderscheid tussen "letterlijk" en "symbolisch" taalgebruik blijft gehandhaafd. Niettemin wordt het onderzoeksdomein van de hermeneutiek gevoelig uitgebreid. Het fenomeen van de "dubbele betekenis" beperkt zich niet langer tot de mythe, maar is nu ook werkzaam in de droom en in de poëzie. Ook de definitie van de interpretatie wordt fijnmaziger. Ricœur schrijft in de inleiding dat er twee vormen van interpretatie bestaan. De eerste stelt zich als het ware open voor betekenis en ze vooronderstelt een respectvolle houding ten aanzien van het 'object' van de interpretatie. Het interpreterende subject is ervan overtuigd dat het zin heeft te luisteren naar datgene wat de symbolische – bijvoorbeeld mythische of religieuze – taal hem vertelt; het weet dat die taal vroeg of laat de waarheid zal onthullen. Deze vorm van interpreteren bezit een teleologische structuur: alleen dankzij de luisterende interpretatie wordt de mens zich bewust van zijn plaats in een wereld die hem overstijgt. De tweede, meer activistische vorm van interpretatie vinden we terug bij Marx, Nietzsche en Freud, de drie "meesters van het wantrouwen." Zij vertrekken van de idee dat het bewustzijn altijd al vervreemd is door de perverterende invloed van symbolische structuren. Alleen een kritische interpretatiemethode kan de nefaste effecten van die structuren ontmaskeren en neutraliseren. Freuds psychoanalyse, bijvoorbeeld, is een "archeologie van het subject"; ze peilt naar de onbewuste krachten die aan het bewustzijn ontsnappen en elke onmiddellijke, totaal transparante zelfkennis onmogelijk maken. Hoewel reëel, toch is de tegenstelling tussen de twee interpretatiestrategieën – de luisterend-receptieve en de kritische – niet absoluut. In de mate waarin de hermeneutiek zich altijd al heeft verzet tegen idealisme en subject-centrisme, is de psychoanalyse een bondgenoot eerder dan een tegenstander. Anderzijds heeft de psychoanalyse, als kritische interpretatietechniek, de hermeneutiek als complement nodig, omdat alleen daar de twee componenten van de interpretatie – de kritische *en* de luisterende – volledig tot hun recht komen.

Ricœur zet zijn dialoog met Freud verder in *Le Conflit des interprétations*, een opstellenbundel uit 1969 met als ondertitel *Essais herméneutiques*. Naast de psychoanalyse is het structuralisme er de belangrijkste gesprekspartner. De toon van de bundel is over de hele lijn polemisch en dat hoeft niet echt te verwonderen: het structuralisme stelt zich ronduit vijandig op tegen elke vorm van subject-denken en hermeneutiek. De psychoanalyse kon als een "hermeneutiek van het wantrouwen" geïntegreerd worden in het eigen project; in het geval van het structuralisme is een dergelijk opzet tot mislukken gedoemd. Hier is geen plaats voor het subject als betekenis-creërende instantie: voor Ferdinand de Saussure is de taal een tekensysteem dat het kan stellen zonder sprekende subjecten, de structuralistische literatuurbenadering heeft alleen oog voor immanente tekststructuren en verwerpt iedere speculatie omtrent de intenties van de auteur, terwijl de structuralistische antropologie culturen beschrijft als anonieme, complexe symbolische systemen die het individu voorafgaan en constitueren. Op geen enkel moment stelt Ricœur de zinvolheid van de structuralistische analysemodellen ter discussie. *Le Conflit des interprétations* is dan ook niet bedoeld als een aanval op het structuralisme, maar veeleer als een soort van kritiek in de Kantiaanse betekenis van het woord: de hermeneut onderzoekt de grenzen van het structuralisme en de manier waarop het zich – bijvoorbeeld bij Lévi-Strauss – verhoudt tot de hermeneutiek. Voor Ricœur kan er in elk geval geen sprake zijn van twee rivaliserende paradigma's binnen één en hetzelfde onderzoeksdomein; daarvoor is het water tussen structuralisme en hermeneutiek te diep. Het onderzoeksobject van de hermeneutiek is de betekenis, de "semantiek"; het structuralisme, daarentegen, is een "syntactische" methode die de relaties van verschillende elementen in een formeel systeem bestudeert. De structuralistische wetenschapper is afstandelijk, hij is op zoek naar een objectieve taxonomie die de combinatorische mogelijkheden van een systeem formaliseert, terwijl de hermeneut niet formaliseert maar interpreteert. Strikt genomen is een echt interpretatieconflict dus onmogelijk. Dat sluit echter de vraag naar de wederzijdse complementariteit van de twee benaderingswijzen niet uit. Volgens Ricœur heeft het structuralisme de hermeneutiek nodig, zoniet blijft het geformaliseerde object onbegrepen. Dat geldt echter ook voor de hermeneutiek: zonder structuralistisch supplement dreigt ze te vervallen in een subjectivistische toe-eigening van het onderzoeksobject: de betekenis van symbolen blijft arbitrair, wanneer men ze niet inschrijft in een welbepaald systeem van binaire opposities en dat is precies wat de hermeneutiek van het structuralisme kan leren. Maar voor Ricœur betekent die openheid niet dat men blind moet blijven voor de inherente beperkingen van het nieuwe paradigma.

PHILOSOPHIA HERMENEUTICAE ANCILLA

Reeds in het debat met het structuralisme erkende Ricœur de zinvolheid van "het tussen-haakjes-plaatsen" van de buitentalige werkelijkheid, maar hij voegde er onmiddellijk aan toe dat dit vruchtbare methodologische postulaat niet zelden verwatert tot een problematisch theoretisch dogma. In navolging van Jakobson definieerde hij toen het begrip "vertoog" in termen van "communicatie" en dat liet hem toe om de buitentalige werkelijkheid en het (sprekende) subject bij de analyse van teksten te betrekken. *La Métaphore vive* (1975) gaat verder op de ingeslagen weg. Ricœur vraagt er zich af hoe de metafoor bijdraagt tot betekenisvernieuwing. Het proces van betekenisvernieuwing kan volgens Ricœur niet begrepen worden indien men blijft steken op het niveau van het geïsoleerde teken of woord. Vandaar zijn kritiek op de klassieke, Aristotelische opvatting die de metafoor definieert als een transfert van betekenis van het ene woord naar het andere op basis van een analogische relatie. Vandaar ook zijn kritiek op de structuralistische semiotiek die niet verder komt dan een vage omschrijving van de metafoor. Alleen wanneer men het woord inruilt voor de zin, kan men op dit vlak vooruitgang boeken. Pas dan wordt de metafoor begrijpelijk als een dynamiek van "oneigenlijke attributie" die nieuwe betekenissen genereert door reeds bestaande betekenissen met elkaar te verbinden in een onuitgegeven synthese. In de metaforische propositie her-schrijft het predikaat de werkelijkheid vanuit een nieuwe invalshoek. *La Métaphore vive* is, in de evolutie van Ricœurs denken, een scharniermoment. De vroegere, nogal beperkte hermeneutiek van het symbool ruimt plaats voor een bredere interpretatietheorie over de betekenis van zinnen en teksten. Bovendien toont Ricœur zich vanaf het begin van de jaren zeventig gevoeliger voor de meerzinnigheid van de betekenis; die meerzinnigheid doet zich voor in alle vormen van communicatie – dus niet alleen in de literatuur bijvoorbeeld –, en ze is het gevolg van processen van betekenisvernieuwing.

De verbreding waarvan net sprake radicaliseert meteen ook de oorspronkelijke anti-idealistische inslag van Ricœurs hermeneutiek. In tegenstelling tot symbolen zijn teksten niet dubbelzinnig (manifeste *versus* diepere betekenis) maar meerzinnig: ze maken zich los van de intenties van de auteur, van directe verwijzingen naar de werkelijkheid en van het onmiddellijke contact met lezer of toehoorder, en ze veroveren zo een zekere autonomie. Die verzelfstandiging maakt de betekenis principieel oneindig, niet langer beheersbaar door het scheppende of recipiërende subject. In deze visie zet de betekenis dus elke vorm van aanwezigheidsdenken op de helling. Daarom kan men spreken van een anti-idealistische hermeneutiek. En die open hermeneutiek bevrijdt zich meteen ook van het juk van de filosofie, want de filosofie stelt zich niet tevreden met vragen: ze wil ook (letterlijk en figuurlijk) sluitende antwoorden geven. De vraag naar het subject, bijvoorbeeld, is een bij uitstek filosofische vraag – en door haar vermogen om vragen op te werpen, behoudt de filosofie voor Ricœur haar geldigheid –, maar alleen door een open, oneindige hermeneutische benadering van de concrete, uiterst veelzijdige werkelijkheid en ervaring kan de mens tot een beter inzicht in zichzelf komen.

(Annik Dubied)

Een open narratologie

In het omvangrijke *Temps et récit* hanteert Ricœur een uiterst nauwgezette en systematische denk- en schrijfstijl, wat een vlotte lectuur niet bevordert. Bovendien treedt de auteur voortdurend in discussie met andere filosofen en theoretici en dat maakt de tekst zo mogelijk nog complexer. De lezer mag zich echter niet door deze dialogische werkwijze laten ontmoedigen. Het brede intertekstuele kader vormt een noodzakelijke stap in een open denkproces. In de marge van de strikt hermeneutische reflectie over de tijd ontstond, dankzij die vele dialogen, een nieuw perspectief op het verhaal (*récit*). Hoewel Ricœur geen verhaaltheoreticus is – hij is en blijft hermeneut en filosoof –, toch zijn zijn interventies op dit vlak origineel en belangwekkend. *Temps et récit* onderzoekt hoe geschiedschrijving en fictie bijdragen tot een beter begrip van – een betere greep op – de tijd. In de hoofdstukken over de fictie komen vooral literaire verhalen aan bod: zo spelen drie monumentale "fabels over de tijd" – Woolfs *Mrs Dalloway*, Manns *Zauberberg* en Prousts *A la recherche du temps perdu* – een belangrijke rol in Ricœurs analyse van de tijd, maar zijn ideeën zijn eveneens van toepassing op andere types van verhalen, triviale en zelfs niet-literaire.

Ricœurs verhaal begint met de vaststelling dat de tijd in wezen ongrijpbaar is en daarom juist de mens angst inboezemt. Augustinus zei al: "we weten wat tijd is, maar vraag ons niet het begrip uit te leggen." Wie het toch probeert, wacht de mislukking. Zo toont Ricœur haarfijn aan dat geen enkele filosoof die zich over het probleem gebogen heeft – Kant, Husserl, Heidegger – tot een bevredigende oplossing is gekomen: ze zijn allen verdwaald in de schier oneindige paradoxen van de tijd. Ricœur verkiest de indirecte weg boven de koninklijke weg der concepten. Het is de omweg van het verhaal, omdat precies in het verhaal de tijd wordt omgezet in menselijke en dus begrijpelijke tijd. In navolging van Aristoteles beschouwt Ricœur het verhaal als een creatieve imitatie van een handeling (*mimèsis*). De intrige structureert de tijd. Ze is de tweede schakel van een drieledige beweging die Ricœur aanduidt met de termen *mimèsis* I, *mimèsis* II en *mimèsis* III. In een eerste fase (*mimèsis* I) ent het verhaal zich op onbereflecteerde, spontane intuïties omtrent de structuur van het menselijke handelen: iedereen weet dat elke handeling een actor, een doel, middelen en een zeker tijdsverloop vooronderstelt, en we zijn allemaal in meer of mindere mate vertrouwd met de elementaire compositieregels van verhalen. Vooral de voorkennis omtrent de tijdelijkheid van menselijke handelingen is van groot belang voor het ontstaan van verhalen. Vervolgens (*mimèsis* II) worden de verschillende basiscomponenten van het verhaal met elkaar verweven tot een coherent, betekenisvol geheel. In het derde stadium (*mimèsis* III) treden verhalen binnen in de leefwereld van lezers (of toehoorders): de interpretatie voltooit het verhaal en ze transformeert de recipiënt: diens identiteit is niet monolithisch en statisch (het zelf als *idem*), maar dynamisch en betrokken op de ander (het zelf als *ipse*). *Temps et récit* biedt op dit punt dus een aanzet tot Ricœurs latere filosofie van de identiteit zoals die in *Soi-même comme un autre* (1990) zal uitgewerkt worden. Omdat de intrige een scharnierfunctie vervult in dit drieledige proces, krijgt ze, in de volgende paragrafen, de meeste aandacht.

We weten het reeds: verhalen zijn synthesen van disparate elementen, ze vormen telkens een temporeel coherent geheel. Meer zelfs: het geheel is niet simpelweg de som der delen; het verleent de delen een betekenis die ze voorheen niet hadden. Verhalen bieden een antwoord op het angstwekkende probleem van de tijd, ze maken controle op het oncontroleerbare mogelijk en ze hebben dus een onmiddellijke existentiële impact. De zes basisingrediënten van het verhaal kunnen als volgt worden samengevat.

(a) Als betekenisvolle synthese kent elk verhaal een *begin*, een *midden* en een *slot*. Zonder die geslotenheid – eindigheid, beheersbaarheid – kan er van een zinvolle metamorfose van de tijd geen sprake zijn. Zij is het die de existentiële angst met betrekking tot de tijd kanaliseert. Echte handelingen zijn natuurlijk niet zo overzichtelijk gestructureerd; dat zijn alleen vertelde handelingen. Verhalen verdichten heel uiteenlopende elementen tot een betekenisvolle totaliteit. Ze instaureren ook een welbepaalde dynamiek of handelingsverloop. Volgens Aristoteles vertellen verhalen essentieel hoe geluk omslaat in ongeluk, of omgekeerd. Vertrekkende van de idee dat verhalen handelingen imiteren, kunnen we stellen dat de intrige een al dan niet fortuinlijke ontwikkeling tengevolge van die handelingen articuleert. Ricœur schrijft dat de basale structuur van de intrige drieledig is: een problematische openingssituatie, een ommekeer en een ontknoping.

(b) Het verhaal herschrijft de werkelijkheid in *causale* termen. De soms chaotische opeenvolging van feiten en handelingen wordt vervangen door een transparantere logica van oorzaak en gevolg. De temporele synthese (a) wint zo aan complexiteit: ze wordt narratief in de strikte zin van het woord. De verschillende elementen van het verhaal krijgen elk

een heel specifieke rol in het geheel; ze kunnen dus niet zomaar verplaatst, vervangen of weggelaten worden. Met andere woorden, de causaal-narratieve synthese verleent hen een onmiskenbare meerwaarde.
(c) De verschillende elementen van een verhaal zijn gestructureerd rond een aantal *thema's* die het geheel inzichtelijk maken.
(d) Als imitatie van handelingen is een verhaal zonder actoren – mensen of antropomorfe personages – ondenkbaar. Deze actoren – Ricœur spreekt over "figuren" – maken van het verhaal een heus laboratorium van de menselijke conditie: verhalen weerspiegelen de menselijke leefwereld.
(e) We weten reeds dat het verhaal als broze totaliteit staat of valt met de aanwezigheid van een conclusie. Eerst en vooral is de conclusie een (voorlopig) eindpunt van een coherent geheel maar ook van de lectuur. De lezer baant zich een weg doorheen het verhaal zonder echter het eindpunt bij voorbaat te kennen. De conclusie is *onvoorspelbaar*, men weet niet vooraf of en hoe alle stukken van de puzzel in elkaar zullen passen. Maar van zodra ze gekend is, stelt de conclusie de lezer in staat om het verhaal opnieuw te bekijken vanuit een soort van totaalperspectief.
(f) Ook de activiteit van de lezer vormt een wezenlijke dimensie van het verhaal. Verhalen zijn geen inerte semiotische objecten: hun betekenis is tot op zekere hoogte eveneens afhankelijk van de interpretatie en die is op haar beurt onlosmakelijk verbonden met de leefwereld van de lezers. Het feit dat verhalen *geactualiseerd* worden, is dus even bepalend voor verhalen als de voorafgaande aspecten.

Deze zes dimensies van Ricœurs "intrigemodel" zijn niet normatief. De hermeneut gebruikt ze alleen om een verhaalconcept te ontwikkelen dat zich leent tot zijn drieledige *mimèsis*-theorie. Het model bewijst bovendien dat historische en fictieve verhalen niet alleen een "analoge structuur" hebben, maar ook beantwoorden aan een "gemeenschappelijke intentionele structuur." Historische en fictieve verhalen verwijzen naar de menselijke leefwereld, ze maken hem inzichtelijker, leefbaarder. De familiegelijkenissen tussen historische en fictieve verhalen zijn anderzijds niet absoluut: uit Ricœurs teksten terzake blijkt dat geschiedschrijving op een aantal punten van de fictie afwijkt.

Uit het Frans vertaald en bewerkt
door Steven Engels
en Koenraad Geldof

Beknopte bibliografie

Primaire literatuur

(met Michaël Dufrenne), *Karl Jaspers et la Philosophie de l'existence*, Paris, Seuil, 1947. *Gabriel Marcel et Karl Jaspers. Philosophie du mystère et philosophie du paradoxe*, Paris, Seuil, 1948.

Philosophie de la volonté. I. Le volontaire et l'involontaire, Paris, Aubier, 1950.

Philosophie de la volonté. II. Finitude et culpabilité. 1. L'homme faillible, Paris, Aubier, 1960a.

Philosophie de la volonté. II. Finitude et culpabilité. 2. La symbolique du Mal, Paris, Aubier 1960b. (*Symbolen van het kwaad*, Lemniscaat.)

Histoire et vérité, Paris, Seuil, 1964 (1955).

De l'interprétation. Essai sur Freud, Paris, Seuil, 1965.

Le Conflit des interprétations. Essais d'herméneutique I, Paris, Seuil, 1969.

La Métaphore vive, Paris, Seuil, 1975.

Temps et récit I. L'intrigue et le récit historique, Paris, Seuil, 1983.

Temps et récit II. La configuration dans le récit de fiction, Paris, Seuil, 1984.

Temps et récit III. Le temps raconté, Paris, Seuil, 1985.

Du texte à l'action. Essais d'herméneutique II, Paris, Seuil, 1986. (*Tekst en betekenis. Opstellen over de interpretatie van literatuur*, Ambo.)

A l'école de la phénoménologie, Paris, Vrin, 1986.

Le Mal: un défi à la philosophie et à la théologie, Genève, Labor et Fides, 1986. (*Het kwaad. Een uitdaging aan de filosofie en aan de theologie*, Kok Agora.)

Soi-même comme un autre, Paris, Seuil, 1990.

Lectures 1. Autour du politique, Paris, Seuil, 1991.

Lectures 2. La Contrée des philosophes, Paris, Seuil, 1992.

Lectures 3. Aux frontières de la philosophie, Paris, Seuil, 1994.

Réflexion faite. Autobiographie intellectuelle, Paris, Esprit, 1995.

Secundaire literatuur

ADRIAANSE, Hendrik Johan (red.), *Paul Ricœur*, Amsterdam, Boom, 1998 (spec. nr. *Wijsgerig Perspectief*).

DOSSE, François, *Paul Ricœur: les sens d'une vie*, Paris, La Découverte, 1997.

GERHART, Mary, *The Question of Belief in Literary Criticism: An Introduction to the Hermeneutical Theory of Paul Ricœur*, Stuttgart, Akademischer Verlag, 1979.

IHDE, Don, *Hermeneutic Phenomenology: The Philosophy of Paul Ricœur*, Evanston (Ill.), Northwestern University Press, 1971.

MONGIN, Olivier, *Paul Ricœur*, Paris, Seuil, 1998 (1994).

REAGAN, Charles E., *Paul Ricœur: His Life and His Work*, Chicago, University of Chicago Press, 1996.

VANSINA, Frans, *Paul Ricœur: Primary and Secondary Bibliography, 1935-2000*, Leuven, Universitaire Pers Leuven, 2000.

RENÉ GIRARD
(°1923)

Paul PELCKMANS

DE ROMANESKE WAARHEID

Mensonge romantique et vérité romanesque (1964), Girards eerste ophefmakende boek, was bij het verschijnen, toen niemand het vervolg kon vermoeden, nog niet veel meer dan een ambitieus essay over de moderne roman dat – net zoals Lukács' *Theorie des Romans* (1914-1916) – begint bij Cervantes en eindigt met Marcel Proust. Volgens Girard bezit de grote romantraditie een analytische meerwaarde: ze legt een pijnlijk avontuur bloot dat in het alledaagse leven onder allerlei "romantische" illusies wordt weggemoffeld. "Romantisch" verwijst hier naar een ideaal van autonomie en spontaniteit, naar het idee dat een mensenleven slechts de moeite waard is wanneer het de allerindividueelste expressie van de allerindividueelste gevoelens is of wordt. Grote romanciers ontmaskeren de evidentie van dit gangbare zelfbeeld als een hersenschim. De mens, zo leert de roman, is zelden of nooit spontaan, hij is niet de absolute oorsprong van zijn wensen en dromen: de echte drijfveer van het menselijke handelen is de imitatie van de succesvolle ander. Het feit, bijvoorbeeld, dat Don Quichot ridder wil worden, is minder het gevolg van een persoonlijke keuze dan van het lezen van boeken waarin het ridderschap als het hoogste ideaal wordt aangeprezen.

In het geval van Don Quichot is de mimese nog niet totaal, de *hidalgo* is zich bij momenten bewust van het illusoire karakter van zijn ridderavonturen en hij is dus nog niet de dupe van de romantische leugen. Die leugen ontstaat pas echt van zodra de mimese onbewust of impliciet wordt, van zodra een individu de nagebootste ander wil overtreffen. De concurrentieslag begint vaak met de niet eens slecht bedoelde overtuiging dat het individu heer en meester is over zijn eigen daden, maar al snel maakt de mimese steeds ingewikkelder en wanhopigere scenario's noodzakelijk. Don Quichot was misschien wel krankzinnig maar beslist geen gekwelde natuur; Prousts en Dostojewski's helden, daarentegen, sukkelen van het ene uitzichtloze avontuur in het andere, hun duur bevochten overwinningen blijven altijd broos en wanneer alles verloren is, cultiveren ze hun falen: ze maken zich wijs dat ze boven de vijandige wereld staan en dat het (onmogelijke) ideaal dat ze nastreefden en waarvan ze zonder de inbreng van anderen trouwens niet eens het bestaan hadden kunnen bevroeden, kennelijk een gegeerd goed is. Deze desastreuze mimetische 'logica' ligt bijvoorbeeld aan de basis van de zielige berekeningen van de onzelfzekere Pavel Pavlovitch Troussotzki, de protagonist van Dostojewski's *Eeuwige echtgenoot*: Pavel Pavlovitch begint pas echt van zijn vrouw te houden als er briljante aanbidders in de buurt zijn die hem overtuigen van haar charme. Daarmee veroordeelt Pavel Pavlovitch zichzelf echter tot een oeverloze jaloezie die daarenboven de grens tussen werkelijkheid en zinsbegoocheling steeds meer doet vervagen: hij vreest dat zijn vrouw vroeg of laat zal bezwijken voor de indrukwekkende rivalen die hij zelf in huis haalde, maar hij weet niet of die vrees reëel is. De getormenteerde Pavel staat schijnbaar mijlenver van de wat simpele Don Quichot. Girard wijst er echter op dat we ook bij Cervantes reeds sporen terugvinden van de mimetische problematiek: een ingelast kortverhaal vertelt hoe de jonge Anselmo zijn prille huwelijk verknalt wanneer hij zijn vriend met veel aandrang vraagt om de huwelijkstrouw van de kersverse echtgenote op de proef te stellen. Aan het andere einde van het literair-historische spectrum expliciteert Proust de mimetische structuur:

> Indien we onze liefdesrelaties beter zouden analyseren, dan zouden we zien dat de vrouwen ons slechts bekoren door het tegenwicht van mannen met wie we in het strijdperk moeten treden – ook al vrezen we die strijd als de dood. Neem dat tegengewicht weg en de charme van de vrouw verdwijnt.

Van Cervantes tot Proust verliest het mimetische verlangen zich in uitzichtloze avonturen. Hun helden geven nooit op omdat, zo stelt Girard, dat mimetische verlangen de enige oplossing lijkt voor de meest fundamentele vraag van de mens, namelijk de vraag naar erkenning. Het mimetische verlangen is onlosmakelijk verbonden met een ruimere, metafysische horizon: in een wereld zonder God, zonder transcendente waarden, zonder voorzienigheid is de mens onbeduidend en overgeleverd aan het toeval, en wie aan dit problematische bestaan wil ontsnappen, neemt zijn toevlucht tot de imitatie van illustere voorbeelden. *Tout désir est désir d'être*, zegt Girard in een interview (*Quand ces choses commenceront... Entretiens avec Michel Tréguier*, p. 28). En hoe wezenlijk ook, het mimetische verlangen is als het ware gedoemd om te mislukken: de nagebootste Ander blijft altijd even contingent als het verlangende subject zelf. Vaak doorkruisen de mimetische verlangens van verschillende individuen elkaar met alle verwikkelingen vandien. De inzet van het mimetische verlangen blijft echter steeds dezelfde: de mens droomt van een onwankelbaar bestaan, van een haast goddelijke autonomie die de ondraaglijke lichtheid van de moderne wereld kunnen doen vergeten.

EEN UITZONDERLIJKE WAARHEID...

Voor Girard bezit de roman een zekere meerwaarde ten opzichte van andere vormen van weten: hij biedt een uitzonderlijk heldere kijk op enkele centrale aspecten van de moderniteit. Deze vooronderstelling verraadt een welbepaalde literatuuropvatting. Zo zweert Girard – van zijn vroegere tot zijn meest recente werk – bij de referentiële definitie van de literatuur. Hij wijst het idee dat literatuur in wezen een zelfreflexieve praktijk zou zijn resoluut van de hand. De roman refereert primordiaal aan de werkelijkheid, aan het alledaagse bestaan van auteurs en lezers en zelfs van hen die nooit een boek aanraken. Deze stelling van de roman als geprivilegieerd medium van kennis lijkt misschien wat overtrokken en zweverig, maar Girard staat op dit punt niet alleen: Freud beschouwde Sofokles en Shakespeare als visionaire voorlopers van zijn eigen ideeën en ook Lukács stelde dat literatuur op een absoluut onvergelijkbare manier een beeld ophangt van mens en geschiedenis. Met andere woorden, Girards literatuuropvatting borduurt verder op de wijdverbreide intuïtie dat grote literatuur interessant en onvervangbaar is.

De vraag is dan wel of Girard die meerwaarde van de literatuur op een overtuigende manier weet te duiden. Hij doet dit onder meer in zijn uitvoerige polemiek met de psychoanalyse. In enkele cruciale hoofdstukken in *La Violence et le sacré* neemt Girard Freuds ideeën omtrent het oedipuscomplex onder de loep en hij komt tot de slotsom dat Freud erg dicht in buurt van de ontdekking van de mimetische psychologie komt maar uiteindelijk in het oedipale model blijft steken. Voor vele menswetenschappers was en is de hypothese van het oedipuscomplex een dogma en dit verklaart wellicht waarom het zo lang geduurd heeft alvorens iemand – Girard – ontdekte dat de vaderfiguur bij nader toezien niet één maar twee verschillende functies vervult: de vader is voor het kind terzelfder tijd een fel bewonderd voorbeeld (*Ich-Ideal*) en een bijna onoverkomelijk obstakel (*Über-Ich*). Afhankelijk van de theoretische noden of van deze of gene concrete analyse benadrukt Freud nu eens de eerste, dan weer de tweede functie, en van zodra beide tegenstrijdige interpretaties elkaar te snel opvolgen, spreekt hij van de constitutieve ambivalentie van alle driften. Freuds 'oplossing' voldoet niet. De analyse wordt eleganter en inzichtelijker wanneer we de oedipale hypothese inruilen voor een andere lectuur waarin de – onweerstaanbare – vader op een nog vrij ondoorzichtige manier de illusies en de rancunes symboliseert die gepaard gaan met het mimetische verlangen. Welnu, Girard is van oordeel dat de roman – de grote romankunst, wel te verstaan – deze structuur indringender aan de oppervlakte kan brengen dan de psychoanalyse. Alleen uitzonderlijke teksten zijn hiertoe in staat, terwijl trivialere vormen van literatuur blijven steken in de romantische illusie. Fictioneel proza wil doorgaans de lezer enkel ontspannen en meestal hebben de auteurs geen zin om diezelfde lezer te confronteren met een minder aangename, ontnuchterende waarheid. Vandaar de voorkeur voor mimetische avonturen die haalbaar en/of belangwekkend lijken, voor dromen die werkelijkheid lijken te worden. De grote romans thematiseren trouwens dit soort literatuur: Don Quichot, Julien Sorel en Emma Bovary verslinden de literatuur van hun tijd, maar via hun lotgevallen creëren Cervantes, Stendhal en Flaubert meteen ook een zekere afstand ten opzichte van die literaire drogbeelden.

... OVER EEN UITZONDERLIJKE GESCHIEDENIS

De grote romans brengen een waarheid aan het licht die elders, in het alledaagse leven, verhuld wordt, ze expliciteren mentale structuren.

Dit betekent echter geenszins dat Girard zich tevreden stelt met een louter psychologische interpretatie van de literatuur – in de meest gevallen mondt zo'n psychologische lectuur trouwens uit in vrij banale 'wijsheden.' Girard, daarentegen, koppelt mentale structuren aan een ontwikkelingsgeschiedenis: het verhaal van het mimetische verlangen is een historisch verhaal. De auteurs die in *Mensonge romantique et vérité romanesque* aan bod komen, belichamen telkens een andere modaliteit van het mimetische verlangen tegen de achtergrond van een globale historische evolutie: Stendhals mimese is complexer en risicovoller dan deze die we bij Cervantes terugvinden maar ze is minder dramatisch en desastreus dan bij Dostojewski het geval zal zijn. Met andere woorden, naarmate de historische werkelijkheid verandert, verandert ook de structuur van het mimetische verlangen en als een uiterst gevoelige seismograaf registreert de grote literatuur die culturele aardverschuivingen. Girard vertrekt dus impliciet van het idee dat elke historische periode gekenmerkt wordt door een specifieke *Zeitgeist*, door een specifieke psychologisch-mentale structuur die door de literatuur en andere vormen van culturele expressie gearticuleerd wordt. Historici zullen hierbij – en niet helemaal onterecht – opmerken dat zo'n invalshoek de historische werkelijkheid geweld aandoet: alles wordt immers gereduceerd tot één enkele basisstructuur. Op dit punt gaat *Mensonge romantique et vérité romanesque* niet helemaal vrijuit: het verhaal over de westerse moderniteit wordt opgehangen aan de analyse van slechts vijf romanciers en boven de onderneming hangt dus de dreiging van een zeker schematisme. Maar misschien is dit schematisme wel de noodzakelijke prijs voor een contrastieve historische psychologie: wie voortdurend nuanceert of alleen oog heeft voor details, gaat voorbij aan globalere evoluties en breukmomenten. Met zijn houding staat Girard trouwens niet alleen: in de meer psychologiserende mentaliteitsgeschiedenis en in de antropologie worden analoge perspectieven ontwikkeld.

Mensonge romantique et vérité romanesque draait in feite rond één centrale breuk in de Europese geschiedenis: het boek vertelt het verhaal van de dramatische overgang van een niet-gesecularïseerde naar een geseculariseerde wereld en van de impact van die evolutie op het individu. Girards diagnose klinkt niet zo rooskleurig: in een wereld waar transcendente waarden wegdeemsteren, is de moderne mens wanhopig op zoek naar zekerheden, naar een manier om aan de afgrondelijke contingentie van het bestaan te ontsnappen. De vraag is dan of dit verhaal wel zo uniek is. Neen, luidde tot voor kort het antwoord van antropologen die als de dood waren voor de beschuldiging van etnocentrisme: de westerse cultuur was slechts één cultuur naast zovele andere. Nu de antropologie zich voldoende heeft losgewrikt van haar kolonialistische verleden, staat ook de al te gerede gelijkschakeling van culturen opnieuw ter discussie. Het is dus weer toegelaten om de westerse cultuur te denken als een "afwijking van het algemeen menselijke patroon" (Jan Romein), een afwijking waaraan paradoxaal genoeg zowat alle andere beschavingen zich *grosso modo* conforme(e)r(d)en. Hoewel het nergens met zoveel woorden wordt gezegd, verdedigt ook *Mensonge romantique et vérité romanesque* de uniciteit van de westerse moderniteit.

Primitieve geweldbeheersing

Wie zijn Girard-lectuur beperkt tot *Mensonge romantique et vérité romanesque*, krijgt de indruk dat de metafysische *misère* zich uitsluitend beperkt tot de westerse moderniteit. Niets is echter minder waar. In de meer antropologische essays toont Girard dat ook primitieve culturen geconfronteerd worden met enkele fundamentele problemen; alleen, het zijn *andere* problemen dan de onze. Primitieve culturen, zo stelt Girard, drijven als het ware op de vrees voor een explosie van geweld: die vrees is gewettigd, want ongecontroleerde uitbarstingen van geweld betekenen het einde van elke vorm van samenleven. Primitieve samenlevingen hebben er dus alle belang bij om instellingen en rituelen te ontwikkelen die geweld voorkomen of op z'n minst kanaliseren zoals in het geval van offerrituelen. Taboes, bijvoorbeeld, ontmijnen de potentiële spanningen tussen groepen in de samenleving: ze fungeren als primitieve verdeelsleutels die beletten dat de ene groep zich onrechtmatig het bezit van een andere groep toe-eigent. Al deze regels, rituelen en instituties inzake geweldbeheersing verwijzen volgens Girard naar een gemeenschappelijke oerscène: de oudste samenlevingen hebben gewelddadige crisissen enkel en alleen kunnen overleven dankzij een zondebokmechanisme waarvan we directe en indirecte sporen terugvinden in de mythen. Dit is het fundamentele inzicht dat Girard in zijn meer antropologische publicaties naar voor schuift. De literatuur speelt hierbij niet langer een hoofdrol zonder echter helemaal naar de achtergrond te verdwijnen. Zo wijdt Girard in *La Violence et le sacré* (1972) twee opmerkelijke hoofdstukken aan de Griekse tragedie die, net als de grote roman in *Mensonge romantique et vérité romanesque*, een verborgen waarheid onthult. De tragedie doorbreekt de ban van het mythische en ze stoot door tot de werkelijke kern van mythische verhalen, namelijk het zondebokscenario. In het ene geval – dat van Sofokles bijvoorbeeld – heractualiseert de tragedie het zondebokscenario: dreigend geweld wordt uiteindelijk bezworen door een ijzeren logica van schuld en boete. Elders is het effect van de tragische herschrijving van het zondebokmechanisme minder geruststellend: in Euripides' *Bacchanten* worden rituelen getoond die gruwelijk uit de hand lopen en die verwijzen naar primitieve, oorspronkelijke vormen van ongestructureerd geweld.

De Openbaring

In zijn analyse van de tragedie schrijft Girard terloops dat de profeten uit het Oude Testament de zondebokculturen oneindig veel radicaler gedeconstrueerd hebben dan hun Griekse tegenhangers (zie *La Violence et le sacré*, p. 100). Lezers van het reeds religieus gekleurde *Mensonge romantique et vérité romanesque* zullen niet echt opkijken van dit soort opmerkingen maar dat er hier meer op het spel staat dan alleen maar een zijdelingse allusie op een geloofsovertuiging, werd pas helemaal duidelijk met de publicatie van Girards derde boek, *Des choses cachées depuis la fondation du monde* (1978). Dit synthesewerk is opgebouwd als een zorgvuldig uitgebalanceerd drieluik. In het eerste deel staat Girard opnieuw stil bij de problematiek van de geweldbeheersing in primitieve culturen. Het derde deel zoomt in op het moderne mimetische verlangen, en Girard verdedigt er ook de superioriteit van zijn lectuurstrategie ten opzichte van de psychoanalyse. De echte verrassing was het tweede deel waarin het joods-christelijke thema van de Openbaring centraal staat. Volgens Girard doorbreekt de joods-christelijke traditie de logica van het zondebokmechanisme en werpt ze een dam op tegen geweld. Het Passieverhaal speelt hierbij een sleutelrol: tegenover het dreigende geweld van de massa – een mythische *topos* – staat een slachtoffer dat, in tegenstelling tot de mythische of tragische traditie, ondubbelzinnig onschuldig is. De boodschap van naastenliefde moet borg staan voor een nieuw ethos van de geweldloosheid: waar niemand zich ten koste van anderen wil affirmeren, daar bestaan ook geen conflicten en zal het geweld niet escaleren.

Deze antropologische duiding van het Evangelie is ongetwijfeld het meest ophefmakende en het meest omstreden onderdeel van Girards œuvre. Wat er ook van zij, Girards lectuur biedt een elegant antwoord op die theorieën die de uniciteit van het Passie- en Verlossingsverhaal ontkennen omdat veel elementen ervan bij nader toezien een mythische oorsprong zouden hebben. Girard betwist die herkomst niet, maar hij voegt er onmiddellijk aan toe dat de Bijbel de mythische elementen aan een fundamentele en unieke herijking onderwerpt. Tegenover het zondebokmechanisme stelt het christendom de naastenliefde en de geweldloosheid. Tot zover de stelling. Hoe je één en ander kan bewijzen, is een ander paar mouwen. Trouwens, Girard heeft de geschiedenis niet echt op zijn hand, want de feiten spreken de christelijke idee van geweldloosheid diametraal tegen. Het christendom heeft inderdaad voortdurend nieuwe zondebokmechanismen voortgebracht: heksen werden verbrand en – ironie van de geschiedenis – de joden werden vervolgd omwille van hun vermeende rol in de dood van Jesus; de Passie legitimeerde zo het ergste geweld. Girard zet deze harde feiten natuurlijk niet tussen haakjes, maar ze ontkrachten al evenmin de voorgestelde Bijbellectuur. Voor Girard belichaamt de Bijbel een *Novum*, iets absoluut nieuw, een compleet nieuwe, andere visie die eeuwenlang letterlijk ongehoord bleef. Het is dan de – paradoxale – verdienste van het historische christendom en dus van de Kerk dat ze de oorspronkelijk antimythologische kern van het Evangelie opnieuw gemythologiseerd hebben zodat de subversieve en bevrijdende elementen van de Boodschap op een listige manier terrein konden winnen. Girard moet dus allerminst de Kerkgeschiedenis idealiseren om zijn theorie hard te maken; hij kan zelfs zonder problemen stellen dat het antiklerikale sarcasme van een Voltaire de geest van het Evangelie dichter benadert dan de kortzichtige devotie van diens tegenstanders. Dit is een interessante denkpiste die echter niet helemaal hard wordt gemaakt: daarvoor is Girards historische tableau te schetsmatig. In *Quand ces choses recommenceront*... komt Girard nog even terug op die listige strategie van de Kerk die de Boodschap uiteindelijk doet triomferen op het geweld en één van de symptomen van die overwinning is volgens Girard de recente evolutie van de politiek. Die zou evangelisch van strekking geworden zijn: de moderne politiek wil immers koste wat het kost escalerend geweld vermijden en ze getuigt van een nieuw ethos van de verantwoordelijkheid ten aanzien van zwakkeren en slachtoffers allerhande. Girard beseft echter ook dat dit eerder een suggestie is, een hoogst persoonlijke opmerking die buiten het bestek van zijn eigenlijke theorie valt.

Des choses cachées depuis la fondation du monde vormt het sluitstuk van Girards theorie. De studies die volgden, bevatten nieuwe en vaak briljante tekstanalyses maar ze voegen niets wezenlijk toe aan de theorie als dusdanig. En hoe omvattend en veelzijdig ze ook is, Girards theorie is en blijft onaf. Een aantal denkpistes verdienen verdere uitwerking en op sommige punten – ik denk aan de relatie tussen de primitieve geweldbeheersing en het moderne mimetische verlangen – blijft Girards positie vrij onbevredigend. Niettemin is dit een belangwekkend œuvre, ook voor de literatuurwetenschap. Na de spectaculaire implosie van het marxisme als politieke en wetenschappelijke doctrine is Girards theorie voor literatuurwetenschappers misschien wel één van de weinig resterende modellen waarin een inhoudelijk coherente en consistente visie op de geschiedenis van de literatuur ontwikkeld kan worden.

Beknopte bibliografie

Primaire literatuur

Mensonge romantique et vérité romanesque, Paris, Grasset, 1961. (*De romantische leugen en de romaneske waarheid*, Kok Agora.)

La Violence et le sacré, Paris, Grasset, 1972. (*God en geweld. Over de oorsprong van mens en cultuur*, Lannoo – Mimesis.)

Critique dans un souterrain, Lausanne, L'Âge d'Homme, 1976. (*Dubbels en demonen. Over het ondergrondse verlangen*, Lannoo – Mimesis.)

Des choses cachées depuis la fondation du monde, Paris, Grasset, 1978. (*Wat vanaf het begin der tijden verborgen was*, DNB.)

To Double Business Bound, Baltimore – London, Johns Hopkins University Press, 1978 (nieuwe uitgave: London, Athlone Press, 1988).

Le Bouc émissaire, Paris, Grasset, 1982. (*De zondebok*, Kok Agora.)

La Route antique des hommes pervers, Paris, Grasset, 1985. (*De aloude weg der boosdoeners*, Kok Agora.)

Shakespeare. Les feux de l'envie, Paris, Grasset, 1990. (*Shakespeare. Het schouwspel van de afgunst*, Lannoo – Mimesis.)

Quand ces choses commenceront... Entretiens avec Michel Tréguier, Paris, Arléa, 1994.

La vittima et la folla. Violenza del mito e cristianismo, Treviso, Santa Quaranta, 1998.

Je vois Satan tomber comme un éclair, Paris, Grasset, 1999.

Secundaire literatuur

Deguy, Michel & Dupuy, Jean-Pierre (éds.), *René Girard et le problème du mal*, Paris, Grasset, 1982.

Dupuy, Jean-Pierre & Dumouchel, Paul, *L'Enfer des choses. René Girard et la logique de l'économie*, Paris, Seuil, 1979.

Kaptein, Roel & Tijmes, Pieter, *De ander als model en obstakel. Een inleiding in het werk van René Girard*, Kampen, Kok Agora, 1987.

Lascaris, Andrée, *Advocaat van de zondebok. Het werk van René Girard en het evangelie van Jezus*, Hilversum, Gooi en Sticht, 1987.

Oughourlian, Jean-Michel, *Un Mime nommé désir*, Paris, Grasset, 1982.

Pelckmans, Paul, "Geweld en bevestiging bij René Girard", in Harry Berghs (red.), *Denkwijzen 8*, Leuven, Acco, 1993, pp. 41-62.

— & Vanheeswijck, Guido (red.), *René Girard. Het labyrint van het verlangen*, Kapellen – Kampen, DNB – Kok Agora, 1996.

Populier, Jan, *God heeft echt bestaan. Met René Girard naar een nieuw mens- en wereldbeeld*, Tielt, Mimesis, 1993.

SERRES, Michel, *Rome. Le Livre des fondations*, Paris, Grasset, 1983.
VAN BEEK, Wouter (red.), *Mimese en geweld. Beschrijvingen over het werk van René Girard*, Kampen, Kok Agora, 1988.

III

VAN FORMELE LITERATUUROPVATTING NAAR ESTHETISCHE THEORIE

ALGIRDAS JULIEN GREIMAS
(1917-1992)

Dirk DE GEEST

INLEIDING

Het is onmogelijk om het œuvre van Algirdas Greimas los te zien van het structuralisme in Frankrijk in de jaren zestig en zeventig. Zowel Greimas' ambitieuze wetenschappelijke project als het specifieke referentiekader dat daarbij wordt gehanteerd, kaderen geheel in de pogingen van de structuralisten om een wetenschappelijke, algemeen geldende theorie te ontwerpen voor de studie van literatuur en, ruimer, cultuur. Daarbij bekleedt de toenmalige linguïstiek – verbonden met de opvattingen van de 'peetvaders' Ferdinand de Saussure en Noam Chomsky, en met Roman Jakobson en Claude Lévi-Strauss als cruciale bemiddelaars naar de literatuurstudie toe – onmiskenbaar de plaats van een richtinggevende 'pilootwetenschap.'

In ieder geval heeft het intense netwerk van contacten en wederzijdse invloeden op de Franse (Parijse) scène geresulteerd in enkele indrukwekkende intellectuele prestaties op het domein van de humane wetenschappen; de omvattende (niet van anekdotiek gespeende) historische synthese van François Dosse heeft dat overtuigend aangetoond. Zo publiceert Michel Foucault in 1966 – vóór de Meirevolte nieuwe vragen en problemen oproept, die mee de kanteling van het structuralisme naar het post-structuralisme hebben in de hand gewerkt – zijn belangrijke studie *Les Mots et les choses*, waarin hij een archeologie van de menswetenschappen construeert. In hetzelfde jaar laat de roemruchte psychoanalyticus Jacques Lacan eindelijk zijn gebundelde *Écrits* verschijnen. Het jaar daarop zal Jacques Derrida zijn controversiële intrede maken op het filosofische forum met niet minder dan drie boeken (*La Voix et le phénomène*, *L'Écriture et la différence*, *De la grammatologie*).

Ook op het domein van de literatuurstudie en de taalwetenschap heerst in die jaren een nauwelijks eerder gekende dynamiek en gretigheid. Typerend daarvoor is de achtste, baanbrekende aflevering van het interdisciplinaire tijdschrift *Communications* (1966), die later zelfs in pocketvorm werd heruitgegeven. Het nummer opent met een klassiek geworden opstel van Roland Barthes, "Introduction à l'analyse structurale des récits", waarin hij de contouren schetst van een systematische studie van de literatuur volgens structuralistische premissen. Barthes vertrekt daarbij van de onoverzichtelijke veelheid aan teksten die zich als (literaire) verhalen aandient: "Innombrables sont les récits du monde." In plaats van elke tekst afzonderlijk, als een particulier gegeven, te analyseren, pleit Barthes voor een onderzoek naar de kern die gemeenschappelijk is aan dat schijnbaar onsamenhangende corpus. Hoewel het essay van Barthes doorgaans als een programmatisch manifest wordt gelezen, betreft het in feite evenzeer een inleiding op de daaropvolgende artikelen, waarin dat globale programma gedeeltelijk wordt uitgewerkt en toegepast. Zo bevat *Communications 8* – om het belang van de aflevering te illustreren – verder bijdragen van onder meer Claude Brémond (een inleiding op zijn narratieve logica), Christian Metz (over de narratieve film), Umberto Eco (over de structuur van de James Bond-verhalen) en Tzvetan Todorov (over de basiscategorieën van het literaire verhaal).

Van semantiek naar semiotiek

Ook A.J. Greimas figureert in *Communications 8* met een uitvoerige analyse van de Bororo-mythe die het uitgangspunt vormt van Lévi-Strauss' *Le Cru et le cuit*. Bij die analyse maakt Greimas doorlopend gebruik van de concepten en de methodologische premissen die hij had uitgewerkt in zijn net tevoren verschenen, 'eerste' boek, *Sémantique structurale* (1966).

Met deze studie wil de auteur niets minder dan een wetenschappelijk fundament bieden voor de analyse van woordbetekenissen in het bijzonder, en voor de analyse van betekenisgeving in maatschappij en cultuur in het algemeen. De garantie voor die wetenschappelijkheid meent Greimas te vinden in de systematische articulatie van drie hiërarchisch geordende metatalen. Zo wordt het basisniveau van de objecttaal bestudeerd met behulp van een aantal metatalige concepten, die op hun beurt gefundeerd worden via een methodologische metataal (die het begrippenapparaat van de beschrijving controleert) en, uiteindelijk, een epistemologische metataal (die de validiteit van de gebruikte procedures en de geconstrueerde modellen garandeert).

Die voortdurende conceptuele zorg biedt overigens een verklaring voor twee cruciale aspecten van Greimas' œuvre. Aan de ene kant valt het op hoe het onderzoeksdomein zo ruim mogelijk wordt opgevat. Niet alleen wordt van de structurele semantiek – gaandeweg zullen Greimas en de zijnen vooral de term 'semiotiek' hanteren, die, als studie van alle soorten tekens, een ruimer bereik heeft – verwacht dat ze de meest diverse fenomenen adequaat kan analyseren; in laatste instantie wordt het perspectief geopend op een theorie van de waarneming en de cognitie zelf. Daarnaast krijgt de schriftuur van Greimas echter, door die niet aflatende zorg voor een nauwgezette conceptualisering, een bijzonder abstract en theoretisch karakter, waardoor de lectuur van zijn teksten alleszins wordt bemoeilijkt. Het hoogtepunt – voor veel lezers allicht ook het breekpunt – van die theoretische conceptualisering vormen allicht de twee volumes *Sémiotique. Dictionnaire raisonné de la théorie du langage*, die Greimas samen met Courtés opzette (1979, 1986). In deze lijvige naslagwerken wordt Greimas' theorie uitvoerig uiteengezet door tegelijk de interne systematiek én de centrale evolutielijnen ervan te demonstreren.

Zoals de titel *Sémantique structurale* aangeeft, is Greimas' doelstelling hoofdzakelijk van taalkundige aard. Toch onderscheidt zijn boek zich in twee opzichten van de gangbare linguïstiek (*i.c.* de Chomskiaanse revolutie van de transformationeel-generatieve grammatica). In de eerste plaats opteert Greimas van meet af aan expliciet voor het ontwerpen van een grammaticale theorie die een veel ruimer bereik heeft dan de afzonderlijke zin. Daartoe besteedt hij heel wat aandacht aan de wijze waarop de ruimere samenhang van zinnen (en uiteindelijk de coherentie van een globale tekst) binnen de theorie verklaard kan worden. In tegenstelling tot de meeste andere 'tekstgrammatische' modellen gaat Greimas echter nadrukkelijk uit van een semantische analyse, in plaats van de overwegend (om niet te zeggen, uitsluitend) syntactische oriëntatie van zijn vakgenoten. De tekstuele samenhang kan, anders gesteld, niet verklaard worden vanuit een reeks syntactische oppervlakteverschijnselen (zoals het gebruik van interne verwijswoorden of pronomina). Volgens Greimas berust de coherentie van een tekst op de continue herhaling van bepaalde semantische componenten en op de wijze waarop een tekst als het ware gegenereerd wordt door een beperkt aantal semantische assen (met name betekenistegenstellingen). In dat opzicht is vooral de notie van 'isotopie' van centraal belang. Als aanduiding voor de herhaling van bepaalde semantische of grammaticale elementen vormen isotopieën een noodzakelijke voorwaarde voor de coherentie en uiteindelijk de zingeving van tekst(fragment)en. Ook stilistische fenomenen als beeldspraak, woordspel en ambiguïteit kunnen worden geanalyseerd in termen van isotopische interactie en poly-isotopieën.

Zelf heeft Greimas trouwens – in het uitvoerige lemma "Semantiek" in het eerste volume van de *Sémiotique. Dictionnaire raisonné*... – zijn eigen denken over betekenis en een theorie van de betekenis samengevat. Bij die gelegenheid formuleert hij "minstens drie belangrijke voorwaarden" waaraan de nieuwe semantiek zou moeten voldoen. Allereerst moet de semantiek "generatief" zijn en "worden opgevat in de vorm van toenemende investeringen van de inhoud." Daarenboven moet de semantiek zich niet beperken tot het louter taxonomische niveau van de afzonderlijke woordbetekenissen, maar moet ze "syntagmatisch" zijn. Ten slotte moet de semantiek "algemeen" zijn, niet beperkt blijven tot het *hic et nunc* niveau van specifieke corpora of zelfs de natuurlijke taal, maar de mogelijkheid bieden om allerlei semiotische systemen te analyseren. Uit deze karakterisering komt het structuralistische project van Greimas duidelijk naar voren. Hij gelooft fundamenteel in een algoritmische opbouw (de "generatieve" dimensie) van de semantiek/semiotiek, die mee berust op het onderscheiden van meerdere, aan elkaar gerelateerde niveaus. Tegelijk worden de universalistische aanspraken van de theorie beklemtoond door haar "algemene" karakter dat de eigenheid van bepaalde situaties of zelfs media overstijgt. Uiteraard blijven factoren van contextuele of louter subjectieve aard daarbij geheel buiten beschouwing.

Het zijn precies die aspecten die de populariteit de Greimasiaanse semiotiek bij literatuurwetenschappers en cultuuronderzoekers in de hand hebben gewerkt, in die mate zelfs dat de groep van zijn medewerkers en volgelingen kortweg 'de Parijse school' binnen de semiotiek wordt genoemd. Greimas' aandacht voor de wetenschappelijke analyse van betekenis fascineerde uiteraard literatuurwetenschappers die niet langer tevreden waren met de impressionistische literaire kritiek tot dan toe; literatuurbeschouwers stelden zich ermee tevreden hun eigen 'parafrase' en hun eigen 'evaluatie' van particuliere teksten aan te bieden. Het resultaat was een sterk idiosyncratisch, normatief vertoog dat nauwelijks enige algemene, laat staan objectieve waarde had. Greimas' project is daarentegen gericht op de verkenning van veel algemenere structuren, doordat het zich richt op de centrale aspecten en mechanismen van de betekenisgeving zelf. Daarenboven garandeert die benadering, zo beweert Greimas, een "wetenschappelijke" objectiviteit waardoor de resultaten van de analyse controleerbaar en in hoge mate generaliseerbaar zouden zijn. De formalisering waartoe Greimas zijn toevlucht neemt – grotendeels geïnspireerd op Chomsky's linguïstiek, de fonologie en de logica – wordt in dat opzicht onmiskenbaar als een pluspunt ervaren. De droom om uiteindelijk 'de' wezenskenmerken van 'de' literatuur te achterhalen blijft zo grotendeels onaangetast. Ten slotte is er nog de vaststelling dat Greimas, vanaf zijn eerste publicaties, zijn theorie niet beperkt tot geconstrueerde voorbeelden, maar evenzeer vertrekt van daadwerkelijke taaluitingen en daarbij zelfs geregeld verwijst naar literaire procédés en voorbeelden. Een aantal van zijn discipelen heeft zich trouwens overwegend geconcentreerd op het onderzoek naar de zingeving in literaire teksten.

Die verschuiving van een semantische theorie naar een meer semiotisch perspectief – waarbij de linguïstische zingeving op het niveau van woorden en zinnen wordt verbreed tot een onderzoek naar de semantische opbouw van teksten – is trouwens al merkbaar in de wijze waarop *Sémantique structurale* is geconcipieerd. In de eerste hoofdstukken ontwikkelt Greimas een theoretisch model om afzonderlijke woordbetekenissen te bestuderen, via een complexe eigen variant van componentiële analyse. Aansluitend wordt de syntagmatische aaneenschakeling onderzocht van woordbetekenissen tot zinsbetekenissen en tekstgehelen; hiertoe wordt onder meer de notie van 'isotopie' ontwikkeld.

HET ACTANTIËLE SCHEMA

In de slothoofdstukken van zijn boek verbreedt Greimas zijn onderzoeksterrein tot de narratieve dimensie van teksten. In het spoor van

Vladimir Propps sprookjesonderzoek en Claude Lévi-Strauss' studie van mythen onderneemt Greimas een poging om de algemene dieptestructuur van verhalende teksten te beschrijven. In zijn studie over de *Morfologie van het wondersprookje* (1928) was Propp – op basis van een corpus van Russische wondersprookjes – tot de vaststelling gekomen dat het genre gedefinieerd kon worden door middel van een sequens van 31 elkaar opvolgende (deels obligate, deels optionele) verhaalfuncties en een beperkt aantal *dramatis personae*. De verschillende sprookjes vormen, ondanks hun ogenschijnlijke verscheidenheid, bij nader toezien varianten op eenzelfde basisschema, waaraan bijgevolg een zeker algemeen-geldend karakter wordt toegekend. Greimas reduceert Propps verhaalfuncties op zijn beurt tot enkele nog abstractere basisfuncties. Van belang is daarbij de idee dat de meeste verhalen uiteindelijk kunnen worden herleid tot de component "aanvaarding, respectievelijk overtreding van een contract"; de held tracht vervolgens de gewenste stand van zaken in de werkelijkheid te realiseren. Op die manier wordt het narratieve traject tegelijk op een economischer en een algemener toepasbare wijze beschreven als het nakomen van een contract waarbij de protagonist achtereenvolgens diverse proeven met succes moet doorstaan om zijn eigen rol van volwaardig subject waar te maken. Op dezelfde wijze wordt het grote aantal specifieke personages van Propp – in overeenstemming met de casusgrammatica van onder meer Tesnière – herleid tot drie paar functioneel-syntactische actanten. Die werkwijze resulteert in het zogenaamde 'actantiële schema', dat sindsdien in ruime kring bekendheid heeft verworven:

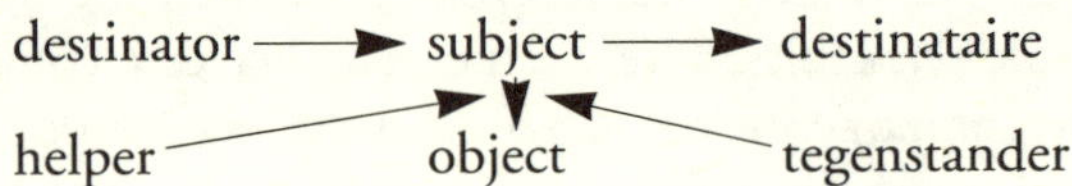

Centraal staat de as die subject en object met elkaar verbindt en die door Greimas wordt omschreven als de as van het verlangen (*le désir*); de verhaaldynamiek ontstaat door de ervaring van een zeker gemis en het daaruit voortvloeiende verlangen van het subject om een bepaald waarde-object (dat zowel concreet als abstract kan zijn) te verwerven. De tweede as, die van destinator en destinataire, is die van de communicatie. Meestal treedt de destinator op als een zender, die het subject opdraagt om het object te verwerven en het aan de juiste destinataire (ontvanger) over te dragen. De derde as is die van de macht en de strijd. De functie van de helper bestaat erin dat hij het subject helpt bij het verkrijgen van het object, terwijl de tegenstander precies de vervulling van het verlangen tegenwerkt. Uiteraard kan, in dit actantiële schema, eenzelfde acteur meer dan één actantiële rol incarneren. Omgekeerd komt het eveneens voor dat een bepaalde actant door diverse personages wordt gemanifesteerd. Evenmin is het uitgesloten dat eenzelfde acteur in de loop van het verhaal – zeker als het een complexe verhaalstructuur betreft, waarbinnen meerdere narratieve deeltrajecten kunnen worden onderscheiden – van actantiële rol verandert.

Het feit dat hier sprake is van een 'actantieel' schema en van 'actantiële' rollen, onderstreept hoe Greimas niet kiest voor een klassieke opvatting van personages als een soort van mensen van papier, maar voor een bij uitstek functionalistische benadering. De actanten zijn als het ware semantische rollen, 'lege' functies die in een concrete discursieve context op uiteenlopende wijze kunnen worden gerealiseerd. Pas op het niveau van de discursieve component – die de specifieke verwoording en thematisering van een tekst bestudeert – wordt onderzocht hoe de actanten worden geconcretiseerd tot tastbare acteurs met welbepaalde eigenschappen. Dat hier nergens sprake is van de gebruikelijke term personages illustreert eveneens de argwaan van Greimas (en de andere structuralisten) voor een al te sterke antropomorfiserende lectuur. Niet alleen individuele personen kunnen immers als actanten/acteurs optreden, maar evengoed ook een collectieve, als één geheel functionerende groep (het leger, de apostelen), dieren (de vos, de gouden vogel), dingen (een toverstok, wonderlaarzen), of zelfs abstracte gegevens (wind, eerzucht, liefde, maatschappelijke orde).

In zijn latere publicaties heeft Greimas dit actantiële model verder uitgewerkt en verfijnd. In eerste instantie heeft de polemische, of op zijn minst concurrentiële, oriëntering van heel wat verhalen uitdrukkelijker aandacht gekregen door de mogelijkheid te voorzien van meer dan één subject; die subjecten kunnen dan (geheel of gedeeltelijk) zowel een parallel traject doorlopen als een tegenovergesteld programma. Zeker in het laatste geval is het goed mogelijk dat de betreffende subjecten, omwille van hun concurrentiële of tegenstrijdige belangen, op een bepaald ogenblik met elkaar in conflict komen. Om die polemische oriëntering van tal van verhalen adequaat te kunnen beschrijven, voorziet Greimas ook de mogelijkheid van meerdere actantiële modellen, waarbij tegenover het subject een antisubject wordt geplaatst dat ofwel hetzelfde object, ofwel een anti-object nastreeft. Ook de andere rollen kunnen systematisch in antirollen worden vertaald (zonder dat het gebruik van de term 'anti-' echter *in se* pejoratieve implicaties heeft).

Voorts zijn zowel de afzonderlijke actanten als hun onderlinge relaties nauwkeuriger omschreven met behulp van de ontwikkelde metataal. Gaandeweg zijn daarbij de actanten helper en tegenstander naar het achterplan verschoven door beide functies te herinterpreteren als geprojecteerde aspecten van de competentie van het subject. Het subject krijgt inderdaad een centrale functie toebedeeld, maar de actant wordt op een minder naïeve en statische wijze opgevat (de kritiek vanuit feministische hoek, als zou Greimas' schema een 'masculien' karakter bezitten, snijdt in dit opzicht geen hout). Vooral het complexe proces van de subjectwording krijgt in Greimas' latere publicaties veel aandacht.

Het probleem is echter dat Greimas, op enkele aanzetten na in de encyclopedisch opgevatte *Dictionnaire,* die verdere theoretische uitwerking en die accentverschuivingen in feite nooit systematisch heeft gearticuleerd. De lezer van zijn werk moet noodgedwongen één en ander samenzoeken (indien al niet samendenken) uit fragmentaire beschouwingen of gedetailleerde *casestudies*, of nog indirect uit de wijze waarop Greimas allerhande vertogen en teksten leest. De bundels *Du sens. Essais sémiotiques* (1970, 1983) en zijn boek *Maupassant. La sémiotique du texte* (1976), waarin hij een kortverhaal van Maupassant leest, zijn in dit opzicht onmiskenbaar sleutelteksten.

De narratieve sequens

Algemeen poneert Greimas – in navolging van Lévi-Strauss' *Anthropologie structurale* (1958) – dat aan een klassiek verhaal een basistegenstelling ten grondslag ligt, die in de loop daarvan al of niet wordt opgelost. Technisch gesproken kan de narratieve basisstructuur bijgevolg paradigmatisch – in een soort van globaliserende, a-temporele lectuur – omschreven worden als een homologie van tegenstellingen, of met de woorden van Greimas zelf: "Het bestaan van een contract (of van een gevestigde orde) staat tot de afwezigheid van een contract (van de orde), zoals de vervreemding staat tot het volle genot van de waarden." (*Sémantique structurale*, 208) De basisdynamiek van een klassiek verhaal vloeit dus voort uit één of ander tekort (aliënatie of verstoring), waardoor de harmonie (het contract of de ordening) in haar bestaan wordt bedreigd. Syntagmatisch komt het er bijgevolg op aan om het logische en chronologische verhaalverloop te beschrijven met de operaties en mechanismen die tot (de oplossing van) de gearticuleerde tegenstellingen hebben geleid. Het vertrekpunt voor een dergelijke analyse vormt de vaststelling dat de begin- en de eindsituatie van een verhaal of een verhaalsequentie elkaar doorgaans in bepaalde opzichten weerspiegelen. Aan het begin van het verhaal vertrekt de held, aan het eind keert hij terug van zijn omzwervingen. Of bij de aanvang is het hoofdpersonage arm en ongehuwd, aan het einde rijk en gehuwd. Greimas stelt, met andere woorden, vast dat tijdens het verloop van de gebeurtenissen een inversie van de betekenisinhouden plaatsvindt, waarbij een aanvangsterm overgaat in zijn contraire, of op zijn minst contradictorische, term. Bijgevolg kunnen gebeurtenissen omschreven worden als handelingen, transformaties van een begin- naar een eindtoestand. Aan de basis daarvan ligt een uitvoerend subject, dat al of niet kan samenvallen met het subject van toestand.

Algemeen onderscheidt Greimas twee types van uitspraken of zinnen (*énoncés*), die aan de basis liggen van iedere verhaalstructuur. Enerzijds zijn er toestandszinnen (*énoncés d'état*), anderzijds handelingszinnen (*énoncés de faire*). Doorgaans treden dergelijke zinnen als zodanig niet letterlijk op in een specifieke tekst. De feitelijke zinnen en verhaalsegmenten kunnen echter, op het niveau van de theoretische lectuur, zonder al te veel moeite geconstrueerd worden, geheel in overeenstemming met het gangbare structuralistische onderscheid tussen de oppervlaktestructuur en de onderliggende dieptestructuur.

Bij een toestandszin is er sprake van een statische relatie tussen een subject (het subject van toestand) en een object (eventueel een eigenschap of een hoedanigheid), dat aan het subject wordt gerelateerd. Zoals blijkt uit zinnen als *Hij is groot*, *Hij bezit een pot goudstukken* of *Hij leeft*, kan die relatie omschreven worden als de toekenning van een statisch predikaat met behulp van het koppelwerkwoord 'zijn' (eventueel ook het werkwoord 'hebben'). Cruciaal is wel dat subject en object niet afzonderlijk, als autonome entiteiten, gedefinieerd kunnen worden, maar hun waarde net ontlenen aan hun onderlinge relatie; het subject is per definitie 'diegene die het object nastreeft', terwijl omgekeerd het object gedefinieerd kan worden als 'datgene wat door het subject wordt nagestreefd.' Binnen de actantiële categorie van het 'object' wordt vervolgens nog een onderscheid gemaakt tussen enerzijds concrete waardeobjecten (geld, een vrouw...) en anderzijds meer abstracte modaalobjecten (eer, rijkdom, liefde, identiteit). Belangrijk is wel dat het subject van dergelijke zinnen een subject van toestand is en geen echt handelend subject.

In *Sémantique structurale* wordt deze relatie gedefinieerd als een "verlangen" (*désir*). Later is er, in meer abstracte termen, sprake van een junctie, een semantische as die opgesplitst kan worden in conjunctie ($\cap$) of aanwezigheid *versus* disjunctie ($\cup$) of afwezigheid. Op die manier komt Greimas tot twee types van toestandszinnen: conjuncties ($S \cap O$) en disjuncties ($S \cup O$). Deze categorieën kunnen in een specifieke tekst op uiteenlopende wijzen gemanifesteerd worden; in het geval van een disjunctie kan men bijvoorbeeld denken aan een verlies of een overlijden, maar evenzeer aan afstand doen of een geografische verwijdering.

Handelingszinnen hebben daarentegen betrekking op een 'doen' of een 'worden.' Ze formuleren, met andere woorden, geen statische relatie maar een dynamisch gebeuren, waarbij zich een bepaalde transformatie voltrekt, de overgang van een begin- naar een eindtoestand. Begin- en eindtoestand kunnen daarbij theoretisch geconstrueerd worden als twee tegengestelde toestanden. Aangezien er slechts twee types van junctie mogelijk zijn, zijn er ook maar twee types van handelingszinnen die, naargelang van het bereikte eindresultaat, "conjunctietransformaties" en "disjunctietransformaties" worden genoemd. Geformaliseerd geeft dit het volgende:

conjunctietransformatie	$F(S1) \Rightarrow [(S2 \cup O) \rightarrow (S2 \cap O)]$
disjunctietransformatie	$F(S1) \Rightarrow [(S2 \cap O) \rightarrow (S2 \cup O)]$

Zoals blijkt uit de geformaliseerde weergave, ligt aan elke transformatie een uitvoerend subject (*sujet-opérateur*, S1 in het schema) ten grondslag, dat niet noodzakelijk samenvalt met S2, het toestandssubject. Beide subjecten kunnen samenvallen (bijvoorbeeld in het geval van een conjunctietransformatie als 'veroveren' of 'zich toeeigenen'), maar dat hoeft niet noodzakelijk zo te zijn (zoals in het geval van 'wegschenken' of 'verliezen'). Uiteraard gaat het hier niet om reëel voorkomende zinnen, maar om een theoretische herschrijving van de narratieve situatie. In sommige gevallen verloopt die metatalige herschrijving overigens beslist niet probleemloos. Zo kan een zin als *Hij is gek*, afhankelijk van de ideologie van de tekst, positief worden opgevat (als een conjunctie $S \cap O$, met O = waanzin), dan wel negatief (als een disjunctie $S \cup O$, met O = rede). Het is immers best denkbaar dat in de ene (bijvoorbeeld romantische) tekst waanzin wordt voorgesteld als een positief, na te streven object, en in de andere als een tot alle prijs te vermijden ziekte.

Met behulp van dit basisinstrumentarium wordt het mogelijk om het standaardverhaal op te vatten als een sequens van vier fasen (elk eventueel bestaand uit meerdere narratieve subprogramma's), die elkaar veelal chronologisch opvolgen en elkaar alleszins logisch vooronderstellen.

De centrale fase is uiteraard die waarin het subject handelend optreedt en de beoogde transformatie (conjunctie, of eventueel ook disjunctie) realiseert, al dan niet in een rechtstreekse confrontatie met een antisubject of een tegenstander: de held overwint de draak, de secretaresse verovert haar baas, de student slaagt voor zijn beslissende examens. Greimas spreekt in dit verband van de performantiefase of de fase van de hoofduitvoering, een fase die hij – met behulp van de twee basiswerkwoorden 'zijn' en 'doen' – omschrijft als die van het doen-zijn (*faire-être*), het realiseren van de gewenste stand van zaken in de werkelijkheid.

Dit handelen is echter logisch slechts mogelijk wanneer het subject tevoren de taak op zich genomen heeft om het object in kwestie te zoeken en, desnoods door strijd, te verwerven. Voordien zijn subject en object immers nog niet aan elkaar gerelateerd (en bestaan ze dus niet eens als volwaardige actantiële rollen). Dat initiatief vindt plaats in de contractfase of de manipulatiefase. Binnen deze fase van het doen-doen of het doen-handelen (*faire-faire*) kunnen wij twee componenten onderscheiden. Enerzijds is er het doen-weten (*faire-savoir*). De destinator brengt, als opdrachtgever, het virtuele subject –

dat slechts een gerealiseerd subject zal worden in de performantiefase, door het verwerven van het object – op de hoogte van de aard en de waarde van het nagestreefde object. Soms verschaft hij ook nadere informatie over de uit te voeren opdrachten en de daarmee verbonden gevaren. Anderzijds is er, parallel daarmee, het doen-willen (*faire-vouloir*), een poging van de destinator om – op grond van zijn gezag, van een beloning of een bedreiging... – het virtuele subject te bewegen tot een aanvaarding van het contract. Het is uiteraard ook denkbaar dat een subject op zich, zonder tussenkomst van een derde, tot een bepaalde opdracht besluit; in dat geval fungeert het subject als zijn eigen destinator.

Om de opdracht succesvol te volbrengen volstaat echter niet enkel een initiële kennis van de opdracht. Het subject moet eveneens beschikken over de daartoe vereiste capaciteiten. Dit verwerven van de nodige inzichten en vaardigheden vindt plaats in de competentiefase, de fase van het zijn-doen (*être-faire*), waar het eigenlijke handelen wordt voorbereid en mogelijk gemaakt. Tijdens deze fase verwerft het subject een aantal modaalobjecten die hem bij zijn eigenlijke queeste en zijn centrale proef moeten helpen: in de eerste plaats het moeten (*devoir*) en het willen (*vouloir*), modaliteiten die hem het belang van zijn taak doen inzien, en daarnaast ook het kunnen (*pouvoir*) en het weten (*savoir*). Slechts op grond van die eigenschappen wordt het virtuele subject een actueel subject. Vaak wordt de competentiefase ruimtelijk gesitueerd in een soort van overgangszone (een onderweg-zijn), en ze wordt besloten met het verkrijgen van een of ander hulpmiddel (een deelobject of een helper), dat de verkregen inzichten en vaardigheden als het ware tastbaar symboliseert.

Uiteindelijk is er dan de sanctiefase of de evaluatiefase, waarmee het narratieve programma wordt afgesloten. In deze fase treedt de destinator, die tijdens het eigenlijke verhaal van de hoofduitvoering doorgaans afwezig is, op als de beoordelaar van het eerder afgesloten en uitgevoerde contract. Zo wordt nagegaan of de opdracht wel degelijk tot een goed einde is gebracht, of het correcte object is verworven en aan de juiste destinator overgedragen, en of het subject wel degelijk diegene is die hij lijkt. Met andere woorden, kan hij wel als 'echt' subject van de narratieve sequens worden erkend, of is hij een bedrieger? Het gaat in deze fase bijgevolg om het evalueren van de waarheid of het zijn-zijn (*être-être*). Aansluitend wordt dan door de destinator op grond van die evaluatie een beloning of een straf uitgereikt.

Samengevat geeft dit het volgende schema:

Manipulatiefase	Competentiefase	Performantiefase	Sanctiefase
/doen-handelen/	/zijn-handelen/	/doen-zijn/	/zijn-zijn/
Destinator opdrachtgever			Destinator-beoordelaar
/doen-weten/ /doen-willen/	/moeten-handelen/ /willen-handelen/ /kunnen-handelen/ /weten-te-handelen/	handelen/	/weten/
Subject (virtueel)	Subject (actueel)	Subject (gerealiseerd)	Subject (erkend)

↑ cognitieve dimensie — ↑ pragmatische dimensie — ↑ pragmatische dimensie — ↑ cognitieve dimensie

Dit schema geeft tevens een zekere symmetrie te zien tussen enerzijds de manipulatie- en de sanctiefase, die beide als cognitief omschreven kunnen worden en waarbij de destinator een belangrijke rol speelt, en anderzijds de competentie- en de performantiefase, waarin het pragmatische handelen overheerst.

Overigens is het niet zo, dat in elk(e) verhaal(sequentie) allevier deze fasen en in deze volgorde optreden. Het kan best zijn dat op het niveau van de manifestatie één of meer van deze fasen achterwege blijven; in dat geval kunnen ze evenwel binnen het theoretische model gereconstrueerd worden. Uiteraard kan, naargelang van de aard van het verhaal (of het genre waartoe het behoort), één van deze vier fasen nadrukkelijk op de voorgrond treden. Zo zal de psychologische uitdieping vooral plaatsvinden via een gedetailleerde uitwerking van de competentiefase en de manipulatiefase, terwijl bij een actieverhaal vanzelfsprekend de performantiefase centraal staat.

Diepte- en oppervlaktestructuur

De voorgaande, sterk geschematiseerde uiteenzetting behelst lang niet de gehele theorie van Greimas rond betekenisgeving en narrativiteit. De narratieve component formuleert, zoals wij hebben gezien, een regelsysteem dat betrekking heeft op de opeenvolging van gebeurtenissen in een verhaal, en onderzoekt de actantiële functie van de erin optredende personages. Op het diepste, meest algemene niveau kan, in Greimas' optiek, elk verhaal echter nog verder herleid worden tot een stabiele, elementaire betekenisstructuur, een stel van enkele basisopposities van waaruit de concrete verhaaldynamiek zich ontwikkelt. Voorbeelden van dergelijke basistegenstellingen – een structuralistische gedachte die reeds duidelijk aanwezig was in de studies van Lévi-Strauss – zijn onder meer de opposities tussen natuur en cultuur, individu en gemeenschap, leven en dood, zijn en schijnen... Voor de articulatie van deze opposities ontwikkelt Greimas de theorie van het semiotische vierkant, waarbij de klassieke tegenstellingen worden omgebogen tot een vierkant, door een onderscheid te maken tussen termen en hun contradictorische equivalent. De tegenstelling tussen 'leven' en 'dood' wordt zo bijvoorbeeld uitgewerkt tot de volgende elementaire betekenisstructuur:

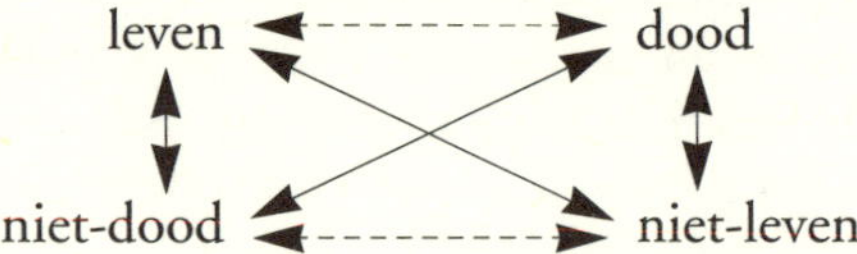

Dit schema, het zogenaamde "semiotische vierkant", kan zowel statisch als dynamisch gelezen worden. In het eerste geval articuleert het de elementaire tegenstellingen waarop een tekst gebaseerd is. In het geval van een dynamische lectuur wordt nagegaan hoe de betekenis verschuift via de verticale en de schuine assen in het schema; het zijn deze basisoperaties die ten grondslag liggen aan de specifieke narratieve dynamiek van een tekst. De strakke, binaire tegenstelling wordt hier tot op zekere hoogte opengebroken, niet enkel door het poneren van vier categorieën in plaats van de twee contraire polen, maar eveneens doordat de transformatieprocessen zelf analyseerbaar worden. In bovenstaand schema kan de overgang van 'leven' naar 'niet-leven' bijvoorbeeld beschouwd worden als een verslechteringsproces dat, afhankelijk van de tekst in kwestie, gethematiseerd wordt als een zware ziekte, een verregaande degeneratie, een mechanische slijtage of een boom die zijn bladeren verliest.

Het is, met andere woorden, niet enkel noodzakelijk om de analyse te doen uitmonden in de diepste niveaus van de betekenisproductie, *i.c.* het semiotische vierkant. Een volwaardige semantische theorie moet evenzeer de omgekeerde weg kunnen analyseren, die voert van dat meest abstracte betekenisniveau naar de specifieke verwoording of codering. Schema's worden dan discursieve structuren (met het gebruik van allerlei isotopieën), de abstracte actanten groeien uit tot haast individuele acteurs. In die zin is de theorie van Greimas duidelijk structuralistisch van opzet, doordat ze bij de analyse van tekens steeds diverse, hiërarchisch aan elkaar gerelateerde niveaus veronderstelt.

Beknopte bibliografie

Primaire literatuur

La Mode en 1830. Essai de description du vocabulaire vestimentaire d'après les journaux de mode de l'époque, Paris, PUF, 1999 (1948).
Sémantique structurale, Paris, Larousse, 1966.
Du sens. Essais sémiotiques, Paris, Seuil, 1970.
Maupassant. La sémiotique du texte: exercices pratiques, Paris, Seuil, 1976.
Sémiotique et sciences sociales, Paris, Seuil, 1976.
(met J. Courtés), *Sémiotique. Dictionnaire raisonné de la théorie du langage*, Paris, Hachette, 1979. (*Analytisch woordenboek van de semiotiek*, Tilburg University Press.)
Du sens II. Essais sémiotiques, Paris, Seuil, 1983.
Des dieux et des hommes. Études de mythologie lithuanienne, Paris, PUF, 1985.
(met J. Courtés) (éds.), *Sémiotique. Dictionnaire raisonné de la théorie du langage. II: Compléments, débats, propositions*, Paris, Hachette, 1986.
De l'Imperfection, Périgueux, Fanlac, 1987.
(met J. Fontanille), *Sémiotique des passions. Des états de choses aux états d'âme*, Paris, Seuil, 1991.
De betekenis als verhaal. Semiotische opstellen, Amsterdam, John Benjamins, 1991.

Secundaire literatuur

ARRIVÉ, Michel (éd.), *Hommages à A.J. Greimas*, Limoges, PULIM, 1993.
– & COQUET, Jean-Claude (éds.), *Sémiotique en jeu: à partir et autour de l'œuvre de A.J. Greimas*, Paris, Hadès, 1987.
Groupe d' Entrevernes, *Analyse sémiotique des textes. Introduction – Théorie – Pratique*, Lyon, PUL, 1979.
HÉNAULT, Anne, *Les Enjeux de la sémiotique*, Paris, PUF, 1979.
–, *Narratologie, sémiotique générale*, Paris, PUF, 1983.
LANDOWSKI, Éric (éd.), *Lire Greimas*, Limoges, PULIM, 1997.
SCHLEIFER, Roland, *A.J. Greimas and the Nature of Meaning: Linguistics, Semiotics, and Discourse Theory*, London, Croom Helm, 1987.

JEAN RICARDOU
(°1932)

Jan Baetens

Sic transit gloria mundi

Weinig befaamde auteurs zijn ooit zo snel in de vergetelheid geraakt als Jean Ricardou, de toonaangevende roman- en teksttheoreticus uit late jaren zestig en de vroege jaren zeventig. Wie herinnert zich nog de vooraanstaande rol die Ricardou in die periode speelde: hij leerde toen letterlijk een hele generatie lezen, maar diezelfde lezers haakten massaal af van zodra Ricardou ging experimenteren met minder toegankelijke analysevormen. De voormalige goeroe van de *Nouveau roman* onderwierp de literatuur en de conventionele manieren van lezen aan een diepgaande kritiek maar het voorgestelde alternatief kon het publiek niet bekoren. Sinds een twintigtal jaar is het dan ook stil geworden rond deze opmerkelijke figuur en niets laat vermoeden dat daar ook snel verandering in zal komen. Ricardou's recente werk heeft geen onderdak gevonden bij een vaste uitgever en het circuleert haast clandestien onder de vorm van veredelde fotokopies; Ricardou is met andere woorden hetzelfde lot beschoren als zijn zuivere teksttheorie: beiden belichamen een stem die zo radicaal anders is dat ze elke symbolisch relevante plaats ontzegd wordt.

Toch mag Ricardou niet als een eendagsvlieg beschouwd worden die in de nadagen van mei '68 – toen voor even de grenzen tussen academische en niet-academische literatuurtheorie tussen haakjes werden gezet – de *Zeitgeist* het meest in zijn voordeel wist uit te buiten. Daarvoor is zijn werk té tegendraads en té anti-institutioneel: in een context waarin literatuur steeds meer gemediatiseerd wordt, is Ricardou als het ware gedoemd om buiten de prijzen te vallen, want zijn schriftuur staat haaks op de daar vigerende eisen van herkenbaarheid en 'vlotheid.' Ricardou's veeleisende houding ten opzichte van de lezer kan als worden samengevat: het contract tussen auteur en lezer overstijgt elke vorm van *ruilwaarde*, terwijl de auteur terzelfder tijd niet de minste inspanning levert om de *gebruikswaarde* van zijn teksten te expliciteren of te duiden. De naam "Ricardou" op het voorplat laat de lezer geen keuze: wat volgt, is te nemen of te laten. Die onverzettelijkheid vloeit voort uit Ricardou's intellectuele coherentie: hij is nooit enig fundamenteel of netelig teksttheoretisch probleem uit de weg gegaan en in tegenstelling tot vele van zijn (vroegere) geestesgenoten heeft Ricardou evenmin gekozen voor de vlucht naar voor, voor 'tactische' bijsturingen of een 'strategische' ommezwaai en zeker niet voor de zelfgenoegzame retoriek van het onzegbare.

Cannes – Paris – Cerisy

Jean Ricardou is afkomstig uit een Zuid-Frans arbeidersgezin en na het behalen van een onderwijzersdiploma trekt hij naar Parijs. Hij gaat er aan de slag in een probleemschool in de *banlieue* en hij zal jarenlang die zware opdracht combineren met zijn literaire activiteit. Ricardou debuteert in 1961 met *L'Observatoire de Cannes*, een roman die nog sterk schatplichtig is aan Robbe-Grillet. Wat later vervoegt Ricardou de redactie van *Tel Quel* waar hij echter altijd een buitenbeentje zal blijven: wat in zijn teksten centraal staat – de *Nouveau roman* –, is voor de harde kern (Sollers, Kristeva, Pleynet) van het blad nooit echt een fundamentele problematiek geweest. Ricardou's essays hebben zonder enige twijfel menig *Nouveau romancier* tot een meer experimentele schriftuur aangezet, maar hun auteur is er nooit in geslaagd om de kloof tussen de *Nouveau roman* en de op Artaud en Bataille geïnspireerde avant-gardeliteratuur van de *Telquelliens* te dichten. Ricardou was bijna voorbestemd om tussen twee stoelen te vallen: voor de reeds gecanoniseerde *Nouveaux romanciers* is hij té vooruitstrevend en té weerbarstig, voor de libertaire *Telquelliens* met hun klemtoon op het carnaveleske en het lichamelijke té rationalistisch en té klassiek. Aanvankelijk stoort deze tussenpositie niemand. Het werk van Ricardou biedt de *Nouveaux romanciers* een unieke kans tot herbronning, terwijl het onbetwiste leiderschap van Sollers voldoende ruimte biedt binnen *Tel Quel* voor een soort van 'gedoogbeleid' ten aanzien van een groot aantal halve medewerkers en hele buitenstaanders. Uiteindelijk barst de bom toch: misnoegd over Sollers' geflirt met het maoïsme verlaat Ricardou *Tel Quel* in 1971, en ook ten opzichte van de *Nouveaux romanciers* lijkt een breuk onafwendbaar. Ricardou trekt zich terug in een zelfgekoesterd isolement in zijn nieuwe thuisbasis Cerisy. Daar wordt hij medeprogrammator van het prestigieuze culturele centrum, zodat hij een zekere rol in het Franse intellectuele leven blijft spelen, zij het dan op het achterplan.

1971 is ongetwijfeld een keerpunt in Ricardou's carrière. In dat jaar organiseert hij immers één van de meest befaamde en beruchte *colloques de Cerisy*, namelijk: *Nouveau roman: hier, aujourd'hui*. De snelle en spotgoedkope publicatie (in de pocket-reeks "10/18") van de akten en van de soms felle discussies na de lezingen van schrijvers en critici maakt van Ricardou een wereldster die, zoals het mediatieke halfgoden betaamt, zorgvuldig zijn imago, zijn *look* cultiveert: op een bepaald moment hadden de weelderige krullen, de bakkebaarden en de donkere bril in literaire milieu dezelfde status als Hitchcocks profiel in cinefiele middens. Ricardou wordt verplicht leesvoer aan elke weldenkende universiteit en hij wordt geciteerd en bestudeerd tot in het kleinste Amerikaanse *college*. Op dat ogenblik heeft Ricardou drie romans, een novellenbundel en twee verzamelingen van theoretische opstellen (*Problèmes du Nouveau Roman*, 1967; *Pour une théorie du nouveau roman*, 1971) op zijn naam. In die laatste werken wordt voor het eerst de nieuwe literatuur op een werkelijk coherente en systematisch vernieuwende manier gelezen. De inzet van het colloquium over de *Nouveau roman* was tot op zekere hoogte ook strategisch: als organisator wil Ricardou van de gelegenheid gebruik maken om eens en voor altijd en bij naam en toenaam de echte van de valse *Nouveaux romanciers* te onderscheiden. Verrassend kan je Ricardou's selectie bezwaarlijk noemen; volgens sommige criticasters week de nieuwe lijst van authentieke *Nouveaux romanciers* slechts op één punt af van vroegere lijsten: Ricardou had er nu zijn eigen naam aan toegevoegd. Hoe anekdotisch en/of problematisch ook, deze strategische zet had zeker ook een publicitaire meerwaarde: er groeide een bredere belangstelling voor Ricardou's theoretische werk.

SCHRIJVEN OVER SCHRIJVEN

Ricardou's teksttheorie beslaat honderden en honderden pagina's, zijn conceptueel apparaat is even complex als intimiderend, en het telt onwaarschijnlijk veel neologismen die elkaar voortdurend aflossen. Anderzijds is dit uitgebreide en steeds evoluerende theoretische œuvre terug te brengen tot een beperkt aantal kerngedachten die doorheen de jaren merkwaardig constant gebleven zijn. Met het volgende overzicht doe ik Ricardou's denken dus geen geweld aan.

De eerste kerngedachte betreft de spanning tussen de materiële (*le littéral*) en de ideële (*le référentiel*) dimensie van de literaire tekst. Voor Ricardou is de eerste pool (cultureel en maatschappelijk) dominant (want analoog aan het communicatieve taalgebruik) en om die reden negatief geconnoteerd, terwijl de tweede pool vaak verdrongen wordt en hier dus positief geconnoteerd is. Deze tegenstelling slaat niet alleen op de tekst als zodanig maar ook op die andere fundamentele component van het literaire proces, namelijk de leesact. Ricardou heeft altijd erg veel aandacht besteed aan de leesact zonder dat hij die echter ooit volledig loskoppelt van tekstuele structuren: een referentiële of ideële manier van lezen wordt door de tekst gestuurd maar nooit op een dwingende, deterministische manier. Ons verlangen naar betekenis en onze afkeer van de materialiteit die de betekenis vorm geeft, zijn bijvoorbeeld zo sterk, dat een tekst zijn materiële of "letterlijke" dimensie wel dik in de verf moet zetten om te kunnen opboksen tegen de verstikkende hegemonie van het ideële of het referentiële – en dat in de wetenschap dat elke 'overwinning' van de materie op de idee slechts lokaal en van korte duur is.

Volgens een tweede maxime is de referentiële illusie alomtegenwoordig; in literaire teksten neemt ze de vorm aan van een narratieve illusie die het reeds bestaande onevenwicht tussen materialiteit en idealiteit nog verder versterkt: net zoals het referentiële is het verhaal essentieel van de orde van de betekenis, waardoor de materiële elementen van een literaire tekst nog meer naar de achtergrond verdwijnen. Reeds in zijn vroegste opstellen onderstreept Ricardou dat de fundamenteelste hindernis die de schrijver moet nemen die van het verhaal is eerder dan die van de taal: waar het verhaal onvoldoende geproblematiseerd of ontwricht wordt, duikt het vroeg of laat terug op om elke vorm van tekstueel-materiële subversie teniet te doen. We stoten hier duidelijk op één van de breekpunten in de relatie tussen Ricardou en de *Telquelliens*: volgens Ricardou stellen die laatsten zich tevreden met een kritiek op de taal zonder zich te realiseren in welke mate ze hierbij onderworpen blijven aan conventionele verhaalstructuren. Wie daarentegen het verhaal wel degelijk ter discussie stelt, kan zelfs de meest klassieke literatuur inschakelen voor de kritische ontmaskering van de dominante taal en literatuur; van zodra de narratieve dimensie radicaal tussen haakjes wordt geplaatst, komt in principe *elke* literaire tekst in aanmerking om het verdrukte in de heersende taal en literatuur opnieuw aan de oppervlakte te brengen.

Ten derde hecht Ricardou ontzettend veel belang aan het detail. De scherpzinnigheid waarmee hij zelfs het meest onopvallende radertje of mechanisme analytisch weet te exploiteren, blijft verbazen. Ricardou is een bijzonder knap lezer en daarenboven een uitstekend pedagoog die zijn schrijverstalent ten dienste stelt van het lezen en dus van de lezer. Meer nog: in de loop der jaren is het verschil tussen schrijven en lezen steeds kleiner geworden; beide activiteiten vormen de twee complementaire dimensies van een oneindig tekstueel proces. Maar die adembenemende nauwgezetheid is niet altijd en overal even productief. In het meer recente werk wordt ze zo op de spits gedreven dat ze de lezers afstoot: het detail is er een doel op zich geworden ten nadele van een meer algemene en ook context-gevoelige kijk op tekstualiteit. De nadrukkelijke aanwezigheid van Mallarmé verraadt de richting waarin Ricardou's tekstheorie zich meer en meer ontwikkelt: net zoals Mallarmé is Ricardou op zoek naar compactheid, naar een absolute vorm die de gangbare semantiek op haar kop zet.

Een vierde opvallende kenmerk is het uitzonderlijk systematische karakter van dit denken en schrijven waarvan Ricardou trouwens sporen probeert terug te vinden bij andere auteurs. Eigenlijk is Ricardou een orthodox denker: de œuvres die hij leest en steeds weer herleest – en dat zijn er bitter weinig –, zet hij krachtig naar zijn hand. Tot in de kleinste details toont Ricardou hoe bij enkele zeldzame auteurs de literatuur eigenlijk doet wat ze hoort te doen, namelijk resoluut de strijd aanbinden met de referentiële en de narratieve illusie. Alleen dan wordt literatuur kritisch, alleen dan brengt ze bij de lezer een bewustwordingsproces op gang. Wie van dit programma afwijkt, wordt in een eerste fase berispt. Later deinst Ricardou er niet voor terug om teksten gewoonweg te herschrijven; de theoreticus noemt deze strategie ironisch *OPA* (*Offre Publique d'Amélioration*). Doelwit van deze praktijk van het 'hertalen' zijn niet alleen de mindere goden, de *minores*, maar ook de grote kanonnen zoals Flaubert en

Mallarmé. De doorgedreven wil tot coherentie en systematiek komt ten slotte tot uiting in Ricardou's terminologie en stijl, met als voorlopig orgelpunt de *textique* of algemene teksttheorie. De *textique* inventariseert alle denkbare mechanismen van om het even welke literaire tekst vanuit het perspectief van de eerder aangehaalde spanning tussen materialiteit en idealiteit. Ten opzichte van vroeger is het begrippenapparaat nu echter opgevat als een heus wetenschappelijk instrumentarium. Zo laat Ricardou zich onder meer inspireren door Mendeljevs tabel en het laat zich makkelijk raden waarom: de tabel van de scheikundige elementen is als het ware de voorafspiegeling van wat de *textique* ooit moet worden, namelijk een eindige verzameling van afzonderlijke, specifieke elementen die elk een eigen, nieuwe naam krijgen en die in principe een oneindig aantal combinaties mogelijk maken.

Het laatste en misschien wel belangrijkste kernthema in Ricardou's werk is de problematiek van het politiek-ideologische engagement. Deze auteur spreekt zelden of nooit over maatschappelijke problemen en toch insisteert hij onophoudelijk op de politieke en kritische inslag van zijn schriftuur. Ricardou wil immers geen nieuwe literatuur scheppen en zeker geen theorie of literatuur die zich zouden schikken naar één of ander partijprogramma. Ricardou's œuvre is politiek omdat het de vele manieren waarop de taal en de literatuur ons een loer draaien als dusdanig ontmaskert en aan de kaak stelt: de theorie stelt zich niet met een oppervlakkige verandering van de samenleving tevreden, ze wil een einde maken aan alles wat ons het zicht ontneemt op het materiële substraat van ons spreken, denken en handelen.

EEN ANDERE SCHRIFTUUR: *LE MIXTE*

Eén van de meest intrigerende aspecten van dit œuvre is de paradoxale relatie tussen reflexief en creatief schrijven. Ricardou beheerst beide regimes en hij houdt ze perfect in evenwicht, maar ondanks alles vloeien ze zeer snel in elkaar over. Zo zijn Ricardou's fictionele teksten zonder uitzondering doorspekt met reflexieve elementen die, in functie van elk specifiek werk, een soort handleiding vormen voor de lezer. Vaak leidt dit procédé tot ergernis bij de critici die nu lijdzaam moeten toezien hoe niet zij maar de auteur bepaalt wat en hoe er moet gelezen worden en die op de koop moeten verdragen dat een auteur er niet voor terugdeinst hen terecht te wijzen indien hun lectuur hem oppervlakkig of niet plausibel lijkt. Anderzijds is de stijl van de kritische en de theoretische opstellen zeer zelfbewust en veeleisend. Ook wat dit betreft, drijft Ricardou de critici tot wanhoop, want slechts weinigen durven het aan om zich te meten met dit stilistisch en intellectueel hoogstaande œuvre.

Niettegenstaande de symmetrie tussen fictie en theorie is de receptie van het creatieve werk beduidend bescheidener dan die van de theoretische en de reflexieve teksten. Die vaststelling heeft blijkbaar ook een impact op de evolutie van het globale œuvre want wat Ricardou ook moge beweren, de fictie verliest langzaam maar zeker terrein ten opzichte van de non-fictie. Als romancier en novellist komt Ricardou vanaf het begin van de jaren tachtig in een sukkelstraatje terecht en ook de zeer eigenaardige bundel *La cathédrale de sens* (1987) is niet onmiddellijk een teken van beterschap. Maar de eerder bescheiden kwaliteit van de literaire productie doet geen afbreuk aan het literaire meesterschap dat Ricardou in de theorie etaleert. In *Le Théâtre des métamorphoses* (1982) wordt de vermenging van fictie en niet-fictie zo sterk en zo systematisch dat de lezer ontredderd achterblijft (en hier ligt meteen ook de verre oorsprong van de leesproblemen die de latere *textique* zal veroorzaken). De *mixte* (te lezen zoals *texte*) is immers niet zomaar een mengeling van fictie en niet-fictie zoals we die in de talloze *fictions théoriques* uit de jaren zeventig of in de al even modieuze *autofictions* van de jaren tachtig terugvinden. *Le Théâtre des métamorphoses* berust op een dubbele operatie: Ricardou thematiseert de specificiteit van beide tekstregimes, maar terzelfder tijd stelt hij alles in het werk om het onderscheid tussen fictie en niet-fictie uit te wissen via de steeds wisselende mechanismen van de *discohérence*. Die *discohérence* verwijst dan naar de onoverbrugbare tegenstelling tussen stijlen en tekstypes die tegen elkaar worden uitgespeeld in het volle besef dat een duurzame synthese tussen beiden onmogelijk is.

De zin voor tegenspraak en ambivalentie kenmerkt eveneens Ricardou's positie in het literaire veld. Hij is prominent aanwezig in het intellectuele debat te Cerisy, maar een plaats in de academische wereld of in de media wijst hij resoluut van de hand. In termen van bekendheid leidt Ricardou vandaag een spookachtig bestaan en niet zelden worden zijn teksten meewarig onthaald: wie woordstrengen van twintig of meer lettergrepen ontwerpt om 'onduidelijke' termen als metafoor, zinsdeel of letter te vervangen, of tientallen pagina's volpent met zeer doorwrocht proza maar er niet in slaagt om iets over te brengen, loopt inderdaad het risico dat men hem niet *au sérieux* neemt. Niettemin heeft Ricardou een cruciale rol gespeeld in de evolutie van de recente Franse literatuur. Talrijke auteurs zijn merkbaar door hem beïnvloed: Claude Simon, bijvoorbeeld, hanteerde in het midden van de jaren zeventig een stijl die in menig opzicht aan Ricardou's tekstprogramma doet denken. Ook vele critici hebben dankzij Ricardou een eigen plaats en stem in het literaire debat gevonden: Lucien Dällenbach heeft een internationale reputatie kunnen opbouwen als theoreticus van de techniek van de *mise en abyme* (het verhaal in het verhaal), maar zijn schatplichtigheid aan Ricardou's onderzoek terzake wordt vaak onderschat. Ten slotte heeft Ricardou een zekere manier lezen ingrijpend veranderd: zonder Ricardou zouden vele werken – dat van Claude Ollier, bijvoorbeeld, één van de meest raadselachtige *Nouveaux romanciers* – nog steeds op een boeiende en stimulerende lectuur wachten. Dit alles neemt echter niet weg dat het kritische en theoretische œuvre van Ricardou vragen en problemen oproept. Ricardou lijkt zich op te sluiten in zijn eigen conceptuele en literaire universum zodat hij meer en meer vervreemd geraakt van de eigentijdse literatuur en theorie. Daarnaast vindt de exclusieve aandacht voor *la littérature se faisant* weinig gehoor bij diegenen die juist pleiten voor een literatuur met een grotere sociale en maatschappelijke openheid. En het intussen onoverzichtelijk geworden labyrint van concepten en neologismen die Ricardou's leespraktijk schragen, verergert natuurlijk het communicatieprobleem met de (misschien té haastige) lezer. Eigenlijk zou het kritische œuvre van Ricardou gebaat zijn met een goede bloemlezing: de redacteur zou dan de kans moeten grijpen om Ricardou's beste opstellen los te weken van de conceptuele obsessies van hun auteur zodat ze een nieuwe kans krijgen – de kans, met name, om gelezen te worden in het licht van een nieuwe, meer eigentijdse agenda.

BEKNOPTE BIBLIOGRAFIE

Primaire literatuur

Romans en novellen

L'Observatoire de Cannes, Paris, Minuit, 1961.
La Prise/Prose de Constantinople, Paris, Minuit, 1965.
Les Lieux-dits, Paris, Minuit, 1969.
Révolutions minuscules, Paris, Les Impressions nouvelles, 1987 (1971).
La cathédrale de sens, Paris, Les Impressions nouvelles, 1987.

Kritiek en theorie

Problèmes du Nouveau roman, Paris, Seuil, 1967.
Pour une théorie du Nouveau roman, Paris, Seuil, 1971.
Nouveaux problèmes du roman, Paris, Seuil, 1978.
Une maladie chronique, Paris, Les Impressions nouvelles, 1989.

"*mixte*"

Verschillende afleveringen van de *textique* zijn als *feuilleton théorique* gepubliceerd in *Conséquences*, 10-16 (1987-1991).
Le Théâtre des métamorphoses, Paris, Seuil, 1982.

Secundaire literatuur

BAETENS, Jan, "En lisant en écrivant: la textique de Jean Ricardou", in Peter RUECK (Hrsg.), *Methoden des Schriftbeschreibung*, Stuttgart, Jan Thorbecke Verlag, 1999, pp. 485-488.

DRUMMER, Beeke & BERNSEN, Michael (Hrsg.), *Von der Narration zur Deskription: generative Tekstkonstitution bei Jean Ricardou, Claude Simon und Philippe Sollers*, Amsterdam, Grünen, 1998.

FLEURY, Daniel, "L'Art de X", in *Conséquences*, 6 (1985), pp. 48-60.

HIGGINS, Lynn, *Parables of Theory: Jean Ricardou's Metafiction*, Birmingham (Alabama), Summa, 1984.

PRIGOGINE, Hélène, "L'aventure ricardolienne du nombre", in Jean RICARDOU & Françoise VAN ROSSUM-GUYON (éds.), *Nouveau roman: hier aujourd'hui, vol. 2*, Paris, UGE, 1972, pp. 353-377.

MICHEL BUTOR (°1926)

Els JONGENEEL

DE KOSMOPOLIET BUTOR: IN DIALOOG MET HET UNIVERSUM

Het œuvre van Michel Butor, nu al meer dan een halve eeuw oud (de eerste kritische teksten van Butor dateren van 1945) en nog steeds in expansie, mag door zijn omvang en verscheidenheid indrukwekkend genoemd worden. Het telt momenteel meer dan zeshonderd titels. Helaas ontbreekt nog een recente bibliografie. Butor heeft iets van de encyclopedische geest van Rabelais en Montaigne, twee kopstukken uit de Franse cultuur voor wie hij grote bewondering koestert en die hij dan ook niet onbeschreven heeft gelaten: over Montaigne publiceerde hij in 1968 *Essais sur les* Essais en over Rabelais *Rabelais ou c'était pour rire* (1972) en "Les compagnons de Pantagruel" (1976). Zijn honger en dorst naar kennis bevredigt hij voornamelijk door lezen en reizen; vervolgens probeert hij in het reine te komen met zijn ontdekkingen door ze op papier te zetten. Butor is geboeid door oude en eigentijdse literatuur, muziek, beeldende kunst, film, architectuur. Zijn œuvre bestrijkt uiteenlopende continenten en culturen: de oude centra van de Europese beschaving, Brazilië, Australië, Mexico, de Verenigde Staten, Canada, Egypte, de eilandenarchipels in de Stille Oceaan. Butor heeft een bijzondere belangstelling voor Japan, maar naar eigen zeggen krijgt hij geen greep op het land (zie *Le Japon depuis la France. Un rêve à l'ancre*, 1995). Ook zijn werk als docent Franse literatuur aan de universiteiten van Nice (1971-1975) en Genève (1974-1991) en zijn talloze verblijven, soms van langere duur, aan buitenlandse universiteiten, zijn bijzonder vruchtbaar geweest voor zijn schrijverschap.

Butor gebruikt de tekst niet als uitvloeisel, maar als voortzetting en verdieping van zijn kennis. Het centrale kenmerk van Butors œuvre zou ik dan ook de dialoog willen noemen. Zijn proza, poëzie en essays dialogeren met auteurs, beeldende kunstenaars, musici en componisten, kunstwerken, monumenten, steden, landschappen, beschavingen. Ze ondervragen de werkelijkheid, zoeken naar antwoorden, provoceren. Butor schrijft nooit over, maar altijd in samenspraak met het bestaande, in het verlengde ervan. Zijn teksten spreiden zich over de wereld uit als een "vangnet" (een beeld dat Butor gebruikt om zijn "annexatie- en expansiedrift" uit te drukken), graven zich in de wereld in, breken het oude af en bouwen het opnieuw op. Ieder teksteinde roept om een nieuw begin. In een niet aflatende stroom van publicaties wordt de dialoog voortgezet. Butors teksten brengen de stem van het bestaande niet tot zwijgen, maar laten die juist weerklinken. Hij schrijft altijd vanuit de "Bibliotheek", vanuit de cultuur. Dit verklaart de sterke intertekstualiteit van zijn œuvre en de voorkeur die hij zowel in zijn fictie als in zijn essays aan de dag legt voor de montage- en collagevorm.

Aan de oorsprong van deze ambitieuze schrijfpraktijk ligt één van de meest idealistische maar tegelijkertijd elementaire drijfveren van kunst, namelijk de wil om de wereld te veranderen. In de openingsalinea van een vroeg artikel over Michel Leiris (1955) citeert Butor de bekende uitspraak van Rimbaud "Je moet het leven veranderen", en voegt hij daar aan toe:

> Alle literatuur die ons daar niet bij helpt, al was het in weerwil van de auteur, is op een zekere termijn onvermijdelijk gedoemd om onder te gaan.

Twintig jaar later spreekt Butor genuanceerder over de werking van literatuur, maar de grondgedachte is niet veranderd; in *Intervalle* (1973), een filmscript dat hij heeft omgewerkt tot wat hij een "anekdote" noemt, doorspekt met citaten en dagboeknotities, schrijft hij:

> (...) ik was van mening dat het lot van de wereld, al was het maar in zeer geringe mate, afhing van wat ik schreef, en ik moet bekennen dat als ik gevangen zit in mijn schrijverij, ik dit nog steeds geloof.

Ook in de vele interviews spreekt Butor zich herhaaldelijk uit over deze fundamentele doelstelling van zijn schrijverschap. In *Curriculum vitae* (1996) bijvoorbeeld, een bundel interviews waarin de ondervrager, de literatuurrecensent André Clavel, op doeltreffende wijze leven en werk van Butor onder de loep neemt, komt op een gegeven moment onherroepelijk de vraag naar het waarom van het schrijven aan bod. Het antwoord van Butor is kort en bondig: hij schrijft om zijn eigen leven en dat van zijn lezers te veranderen. Vervolgens vraagt Clavel Butor naar één van diens grote passies, de literaire kritiek. Butor omschrijft die als volgt:

> Literatuurkritiek is voor mij literatuur over literatuur. Wanneer je een literaire tekst onder handen neemt, moet je die niet verstikken onder je eruditie, maar er integendeel nieuwe energie aan geven. De kunst van de literaire kritiek werkt als een katalysator: als je je eigen woorden toevoegt aan een werk waar je van houdt, kun je het veranderen.

Hoewel zijn œuvre ontstaan is in de context van het opkomende structuralisme, een denkrichting die vooral de autonomie van de vorm benadrukt, heeft Butor altijd nadrukkelijk vastgehouden aan de relatie tussen leven en kunst. Die verwevenheid met het leven wijst ook op invloeden vanuit het surrealisme waarvoor Butor veel belangstelling had.

Je leven, de wereld, bestaande teksten veranderen: het schrijven van fictie en non-fictie houdt dus voor Butor een proces in van transformatie en regeneratie. De poëtica die Butor voor zijn fictie hanteert, past hij ook toe in zijn essays. Wie het soms moeilijk toegankelijke œuvre van Butor wil begrijpen, moet zijn essays lezen, waarbij dient opgemerkt dat de grens tussen essay en fictie bij Butor gaandeweg vervaagt.

De encyclopedie van Butor

Butor begint zijn literaire carrière aan het begin van de jaren vijftig, in de kring van de zogenaamde *Nouveaux romanciers*, een generatie van merendeels jonge auteurs die na de Tweede Wereldoorlog debuteren bij de uitgeverij Minuit. Naast Butor behoren Pinget, Ricardou, Robbe-Grillet en Simon tot deze groep; de enige uitzondering vormt Nathalie Sarraute die al sinds 1939 publiceert; Duras en Beckett, eveneens verbonden met Minuit, haken om verschillende redenen spoedig af. De *Nouveaux romanciers* hebben als gemeenschappelijk kenmerk de hernieuwde belangstelling voor de mogelijkheden van de literaire vorm en hiermee verbonden de problematisering van de relatie tussen vorm en werkelijkheid. De *Nouveau roman* staat zoals gezegd onder invloed van het structuralisme dat vooral vanaf de tweede helft van de jaren vijftig de aanblik van de Franse menswetenschappen danig verandert. Het structuralisme kan worden beschouwd als uitvloeisel van de groeiende belangstelling in het westerse denken voor de ideeën van de linguïst Ferdinand de Saussure omtrent de taal als een sociale constructie en de rol van conventies bij het tot stand komen van betekenis in taal.

In een tijdsbestek van zes jaar publiceert Butor vier romans: *Passage de Milan* (1954), *L'Emploi du Temps* (1956), *La Modification* (1957) en *Degrés* (1960). *La Modification* levert hem de prix Renaudot op en geeft hem nationale en internationale bekendheid. Tot op heden is de naam van Butor bij het grote publiek verbonden gebleven met deze tekst. In de beginperiode, die door de literaire kritiek wel met "Romanesque I" wordt aangeduid, is de invloed van het surrealisme (Butor had grote bewondering voor Breton en onderhield ook contact met hem) en van het existentialisme nog duidelijk merkbaar. Sartres invloed blijkt vooral uit de centrale rol die Butor toekent aan het bewustzijn.

In deze tijd van intensieve romanproductie begint Butor tevens met het schrijven van literatuurkritiek over uiteenlopende auteurs (Donne, Racine, Perrault, Balzac, Baudelaire, Dostojewski, Verne, Proust, Roussel, Joyce, Kierkegaard, Pound, Faulkner), en hij publiceert daarenboven nog een drietal artikelen over de roman: "Le roman comme recherche" (1955), "L'alchimie et son langage" (1953) en "Intervention à Royaumont" (1959). In zowel de tekstgerichte als de theoretische essays zet Butor zijn opvattingen over literatuur uiteen. Naast *Pour une théorie du Nouveau roman* (1953) van Robbe-Grillet geven deze essays een goed beeld van wat de *Nouveaux romanciers* in de moeilijke beginperiode van de jaren vijftig bezighield. Zij verwoorden de crisis waarin de naoorlogse maatschappij zich bevond en het antwoord dat de kunst moest geven op gevoelens van angst en vervreemding, veroorzaakt door de ontwaarding van de westerse cultuur. Butors eerste artikelen werden gebundeld in *Répertoire I* (1960) waarvan nog vier delen zouden volgen; *Répertoire V* verscheen in 1982. Naast literaire essays schrijft Butor teksten over wat hij in navolging van de Romeinse Oudheid *le génie du lieu* (*genius loci*) noemt, een begrip waarmee het specifieke karakter van landschappen en steden wordt aangeduid. Tussen 1958 en 1996 publiceert hij vier *Génie du lieu*-boeken.

De eerste vier romans van Butor worden intussen steeds nadrukkelijker gevoed door het experiment met de literaire vorm. *Degrés* eindigt opmerkelijk genoeg met de dood van de schrijver-verteller van het verhaal, die er niet in is geslaagd zijn ideaal, een uitputtende beschrijving van een oneindig klein gedeelte van de werkelijkheid, te verwezenlijken (een geschiedenisles van één uur op een Parijs lyceum). Dit bijna pathetische einde is des te opmerkelijker omdat Butor na *Degrés* geen romans meer zal schrijven. Hij oordeelt dat de roman een verouderd genre is geworden, waarmee hij de complexe werkelijkheid niet meer te lijf kan en hij gaat daarom op zoek naar nieuwe, poëtische vormen. Hierin maakt de verhaalkern plaats voor de beschrijving, de catalogisering van de werkelijkheid; de buitenkant van de objecten wordt belangrijker. De blik van de verteller, of beter gezegd het bewustzijn dat registreert, is in deze experimentele teksten vooral op de buitenwereld gevestigd. Na 1960 distantieert Butor zich langzaam van de andere *Nouveaux romanciers* die zich steeds meer opsluiten in het vormexperiment.

De eerste tekst uit deze periode, die in de literaire kritiek als "Romanesque II" wordt aangeduid (1962-1967), is het ambitieuze *Mobile. Essai pour une représentation des États-Unis* (1962), een collage van prospectus- en catalogusteksten, flarden proza en poëzie, en fragmenten van een reisverslag waarmee Butor dit enorme continent en zijn geschiedenis probeert in kaart te brengen. In 1963 publiceert hij een soortgelijke poëtische 'impressie' van de San Marco-basiliek in Venetië, *Description de San Marco*, in 1968 gevolgd door *6810000 litres d'eau par seconde*, een tekstcollage over de Niagara-watervallen.

De autobiografische tekst *Portrait de l'artiste en jeune singe* (1967) luidt de derde en laatste periode in in het werk van Butor, "Romanesque III." Het is de periode waarin Butor steeds sterker zijn eigen subjectiviteit als filter van de dingen die hij beschrijft, benadrukt. Hij last in zijn teksten brieven in die geadresseerd zijn aan zijn vrouw en aan zijn dochters, hij vertelt over zijn buitenlandse reizen, over zijn problemen met de Franse academische wereld, over de obstakels die het schrijfproces bemoeilijken, over de vertalingen van zijn werk en zijn contacten met kunstenaars en onderzoekers. De lezer krijgt als het ware notitieboekjes voorgeschoteld waarin de auteur zijn problemen met de tekst in wording optekent. Butor verwerkt al die autobiografische gegevens zowel op een concrete als op een fictionele manier. In de *Génie du lieu*-teksten (*Oŭ, Le Génie du lieu 2*, 1971; *Boomerang, Le Génie du lieu 3*, 1978), bijvoorbeeld, voert hij zichzelf op als reiziger en ontdekker; in het surrealistisch aandoende *Matière de rêves I-V* (1975-1985) verwerkt hij gebeurtenissen en fantasieën tot nieuwe "dromen." De duidelijke koppeling tussen de persoon Butor en het werk blijkt ook uit het groot aantal interviews, die soms als boek (vijf sinds 1979), soms als artikel verschijnen. In sommige interviews (bijvoorbeeld *Le Retour du boomerang* uit 1988), die niet zelden de allures krijgen van een heuse autobiografie, geeft Butor gedetailleerde informatie over zijn werk.

"Romanesque III" is tevens de periode van de steeds intensiever wordende samenwerking met andere beeldende kunstenaars en musici. De vrijwel exclusieve belangstelling voor de roman die Butor in de beginperiode van zijn schrijverschap aan de dag legde, dijt nu uit naar andere genres en kunstvormen. Dit komt tot uiting in een groot aantal gezamenlijke publicaties, in de talloze commentaren in catalogi, kunstboeken en bundels, in de poëtische essays over beeldende kunst (de vijf bundels *Illustrations*, 1964-1976) en in een reeks albums over Japan in de Franse literatuur en beeldende kunst en over diverse steden (Genève, Parijs, Londen). Verder blijft Butor actief in de literaire essayistiek: de opvolgers van de *Répertoire*-bundels zijn de *Improvisations*, voordrachten over literatuur (tot nu toe zijn zes delen verschenen, respectievelijk over Rimbaud, Flaubert, Balzac (twee delen), Michaux en Butor zelf), die gebaseerd zijn op bandopnamen van literatuurcolleges in Mainz en Genève.

Het œuvre van Butor schrijft de wereld (het neologistische, overgankelijke gebruik van het werkwoord *écrire* stamt van Roland Barthes). Het ordent en rangschikt, opent en verdiept, verandert en verrijkt. Kennis is daarbij het hoogste ideaal, zowel in de eerste romans als in de poëtische collages uit de jaren negentig. Onwetendheid, daarentegen, is de kortste weg naar de vervreemding en verstikking. "Het geluk", zegt Butor in een recent boek over zijn werk (*Butor aux quatre vents*, onder redactie van Lucien Dällenbach, 1997), "bestaat uit het openen van de wereld die men altijd voor ons wil afgrendelen." Deze niet te stillen, Rabelaisiaanse honger naar *la substantifique moëlle*, het "merg" van de kennis dat te vinden is in de "ruggengraat" van de tekst (*l'écriture est pour moi une colonne vertébrale*, is een vaak geciteerde uitspraak van Butor) vinden we terug in de essays van Butor.

De literaire essays

De literaire essayistiek van Butor staat, zoals gezegd, in nauw verband met zijn tekstproductie. De vroege essays van "Romanesque I" bevatten geen systematische literatuurtheorie, maar betreffen hoofdzakelijk Butors opvattingen over de roman. Aangezien mensen bij uitstek kennis nemen van de werkelijkheid dankzij de verhalen die anderen erover vertellen, heeft de roman, aldus Butor, een vitale functie: de roman laat zien hoe mensen werkelijkheid ervaren en werkelijkheid maken. De auteur, aldus Butor, schrijft altijd vanuit de lacunes in bestaande teksten, in het verlengde van de Bibliotheek waarvan hij vergeten en gecanoniseerde teksten opnieuw laat klinken en tegelijkertijd aanvult en een nieuwe richting geeft. Butor beklemtoont verder het belang van de tekst en het schrijven als remedie tegen de dood en als een louteringsproces. De schrijver wordt tot een "geest" die vanuit de "overkant", de andere kant van de dood, het leven beziet en beschrijft. Butor kent daarbij aan de lezer een belangrijke rol toe. Hij is niet alleen de medespeler van de auteur maar ook zijn navolger en opvolger. Kritisch lezen impliceert voor Butor het voltooien van de lacunaire tekst, het herscheppen en opnieuw maken. In het verlengde van het lezen ligt het schrijven. Ook Butor is een kritische lezer die zich nestelt in de lacunes van teksten en kunstwerken, deze opvult en uitbouwt tot een nieuwe tekst.

In "Romanesque II" en "Romanesque III" vervaagt zoals gezegd het verschil tussen essay en fictie. Butor beschouwt zijn werk als een consistent, ondeelbaar geheel waarvan de onderdelen met elkaar dialogeren. Veel passages in de *Génie du lieu*-boeken, bijvoorbeeld, bevatten beschouwingen over kunst en cultuur. *Description de San Marco* is zowel een impressie van beeld en geluid rondom en in de beroemde Venetiaanse basiliek, als een beschouwing over de structuur van het gebouw, afgewisseld met scherpe observaties over de mozaïek-decoraties en het beeldhouwwerk. De teksten in de *Illustrations*-bundels zijn prozagedichten over beeldende kunst en ze articuleren tevens een duidelijke kunstopvatting, die eerder thuishoort in het essayistische genre. In de artikelen in de latere *Répertoire*-bundels vinden we de montagevorm terug die Butor voortdurend gebruikt in zijn fictie. Hij speelt met citaten, experimenteert met de bladzijdeopmaak en de typografie (catalogus-achtige opsommingen, verschillende marges, opmaak van de tekst die doet denken aan het prozagedicht). Hij wisselt beschouwing en poëtische vorm af met dialogische passages aan de hand van een rollenspel waarbij verschillende 'personages' aan het woord komen die zich uitspreken over de tekst (bijvoorbeeld *Investigator*, *Commentator*,

Scrutator, in "Les révolutions des calendriers", een essay in *Répertoire V* over Butors *Dialogue avec trente-trois variations sur une valse de Diabelli* uit 1971). Bovendien bevatten de latere essays veel autobiografische en autobibliografische elementen: de auteur wil nadrukkelijk zijn eigen blik op de wereld in zijn teksten ter sprake brengen.

Zoals Butor de wereld "schrijft" in zijn fictie, zo "schrijft" hij de literatuur en kunst in zijn essays. Evenmin als Barthes, bijvoorbeeld, schrijft Butor nooit *over* iets, vanuit de comfortabele positie van de criticus die boven het kunstwerk staat en betekenis reproduceert; hij improviseert altijd vanuit het werk, in samenspraak met de kunstenaar, in het verlengde van een kunstwerk, een muziekstuk, een beschaving, een stad of een landschap. Hij gebruikt de kunst als springplank om als een pionier het bestaande te veranderen en te vernieuwen. Zijn essays beschouwt hij als improvisaties op een thema, dat hij nooit uitputtend kan uitwerken. Fictie en essays zijn *anecdotes en expansion* (zo luidt de ondertitel van *Intervalle*), materiaal in wording dat de lezer moet afmaken.

Uit de essays spreekt de drang om het onbekende in kaart te brengen, de expansiedrift van Butor die we ook in zijn fictie telkens weer tegenkomen en die in het recente werk steeds openlijker naar voren treedt. Uitgewerkte beschouwingen maken plaats voor opsommingen, korte notities, onbeantwoorde vragen. Het materiaal dat de auteur tegenkomt, wordt geordend, gestroomlijnd in een poëtische vorm en als zodanig aan de lezer voorgelegd. Butor kent daarbij een groot belang toe aan de structuur van zijn teksten. De ruimte van de bladzijde is bovendien voor hem belangrijker dan de onderliggende tijdsdimensie. In de essays zijn de verwijzingen naar de geschiedenis schaars en ze fungeren er slechts als hoogst noodzakelijke achtergrondinformatie. Butor interesseert zich in eerste instantie voor wat er zich op de bladzijde of op het doek, op het beeld, op het monument, afspeelt dat hij als uitgangspunt kiest; hij schrijft zich volledig in in het *nu* van het lezen, het bezoek of de wandeling die hij samen met de lezer onderneemt. Iedere beschouwing is eigenlijk een gebeurtenis, een manifestatie waaraan de lezer actief dient deel te nemen.

Butors œuvre kenmerkt zich enerzijds door een grote sociale bewogenheid die tot uitdrukking komt in de gerichtheid op de lezer. Als geen ander heeft hij de rol gethematiseerd van de lezer als coproducent van de tekst. Vorm en inhoud van het werk vragen om een actieve deelname van de lezer aan de voltooiing van de tekst. Daarbij komt nog de verheven opvatting omtrent de rol van de kunst in het menselijk bestaan. Anderzijds schrikt Butor de lezer soms af door zijn al te complexe vormspel en eruditie. De autobi(bli)ografische elementen maken bovendien het recentere werk van Butor, zowel de fictie als de essays, tot werk voor *insiders*. Het lijkt alsof Butor er niet meer in slaagt om het publiek te betrekken bij zijn allesverslindende honger naar kennis en zijn dialoog met de kosmos, alsof hij alleen nog schrijft en publiceert om de eigen verlangens te bevredigen. Butors œuvre imponeert desalniettemin door zijn verbazingwekkende veelzijdigheid en rijkdom. De les die deze *encyclopédiste de l'ignorance*, zoals Butor zichzelf noemt, aan de lezer meegeeft is die van een intense, lichamelijke en geestelijk omgang met de kunst, waardoor ook iets van het menselijke geheim ontcijferd wordt.

Beknopte bibliografie

Primaire literatuur

Passage de Milan, Paris, Minuit, 1954.
L'Emploi du Temps, Paris, Minuit, 1956.
La Modification, Paris, Minuit, 1957. (*Retour Rome*, De Bezige Bij.)
Degrés, Paris, Gallimard, 1960.
Répertoire I-V, Paris, Minuit, 1960-1982.
Le Génie du lieu, Paris, Grasset, 1958.
Où, Le Génie du lieu 2, Paris, Gallimard, 1971.
Boomerang, Le Génie du lieu 3, Paris, Gallimard, 1978.
Mobile. Essai pour une représentation des États-Unis, Paris, Gallimard, 1962.
Description de San Marco, Paris, Gallimard, 1963.
Illustrations I-IV, Paris, Gallimard, 1964-1976.
6810000 litres d'eau par seconde, Paris, Gallimard, 1968.
Essais sur les Essais, Paris, Gallimard, 1968.
(met Denis Hollier), *Rabelais ou c'était pour rire*, Paris, Larousse, 1972.
Intervalle, Paris, Gallimard, 1973.
Matière de rêves I-V, Paris, Gallimard, 1975-1985.
Le Retour du boomerang, Paris, PUF, 1988.
"Concernant Genève", in *Genève. Un Guide Intime*, Paris, Autrement, 1986.
Paris-Londres-Paris, Paris, La Différence, 1987.
(met Frédéric-Yves Jeannet), *Le Japon depuis la France. Un rêve à l'ancre*, Paris, Hâtier, 1995.
De la distance. Déambulation, Rennes, Ubacs, 1990.
Entretiens, vols. 1 (1958-1968), 2 (1969-1978), 3 (1979-1996), Nantes, Joseph K., 1999.

Secundaire literatuur

CLAVEL, André, *Curriculum vitae*, Paris, Plon, 1996.
DÄLLENBACH, Lucien (éd.), *Butor aux quatre vents*, Paris, Corti, 1997.
HELBO, André, *Michel Butor: vers une littérature du signe*, Bruxelles, Éds. Complexe, 1975.
JONGENEEL, Els, *Michel Butor et le pacte romanesque: écriture et lecture dans* L'Emploi du Temps, Degrés, Description de San Marco *et* Intervalle, Paris, Corti, 1988.
RAILLARD, Georges, *Butor*, Paris, Gallimard, 1968.
ROUDAUT, Jean, *Michel Butor ou le livre futur*, Paris, Gallimard, 1964.
VAN ROSSUM-GUYON, Françoise, *Critique du roman*, Paris, Gallimard, 1971.

GÉRARD GENETTE
(°1930)

Yves BAUDELLE

INLEIDING

De trilogie *Figures I* (1966), *Figures II* (1969) en *Figures III* (1972) betekende de doorbraak voor Gérard Genette en de titel van zijn meest recente werk, *Figures IV* (1999), onderstreept duidelijk de coherentie van het œuvre. In de inleiding tot deze laatste opstellenbundel benadrukt Genette inderdaad de continuïteit van zijn intellectuele ontwikkeling sinds zijn eerste publicaties in 1959. Het onderzoeksgebied werd steeds breder, maar de algemene oriëntatie – de zoektocht naar een steeds grotere theoretische precisie – bleef onveranderd. Genette debuteert, geheel in de stijl van de literaire 'kritiek', met studies over afzonderlijke œuvres (de barokke poëzie, Flaubert, Proust), maar hij ruilt gaandeweg deze eerder casuïstische literatuurbenadering in voor een meer theoretisch, 'poëticaal' perspectief. Nog later begeeft hij zich op het terrein van de esthetica of de theorie van de kunst in het algemeen, een terrein dat traditioneel voorbehouden wordt aan de filosofie. In deze evolutie fungeert *Fiction et diction* (1991) als een overgangswerk: het boek bevat zowel narratologische essays (het derde hoofdstuk, bijvoorbeeld, stelt de vraag naar de technisch-formele verschillen tussen fictionele en niet-fictionele vertoogvormen) als algemene bespiegelingen omtrent de problematiek van de literariteit, dit wil zeggen van datgene wat literatuur tot literatuur maakt.

Of het onderzoek nu narratieve structuren (*Figures III*), literaire genres (*Introduction à l'architexte*, 1979) of regimes betreft (*Palimpsestes* (1982) introduceert het onderscheid tussen ludieke, satirische en ernstige verhaalregimes), Genette denkt steeds in algemene categorieën. Hij beschouwt dan ook *L'Œuvre de l'art* (*I. Immanence et transcendance*, 1994 en *II. La Relation esthétique*, 1997), een esthetisch traktaat van zeshonderd pagina's, als de bekroning van zijn intellectuele ontwikkeling: hier bereikt de esthetische reflectie de hoogste graad van conceptuele abstractie. *L'Œuvre de l'art* kende echter slechts een bescheiden succes en dat heeft wellicht te maken met het feit dat literatuur er nauwelijks nog aan bod komt. Zo zette Genette zelfs zijn trouwste lezers op het verkeerde been. Maar ook de haarfijne precisie waarmee Genette uiterst moeilijke vraagstukken – de status en de functie van de kunst, de fysionomie en het effect van de verschillende kunstvormen, enzovoort – behandelt, werkt niet echt uitnodigend. Hoewel vooral *Immanence et transcendance* nog de sporen draagt van Genettes Aristotelische zin voor taxonomische onderscheiden, toch overstijgt het algemene referentiekader het domein van de poëtica. Met *L'Œuvre de l'art* wordt de invalshoek resoluut filosofisch: Genette analyseert voortaan Kant, hij ontleent aan Husserl het centrale begrip van "aandacht" (*attention*) en hij treedt in dialoog met de Angelsaksische analytische kunstfilosofie en dan vooral met Nelson Goodman, wiens hoofdwerk, *Languages of Art* (1968) pas in 1990 in het Frans verscheen. Genette heeft trouwens zelf veel bijgedragen tot de import van die analytische kunstfilosofie: in zijn tijdschrift *Poétique* en in de opstellenbundel *Esthétique et poétique* (1992) publiceerde hij essays van Angelsaksische, vooral Amerikaanse, kunsttheoretici die de esthetica nieuw leven hebben ingeblazen.

De impact van de Angelsaksische kunstfilosofie – met Nelson Goodman, George Dickie en Kendall Walton als voornaamste vertegenwoordigers – op *L'Œuvre de l'art* is onmiskenbaar: Genette hanteert er een radicaal antimetafysisch perspectief. Inzet van het werk is niet langer de zoektocht naar één of andere hypothetische essentie van het kunstwerk. Kunst wordt voortaan in functionele en pragmatische termen gedefinieerd. De centrale vraag is niet langer "*wat* is kunst?", maar "*wanneer* is er sprake van kunst?" ("When is art?" is trouwens ook de titel van een bekend opstel van Nelson Goodman uit 1977). Met andere woorden, de problematiek van de esthetische relatie wint aan belang: volgens Genette is de artistieke dimensie van een object immers eerst en vooral een effect van de manier waarop dat object bekeken wordt.

L'Œuvre de l'art wordt gedragen door een subjectivistische en relativistische kunstopvatting. Toch is enige nuance geboden, omdat beide volumes niet volledig op dezelfde golflengte zitten. Tussen

1994 (*Immanence et transcendance*) en 1997 (*La Relation esthétique*) heeft Genette kennelijk een zekere evolutie doorlopen. Hij herziet voortdurend vroegere stellingnames en concepten – een praktijk die wijst op de ernst en de bescheidenheid van een onderzoeker die er niet voor terugdeinst om, in naam van de wetenschappelijke precisie, zijn eigen vertoog te relativeren. In die optiek is het tweede deel van *L'Œuvre de l'art* iets nadrukkelijker functionalistisch dan het eerste deel. *Immanence et transcendance* stelt zich wel tevreden met een "voorlopige" (*provisoire*) definitie van het kunstwerk – "het kunstwerk is een intentioneel esthetisch object" –, maar de ontologie – hoe "beperkt" (*restreinte*) ook gedacht – speelt er nog steeds een niet onbelangrijke rol: het resultaat is een ietwat problematische kruisbestuiving van een functionalistische en een ontologiserende of essentialistische esthetica.

Immanentie: autografische en allografische regimes

In tegenstelling tot wat de relativerende terugblik in *La Relation esthétique* suggereert, is de opzet van *Immanence et transcendance* wel degelijk de rigoureuze beschrijving en definitie van de verschillende kunstvormen. Deze definitorische bekommernis trad voor het eerst duidelijk naar voor in *Seuils* (1987), waar Genette zich reeds boog over het verschil tussen een boek, een materieel object, en een tekst, een ideëel object. Zeven jaar later werkt Genette dit fundamentele onderscheid tussen materialiteit en idealiteit op een systematische manier uit en hij past het toe op alle kunstvormen. De titel van *L'Œuvre de l'art I, Immanence et transcendance*, vat Genettes basisstelling als het ware samen: kunst wordt gekarakteriseerd door twee bestaanswijzen, immanentie en transcendentie. In *Figures IV* stelt Genette dat dit onderscheid zijn hele œuvre beheerst. De immanentie wordt gedefinieerd door het soort *object* dat het kunstwerk constitueert. Dat object is ofwel materieel (een schilderij, een beeldhouwwerk), ofwel ideëel (een literaire tekst, een compositie, het plan van een gebouw), dit wil zeggen een object dat de recipiënt construeert op basis van een materieel substraat. De transcendentie verwijst naar de verschillende manieren waarop kunstwerken hun immanentie overstijgen (de verschillende versies van een kunstwerk, kopieën). Ze is even wezenlijk als de immanentie, want een kunstwerk blijft nooit onveranderlijk, zeker niet op het niveau van de receptie die varieert in functie van de historische, sociale en individuele context.

Getrouw aan zijn typologische methode (uitgewerkt in *Figures III*) brengt Genette in een tweede fase de verschillende modaliteiten van de immanentie en de transcendentie in kaart. Zo is de immanentie autografisch of allografisch van aard. Genette ontleent dit naar eigen zeggen fundamentele onderscheid aan Goodman. Autografisch zijn de kunstvormen waarvan het immanente object materieel en dus onmiddellijk waarneembaar is en waarvoor noties zoals authenticiteit of namaak essentieel zijn: de schilderkunst, bijvoorbeeld, wordt gekenmerkt door een autografisch regime. Genettes beschrijving van autografische kunstvormen met een materieel object kan als volgt worden samengevat (van belang hierbij is dat de term *object* in de ruime betekenis van het woord gebruikt wordt; hij verwijst zowel naar dingen als naar gebeurtenissen, en bovendien valt een kunstwerk nooit helemaal samen met zijn object omdat het ook een transcendente impact heeft):

(1) Dingen:
- unieke objecten (technisch of institutioneel niet-reproduceerbaar): schilderkunst, architectuur (in principe, want ook bouwwerken zoals sociale woningen kunnen gereproduceerd worden), fotografie (indien er slechts één niet-reproduceerbaar origineel bestaat);
- reproduceerbare objecten (op basis van een authentiek origineel dat als model beschouwd wordt en als matrix fungeert): gietwerk, gravures, foto's, wandtapijten.

(2) Gebeurtenissen (feitelijke immanentie):
Podiumkunsten in de brede zin van het woord (Genette gebruikt het anglicisme *performance*) zoals theater, dans, mime, muzikale improvisatie, music-hall, circus, enzovoort. Het statuut van podiumkunsten is niet eenduidig: enerzijds spelen ze zich af in de tijd en zijn ze dus in principe niet herhaalbaar; anderzijds kunnen ze echter *opgenomen* worden waardoor ze thuishoren in de categorie van de meervoudige autografische kunsten die hun eigen transcendentie hebben. Bovendien hebben de podiumkunsten het statuut van een *uitvoering* (van een choreografie of van een theatertekst) en dat geeft hen een allografisch karakter.

Het duidelijkste voorbeeld van een allografische kunstvorm, zo stelt Genette in navolging van Goodman, is de literatuur. Zo kan bijvoorbeeld een tekst als *La Mort des amants* van Baudelaire zonder gevolgen tot in het oneindige worden gekopieerd: de tekst valt niet samen met zijn materiële dragers. Anders gezegd: voor de literatuur spelen begrippen zoals authenticiteit of namaak geen enkele rol, want het allografische regime berust op een min of meer bewuste mentale operatie die de pertinente karakteristieken van een kunstwerken weet te onderscheiden van de toevallige en onbelangrijke elementen die enkel voor deze of gene manifestatie van het kunstwerk van toepassing zijn. Deze mentale operatie is, fenomenologisch gesproken (Husserl), een *reductie*: uit de verschillende uitvoeringen van een kunstwerk distilleert ze een abstracte identiteit (die alle uitvoeringen met elkaar gemeen hebben), een *idealiteit*. Om een correcte herhaling te verzekeren wordt die abstracte identiteit vaak in een notitiesysteem gegoten wat op zich reeds een voldoende aanwijzing is om te kunnen spreken van een allografisch kunstwerk. De analyse van het allografisch regime wordt afgesloten met een studie van kunstvormen waarin de notie van idealiteit blijkbaar een grotere rol speelt dan elders, namelijk de conceptuele kunst of *ready-mades*, alledaagse en kant-en-klare gebruiksvoorwerpen die enkel en alleen op beslissing van de kunstenaar tot kunst verheven worden. Het paradigmatische voorbeeld van een dergelijke kunstvorm is natuurlijk Duchamps urinoir dat tot een kunstwerk werd uitgeroepen en de titel "Fontaine" (1917) meekreeg. Genette spreekt in dit verband van "hyper-allografische" kunst, omdat haar idealiteit zowel individueel als conceptueel en dus generisch is, en aan deze vaststelling verbindt hij twee belangrijke conclusies voor de rest van zijn betoog: 1. op zichzelf beschouwd is het urinoir geen kunstwerk; wat telt is niet het object als dusdanig maar de act waardoor een object tot kunstwerk verheven wordt; 2. er bestaat bijgevolg een essentieel onderscheid tussen het artistieke en het esthetische, twee niveaus die niet per definitie samenvallen.

Transcendentie

In het tweede deel van *Immanence et transcendance* onderscheidt Genette drie vormen van transcendentie. Hij blijft het langst stilstaan bij de categorie van de "meervoudige immanentie", dit wil zeggen bij die gevallen waarin een kunstwerk intentioneel 'belichaamd' wordt door *verschillende* objecten (terwijl herhaalbare objecten, zoals een gravure, in principe identiek blijven wanneer ze gereproduceerd worden). Tot de categorie van de meervoudige immanenties behoren replica's of versies die onvermijdelijk variaties met zich meebrengen (Chardin schilderde vier replica's van zijn beroemde *Bénédicte*), adaptaties en transposities (met *Vendredi ou la vie sauvage* herschreef Tournier zijn *Vendredi ou les limbes du Pacifique* voor kinderen), vertalingen, herwerkingen (van de *Cid* bestaan twee versies), schetsen en ontwerpen. Los van haar typologische waarde stelt de notie van meervoudige immanentie Genette in staat om een al te strakke koppeling van kunstwerk en tekst, zoals Goodman die voorstaat, te vermijden. Goodmans radicaal nominalistische positie sluit immers de dimensie van de transcendentie uit, met alle gevolgen vandien: vertrekkende van de idee dat de Franse vertaling van *Oorlog en vrede* een andere tekst is dan het Russische origineel besluit Goodman dat het om twee verschillende kunstwerken gaat. Dit druist in tegen de intuïtie dat, bijvoorbeeld, de verschillende versies van *La Chanson de Roland* één en hetzelfde, open kunstwerk vormen.

Aan de tweede vorm van transcendentie, de "gedeeltelijke manifestaties" (*manifestations partielles*), schenkt Genette minder aandacht: het gaat hier om allerlei vormen van lacunes die zowel kwantitatief en toevallig (zoals de *Venus van Milo* met haar ontbrekende arm) als kwalitatief en intentioneel (zoals de reproductie van een ontbrekend origineel) kunnen zijn. De derde vorm van transcendentie, de "meervoudige werking" (*pluralité opérale*), krijgt dan weer meer aandacht. Los van zijn concrete modaliteiten heeft het meervoudige karakter van een kunstwerk vooral te maken met de receptie die per definitie meervoudig en meerzinnig is: een kunstwerk wordt steeds verschillend gepercipieerd. In het algemeen kan men stellen dat de betekenis van kunst verandert naarmate de Geschiedenis het publiek verandert. Ook op dit cruciale punt distantieert Genette zich van Goodman die, precies omwille van het postulaat van de identiteit van tekst en kunstwerk, niet in staat is om in te zien dat kunstwerken hun immanentie overstijgen. In werkelijkheid, zo stelt Genette, is elk kunstwerk functie van een interpretatie; literatuur begint van zodra een tekst begint te functioneren en invloed uit te oefenen, kortom: van zodra een tekst betekenis genereert. En dat is meteen de thematiek van het tweede deel van *L'Œuvre de l'art* waarvan de invalshoek iets minder formalistisch is dan in *Immanence et transcendance*.

De esthetische aandacht

In *La Relation esthétique* bestudeert Genette onze verhouding tot kunstwerken. Deze verhouding of "artistieke functie" is echter slechts één invulling van de meer algemenere esthetische relatie (die maakt dat we ook objecten mooi vinden die geen kunstwerk zijn in de strikte zin van het woord), en het is precies die esthetische relatie die Genette wil belichten. Elke esthetische relatie berust op een *esthetische aandacht*. Dit betekent niet dat de receptie van kunst veel aandacht zou vergen. Aandacht verwijst hier naar het fenomenologische begrip van *intentie*: bewustzijn impliceert altijd één of andere vorm van betrokkenheid op de dingen in de wereld. Welnu, zo schrijft Genette, in het geval van de esthetische aandacht is die betrokkenheid *aspectueel*: in de esthetische relatie hebben we oog voor het aspect van een object eerder dan voor zijn praktisch nut. Hiermee komt Genette natuurlijk heel dicht in de buurt van Kants *interesselose Wohlgefahlen*, waarbij hij stelt dat bij Kant deze uitdrukking minder slaat op het esthetische "genot" dan op de aard van de relatie tot een bepaald object.

Voor de definitie van de esthetische aandacht grijpt Genette terug naar Goodmans notie van "symptomen van het esthetische", maar in tegenstelling tot Goodman beschouwt hij die symptomen niet langer als intrinsieke kenmerken van een object: ze zijn de resultante van onze relatie tot een object. Het esthetische symptoom bij uitstek is dan de *exemplificatie*, dit wil zeggen de manier waarop een object verwijst naar zijn eigen kenmerken. De esthetische exemplificatie is fundamenteel open: iedereen kan naar believen een bepaald element van een kunstwerk privilegiëren. Deze onbepaaldheid ligt aan de basis van het *saturatie*-principe: in kunst telt elk detail, omdat elk detail op een bepaald moment en in een bepaalde context de aandacht kan trekken. Ondanks haar hoge conceptuele moeilijkheidsgraad vormt de aan Goodman ontleende theorie van de exemplificatie en van het saturatieprincipe een belangrijke bijdrage tot het debat omtrent de intransitiviteit van kunst.

In tegenstelling, bijvoorbeeld, tot de Formalisten beweert Genette dat kunst principieel transitief is. De aandacht voor de formele eigenschappen van een gedicht impliceert niet dat men blind moet blijven voor vraag naar de betekenis: exemplificatie vervolledigt de verwijzing naar de betekenis, ze zet ze niet tussen haakjes.

Het esthetische oordeel

De esthetische relatie is echter meer dan alleen maar een zaak van aandacht. Wat kunsttheoretici zoals Goodman of Veron uit het oog verliezen, is haar affectieve dimensie, de dimensie van de esthetische waardering of van het esthetische oordeel. De aandacht voor een welbepaald aspect van een object is niet per definitie esthetisch (in het geval van expertise, bijvoorbeeld, is de aandacht louter cognitief). Aandacht wordt pas esthetisch, wanneer ze gekoppeld is aan de vraag of het aspect in kwestie een object mooi maakt of niet.

Genette wijst erop dat Kant wellicht de eerste was om het illusoire karakter van een 'wetenschap van het schone' te onderstrepen: er kan alleen een wetenschap zijn van de esthetische waardering zelf, van het fameuze "esthetische oordeel." Terwijl zijn voorgangers zoals Hume nog geloofden in het bestaan van objectieve criteria van schoonheid, insisteert Kant in zijn Derde Kritiek (*Kritik der Urteilskraft*, 1799) op de subjectieve aard van het esthetische oordeel. Toch volgt Genette Kant niet over de hele lijn. Breekpunt zijn Kants universalistische aanspraken, met andere woorden zijn onvermogen om te komen tot een relativistische kunsttheorie die nochtans het logische uitvloeisel vormt van de subjectiviteit van het esthetische oordeel. Genette heeft geen moeite met dit relativisme en noemt zijn theorie lichtjes ironisch "hyper-Kantiaans." Wat Genette verstaat onder *objectivering* is in feite onlosmakelijk verbonden met de problematiek van het esthetische oordeel. Het schone is geen objectieve eigenschap van dingen, het is het gevolg van een relatie waarin een (aspect van een) object overeenkomt met mijn eigen smaak. Maar van zodra ik bijvoorbeeld een bloem mooi vind, schrijf ik aan dit oordeel objectieve gronden toe, ik zie in die schoonheid een objectieve eigenschap die losstaat van mijn eigen appreciatie. Er bestaat, anders gezegd, een onderscheid tussen het perspectief van het 'esthetische subject' wiens objectivistische overtuiging een illusie is en dat van de theoreticus – Gérard Genette – die zijn subjectiviteit volledig assumeert. Bij nader toezien is het esthetisch objectivisme subjectivistisch, terwijl de subjectivistische theorie een grotere objectiviteitsgraad bezit. Hoe dan ook, voor Genette bestaat er geen objectieve definitie van het schone; hij verwerpt zelfs de notie van "esthetische waarde." De definitie van kunst kan het stellen zonder een theorie van het schone: objecten hoeven niet mooi te zijn om als kunstwerk te fungeren. Niet zonder humor schrijft Genette – net zoals Goodman – "dat de meeste kunstwerken van een zeer bedenkelijke schoonheid zijn." De vraag is natuurlijk wat een object tot een kunstwerk maakt.

De artistieke functie

Centraal in het laatste deel van *La Relation esthétique* staat het onderscheid tussen natuurlijke objecten – een landschap, bijvoorbeeld – en kunstwerken die in *Immanence et transcendance* als "intentionele esthetische objecten" werden gedefinieerd, dit wil zeggen als objecten die beantwoorden aan de esthetische intentie van hun schepper. Volgens theoretici zoals Vivas of Panofsky is het die esthetische intentie die kunstwerken tot kunstwerken maakt. Men kan natuurlijk ook gevoelig zijn voor de schoonheid van een bloem of van een werktuig, maar dat zijn "louter esthetisch gepercipieerde objecten": hun esthetische dimensie is dan niet het effect van een intentie, maar van een welbepaalde blik.

De esthetische intentie mag dan al doorslaggevend zijn, het is niet altijd duidelijk welke intentie er aan de basis van een gegeven kunstwerk ligt. Daarom verkiest Genette de functionalistische benadering ("*wanneer* is er sprake van kunst?") boven de ontologische ("*wat* is kunst?"). Inzet van het onderzoek is dan niet zozeer de definitie van kunst op zich maar de analyse van de *esthetische relatie* die aan een object een esthetische intentie toeschrijft. Deze subjectieve toeschrijving is altijd legitiem, of ze nu juist is, of verkeerd. Misschien volstaat mijn oordeel niet om van een object een kunstwerk te maken, maar het maakt in elk geval van mijn relatie tot dat object een esthetische relatie (ik kan me dus perfect esthetisch verhouden tot objecten die geen kunstwerken zijn). Daarmee verplaatst het debat in de kunstfilosofie zich naar de vraag naar de verhouding tussen het "waarneembare" en het "kenbare." Anders geformuleerd: is informatie omtrent de ontstaansgeschiedenis van een kunstwerk onontbeerlijk voor zijn receptie? Deze vraag roept herinneringen op aan een controverse die jarenlang de traditionele literaire kritiek beheerste: moet men de intentie van een auteur kennen om een tekst adequaat te kunnen interpreteren? Wie zich, zoals de kunsttheoreticus Monroe Beardsley, enkel beperkt tot de waarneembare kwaliteiten van een kunstwerk en geen rekening houdt met de vergaarde kennis omtrent dit kunstwerk, verliest volgens Genette de specificiteit van het kwestieuze kunstwerk uit het oog en stelt zich tevreden met een oppervlakkig estheticisme. Onze verhouding tot kunst is niet alleen zintuiglijk maar ook cognitief: geen waarneming zonder competentie. Gegevens omtrent de genese, de techniek, de geschiedenis, de genres en stijlen vormen een "conceptueel referentiekader" met een onbetwistbare esthetische pertinentie: het stuurt onze waarneming. Genette stelt dat kunst in feite op twee verschillende manieren gerecipieerd wordt: de receptie is ofwel eerder primair of zintuiglijk, ofwel eerder secundair of conceptueel. In het geval van de artistieke relatie is de receptie secundair, want onze relatie tot een kunstwerk is minder spontaan, minder "onschuldig" dan onze esthetische verhouding tot een natuurlijk object. Ten slotte onderstreept Genette dat de historische en culturele inbedding van onze esthetische oordelen – we oordelen steeds in functie van contextuele en/of individuele categorieën en voorkeuren – alleen maar het esthetische relativisme, dat voortvloeit uit de subjectiviteit van onze esthetische oordelen, versterkt.

Besluit

L'Œuvre de l'art is een monumentaal werk dat echter ook enkele zwakheden vertoont. Zo wordt er vaak verwezen naar de sport en zelfs naar de kookkunst, waarbij men zich terecht kan afvragen of we ons hier nog wel echt op het terrein van de *kunst* bevinden. Is een kok een kunstenaar of een *vakman*? En menig lezer zal zich misschien storen aan de schier eindeloze conceptuele meanders van het eerste volume die aan de essentie – de esthetische ervaring – lijken voorbij te gaan. Sommige inzichten missen daarenboven de nodige scherpte en duidelijkheid. Genette is dan ook verplicht om in *Figures IV* terug te komen op enkele cruciale punten en/of misverstanden, zoals de verwarring bij sommige lezers tussen *idealiteit* en *transcendentie*. Wat hem echter het meest werd verweten door de kritiek is het excessieve relativisme van *L'Œuvre de l'art*. In *Le Démon de la théorie*, bijvoorbeeld, geeft Antoine Compagnon toe dat elke vorm van esthetische objectivisme onhoudbaar geworden is, maar hij weigert terzelfder tijd te geloven dat de notie van esthetische waarde geen enkele theoretische pertinentie meer zou bezitten: op basis van een intuïtief aanvoelen pleit Compagnon voor een consensus over een zekere rangorde van kunstwerken. Het debat blijft open. Toch moet ook Compagnon erkennen dat Genette zijn relativistische en subjectivistische esthetiek met een voorbeeldige coherentie onderbouwt en verdedigt. Wat er ook van zij, *L'Œuvre de l'art* is een baanbrekend synthesewerk en in vergelijking met Genette komen de klassieke esthetische traktaten wat stoffig over.

Uit het Frans vertaald
door Koenraad Geldof

BEKNOPTE BIBLIOGRAFIE

Primaire literatuur

Figures I, Paris, Seuil, 1966.
Figures II, Paris, Seuil, 1969.
Figures III, Paris, Seuil, 1972. (Gedeeltelijk vertaald als *Tijdsaspecten van de roman*, Van Gorcum.)
Mimologiques. Voyage en Cratylie, Paris, Seuil, 1976.
Introduction à l'architexte, Paris, Seuil, 1979. (Gedeeltelijk vertaald in Mieke BAL (red.), *Literaire genres en hun gebruik*, Coutinho.)
Palimpsestes, Paris, Seuil, 1982.
Seuils, Paris, Seuil, 1987.
Nouveau discours du récit, Paris, Seuil, 1983.
Fiction et diction, Paris, Seuil, 1991.
Esthétique et poétique (éd. Gérard Genette), Paris, Seuil, 1992.
L'Œuvre de l'art (I. Immanence et transcendance), Paris, Seuil, 1994.
L'Œuvre de l'art (II. La relation esthétique), Paris, Seuil, 1997.
Figures IV, Paris, Seuil, 1999.

Secundaire literatuur

Gérard Genette is een 'dialogisch' schrijver. Sommige van zijn werken zijn een lang uitgewerkte discussie met kritieken die in de loop der jaren over zijn hem geschreven. Studies over Genette kunnen dan ook best via die 'directe' weg worden opgespoord. Speciale aandacht verdienen hierbij *Nouveau discours du récit*, dat een synthese biedt van tien jaar narratologische discussies, en het inleidende hoofdstuk "Du texte à l'œuvre" van *Figures IV*, waarin Genette terugblikt op zijn hele carrière.

Andere aspecten komen aan bod in:

ALSINA, Jean, "Espace et narratologie", in *Espaces* (coll.), Toulouse, Presses Universitaires du Mirail, 1988, pp. 143-158.
BILOUS, Daniel, "Réc-rire: 'du second degré en littérature'", in Alain FAURE (éd.), *Rires et sourires littéraires*, Nice, Université de Nice Sophia Antipolis, 1994, pp. 224-249.
COMPAGNON, Antoine, *Le Démon de la théorie*, Paris, Seuil, 1998 (pp. 249-252 en 265-274).
POIANA, Peter, "Figure et style. Concepts esthétiques dans la théorie du discours de Genette", in *Littérature*, n° 95 (1994), pp. 23-36.
SCHAEFFER, Jean-Marie, "La relation esthétique comme fait anthropologique", in *Critique*, n° 605 (1997), pp. 729-744.

IV

SEMIOTIEK EN ETHIEK

ROLAND BARTHES
(1915-1980)

Steven ENGELS

Net als zovele naoorlogse Franse intellectuelen lijkt ook Roland Barthes moeilijk onder één noemer te vangen. De nieuwsgierige lezer die voor het eerst de *Œuvres complètes* (1993-1994) doorbladert, zal ongetwijfeld getroffen worden door de opvallende rijkdom aan onderwerpen die worden behandeld. Literatuur (van Racine tot Philippe Sollers), reclame, theater, fotografie, klassenstrijd en semiologie, Barthes lijkt van alle markten thuis. Ook formeel kenmerkt het œuvre zich door een verregaande verscheidenheid: erg wetenschappelijk aandoende traktaten zoals *Système de la Mode* of *Éléments de sémiologie* lijken moeilijk te rijmen met meer fragmentarische en resoluut metaforische geschriften als *Roland Barthes par lui-même* of *Fragments d'un discours amoureux*. Toch zijn er ook een aantal constanten: de achterdocht ten aanzien van elk ideologisch taalgebruik, het geloof in de subversieve kracht van bepaalde vormen van avant-gardeliteratuur, de afkeer van elke vorm van anti-intellectualisme. Wie Barthes' werk in zijn geheel wil voorstellen, moet hoe dan ook een lectuurstrategie ontwikkelen die in staat is om continuïteit en verandering *samen* te denken. In de latere teksten wijst Barthes trouwens zelf op de noodzaak van een dergelijke, soepele lectuur.

In wat volgt, probeer ik deze grillige evolutie zo systematisch mogelijk weer te geven. Daarbij respecteer ik niet helemaal de chronologie van de publicaties. Na de semiologische geschriften (van *Mythologies* uit 1957 tot *Système de la Mode* uit 1967) komen de teksten uit de jaren zeventig aan bod. Haast automatisch duiken er in dit tweede luik probleemstellingen en concepten op uit het vroegste werk (*Le Degré zéro de l'écriture* uit 1953 en *Michelet* uit 1956). De overgang tussen het strikt semiologische en het latere werk wordt belicht aan de hand van een aantal essays uit de late jaren zestig.

De mythologie

Mythologies (1957) illustreert treffend de formele hybriditeit die zo kenmerkend is voor Barthes' hele œuvre. Essay en theorievorming, hoewel strikt van elkaar gescheiden, gaan er hand in hand. Het eerste deel van het boek bestaat uit een vijftigtal columns geschreven en gepubliceerd tussen 1954 en 1956 in het tijdschrift *Les Lettres nouvelles*. Hoewel ze op thematisch vlak ogenschijnlijk niets met elkaar gemeen hebben, kunnen we toch spreken van een zekere eenheid. In elk van de vijftig essays stelt de auteur vooral het effect van het zogenaamde "mythische" spreken op de moderne samenleving aan de kaak. Barthes heeft het voornamelijk – maar niet uitsluitend – gemunt op de moderne massamedia die de historisch gevormde werkelijkheid van een in wezen "burgerlijke" samenleving verhullen achter een sluier van valse "natuurlijkheid" om op die manier de bestaande machtsverhoudingen binnen de hedendaagse maatschappij te verdoezelen. In het tweede deel tracht de nieuwgeboren "mytholoog" de verschillende analyses enigszins te systematiseren en legt hij de fundamenten voor een meer omvattende theorie omtrent "mythisch" taalgebruik. Het is hier dat Barthes voor het eerst wijst op de noodzaak van een algemene wetenschap van de tekens, een "semiologie" (een term die Barthes ontleent aan de Zwitserse linguïst de Saussure en waarop hij zich later steeds nadrukkelijker beroept). Het theoretische luik valt op zijn beurt uiteen in twee duidelijk onderscheiden delen. Eerst komt de formele, immanente analyse van de moderne "mythe" aan de beurt: Barthes gaat op zoek naar de steeds terugkerende structuur van de mythe waarbij hij de concrete inhoud buiten beschouwing laat. Hij ontleent hiervoor een aantal basisconcepten aan de structuralistische linguïstiek zoals "connotatie" en "denotatie." De rest van het traktaat is een stuk minder technisch van aard. Uitgaande van een nogal rudimentair socio-historisch referentiekader analyseert de "mytholoog" er de relatie tussen het "mythische" spreken en de heersende burgerlijke ideologie.

"Mythisch" taalgebruik moet volgens Barthes worden opgevat als een parasitair communicatiesysteem. De hedendaagse "mythe" ent zich op reeds bestaande betekenissystemen, ontdoet ze van hun specifiek historisch karakter en koppelt ze terzelfder tijd aan nieuwe, a-historische inhouden. Hoewel Barthes zelf de term "symbool" niet gebruikt, kunnen we stellen dat de "mythe" in feite niets anders doet dan concrete, historisch gegroeide situaties omvormen tot a-historische symbolen. De "mythe" gebruikt neutrale vormen om via een subtiel spel van connotaties meer ideologisch geladen betekenissen uit te drukken als betrof het "natuurlijke" (en dus a-historische) evidenties. De (ideologische) effecten van een dergelijke de-historicisering worden pas goed duidelijk via enkele concrete en beroemd geworden voorbeelden. Op een bepaald ogenblik staat Barthes stil bij een foto die is afgedrukt op de voorpagina van *Paris-Match* en toont hoe een Afrikaans soldaat in uniform de Franse vlag groet. De eerste betekenis van het beeld is eenvoudigweg: "een Afrikaans soldaat groet de Franse vlag." Wanneer de "mythe" zich meester maakt van de foto verdwijnt de eerste betekenis naar de achtergrond; de gehele compositie wordt een zuivere, abstracte vorm met een nieuwe betekenis: "Frankrijk is een wereldrijk; al haar zonen, zonder onderscheid in ras of afkomst, dienen trouw onder haar vlag." Op het niveau van de "mythe" wordt het contingente, historisch bepaalde karakter van de hele situatie als het ware tussen haakjes geplaatst. Van belang is niet het verleden van de Afrikaan, zijn karakter noch zijn motivatie als soldaat, maar enkel en alleen het "feit" dat hij de patriotische voorstelling van de Franse natie op een adequate manier uitdrukt.

Daarmee is aangeduid *wat* de "mythe" precies doet, maar nog niet *hoe* ze concreet te werk gaat. Volgens Barthes interpelleert de "mythe" haar eigen publiek. Ze is slechts werkzaam wanneer ze aansluit bij de leefwereld van haar bestemmelingen. De vorm waarop ze zich ent, mag dan wel leeg en zelfs abstract zijn, haar "mythische" inhoud is dat in geen geval. Integendeel, zoals het voorgaande voorbeeld goed aantoont, fungeert de "mythe" als drager van een bepaald wereldbeeld (Frankrijk als moeder der naties). Slechts in zoverre het "mythische" wereldbeeld overeenstemt met dat van haar lezers is de overdracht van betekenis succesvol. De "mythe" vegeteert als het ware op de achtergrondkennis van de "geïnteresseerde" zodat deze laatste in een eenvoudige foto de eigen opvattingen *her*kent. De verworven kennis – of, met een meer Barthesiaanse term, het "gezond verstand" (*le sens commun*) – is dus de ultieme mogelijksvoorwaarde van het "mythische" spreken. Het "mythische" taalgebruik herbevestigt steeds opnieuw het "gezonde verstand" en herleidt de activiteit van het interpreteren tot de loutere reproductie van stereotiepe associaties. De "mythe" is eigenlijk niets anders dan versteende betekenisproductie.

In het tweede deel van "Le mythe, aujourd'hui" brengt Barthes de structuur van het "mythische spreken" zoals die tot dusver werd geanalyseerd in verband met de burgerlijke ideologie die de moderne samenleving al sinds de Franse Revolutie beheerst. Volgens de "mytholoog" monopoliseert de burgerij in de hedendaagse samenleving de culturele productie. Wat het culturele leven betreft, zijn alle sociale klassen aangewezen op de producten van de burgerij: passief en onbewust *consumeert* de samenleving wat de dominante klasse haar voorkauwt. Op die manier wordt de burgerlijke cultuur synoniem voor de Cultuur *überhaupt* en kan ze haar particulier karakter verdoezelen. De burgerlijke opvattingen omtrent de juiste ordening van de samenleving worden niet langer als intentioneel en geconstrueerd ervaren, maar *lijken* voor de passieve consument een "natuurlijke" evidentie. Bij nader toezien bezit de burgerlijke ideologie dezelfde formele structuur als de mythe: net als de "mythe" metamorfoseert de burgerlijke ideologie een welbepaald, historisch gegroeid "betekenissysteem" (een wereldbeeld) tot een "natuurlijk" en "universeel" gegeven. Op basis van deze formele analogie besluit Barthes dan ook dat de burgerlijke ideologie en het geheel van de hedendaagse "mythen" zich verhouden als de voor- en keerzijde van dezelfde medaille. Beiden zeggen eigenlijk hetzelfde: dat wat nu is, *moet* ook zo zijn, want het is "natuurlijk."

Hoewel de "mytholoog" steeds het wetenschappelijk karakter van zijn analyse beklemtoont, geeft hij in de slotparagrafen van *Mythologies* zelf toe dat de "mythologie" als wetenschappelijke discipline kampt met een aantal fundamentele problemen. In wezen steunt het hele "mythologische" project op een dubbele contradictie die Barthes zelf thematiseert, maar waar hij voorlopig nog geen raad mee weet. In tegenstelling tot de passieve consument mag en kan de "mytholoog" zich niet laten vangen door de retorische verleidingsmechanismen van het "mythische" spreken, indien hij tenminste de analyse tot een goed einde wil brengen. Deze eis tot afstandelijkheid impliceert dat de "mytholoog" zich in feite buiten de samenleving moet stellen. Immers, de "mythe" richt zich niet tot een bepaald segment van de maatschappij maar tot de "universele" mens. De "mytholoog" opereert dus noodgedwongen in volstrekte eenzaamheid, afgezonderd van de massa die hij tracht te beschermen tegen ideologische manipulatie. Barthes zelf schijnt dit te betreuren maar hij gaat niet in op de gevolgen van dat isolement. Die zijn nochtans reëel en zetten het hele "mythologische" project op de helling. Ten aanzien van de eigen theorie bekleedt de "mytholoog" een plaats die hij onmogelijk kan bezetten. Hij moet zich boven de verschillende maatschappelijke klassen verheffen en komt daardoor in aanvaring met de eigen theorie die stelde dat de esthetische en morele normen van de dominante burgerij door de hele samenleving als evident worden aanvaard. Op onverklaarbare wijze kan de "mytholoog" blijkbaar ontsnappen aan de wetten die hij zelf uitvaardigde. Met andere woorden, de "mythologische" *praktijk* spreekt de "mythologische" *theorie* – die haar zou moeten funderen – tegen. Dat is echter nog niet alles. De hedendaagse mythe, zo zagen we, verbergt haar eigen geconstrueerdheid en dient zich aan als een eeuwige waarheid. De mythologische theorie, zo blijkt nu, doet eigenlijk niets anders: als zuiver formele wetenschap plaatst ook zij haar historisch karakter tussen haakjes. In zijn pogingen om de burgerlijke ideologie te ontmaskeren als een contingente constructie, valt de "mytholoog" terug op een in wezen a-historisch analysemodel, ontleend aan de structuralistische linguïstiek. In feite, zo stelt Barthes, is de "mytholoog" zelf "verbannen uit de geschiedenis in wiens naam hij ageert." Bij nader toezien is *Mythologies* dus een erg paradoxale tekst. Hoe vruchtbaar ze op het eerste zicht ook mag lijken, de "mythologie" voldoet niet aan haar eigen wetenschappelijke pretenties. Aan het eind van de tekst staat de "mytholoog" dan ook voor een dilemma: ofwel verfijnt en herziet hij de oorspronkelijke theorie, ofwel gaat hij op zoek naar nieuwe manieren om "mythisch" en "ideologisch" taalgebruik te bestrijden. Aanvankelijk Barthes kiest voor de eerste optie; vanaf het einde van de jaren zestig slaat hij resoluut een andere weg in.

ENTRE-ACTE: BARTHES EN HET THEATER

In 1964 verschijnt *Essais Critiques*, een bundeling van opstellen geschreven tussen 1954 en 1963 en gepubliceerd in tijdschriften als *Critique*, *Théâtre populaire* en het net opgerichte *Tel Quel*. Het kleine boekje verrast vooral door de grote verscheidenheid aan onderwerpen en het geeft een goed beeld van de verschillende domeinen waarop

Barthes in die relatief korte periode actief is geweest. Twee figuren zijn daarbij prominent aanwezig. Zo zijn er maar liefst vier opstellen gewijd aan Robbe-Grillet. Een tweede, veel belangrijker figuur is Bertold Brecht. Op het eind van de jaren vijftig was Barthes intens betrokken bij het tijdschrift *Théâtre populaire* dat zich tot doel stelde mee te werken aan de uitbouw van een kritisch *én* volks theater en dat rond de figuur van de dramaturg Jean Vilar. In die context komt Barthes voor het eerst in contact met Brecht en diens esthetica waarin hij een voorbeeld ziet van wat "kritisch" theater zou kunnen zijn. Wat Barthes opvalt en charmeert, is de wijze waarop Brecht, voor de ogen van het publiek, de natuurlijke werkelijkheid omtovert in een wereld van tekens: als geen ander weet de "mytholoog" zich verwant met een theaterpraktijk die de toeschouwer aanzet tot het decoderen van ogenschijnlijk "natuurlijke" betekenissystemen.

Hoewel de Brecht-opstellen niet onopgemerkt zijn gebleven, is het vooral een ander werk dat in de eerste helft van de jaren zestig de aandacht trok, zij het dan op een heel controversiële manier. *Sur Racine* (1963) is inderdaad ingeslagen als een bom en vormde de aanleiding voor een verhit debat omtrent de legitimiteit van de zogenaamde *Nouvelle critique*. De manier waarop Barthes Racine voorstelt, is dan ook polemisch van aard: hij neemt afstand van de "universitaire kritiek" die het theater van Racine tot een onaantastbaar, levenloos monument had laten verstenen. Gewapend met een groot aantal begrippen en schemata ontleend aan de Freudiaanse psychoanalyse, de Brechtiaanse dramaturgie en de structuralistische taalwetenschap beslist hij om het werk van Racine op een andere manier te lezen. Het project oogt heel bescheiden: een aantal "hedendaagse talen" uitproberen op een gecanoniseerd dramaturg in de hoop op die manier een klassiek werk opnieuw te laten spreken in de contemporaine context. *Sur Racine* werd echter, vooral vanuit universitaire hoek, vijandig onthaald. In *Nouvelle critique ou nouvelle imposture* (1965) noemt Raymond Picard, het toenmalige boegbeeld van de traditionele Racine-exegese, Barthes een charlatan die door obscurantistisch taalgebruik het eigen gebrek aan inzicht hoopt te verdoezelen. Barthes zelf repliceert in *Critique et vérité* (1966), een kort en venijnig pamflet waarin hij de noodzaak van een voortdurende vernieuwing van de literatuurkritiek verdedigt. Over de polemiek tussen Barthes en Picard is er al heel wat te doen geweest. Zeker is in elk geval dat *Sur Racine* niet tot

Barthes' beste teksten kan gerekend worden. Wel heeft het boek de verdienste dat het, samen met enkele andere, analoge publicaties van anderen, de hegemonie van de universitaire kritiek heeft doorbroken en zo de weg heeft geëffend voor vernieuwing in de literatuur- en theaterwetenschap. Na *Sur Racine* neemt Barthes afstand van het theater, hoewel de figuur van Brecht als een schim doorheen het hele latere werk zal blijven ronddwalen.

HET SEMIOLOGISCHE AVONTUUR

Naast de theaterkritiek concentreert Barthes zich, vanaf het begin van de jaren zestig, voornamelijk op de uitbouw en de verfijning van de "semiologie." Ook hij lijkt in de ban van de structuralistische koorts die een groot deel van de toenmalige Franse intelligentsia in haar greep houdt. In alle sectoren van de menswetenschappen ontdekt men, in het kielzog van Lévi-Strauss, de op het eerste gezicht schier onuitputtelijke mogelijkheden van de formele analysemodellen die theoretici zoals Saussure, Hjelmslev en Martinet hadden ontworpen voor de studie van de natuurlijke taal. Barthes' activiteit spitst zich toe op diverse domeinen. In de eerste plaats tracht hij zijn nog rudimentaire semiologie enigszins aan te scherpen, vooral via de confrontatie met wat hij beschouwt als het meest gesofistikeerde betekenissysteem, namelijk de literatuur. Samen met Brémond, Greimas en Todorov – allen betrokken bij het semiologische tijdschrift *Communications* – werkt hij mee aan de uitbouw van een wetenschappelijke grammatica van het verhaal. Gecanoniseerde teksten uit de wereldliteratuur maar ook meer marginale genres als de fabel, het detectiveverhaal of zelfs de grap worden er onderzocht op hun narratieve en actantiële structuren. Hieruit zal wat later een zelfstandige en formele wetenschap van het vertellen onstaan: de narratologie. De groep rond *Communications* houdt zich echter niet alleen bezig met literatuur in de strikte zin van het woord; ook andere narratieve media worden er semiologisch ontleed. De publicaties van Christian Metz op het vlak van de filmtheorie zijn hiervan een goed voorbeeld. Barthes zelf werkt trouwens goed mee aan de promotie van de semiologie als zelfstandige wetenschappelijke discipline met een in principe onbeperkt toepassingsgebied. Dat bewijst *Éléments de sémiologie*, een tekst uit 1964 die moet gelezen worden als een didactisch instrument met het oog op verder onderzoek. In een viertal korte hoofdstukken zet Barthes er systematisch de basisconcepten van de structuralistische tekenleer uiteen in de hoop zo jonge onderzoekers te stimuleren tot praktijkgerichte semiologische studies. *Éléments de sémiologie* is echter meer dan een pedagogisch instrument: het essay expliciteert tevens de theoretische onderbouw van Barthes' eigen onderzoek. Sinds de publicatie van *Mythologies* had hij namelijk het plan opgevat voor een grootscheepse semiologische analyse van de taal van de mode. Dit project wordt in 1963 voltooid, maar de neerslag ervan, *Système de la Mode*, verschijnt pas vier jaar later, juist op het ogenblik waarop het sciëntistische structuralisme zwaar onder vuur wordt genomen door jonge auteurs als Kristeva en Derrida. Het is dan ook begrijpelijk dat de auteur, in het voorwoord tot de eigenlijke analyse, zijn onderzoek presenteert als een wat achterhaald experiment, als een historisch document dat getuigt van wat semiologie ooit was. Waarschijnlijk is het die terughoudendheid die ervoor gezorgd heeft dat *Système de la Mode* in de latere Barthes-receptie vrij onderbelicht is gebleven. Voor een goed begrip van wat Barthes zelf zijn "wetenschappelijk delirium" noemt, blijft het echter een onmisbaar document.

Zowel *Système de la Mode* als *Éléments de sémiologie* getuigen van Barthes' geloof in de mogelijkheid van een strikt wetenschappelijke tekenleer die bovendien als kritisch analyse-instrument kan worden gemobiliseerd in de strijd tegen allerlei vormen van ideologisch taalgebruik. Het uitgangspunt van beide werken stemt in zekere zin overeen met dat van *Mythologies* uit 1957: nog steeds beschouwt Barthes ideologisch taalgebruik als een vorm van spreken die erop uit is om een historisch gegroeide werkelijkheidsvisie te legitimeren door ze als natuurlijk en onveranderlijk voor te stellen. Toch is er sinds 1957 – en dit in tegenstelling tot wat talrijke Barthes-lecturen laten uitschijnen – heel wat veranderd. Na de geduldige lectuur van de basiswerken van de structuralistische linguïstiek, is de semioloog theoretisch heel wat beter gewapend. In vergelijking met de nogal elementaire semiologie uit 1957 zijn de analyses in *Système de la Mode* dan ook een stuk complexer en fijnmaziger. Veel belangrijker is echter dat de socio-historische pretenties uit *Mythologies* hier achterwege blijven. In *Système de la Mode* waagt Barthes zich niet langer aan algemene uitspraken over de historische evolutie van de burgerlijke samenleving. Hij opteert voor een radicaal immanente en zuiver synchrone benadering van de mode als semiotisch systeem. Zo vermijdt de semioloog enkele netelige problemen waarin de mytholoog zich nog verslikte. Dit heeft natuurlijk gevolgen en wel in de eerste plaats met betrekking tot het statuut van de analyse die niet langer de ambitie heeft om de historisch gegroeide constellatie van het mythische spreken objectief te beschrijven. Barthes stapt af van de vroegere realistische ontologie en opteert voor een veel bescheidener epistemologie: de analyse van de mode ambieert niet langer "waarheid" maar "geldigheid"; ze streeft niet naar overeenstemming met de historische werkelijkheid, maar wil "coherent," "intelligibel" en dus "bruikbaar" zijn. De "geldigheid" van de semiologische analyse is trouwens niet absoluut; ze is pragmatisch en historisch, en dus context-gebonden: de semiologie legt de immanente werking bloot van één welbepaald betekenissysteem; de conceptuele metataal die ze daarvoor gebruikt, is zelf het product van het bereikte niveau van het theoretisch onderzoek en ze kan op elk moment tot object worden van een analyse in de tweede graad die de verborgen structuur van het semiologische begrippenkader zelf aan de oppervlakte brengt. Op een aantal cruciale plaatsen in *Système de la Mode* beschrijft Barthes wetenschappelijke vooruitgang dan ook als een opeenvolging van nieuwe metatalen die telkens de bestaande begrippenkaders tot voorwerp van analyse maken. Dergelijke passages in het boek wijzen erop dat Barthes het geloof in de volledige objectiveerbaarheid van menselijke betekenissystemen aan de hand van een wetenschappelijke metataal (nog) niet helemaal heeft opgegeven. Hoewel hij uitdrukkelijk de semiologie als nieuwe wetenschap inschrijft in de ruimere historische ontwikkeling van de menswetenschappen, toch ondermijnt de historicisering van de eigen discipline allerminst het geloof in haar zuiver wetenschappelijk en objectief karakter. "Waarheid" mag dan al niet langer gedacht worden als een a-historische grootheid, ze blijft wel werkzaam als regulatieve idee.

Over wetenschap en schrijven

Système de la Mode was het resultaat van een relatief oud project waarvan de publicatie lang op zich liet wachten. De chronologie is hier dan ook enigszins misleidend. Net op het moment dat Barthes zijn structuralistische *summa* aan het publiek voorstelt, neemt hij afstand van de semiologie als wetenschappelijke discipline. Wat die kentering precies inhoudt, verduidelijkt Barthes in een aantal belangrijke opstellen die gepubliceerd werden op het einde van de jaren zestig en waarvan sommige een erg programmatisch klinkende titel meekregen. "De la science à la littérature" (1967) is zo'n tekst. Barthes vergelijkt er wetenschap en literatuur als twee soorten discours: wetenschap, zo stelt hij, is net als literatuur een bepaalde manier van spreken over de werkelijkheid. Toch is er één belangrijk verschil: de wetenschap denkt aan de taal vooraf te gaan. Taal is voor de wetenschapper enkel een neutraal medium waarin hij voor-talige ideeën en vaststellingen uitdrukt. De schrijver, daarentegen, "bewoont" de taal, hij beheerst ze niet van buitenaf. De literatuur brengt aan het licht wat de wetenschapper niet onder ogen wil of kan zien, namelijk dat de menselijke betekeniswereld nooit aan de taal voorafgaat maar door de taal wordt geconstitueerd. Het wetenschappelijk spreken is versteend, het slaat geen acht op zijn talige structuur, terwijl de literatuur daarentegen haar eigen betekenisproductie thematiseert, en in die zin reflexief en antidogmatisch is. Een dergelijke schematische confrontatie van literatuur en wetenschap heeft natuurlijk verregaande consequenties voor het *statuut* en de *vorm* van Barthes' eigen analytische praktijk. Deze laat zich niet langer verleiden door het wetenschappelijke ideaal van objectiviteit en neutraliteit, maar integreert in de eigen schriftuur een aantal "schrijftactieken" die tot doel hebben het "fictionele" (letterlijke: gemaakte) karakter van elk talig construct in de verf te zetten. Vanaf 1970 schrijft Barthes enkel nog "carnavaleske ficties." Zijn "schrijven" ent zich op een aantal moderne wetenschappelijke "systemen" zoals de semiologie, de psychoanalyse en het marxisme, en perverteert deze van binnenuit in een parodiërende mimese. Door middel van het fragment, de heterologie, de buitenissige metafoor en door de introductie van ogenschijnlijk on-betekenende en niet-integreerbare (al dan niet auto-biografische) details breekt Barthes de geslotenheid van grote theorieën en verhalen open en legt hij hun artificieel en autoritair karakter bloot. Deze evolutie radicaliseert de *inzet* van het oorspronkelijke semiologische project. Als schrijver van ficties viseert Barthes niet langer afzonderlijke ideologische betekenissystemen, maar de symbolische orde in haar totaliteit, dit wil zeggen het fundament van *elk* ideologisch spreken. Typisch voor die symbolische orde is haar essentialistische karakter. "Van Plato tot *France-*

Dimanche" is het westerse spreken er steeds op uit geweest om het oncontroleerbare spelelement in elke betekenisact te onderdrukken via een verankering van betekenis in een voor- of niet-talige werkelijkheid. Elke betekenisproductie wordt op die manier herleid tot de loutere herhaling van reeds aanwezige waarheden en essenties, en verdringt zo haar afgrondelijkheid en het eigen scheppende karakter. Uiteindelijk verstart betekenis tot een autoritair systeem dat blind en doof is voor zijn eigen tautologische circulariteit. Het zijn die systemen die Barthes vanaf het begin van de jaren zeventig *her*-schrijft.

DRIE CARNAVALESKE FICTIES

S/Z (1970), *L'Empire des signes* (1970) en *Sade, Fourier, Loyola* (1971) kunnen ondanks opvallende verschillen in aanpak toch als een samenhangend geheel worden gelezen. In elk van de teksten onderzoekt Barthes het subversieve potentieel van een specifieke schriftuur. Centraal staat telkens het concept *écriture*, een term die Barthes reeds in zijn allereerste werk hanteerde, maar die nu een heel andere en meer radicale betekenis krijgt. In *Le Degré zéro de l'écriture* (1957) gebruikte Barthes het begrip om, tegen Sartre in, de kwestie van het *formele* engagement aan te kaarten. *Écriture* verwijst dan naar de formele vrijheid van de schrijver die, juist dankzij de *vorm* van zijn werk, uiting geeft aan zijn houding ten aanzien van de geschiedenis en de samenleving. Daar waar Sartre denkt in termen van een strikte scheiding tussen literatuur en maatschappij, voert Barthes een derde term in: de impact van een literaire tekst op de samenleving is nooit on-middellijk, maar altijd al gemedieerd door de literaire institutie. De Literatuur met hoofdletter is een bij uitstek burgerlijke instelling die teksten als het ware neutraliseert door ze te sacraliseren en meteen ook te beladen met een aura van universaliteit. Literatuur, zo wil de heersende ideologie, beeldt de universele mens uit in al zijn facetten; van verschillen tussen mensen of tussen bepaalde groepen van mensen is hier geen sprake. Wil een tekst echter meer zijn dan alleen literatuur en ook daadwerkelijk getuigenis afleggen van de tegenstellingen binnen de klassenmaatschappij, dan moet hij ook de heersende literaire traditie ter discussie stellen. Dit kan enkel op het niveau van de vorm, van de *écriture*. Een schrijver ontsnapt immers nooit aan de ideologie;

de enige uitweg is de taal waarin deze ideologie zich manifesteert te ontdoen van haar "natuurlijk" karakter. Vanuit die optiek herschrijft Barthes de geschiedenis van de moderne Franse literatuur en heeft daarbij vooral oog voor die auteurs die zich hebben verzet tegen de heersende conventies van hun tijd. Zo roemt hij bijvoorbeeld Flaubert die juist door zijn obsessie voor de literaire vorm de doodsteek heeft toegebracht aan de burgerlijke "realistische" roman. Terwijl deze laatste zich aandiende als een objectieve werkelijkheid, ontmaskert Flaubert het kunstmatige karakter van de burgerlijke schriftuur. Het stilistische raffinement dat zo kenmerkend is voor de Flaubertiaanse schriftuur, ontdoet de "realistische" traditie van haar "natuurlijke" transparantie en wijst zo (indirect) op haar maatschappelijke gesitueerdheid. Toch blijft ook Flaubert, ondanks de kritische *écriture*, op andere vlakken schatplichtig aan de burgerlijke ideologie: die gespletenheid maakt Flauberts bijtende ironie tragisch, en het is precies dit samengaan van tragiek en ironie dat Barthes zo fascineert.

Na 1957 verdwijnt de term *écriture* nagenoeg helemaal uit Barthes' vocabularium om in een andere gedaante terug op te duiken. Kon de schrijver op het eind van de jaren vijftig slechts uiting geven aan de innerlijke verscheurdheid zonder ooit daadwerkelijk in te grijpen in de geschiedenis, dan schrijft Barthes hem nu een veel grotere kracht toe. Vanuit zijn structuralistische achtergrond is hij ervan overtuigd geraakt dat de samenleving kan worden gedacht als een groot discursief universum waarin verschillende stemmen strijden om de hegemonie. Wat Barthes vroeger "het gezonde verstand" noemde, komt nu terug in de gedaante van een *Doxa* die haar macht ontleent aan haar algemeen aanvaarde vanzelfsprekendheid. Het "endoxale" spreken van alledag wordt, in Barthes' optiek, slechts gecontesteerd door een aantal demystifiërende tegenvertogen zoals de psychoanalyse, de semiologie en het marxisme. Hoewel Barthes het kritisch potentieel van deze tegenvertogen onderkent, waarschuwt hij er ook voor dat ze de neiging vertonen al snel te verstarren tot autoritaire "systemen" die geen tegenstand of alteriteit meer dulden. In deze constellatie verwijst de term *écriture* niet langer naar één welbepaalde stem – die van de literatuur bijvoorbeeld –, maar naar het discursieve spel dat zich ontplooit wanneer antagonistische vertoogvormen met elkaar botsen. Hoe dit discursieve spel in zijn werk gaat en wat er precies de effecten van zijn, illustreert Barthes aan de hand van heel concrete voorbeelden.

S/Z (1970) dient zich aan als een *closereading* van *Sarrasine*, een bevreemdend kortverhaal van Balzac. De term *closereading* moet hier trouwens erg letterlijk worden genomen: Balzacs novelle die nauwelijks dertig pagina's beslaat, wordt door Barthes versneden in 561 betekeniseenheden of *lexies* die hij elk afzonderlijk bespreekt. De lectuur breekt met de traditionele "tekstverklaring" om de activiteit van het lezen zelf zo dicht mogelijk te benaderen. Welke methode ze ook gebruikt, de aloude *explication de texte* is er steeds op uit geweest om één of andere "onderliggende" betekenis van de tekst aan de oppervlakte te brengen en te hertalen in een volstrekt eenduidig begrippenkader. Op die manier miskent ze het dynamische karakter van de betekenisproductie die, volgens Barthes, niets anders is dan het voortdurend verglijden van de betekenaars. *S/Z* wil dit voortschrijdend proces vertragen (als in een film) om zo de lezer bewust te maken van de eigen leesactiviteit. Barthes *toont* hoe betekenis tot stand komt, aan welke regels we onbewust gehoorzamen tijdens het ontcijferen van een tekst. Elke vertelling kan, zo stelt hij, worden beschouwd als een spel met de verschillende "codes" die onze cultuur schragen. Deze gecodeerde associaties zijn het resultaat van de voortdurende herhaling van een aantal stereotiepe vertelstructuren. Een nieuwe tekst wordt slechts "leesbaar" (*lisible*) wanneer hij de reeds bestaande leespatronen bevestigt; breekt hij echter resoluut met die "codes", dan wordt hij letterlijk "onleesbaar." Het enige wat de lezer in dat extreme geval rest, is het creatieve "herschrijven" van de tekst tijdens het lezen: bewust en zelfreflexief moet de lezer op zoek gaan naar vonken van betekenis in een ogenschijnlijke chaos. Dat Barthes *Sarrasine* uitkiest om deze nieuwe teksttypologie (*texte lisible* vs. *texte scriptible*) te ontwikkelen, is geen toeval. Balzacs verhaal lijkt heel klassiek en realistisch, maar juist omdat hij op subtiele wijze speelt met de culturele "codes" die onze leesactiviteit sturen, zet de auteur de lezer voortdurend op het verkeerde been.

Ook *Sade, Fourier, Loyola* en *L'Empire des signes* sluiten aan bij de *écriture*-problematiek. *L'Empire des signes* is Barthes' persoonlijke utopie. In het extreem kapitalistische Japan ontdekt hij een veelheid aan antidoctrinaire betekenissystemen. Beleefdheidsregels of haiku's, tafelgewoonten of gastvrijheidsrituelen, kortom alle aspecten van de Japanse cultuur worden gekenmerkt door een verregaande formalisering. Deze hyperformele omgang met tekens biedt volgens Barthes een afdoend alternatief voor de typisch westerse tekensystemen, die worden beheerst door het streven naar authenticiteit en expressiviteit en door subject-centrisme. Juist door het formele gebruik van tekens wordt de Japanner zich bewust van hun arbitrariteit. Hij beschouwt zichzelf niet langer als de oorsprong van de "symbolische orde", maar gaat op in de veelheid aan vaste formules en regels die het anonieme discours bepalen. Japanse culturele praktijken van het alledaagse verlopen haast "automatisch", zonder tussenkomst van het subject. Het handelende en sprekende subject is niet meer dan de toevallige draaischijf van de culturele "codes."

Dat dit hyperformalisme geen exclusieve eigenschap van de Japanse cultuur is, bewijst Barthes met *Sade, Fourier, Loyola.* De drie auteurs uit de titel worden hier opgevoerd als "logotheten." Zij hebben, elk op hun manier, een nieuwe taal gecreëerd die zich ent op oudere, meer doctrinaire vertoogvormen. Formalisering is daarbij één van de meest in het oog springende technieken, naast de vermenging van registers of stemmen, een "schrijftactiek" die Barthes zelf met glans toepast. In het werk van de Sade ontstaat op die manier een bevreemdende cocktail van pornografie, wiskunde en filosofie. Fourier perverteert van binnenuit de versteende vormen van het utopische vertoog en Ignatius van Loyola doet iets gelijkaardigs met de mystiek. Wat Barthes bijzonder aanspreekt, is de manier waarop deze auteurs, door een haast mathematisch spel met vormen, bestaande vertoogtypes tot het uiterste drijven, tot aan het punt waar het ongezegde weerklinkt. *Sade, Fourier, Loyola* borduurt niet alleen verder op de *écriture*-problematiek, maar het boek kondigt ook Barthes' latere werk aan, met name in de allerlaatste bladzijden waar het ooit zo verguisde subject terug zijn opwachting maakt.

Subject en lichaam

In het structuralisme is de vraag naar het "subject" van het schrijven niet wezenlijk. Pas vanaf het begin van de jaren zeventig duikt de subject-problematiek terug op in het werk van Barthes en dat mede onder invloed van Althusser. Hoewel Barthes en de *Telquelliens* steeds op gespannen voet leefden met de groep rond Althusser, zijn er toch overduidelijke sporen van een zekere kruisbestuiving. Althussers pogingen om tot een freudo-marxistische synthese te komen werden door Barthes nauwgezet gevolgd. Dat bewijst vooral *Le Plaisir du texte* uit 1973. Net als Althusser is Barthes ervan overtuigd dat het Cartesiaanse subject niet meer is dan een imaginaire illusie die in stand wordt gehouden door ideologische vertogen, die slechts efficiënt zijn precies omdat ze de geadresseerde "interpelleren" als een autonoom handelend persoon. In werkelijkheid is het subject nooit helemaal transparant, het is de resultante van incommensurabele betekenissystemen. Of nog: het ideologische vertoog constitueert de mens als subject zodat deze het geheel aan handelingen die van hem worden geëist in eer en geweten kan vervullen, overtuigd van de eigen luciditeit. Hierover zijn Althusser en Barthes het roerend eens. Daar waar de eerste echter het subject van de ideologie wil ontmaskeren als een imaginaire illusie met behulp van een strikt wetenschappelijk begrippenapparaat dat zowel marxistische als psychoanalytische concepten integreert, wantrouwt Barthes een dergelijk wetenschappelijk "systeem." Hij verbindt de problematiek van het subject met die van de schriftuur.

Le Plaisir du texte steunt op het ogenschijnlijk strikte onderscheid tussen *textes de plaisir* die het subject in zijn autonomie bevestigen en *textes de jouissance* die elke vorm van zelfbevestigende identificatie onmogelijk maken door verregaande fragmentering en hybriditeit. Wat echter opvalt, is de weinig systematische manier waarop Barthes deze centrale tegenstelling uitwerkt. Hij hoedt er zich voor om het eigen schrijven te laten verworden tot een theorie van het subject: de aangekondigde en immer uitgestelde theorie wordt ook meteen in "daden" omgezet omdat Barthes de "schrijftactieken" die hij aan de *jouissance*-teksten toeschrijft, toepast op de eigen schriftuur. Vandaar de vele heterogene fragmenten; vandaar ook het onbeslisbare karakter van de centrale dichotomie. Eigenlijk is *Le Plaisir du texte* niet meer dan een resem voorbeelden van bepaalde types van schriftuur die, elk op hun eigen manier, de lezer onderdompelen in een heterogeen universum met de bedoeling om de soevereiniteit van het ideologische subject te ondermijnen. In het geval van een *texte de plaisir* kan de lezer zich als subject handhaven; de *texte de jouissance* veegt alle referentiepunten uit en dwingt de lezer om zich al lezend te "herschrijven" – deze keer zonder de schijn van coherentie en doorzichtigheid. Het morbide plezier dat hij aan een dergelijke tekst beleeft, noemt Barthes, met een Lacaniaanse term, *jouissance*. Het is een soort van duizeling die het subject ondergaat van zodra het uiteengetrokken wordt door het spel van vertogen waardoor het wordt verleid en die het niet langer kan samenvoegen tot een coherent en beheersbaar geheel.

Twee jaar na *Le Plaisir du texte* verschijnt *Roland Barthes par lui-même*, ongetwijfeld één van Barthes' meest fascinerende teksten. Bleef *Le Plaisir du texte*, ondanks de vele voorbeelden en illustraties, nog enigszins abstract en programmatisch, dan is dat nu niet langer het geval. *Roland Barthes par lui-même* dient zich aan als een intellectuele autobiografie, maar dan wel van een heel bijzondere soort. Barthes, als subject, slaat de hand aan "Barthes", hij ontwricht zijn imago en vervangt het door een caleidoscopisch geheel van discontinue fragmenten. De autobiograaf neemt voortdurend andere poses aan. Nergens is er sprake van een dominant subject, wel integendeel. De schrijver laat zich leiden door het eigen polymorf-perverse "lichaam" (*le corps*) en speelt de verschillende stemmen waardoor hij wordt verleid tegen elkaar uit. Erg theoretische passages worden afgewisseld met meer persoonlijke notities over de eigen hebbelijkheden. Nu eens is de tekst heel intimistisch, dan weer afstandelijk of militant. Alle gekende figuren en personages uit Barthes' œuvre passeren de revue in steeds wisselende contexten; de ene keer treden ze op als bondgenoten, op andere momenten als hoofdschuddende toeschouwers. *Roland Barthes par lui-même* trekt alle registers open. Het resultaat is dan ook verbluffend: voor de ogen van de lezer spat de Ander, "Barthes", uiteen in een uitdijende nevelwolk van connotaties.

Met *Roland Barthes par lui-même* knoopt Barthes aan met één van zijn allereerste publicaties, namelijk *Michelet* uit 1956. Deze erg persoonlijke lectuur van het werk van de Franse historicus bekleedt een heel vreemde plaats in Barthes' vroegere œuvre en is lang onderbelicht gebleven. Ook hier krijgt de lezer een veelvormig en gefragmenteerd beeld geserveerd, en ook hier speelt de notie "lichaam" een grote rol. Barthes, die Michelets monumentale œuvre kende als geen ander, laat op overtuigende wijze zien hoe de historicus zich in de eigen schrijfpraktijk laat leiden door zijn lichamelijkheid: historische gebeurtenissen worden geëvalueerd in functie van hun effect op het lichaam van de historicus. En net als in *Roland Barthes par lui-même* is het lichaam ook in *Michelet* geen synthetiserende factor. Op onvoorspelbare wijze laat het zich verleiden door de meest uiteenlopende stemmen, vertogen en ontmoetingen. Net als Barthes' eigen "lichaam" gehoorzaamt dat van Michelet aan het eigen polymorf perverse verlangen, wat een erg idiosyncratische schriftuur oplevert die meer canonieke vormen van geschiedschrijving carnavaliseert.

"OÙ ALLER?"

"Où aller?" Aan het eind van één van de vele retrospectieve fragmenten uit *Roland Barthes par lui-même* vraagt de auteur zich af hoe het nu verder moet. Vaak verraste Barthes zijn lezers en dook hij net daar op waar niemand hem verwachtte. Na 1975 echter lijkt het werk definitief in de plooi te vallen. Een boek als *Fragments d'un discours amoureux*, hoe ingenieus ook, verrast nauwelijks, net zomin als de opstellen uit *Sollers écrivain* (1979) of de vele andere die postuum gebundeld werden in *L'Obvie et l'obtus* (1982) en *Le Bruissement de la langue* (1984). In 1978 krijgt Barthes een leerstoel aangeboden aan het prestigieuze Collège de France. De tekst van de inaugurale rede werd nog hetzelfde jaar uitgegeven onder de titel *Leçon*. Hoewel de erg militante toon misschien wel menige wenkbrauw heeft doen fronsen, kunnen we ook hier niet spreken van echt vernieuwende inzichten. Op een erg systematische manier worden de krachtlijnen uitgezet van het te verrichten onderzoek dat helemaal in de lijn ligt van de hierboven geschetste *écriture*-problematiek, een problematiek waar Barthes pas in zijn allerlaatste boek afstand van neemt.

Ook *La Chambre claire* is in heel wat opzichten een typisch Barthes-boek. Opnieuw wordt de lezer ondergedompeld in een erg hybride tekst waar hij, althans bij een eerste lectuur, geen vat op krijgt. Het werk dient zich aan als een theorie van de fotografie, maar ook hier weer kenmerkt de verhouding tot het theoretische vertoog zich door een meervoudige complexiteit. Zoals te verwachten springt de schrijver erg losjes om met het conceptueel apparaat dat zijn vertoog schraagt. Bovendien wordt het theoretische elan voortdurend verstoord door een meer intimistische stem, zodat op bepaalde plaatsen de tekst dicht in de buurt komt van een soort van *Bildungsroman* in de eerste persoon. Kortom, voor wie intussen gewoon is geraakt aan Barthes' typische stijl zal het ook dit laatste boek, althans wat de vormgeving betreft, weinig innoverend lijken. Toch luidt *La Chambre claire* een nieuwe 'fase' in, waarin de semioloog duidelijk afstand neemt van het tekstualisme van de jaren zeventig en op zoek gaat naar nieuwe manieren om de verhouding tussen tekst en werkelijkheid te denken. Als meest "referentiële" van alle kunsten, vormt de fotografie het uitgangspunt voor een fascinerende reflectie over de limieten van taal en symbolische representatie. De centrale tegenstelling is die tussen *studium* en *punctum*. Met de eerste term bevinden we ons op vertrouwd terrein: het *studium* verwijst naar het symbolische in elke foto, naar de manier waarop hij door zijn compositie als een talig artefact kan worden ontleed. Het *punctum*, daarentegen, staat voor de niet-integreerbare rest aan referentialiteit, het slaat op alles wat ontsnapt aan de orde van het symbolische en ons terugvoert tot de naakte werkelijkheid van het "geweest zijn." In tegenstelling tot andere kunstvormen blijft de fotografie inderdaad een heel "directe" band onderhouden met de referent die wordt afgebeeld. De fascinatie die we ondergaan bij het bekijken van bepaalde foto's valt volgens Barthes niet te herleiden tot het verhaal dat ons wordt verteld, maar heeft te maken met bepaalde niet-gecodeerde details, die als het ware betekenisloos en daarom juist zo kostbaar zijn: ze verwijzen naar de teloorgang van datgene wat aan de orde van de gearticuleerde taal voorafging, naar de onbestemde leegte die als een onverwerkbaar trauma ons spreken beheerst, maar nooit adequaat kan worden benoemd.

BEKNOPTE BIBLIOGRAFIE

Primaire literatuur

Œuvres complètes. Tome premier, 1942-1965, Paris, Seuil, 1993.
Œuvres complètes. Tome deuxième, 1966-1973, Paris, Seuil, 1994.
Œuvres complètes. Tome troisième, 1974-1980, Paris, Seuil, 1994.

(*De nulgraad van het schrijven* gevolgd door *Inleiding in de semiologie*, Meulenhoff; *Mythologieën*, Arbeiderspers; *De taal der verliefden*, Arbeiderspers; *Sade, Fourier, Loyola*, Arbeiderspers; *Het plezier van de tekst*, SUN; *Het rijk van de tekens*, Duizend en Eén; *De lichtende kamer: aantekening over de fotografie*, Arbeiderspers; *Parijse avonden: mini-teksten*, Kritak; *Roland Barthes door Roland Barthes*, SUN.)

Secundaire literatuur

BAURET, Gabriel (éd.), *Roland Barthes et la photo*, Paris, Éd. Contrejour, 1990.
BROWN, Andrew, *Roland Barthes: The Figures of Writing*, Oxford, Clarendon Press, 1992.
CALVET, Louis-Jean, *Roland Barthes*, Paris, Flammarion, 1990. (*Roland Barthes: een biografie*, Van Gennep.)
CARPENTIERS, Nicolas, *La Lecture selon Barthes*, Paris, L'Harmattan, 1998.
COMMENT, Bernard, *Roland Barthes, vers le neutre*, Paris, Christian Bourgois, 1991.
CULLER, Jonathan, *Barthes*, Glasgow, Fontana Paperbacks, 1983.
ETTE, Ottmar, *Roland Barthes, eine intellektuelle Biographie*, Frankfurt aM., Suhrkamp, 1998.
HEATH, Stephen, *Vertige du déplacement. Lecture de Barthes*, Paris, Fayard, 1974.
HILLENAAR, Henk, *Roland Barthes. Existentialisme, semiotiek, psychoanalyse*, Assen, Van Gorcum, 1982.
LAVERS, Annette, *Roland Barthes: Structuralism and after*, London, Methuen, 1982.
MORIARTY, Michael, *Roland Barthes*, Cambridge, Polity Press, 1991.
RABATÉ, Jean Michel (ed.), *Writing the Image after Barthes*, Philadelphia, University of Pennsylvania Press, 1997.
ROGER, Philippe, *Roland Barthes, roman*, Paris, Le livre de poche, 1990 (1986).
SONTAG, Susan, *L'Écriture même: à propos de Barthes*, Paris, Christian Bourgois, 1982.

Themanummers van tijdschriften: *Critique*, n°s 423/424 (1982); *Poétique*, n° 47 (1981); *Communications*, n° 36 (1982) en *Tel Quel*, n° 47 (1971).

JULIA KRISTEVA
(°1941)

Anneleen MASSCHELEIN

VREEMD EN VERTROUWD: KRISTEVA'S WEG

> *De vreemdeling is degene die werkt. (...) Hij is een doorzetter, een bulldozer of een slimme vos en naar vermogen en naar omstandigheden pakt hij alles aan en doet hij zijn best om in de meest zeldzame baantjes uit te blinken. In de karweitjes die niemand wil opknappen, maar ook in die waaraan niemand heeft gedacht. Als man en vrouw die voor alles en nog wat te gebruiken zijn, maar ook als wegbereider van avant-gardistische disciplines en als self-made specialist in de ongebruikelijke of geavanceerde beroepen, zet de vreemdeling zich voor honderd procent in.*
> (De vreemdeling in onszelf, pp. 28-29.)

In 1988 publiceert Julia Kristeva *Étrangers à nous-mêmes (De vreemdeling in onszelf)*, een boek over de verschillende gestalten die de vreemdeling heeft gekregen in de westerse cultuur, dat eveneens een oproep is tot een nieuwe kosmopolitische ethiek, een andere manier van denken over de vreemdeling. In het eerste hoofdstuk, "Toccata en fuga voor de vreemdeling", beschrijft ze in een aantal korte fragmenten verschillende aspecten van de situatie van de vreemdeling: zijn leed, zijn melancholie, maar ook zijn vrijheid, zijn relatie tot de taal, tot de arbeid, tot een nieuw land, tot de anderen (vrienden, vijanden, familie en gelijkgestemden). Het is moeilijk om bij de lectuur van deze passages niet het beeld op te roepen van Julia Kristeva, die in 1965 als jonge Bulgaarse naar Parijs trok en zich daar vestigde. Net als de vreemdeling in *Étrangers à nous-mêmes* is ook zij een harde werker, die in korte tijd naam maakte in het structuralistische milieu en die met de jaren een indrukwekkend œuvre bij elkaar schreef.

Kristeva komt naar Parijs met een beurs van de Franse regering om linguïstiek, literatuurwetenschap en semiotiek te studeren aan de *École des Hautes Études* bij o.m. Lucien Goldmann, Roland Barthes en Claude Lévi-Strauss. Haar proefschrift (onder leiding van een andere vreemdeling, de neomarxistische literatuursocioloog Goldmann) verschijnt in 1970 onder de titel *Le Texte du roman*. Al snel komt ze in contact met een aantal beroemde intellectuelen uit die tijd zoals Roland Barthes, Émile Benvéniste en Philippe Sollers, de bezieler van het even beroemde als beruchte avant-gardetijdschrift *Tel Quel* en haar latere echtgenoot. In 1970 treedt Kristeva toe tot de redactie van het blad en vanaf 1983 blijft ze actief betrokken bij de opvolger van *Tel Quel*, *L'Infini*. Deze eerste periode, die van de late jaren zestig en de vroege jaren zeventig, zou men haar 'semiotische' periode kunnen noemen.

Reeds in haar debuut, *Σημειωτικη (Sémèiotikè)* (1969), tracht Kristeva een semiotisch analysemodel – de *sémanalyse* – te ontwikkelen om het probleem van de literaire taal en dan vooral van de avantgardeliteratuur te theoretiseren. Kristeva staat een meer dynamische opvatting van het structuralisme voor en ze vindt hiervoor inspiratie bij de Russische literatuurtheoreticus Mikhaïl Bakhtin, die ze in Frankrijk introduceert. Aan het werk van Bakhtin ontleent ze de begrippen 'intertekstualiteit' en 'dialogisme', die de statische structuralistische cultus van de tekst openbreken door de aandacht te vestigen op heterogene tendensen en invloeden, die de structuur van een tekst van buitenaf en van binnenuit dynamiseren en ondermijnen. Tegelijk zoekt ze naar een manier om de rol van het subject en het affect in het betekenisproces te theoretiseren. Het Kristevaanse subject is, net als het Lacaniaanse, inherent gespleten. Bovendien zet de notie *sujet-en-procès* het dynamische karakter ervan nog extra in de verf. Het subject is nooit een volmaakt afgerond *ego*, het is een "open systeem" dat zich blijft ontwikkelen in een oneindig wordingsproces, een niet aflatende conflictueuze dynamiek tussen bewuste en onbewuste impulsen, tussen binnen en buiten, tussen negativiteit en stasis.

In *La Révolution du langage poétique* (1974) – haar *thèse de doctorat d'État* - ontwikkelt Kristeva een taaltheorie waarin de rol van het affect en de driften bij de intrede en de wording van het subject in en door de taal centraal staan. Met het begrippenpaar 'semiotisch' en 'symbolisch', dat in bepaalde opzichten vergelijkbaar (maar niet volledig identiek) is met dat van het Imaginaire en het Symbolische bij Lacan, maakt Kristeva een onderscheid tussen twee verschillende dimensies van de taal. Het semiotische duidt op het materiële, pre-oedipale – in zekere zin het 'pre-talige' – niveau van de taal: klank, rijm, intonatie, waarin de affecten niet enkel uitdrukking vinden maar ontladen worden. Deze materialiteit staat los van elke semantische inhoud, maar is niettemin doordrongen van een soort 'affectieve waarheid.' De chaotische, ongecontroleerde energie van de driften die de basis vormt voor het semiotische wordt geassocieerd met de Platonische *χωρα (chora)*, een soort a-topische ruimte. Als dusdanig is de *chora* nog geen ruimte in de echte zin van het woord omdat er op dit niveau – zoals in de moederschoot – nog geen onderscheid gemaakt wordt tussen binnen en buiten, tussen subject en wereld, tussen moeder en kind, maar ze vormt wel de noodzakelijke aanzet voor een latere, symbolische ordening en structurering. Het symbolische, daarentegen, slaat op de beteteniscomponent van de taal die gegrond is in de oedipale fase, waar het subject tot stand komt als een gespleten subject. Enerzijds leert het subject zichzelf in en door de taal betekenen als een 'ik', in oppositie tot de/het andere (*l'autre*). Anderzijds impliceert het verwerven van een identiteit ook het verlies van een 'oorspronkelijke' eenheid en volheid (de symbiose tussen moeder en kind is fantasmatisch omdat er nog geen sprake is van een subject), die het verlangen installeert. Kristeva benadrukt dat beide aspecten, het semiotische en het symbolische, niet los van elkaar gedacht kunnen worden. Toch pleit ze voor een erkenning van het semiotische tegen het primaat in van het symbolische. Deze visie sluit aan bij de poststructuralistische kritiek op het zogenaamde logocentrisme in de westerse traditie: het materiële van de betekenaar wordt in onze cultuur onderdrukt of verdrongen ten voordele van de orde van de betekenis. Volgens Kristeva komt het semiotische op exemplarische wijze aan bod in de literatuur, en dan vooral in de avant-gardeliteratuur – haar *casestudies* zijn Lautréamont en Mallarmé – waar de grote gevoeligheid voor de materialiteit van de taal (klank, ritme...) het betekenisproces openbreekt en fragmenteert.

Zoals bij vele intellectuelen uit die tijd wordt Kristeva's theorie gekenmerkt door de – typisch Franse – verstrengeling van marxisme en Lacaniaanse psychoanalyse, wat aanleiding geeft tot een onmiskenbare ambiguïteit in haar poëtica. Aan de ene kant vinden we in haar werk het (exact-) wetenschappelijke ideaal van de ontwikkeling van een mathematisch, metatalig analysemodel. De moeilijke en idiosyncratische schriftuur van haar vroege teksten is als dusdanig het resultaat van een eclectisch samenspel (of samenraapsel) van inzichten uit, onder andere, de linguïstiek, de semiotiek, de filosofie, maar ook uit de topologie, de wiskunde en de cognitieve linguïstiek. Dergelijk metaforisch gebruik van modellen en theorieën uit de positieve wetenschappen was in die periode een trend in Frankrijk – vooral in het structuralisme en in het latere werk van Lacan en zijn volgelingen – die recent nog op de korrel genomen werd door Sokal en Bricmont. Aan de andere kant duidt het woord *révolution* in de titel op een duidelijke prescriptieve/normatieve bekommernis. Kristeva's analysemodel is tegelijk ook expliciet een manifest dat niet alleen een bepaalde schriftuur maar ook een mensvisie en een politiek ideaal wil uitdragen die, in de geest van de tijd, een revolutionaire signatuur hebben. Voor Kristeva zijn taal, subject en wereld niet van elkaar los te koppelen. Daardoor is elke representatie in taal, in literatuur en in theorie tegelijk ook een vorm van actie en een middel om veranderingen teweeg te brengen.

Op sociaal-politiek vlak maakt Kristeva een ontwikkeling door die tot op zekere hoogte parallel loopt met de geschiedenis van *Tel Quel* en zijn opvolger *L'Infini.* Hoewel Kristeva geëmigreerd is uit een land met een communistisch regime, zweert ze het marxisme niet af. Aanvankelijk sympathiseert ze, net als haar vrienden bij *Tel Quel*, met het orthodoxe standpunt van de Franse communistische partij. Later neemt ze daarvan afstand en zoekt ze toenadering tot het maoïsme. Het omstreden *Des Chinoises* (1974) is de neerslag van een reis naar China, in gezelschap van Barthes, Sollers en enkele andere *Telquelliens.* Uiteindelijk evolueert ze naar een meer kritisch standpunt tegenover het communisme en politieke ideologieën in het algemeen. Die kritische instelling kenmerkt ook haar plaats in het feminisme. Wars van alle vormen van dogmatisch feminisme ontwikkelt Kristeva een visie op vrouwelijkheid waarin ze de nadruk legt op het moederschap en de moederliefde. Deze aspecten van vrouwelijkheid worden volgens haar vaak verwaarloosd, zowel in het feminisme van de eerste generatie (met zijn strijd voor gelijke rechten en gelijkheid) als in dat van de tweede generatie (met zijn klemtoon op het seksuele verschil en de vrouwelijke eigenheid). Nochtans is de problematiek van vrouwelijkheid en de marginale positie van de vrouw nooit een eindpunt voor Kristeva: de vrouw is, net zoals de vreemdeling, één van de vele gestalten van marginaliteit en alteriteit in de westerse cultuur.

De invloed van de psychoanalyse – vanaf 1979 vestigt Kristeva zich als analytica – vermindert haar sociaal-ethische bekommernis niet, maar kanaliseert ze in een groeiende aandacht voor het specifieke van elk individu. In de jaren tachtig is er in dat opzicht een duidelijke kentering waarneembaar in het werk van Kristeva. De psychoanalyse, die altijd al een belangrijke rol speelde in haar taaltheorie, treedt op de voorgrond en wordt meer en meer autonoom. Onder invloed van, maar ten dele ook tegen Lacan in, keert Kristeva terug naar Freud. Ze concentreert zich daarbij vooral op de rol van de moeder en de pre-oedipale ontwikkeling. Ze ontwikkelt een ethiek van de psychoanalyse, gegrond in de cruciale begrippen van overdracht en tegenoverdracht die de relatie tussen analysant en analytica kenmerken.

Pouvoirs de l'horreur. Essai sur l'abjection (1980) beschrijft één facet van die pre-oedipale ontwikkeling. Het abjecte is datgene wat volledig verworpen wordt in de ontwikkeling van het subject. Het is een voorwaarde voor de uiteindelijke scheiding van de moeder die zich voltrekt in een latere fase van de ontwikkeling, namelijk het oedipuscomplex. Niettemin blijft het abjecte als absolute negativiteit een rol spelen die duidelijk wordt in fenomenen als horror, afgrijzen, fysieke afkeer en fobische angst, en het complexe spel van aantrekking en totale afstoting dat daarmee gepaard gaat. De identiteit en de grenzen van het subject komen slechts tot stand tegen de achtergrond van de verwerping van datgene wat niet tot het subject behoort. De keerzijde van het abjecte is de liefde. De verschillende gestalten van de liefde doorheen de geschiedenis en de literaire traditie worden geanalyseerd in *Histoires d'amour* (1985). Kristeva beschrijft hier een spectrum, gaande van de platonische *eros,* de christelijke *agapè* en de hoofse liefde tot de obscene liefde en de perversie bij Bataille, en de overdrachtsliefde in de psychoanalyse. In *Soleil noir. Dépression et mélancolie* (1987) neemt ze de depressie en de melancholie onder de loep. In zekere zin vormen de drie voornoemde boeken een 'trilogie' rond de pre-oedipale fases (vooral de orale en de anale) in de ontwikkeling van het subject die als het ware de voedingsbodem – in de zin van de semiotische *chora* – vormen voor de vitale, primaire affecten die het gevoelsleven van een mens bepalen: walging, liefde, haat en melancholie. In sommige gevallen kan het doorwerken van die pre-oedipale laag echter ook aanleiding geven tot specifieke pathologieën of 'crisissen.'

De drie studies zijn grotendeels opgebouwd volgens hetzelfde patroon. Elk boek opent met een theoretische *status quaestionis* waarin verschillende aspecten van en visies op de problematiek geschetst worden vanuit de psychoanalytische literatuur. Daarop volgt een aantal historische hoofdstukken, een soort ontwikkeling in de traditie en de cultuur, die dan uitmondt in een aantal meer hedendaagse 'toepassingen.' Toch wordt dit stramien nooit eenduidig gevolgd. De toepassingen zijn niet louter illustraties van de theorie en net zo min bestaat er een hiërarchische relatie tussen de delen: de uiteenlopende invalshoeken zijn niet van elkaar los te koppelen en zijn evenwaardig. De historische schets blijft steevast fragmentarisch, het zijn momentopnames in de geschiedenis, geen teleologie. Ook de bronnen zijn uiterst heterogeen: zoals bij Freud en Lacan vullen theorie, praktijk, filosofie en kunst elkaar noodzakelijk aan. Hoewel Kristeva's affiniteiten duidelijk zijn, weigert ze zich te beperken tot één bepaalde stroming in de psychoanalyse, de filosofie of de kunst. De literatuur en de kunst spelen een cruciale rol als voorbeeld, toetssteen en tegengif voor de theorie. Zo wordt in *Pouvoirs de l'horreur* de theorie van het abjecte gevoed door het œuvre van Céline. In *Histoires d'amour* laat Kristeva zich onder andere inspireren door de schilderkunst (Bellini), door *Don Juan* en *Romeo en Julia*, maar ook door Baudelaire, Stendhal en Bataille. In *Soleil noir*, ten slotte, analyseert ze Holbeins schilderij "Le Christ mort" en teksten van Nerval, Dostojewski en Duras.

Étrangers à nous-mêmes (1988) en *Les Nouvelles maladies de l'âme* (1993) behandelen meer expliciet een aantal hedendaagse problemen. Kristeva's ethische bekommernis treedt duidelijker op de voorgrond. In *Étrangers à nous-mêmes* bespreekt Kristeva de plaats van de vreemdeling in de westerse cultuur en tracht ze tegenover hedendaagse vraagstukken zoals racisme, xenofobie en nationalisme een alternatieve ethiek van verdraagzaamheid en kosmopolitisme te formuleren. Het doordenken van sommige inzichten van Freud kan een belangrijke rol spelen in een mentaliteitswijziging die de noodzakelijke voorwaarde is voor elke fundamentele maatschappelijke verandering. Ook in *Les Nouvelles maladies de l'âme* is de psychoanalyse een remedie voor de spirituele leegte en de eenzaamheid waar het subject in de westerse consumptiemaatschappij onder lijdt, zowel op individueel als op maatschappelijk vlak. Het essay "Le Temps des femmes" uit 1989, dat in die bundel opgenomen is, ontleedt de geschiedenis van het feminisme en suggereert dat het feminisme als sociaal-ethische bekommernis opgenomen zou moeten worden in een ruimere ethiek van aandacht en tolerantie voor het andere in de cultuur.

In de jaren tachtig en negentig evolueert Kristeva's schriftuur van de afstandelijke academische stijl van haar vroegere, semiotische werk naar een soort hybride stijl. De spanning tussen het individuele en het universele, tussen persoon en gemeenschap, is niet enkel een inhoudelijke constante, maar wordt meer en meer ook weerspiegeld in het vertoog en de stijl. In de jaren negentig publiceert Kristeva ook enkele romans – *Les Samouraïs* (1990), *Le Vieil homme et les loups* (1991) en *Possessions* (1996) – waarover de meningen verdeeld zijn. Daarnaast wijdt ze twee studies aan Proust: *Le Temps sensible* (1994) en het korte essay *Proust: questions d'identité* (1998). In de volumes *Sens et non-sens de la révolte* (1996) en *La Révolte intime* (1997) keert ze terug naar de thematiek van de revolte, aan de hand van een aantal auteurs die een cruciale rol gespeeld hebben in haar ontwikkeling: Freud, Aragon, Barthes en Sartre. Voorts blijft Kristeva ook actief in verschillende samenwerkingsprojecten, onder meer een briefwisseling met Catherine Clément (*Le Féminin et le sacré,* 1998), en de tentoonstelling *Visions capitales* in het Louvre (1998). Haar meest recente project is een cyclus over vrouwelijke intellectuelen, *Le Génie féminin,* meer bepaald over Hannah Arendt (1999), Melanie Klein en Colette.

VREEMDELING ONDER VREEMDEN: KRISTEVA'S PLAATS

> *En toch is de vreemdeling nergens béter af dan in Frankrijk. Aangezien u onherroepelijk anders en onacceptabel blijft, bent u een voorwerp van fascinatie: u wordt opgemerkt, er wordt over u gepraat, u wordt gehaat of bewonderd, of beide. Maar u bent geen alledaagse en te verwaarlozen factor, geen doorsneeman of -vrouw. U bent een probleem, een verlangen: positief of negatief, nooit neutraal.*
> (De vreemdeling in onszelf, pp. 50-51.)

Kristeva genoot naar eigen zeggen in Bulgarije een francofiele en francofone opvoeding, "als een intellectueel in de Franse zin van het woord." Ze identificeert zich dan ook vanaf haar vroegste publicaties al nadrukkelijk met Frankrijk, en dan vooral met de positie van de intellectueel in Frankrijk, die zich niet beperkt tot de academische wereld, maar ook een belangrijke plaats inneemt in het maatschappelijke debat. De bewondering is wederkerig. Bijzonder snel na haar aankomst worden Kristeva's capaciteiten erkend, zowel binnen als buiten de universiteit. In 1974 wordt ze hoogleraar aan de universiteit Paris 7 en in 1997 ontvangt ze de onderscheiding van *Chevalière de la Légion d'Honneur*. Het gros van de receptie van haar werk situeert zich echter niet in Frankrijk. Vrijwel alle monografieën over haar werk zijn geschreven in het Engels. Paradoxaal genoeg bevestigen deze haar status als *Frans* intellectueel, als een typische exponent van het Franse poststructuralistische denken. Soms wordt ze in één adem genoemd met coryfeeën als Derrida, Lacan, Barthes en Sollers. Meestal echter wordt ze opgevoerd als 'lid' van de problematische drievuldigheid van het Franse feminisme: Kristeva, Cixous en Irigaray.

Binnen het feminisme is Kristeva duidelijk een buitenbeentje. De verhouding tussen het feminisme en Kristeva kan misschien nog het best gekarakteriseerd worden als een spanningsveld tussen irritatie en inspiratie. Hoewel ze zich altijd expliciet gedistantieerd heeft van het feminisme als beweging en van de *écriture féminine* – een stroming die een eigen specifiek vrouwelijke taal en schriftuur wil ontwikkelen – zijn er heel wat raakpunten. Als vrouw wordt Kristeva bijna automatisch geassocieerd met het feminisme, dat ook actief pogingen onderneemt om haar te recupereren. Bovendien suggereert Kristeva zelf reeds in *La Révolution du langage poétique* dat er een nauwe relatie bestaat tussen wat zij het 'semiotische' noemt en het moederlijke/vrouwelijke. Deze associatie is bij een aantal van haar critici een eigen leven gaan leiden. Kristeva's avant-gardepoëtica wordt dan ook vaak in verband gebracht met de feministische ontvoogdingsstrijd en de zoektocht naar een specifiek vrouwelijke identiteit en schriftuur. Nochtans heeft ze zich in haar meest bekende opstel over het feminisme, "Le Temps des femmes", ondubbelzinnig kritisch uitgelaten over de contemporaine literaire productie door vrouwen. Sommige feministen verwijten Kristeva dan weer dat haar corpus overwegend uit mannelijke avant-garde-auteurs bestaat.

In haar latere werk wint het vrouwelijke en het moederlijke (geenszins te verwarren met de biologische moeder of vrouw) aan belang. Ook de autobiografische dimensie treedt steeds nadrukkelijker op de voorgrond. In "Stabat mater" uit *Histoires d'amour* bijvoorbeeld, is de tekst verdeeld in twee kolommen, met aan de ene kant een literaire evocatie van de geboorte van haar zoon, aan de andere kant een theoretisch discours over het moederschap. De typografische scheiding tussen de twee tekstgedeelten belichaamt de "wonde" of het "litteken" die volgens haar de positie van de theoretica in het discours constitueert. Deze gespletenheid, Kristeva's pogingen om het subject en het affect op verschillende niveaus een plaats te geven in het vertoog – zowel literair als theoretisch –, en haar aandacht voor materialiteit maken haar theorieën bijzonder aantrekkelijk voor vele Angelsaksische feministisch geïnspireerde auteurs in de jaren negentig. In het poststructuralistische feminisme en in de zogeheten *queer (gay and lesbian) studies* is de kwestie van het lichaam en de sporen daarvan in de tekst een centraal punt in de theorievorming.

Kristeva's werk blijft echter controversieel. Twee factoren spelen wellicht een cruciale rol. Ten eerste zijn haar teksten vaak moeilijk en ontoegankelijk. Kristeva heeft een specifieke stijl en een complexe redeneerwijze die een grote inspanning vergen van de lezer. Hoewel het latere werk minder formalistisch en abstract is, blijft het toch een grote vertrouwdheid veronderstellen met haar theoretisch project en met verschillende stromingen binnen de psychoanalyse en de filosofie. Ten tweede is het onmogelijk om Kristeva op een ondubbelzinnige manier op een bepaalde positie vast te pinnen omdat haar referentiekader zo eclectisch is. Zoals gezegd put ze voortdurend en gelijktijdig uit verschillende bronnen (literatuur, kunst, filosofie, religie, psychoanalyse, politiek, geschiedenis en sociologie...). De synthese van al deze elementen constitueert de eigenheid en herkenbaarheid van haar œuvre, maar maakt het in zekere zin op elk van deze gebieden ook kwetsbaar. Zo is voor feministen haar visie op de vrouw te zeer beïnvloed door de fallocentrische psychoanalyse. Marxisten vinden haar idee van revolutie dan weer te esthetisch, terwijl literatuur- en kunstwetenschappers moeite hebben met haar literatuur- en kunstkritiek omdat die te psychoanalytisch, te filosofisch, te politiek of te religieus zou zijn. De onduidelijke, al dan niet omstreden positie van Kristeva uit zich in sommige gevallen in ronduit vijandige reacties. Anderzijds lijken opvallende lacunes in de receptie dan weer te wijzen op een onzekerheid bij critici: in welk vakje hoort Kristeva nu eigenlijk thuis? Het is bijvoorbeeld merkwaardig dat – hoewel ze regelmatig publiceert in psychoanalytische vaktijdschriften en de psychoanalytische behandeling sinds de jaren tachtig een prominente rol speelt in haar werk – de respons vanuit klinische hoek toch eerder beperkt blijft.

Eén van Kristeva's grote verdiensten is nochtans dat zij uiteenlopende disciplines van de humane wetenschappen weet te verenigen in een relatief homogeen œuvre waarin taal, literatuur en cultuur misschien wel de belangrijkste bindende factoren zijn. In die zin staat ze, zowel theoretisch als politiek en ethisch, voor een universalisme en kosmopolitisme dat stevig verankerd is in de traditie. Terugkerende referentiepunten zijn bijvoorbeeld de Griekse filosofie (Plato en Aristoteles), het stoïcisme, het christendom en de Verlichting. Haar perspectief is dan ook uitgesproken Europees/westers. Ook haar traditionele francofiele opvoeding blijft haar bepalen. Vanaf de jaren negentig treedt haar voorliefde voor de klassieke Franse auteurs, zoals Montaigne, Diderot en Proust, meer en meer op de voorgrond. Aan het andere uiterste van het spectrum is er het begrip revolutie of revolte, dat – weliswaar in verschillende gestalten (politiek, esthetisch, ethisch) – een constante blijft in haar werk. Kristeva's aandacht voor marginaliteit en excessiviteit kadert perfect binnen het twintigste-eeuwse alteriteitsdenken, evenals de alternatieve canon van subversieve auteurs die ze behandelt in haar werk: Joyce, Mallarmé, Lautréamont, Céline.

Om het enigszins karikaturaal te stellen lijkt Kristeva in zekere zin een wat ongemakkelijke postmoderne '*donna universale.*' Enerzijds wil ze in een overkoepelende visie zowat alle aspecten van de cultuur verenigen, waarbij de grens tussen universalisme en dilettantisme niet altijd even duidelijk is. Anderzijds krijgt ze door haar betrokkenheid op het nu en de problemen van de hedendaagse samenleving ook de allures van een verpersoonlijking van het interdisciplinaire karakter van *cultural studies*, maar ook hier vertroebelen het *highbrow* karakter, het exclusief westerse perspectief en de individualistische inslag van haar werk een zuiver beeld. Kristeva's geloof in de helende kracht van Kunst (met grote K) en de psychoanalyse als geneesmiddel voor de teloorgang van de ziel en de leegte van de moderne consumptiemaatschappij – onder meer in *Les Nouvelles maladies de l'âme* en *Sens et non-sens de la révolte* – is zeker niet gespeend van elitaire trekjes. Het is maar de vraag in hoeverre deze 'oplossingen' ooit een groot publiek, laat staan de massa zullen kunnen bereiken. Uit haar œuvre blijkt alleszins dat Kristeva bijzonder weinig aandacht heeft voor mogelijke maatschappijkritische tendensen in de populaire cultuur.

DE VREEMDELING ALS VOORBEELD: KRISTEVA'S TEKST

> *Niet proberen het vreemde van de vreemdeling vast te leggen en tot object te maken. Het alleen maar even aanraken, heel licht beroeren, zonder er een definitieve vorm aan te geven. Enkel de eeuwigdurende beweging ervan weergeven via een paar van de uiteenlopende gezichten die aan onze ogen voorbijtrekken, via een paar van haar oude wisselende gedaanten zo her en der in de geschiedenis. Het lichter maken ook, dat vreemde, door er onophoudelijk, maar steeds sneller op terug te komen. Zich bevrijden van de haatgevoelens en de last ervan, eraan ontkomen, niet door de verschillen die deze vreemdheid veronderstelt en propageert op te heffen en te vergeten, maar door de* harmonieuze *reprise ervan.*
> (De vreemdeling in onszelf, pp. 12-13; Kristeva onderlijnt.)

Een vraag die zich aandient, is hoe de diverse, vaak tegenstrijdige facetten van Kristeva's denken zich nu concreet vertalen in de benadering van een problematiek en in een stijl. In bovenstaand fragment worden beide aspecten gevat in een soort poëticaal programma voor *Étrangers à nous-mêmes.* Op inhoudelijk-thematisch vlak herkennen we de dubbele bekommernis voor geschiedenis en ethiek. De analyses van verschillende representaties van de vreemdeling doorheen de (westerse) geschiedenis vormen een breed historisch kader. De chronologische reeks leest als een evolutie, maar ook als een aaneenschakeling van losse, naast elkaar staande momentopnames en uiteenlopende perspectieven die het idee van evolutie als vooruitgang subtiel in vraag stellen. Doorheen een spel met parallellen en verschillen schetst Kristeva een complex beeld van de hedendaagse problematische situatie van de vreemdeling (racisme, nationalisme, xenofobie). Anderzijds toont ze in haar lecturen ook aan dat er alternatieve visies mogelijk zijn, dat men op een andere manier met het vreemde in een cultuur kan omgaan.

Kristeva's geschiedenis van de vreemdeling is dus geen chronologische of teleologische opsomming van feiten. Het is niet haar bedoeling om een essentie te vatten, veeleer wil ze een problematiek schetsen, bepaalde punten beroeren, een impressie geven. De in het bovenstaande citaat gebruikte terminologie geeft duidelijk aan dat we geenszins te maken hebben met een objectieve, 'wetenschappelijke' analyse. Het is een selectie waarachter we duidelijk een subject kunnen ontwaren dat, zoals de lezer wel vermoedt, overeenkomsten vertoont met de auteur zelf. We mogen echter niet uit het oog verliezen dat dat fragmentarische project uitdrukkelijk streeft naar "*harmonie.*" Het gaat niet louter om een subjectieve of autobiografische onderneming, er is ook een duidelijke esthetische interesse in het spel die gevolgen heeft op inhoudelijk en formeel vlak.

Het behandelde corpus is niet strikt historisch, maar veeleer literair-filosofisch. De Griekse mythen, het Oude Testament, Paulus, Augustinus, Dante, Rabelais, Montaigne, Montesquieu, Diderot, Paine, Hegel, Kant, Herder, Freud, Nabokov en Camus: dat zijn de voornaamste ankerpunten van de tijdslijn die hier wordt uitgezet. Kristeva zoekt niet naar accurate, betrouwbare historische bronnen, maar naar welbepaalde visies op de vreemdeling. Op formeel vlak probeert Kristeva die inhoudelijke veelzijdigheid zoveel mogelijk gestalte te geven in een soort dialogische, meerstemmige schriftuur. Symptomatisch hiervoor zijn de voortdurende veranderingen in stijl (afwisselend literair-evocatief, narratief, ponerend, kritisch, analytisch), in vertelperspectief (van wij naar ik, van expliciete focalisatie naar een meer impliciete, neutrale verteller), en in vertelde tijd (een meer mythische, a-historische tijd wordt afgewisseld met expliciete referenties aan hedendaagse gebeurtenissen en verschillende historische periodes).

De keuze van *Étrangers à nous-mêmes* als leidraad van dit betoog en als toegang tot Kristeva's werk is natuurlijk niet toevallig. Door zijn actuele, algemene problematiek en zijn vlotte leesbaarheid weet het boek een breed publiek aan te spreken, in tegenstelling tot het exclusief academische, poststructuralistische en feministische (verdom)hoekje waar de andere werken soms tegen wil en dank verzeild raakten. Het is dan ook niet toevallig dat dit één van haar weinige werken is die voor het kleine Nederlandse taalgebied is vertaald. De thematiek van vreemdheid (alteriteit) en vervreemding sluit bovendien goed aan bij recent onderzoek rond postkolonialisme en het debat rond *literature-and-ethics*. In wat volgt, zal ik ten slotte aan de hand van *Étrangers à nous-mêmes* een aantal typische kenmerken en spanningen aanduiden die zowel de evolutie als de samenhang en de contradicties van Kristeva's denken duidelijk maken.

Een eerste belangrijke as in Kristeva's œuvre is de relatie tussen taal, subject en cultuur. In haar latere werk is de semiotische terminologie van haar beginperiode niet meer als zodanig terug te vinden.

Toch houdt de evolutie van haar aanvankelijke revolutionaire avantgardepoëtica naar een veel ruimere historisch-culturele invalshoek zeker niet in dat Kristeva haar vroege theorieën afzweert. Integendeel, in haar analyses streeft ze er nog steeds naar, zij het onderhuids, om de verhouding tussen het semiotische en het symbolische in teksten zo subtiel mogelijk te articuleren, zodat de specificiteit van het onderzoeksobject gevat kan worden. Zo verschuift de nadruk op het subversieve, semiotische niveau gaandeweg meer in de richting van een herwaardering van het symbolische als garantie voor de stabiliteit van de cultuur. Het symbolische is een noodzakelijke voorwaarde voor de normale (niet-pathologische) subject-wording, die het mogelijk maakt om de grenzen van de normaliteit (in de zin van norm) en de marge van de samenleving te verkennen zonder dat men zichzelf daarbij volledig verliest. In *Étrangers à nous-mêmes* vertaalt deze visie zich in de aandacht voor de wortels en mijlpalen van de westerse cultuur.

Kristeva's interesse voor de traditie is dus minder conventioneel dan op het eerste gezicht lijkt. Bovendien zijn de ijkpunten die ze kiest zeker niet onbetwist en worden vaak minder voor de hand liggende werken of auteurs besproken, onverwachte verbanden gelegd of alternatieve interpretaties gegeven. Het duidelijkste voorbeeld daarvan is haar keuze voor Freuds essay “Das Unheimliche” als structurerend motief voor het boek en als uitgangspunt voor de nieuwe ethiek. Voor Freud is het *Unheimliche* het vertrouwde dat plots vreemd wordt. Hij verklaart dat door het mechanisme van de verdringing en de terugkeer van het verdrongene. Volgens Kristeva leert de ervaring van het *Unheimliche* ons bij uitstek dat de vreemdeling in onszelf zit. Het vreemde is dus niet iets dat van buitenaf komt, het contamineert en bedreigt onze eigenheid en identiteit altijd al van binnenuit. De sleutelfunctie van Freuds opstel in *Étrangers à nous-mêmes* ligt echter niet voor de hand. Andere, meer klassieke auteurs zoals Augustinus, Dante, Hegel of Kant, die ook besproken worden, hebben veel explicieter over de thematiek gesproken. Daarbij komt nog dat het ook in de context van Freuds œuvre niet echt voor de hand ligt om nu precies die tekst zo centraal te stellen. “Das Unheimliche” is immers een vrij marginale tekst en Freud heeft zich op andere plaatsen veel uitvoeriger en explicieter uitgelaten over het wezen en de problemen van de moderne cultuur. Kristeva's keuze zou echter als volgt gemotiveerd kunnen worden: de Freudiaanse theorie van de terugkeer van het verdrongene en de erkenning van het onbewuste is tegelijk de bron en de bevestiging van Kristeva's theorie van het semiotische en het symbolische. Het gebruik van de enigszins andere terminologie van het *Unheimliche* is dan een nieuw spoor, aangepast aan de specifieke thematiek, dat toch in het verlengde ligt van het fundamentele onderscheid waarop Kristeva voortbouwt. Via een omweg wordt *Étrangers à nous-mêmes* aldus verbonden met de rest van haar werk.

Een tweede pijler in Kristeva's œuvre is de voortdurende betrokkenheid op politiek en ethiek. *Étrangers à nous-mêmes* vertrekt van een aantal concrete gebeurtenissen en debatten in verband met de vreemdelingenpolitiek in Frankrijk en Europa, zoals de heropflakkering van extreem-rechts of het stemrecht voor migranten. In tegenstelling tot de expliciet dogmatische marxistische (maoïstische) standpunten uit haar vroege werk, vermijdt Kristeva ditmaal elke duidelijk identificeerbare ideologische stellingname. Vanuit de psychoanalyse formuleert ze een ethiek waarin ze, soms misschien op een wat naïeve manier, het perspectief van het individu en dat van de gemeenschap probeert te verzoenen. In feite wil ze ethiek en politiek dichter bij elkaar brengen en zo de kloof tussen ideaal en praktijk verkleinen.

Kort en nogal simplistisch samengevat komt die ethische boodschap neer op een erkenning van het vreemde in ieder mens: "Het vreemde is in mij en dus zijn wij allen vreemdelingen. Als ik vreemdeling ben, bestaan er geen vreemdelingen." (202) Volgens deze logica zou een confrontatie met de oncontroleerbare, duistere, onbewuste krachten in onszelf leiden tot een gemeenschap waarin ieder individu kan leven en aanvaard worden, niet op basis van gelijkheid, maar op basis van het verschil dat het unieke van elke persoon uitmaakt, of nog: het andere dat een persoon maakt tot wat hij is. Een meer politieke vertaling van dat ideaal is te vinden in Kristeva's pleidooi voor een nieuw soort kosmopolitisme en een "multinationaal land" (Europa). In dat utopisch collectief sluit een gevoel van verbondenheid geen openheid uit, omdat de verschillende naties hun eigenheid kunnen behouden zonder zich te moeten afzetten tegen het vreemde.

Een derde structureel kenmerk van het boek is natuurlijk de psychoanalyse, en dan vooral de psychoanalyse op het snijvlak van individualisme en universalisme. Reeds vanaf *La Révolution du langage poétique* lijkt Kristeva's interesse voor taal en subject-wording mee bepaald door een geloof in de mogelijkheid om een soort kern of essentie van het menszijn te vatten (het oedipuscomplex en de taligheid van het onbewuste). Die essentie is misschien niet volledig transhistorisch en transcultureel, maar het uitgangspunt ervan wordt toch niet echt in vraag gesteld. Die tendens wordt echter voortdurend gecounterd door een anti-essentialisme dat haar project evenzeer bepaalt. In het door Bakhtin geïnspireerde intertekstualiteitsdenken en het dialogisme staan context, ambivalentie, veranderlijkheid en interne tegenstrijdigheden centraal, zodat de idee van een statische, definitieve, vaststaande waarheid over de mens uitgesloten is. De tweeledige inslag van *Étrangers à nous-mêmes* wordt bepaald door die spanning: het genealogische en polyfone perspectief met zijn aandacht voor individuele visies en verschillende stemmen gaat steeds gepaard met een zoeken naar constanten en parallellen.

Kristeva vindt in de psychoanalyse een manier om deze, in bepaalde opzichten diametrale, uitgangspunten te verzoenen, zonder het ene te verkiezen boven het andere. Freud ging er vanuit dat fylogenese (het ontstaan van de soort) en ontogenese (het ontstaan van het individu) in grote mate overeenkomen, dat, met andere woorden, de ontwikkeling van de cultuur grosso modo volgens dezelfde patronen verloopt als die van het kind. Kristeva onderschrijft dat fundamentele inzicht, zonder dat ze daarom kritiekloos de hele Freudiaanse mythologie accepteert en overneemt. In haar visie is die mythologie een mogelijke (zeker niet de enige) representatie die een *affectieve* waarheid uitdrukt over de samenleving en het individu. Constante reflectie over dergelijke culturele representaties leidt niet alleen tot inzicht, ze kan ook nieuwe perspectieven suggereren en stimuleert hoe dan ook de verdere ontwikkeling van cultuur en individu.

Met die opmerkingen komen we bij een laatste facet van Kristeva's œuvre, het thema van de revolutie of de revolte. In de loop der jaren is Kristeva geleidelijk aan afgestapt van de idee van revolutie als concrete actie, hetzij politiek, hetzij esthetisch, uit haar *Tel Quel*-periode. In een reflectie over de etymologische ontwikkeling van het woord "*révolte*" in *Sens et non-sens de la révolte* (11-14) beklemtoont Kristeva de semantische kern van "omwenteling." Zo herijkt ze het begrip als een vorm van permanente waakzaamheid. Het steeds opnieuw kritisch bevragen van elke *status quo* en ieder machtsevenwicht is een manier om de sclerose van het systeem van binnenuit te bestrijden en de dynamiek van de cultuur te waarborgen. Door de studie van de verschillende historische representaties van de vreemdeling in *Étrangers à nous-mêmes* wil Kristeva aantonen dat mentaliteitswijzigingen effectief plaatsgevonden hebben in het verleden en dus mogelijk zijn en blijven. Tegelijkertijd probeert ze zelf zo'n verandering teweeg te brengen en te sturen vanuit de spanning tussen analyse en ethiek. De verhouding tussen de verschillende componenten is zeker geen eenvoudige kwestie en Kristeva zelf plaatst in het eerste hoofdstuk reeds grote vraagtekens bij de mogelijke impact van haar niettemin hoopvolle oproep tot een nieuwe ethiek:

> Hoe betoverend uw woorden juist door hun vreemdheid ook zijn, ze zullen zonder gevolg blijven, geen effect hebben en geen enkele verbetering teweegbrengen in het beeld of in de mening van uw gesprekspartners.
> (*De vreemdeling in onszelf*, p. 31.)

Dit citaat toont dat voor elke bewering of uitspraak van Kristeva wel ergens in haar werk – vaak zelfs in één en hetzelfde boek of artikel – een tegenargument of een kritische bemerking te vinden is. Toch ondermijnen deze interne contradicties geenszins de consistentie van het œuvre, dat essentieel een *work in progress* of een *œuvre-en-procès* is. Kristeva wil niet blijven stilstaan, ze zoekt steeds nieuwe wegen op en is niet bang voor een misstap of controverse. Zo schrijft ze zich in als verlangend subject in haar werk, zonder daarbij te vervallen in plat autobiografisme of navelstaarderij. Het is misschien wel die moed die de fundamenteel ethische dimensie van haar werk uitmaakt en die het ook levend en menselijk maakt en houdt.

BEKNOPTE BIBLIOGRAFIE

Primaire literatuur

Σημειωτικη. Recherches pour une sémanalyse, Paris, Seuil, 1969.
Le Langage, cet inconnu. Une initiation à la linguistique, Paris, Seuil, 1969.
Le Texte du roman. Approche sémiologique d'une structure discursive transformationnelle, La Haye, Mouton, 1970.
La Révolution du langage poétique. L'avant-garde à la fin du XIXe siècle, Lautréamont et Mallarmé, Paris, Seuil, 1974.
Des Chinoises, Paris, Éd. Des Femmes, 1974.
Polylogue, Paris, Seuil, 1977.
Pouvoirs de l'horreur. Essai sur l'abjection, Paris, Seuil, 1980.
Histoires d'amour, Paris, Denoël, coll. "L'infini", 1983. (*Liefdesgeschiedenissen: een essay over verleiding en erotiek*, Contact.)
Au commencement était l'amour. Psychanalyse et foi, Paris, Hachette, "Textes du XXe siècle", 1985.
Soleil noir. Dépression et mélancolie, Paris, Gallimard, 1987.
Étrangers à nous-mêmes, Paris, Fayard, 1988. (*De vreemdeling in onszelf,* Contact.)
Les Samouraïs, Paris, Fayard, 1990.
Le Vieil homme et les loups, Paris, Fayard, 1991.
Les Nouvelles maladies de l'âme, Paris, Fayard, 1993.
Le Temps sensible. Proust et l'expérience littéraire, Paris, Gallimard, 1994.
Possessions, Paris, Fayard, 1996.
Sens et non-sens de la révolte (discours direct), Paris, Fayard, coll. "Pouvoirs et limites de la psychanalyse", 1996.
La Révolte intime (discours direct), Paris, Fayard, coll. "Pouvoirs et limites de la psychanalyse", 1997.
(met Catherine Clément), *Le Féminin et le sacré,* Paris, Stock, 1998.
Visions capitales, Paris, Éd. de la réunion des musées nationaux, 1998.
Proust: questions d'identité, Oxford, Legenda, 1998.
L'Avenir d'une révolte, Paris, Calmann-Lévy, 1998. (*De toekomst van een revolte,* Boom.)
Contre la dépression nationale: entretiens avec Philippe Petit, Paris, Textuel, 1998.
Le Génie féminin: 1. Hannah Arendt, Paris, Fayard, 1999.
Le Génie féminin: 2. La folie, Melanie Klein ou le matricide comme douleur et comme créativité, Paris, Fayard, 2000.

Secundaire literatuur

LECHTE, John, *Julia Kristeva,* London – New York, Routledge, 1990.

MOI, Toril (ed.), *The Kristeva Reader,* New York, Columbia University Press, 1986.

OLIVER, Kelly, *Reading Kristeva: Unraveling the Double-Bind*, Bloomington (Indiana), Indiana University Press, 1993.

— (ed.), *The Portable Kristeva,* New York, Columbia University Press, 1997.

SMITH, Anna, *Julia Kristeva: Readings of Exile and Estrangement*, New York, St. Martin's Press, 1996.

VAN MECHELEN, Marga, *Vorm en betekenis: kunstgeschiedenis, semiotiek, semanalyse*, Nijmegen, SUN, 1993.

Themanummer: *Te Elfder Ure* 40, n° 2 (1986).

TZVETAN TODOROV
(°1939)

Benjamin BIEBUYCK & Jürgen PIETERS

(Benjamin Biebuyck)

De uit Bulgarije afkomstige en later tot Frans staatsburger genaturaliseerde Tzvetan Todorov is zonder enige twijfel een briljant theoreticus, maar veel minder dan enkele van zijn collega's beantwoordt hij aan het beeld van de bevlogen genius die als het ware in een eigen taal een eigen (abstracte) wereld opbouwt. Daartegenover staat dat zijn œuvre op een uitzonderlijk radicale en authentieke manier dialogeert met zeer diverse disciplines (de taalkunde, de wijsbegeerte, de retorica, de geschiedschrijving, de psychologie) en wetenschappelijke tradities (de Franse, uiteraard, de Russische, maar ook de Duitse en de Angelsaksische). Deze openheid en de noodzakelijk hiermee gepaard gaande zin voor synthese verklaren grotendeels waarom Todorov zo belangrijk is voor de hedendaagse literatuurwetenschap. In het meer recente werk zijn Todorovs ambities minder 'strikt' wetenschappelijk; het technische, literatuurwetenschappelijke vertoog heeft geleidelijk plaats geruimd voor de wereldbeschouwelijke toon van de geleerde die zijn wetenschapsspecifieke inzichten wil vertalen naar probleemstellingen die een ruimere intellectuele gemeenschap bezighouden. In wat volgt, zullen we het omvangrijke œuvre van Todorov bespreken in het licht van deze evolutie.

HET VROEGE WERK

De jonge Todorov, die in 1963 naar Parijs emigreert, is een typisch product van de klassieke filologische vorming, voor wie de taalkunde evenzeer tot het eigen vakgebied behoort als de literatuurstudie. Het taalwetenschappelijke discours van die tijd wordt in zeer belangrijke mate beheerst door het Europese structuralisme

(Saussure, Hjelmslev, Jakobson, Martinet), maar het staat aan de vooravond van een revolutionaire modernisering (de Chomskiaanse linguïstiek). De literatuurwetenschap, daarentegen, bevindt zich reeds in een overgangsfase: vele onderzoekers storen zich aan het impressionistische, onsystematische karakter van de klassieke hermeneutiek en voelen zich sterk aangesproken door de formaliseringsmogelijkheden die het structuralisme biedt. Todorov, die tot het eind van de jaren zestig tegelijk het pad van de linguïstiek en dat van de literatuurwetenschap bewandelt, maakt beide omwentelingen van zeer nabij mee. Op taalkundig vlak blijft zijn persoonlijke inbreng beperkt tot de introductie in Frankrijk van reeds bestaande tendensen uit het buitenland. In het kader hiervan staat hij mee aan de wieg van het linguïstische tijdschrift *Langages*, waarvan hij in 1966 het eerste nummer onder de titel *Recherches sémantiques* uitgeeft. In 1970 is hij verantwoordelijk voor het zeventiende nummer van *Langages* dat gewijd is aan de problematiek van de enunciatie (*l'énonciation*). Todorovs taalwetenschappelijke werk maakt evenwel duidelijk dat hij vooral aan die elementen van de taal aandacht besteedt die ook het taalgebruik van literaire werken typeren, namelijk het handelingsaspect (de taaldaad) en het creativiteitsaspect (de semantische anomalie). Net als Harald Weinrich is Todorov dus overtuigd van het belang van de literaire taal voor de linguïstische theorievorming en vanuit die optiek hij geeft aanzetten tot wat later – met figuren zoals Riffaterre – zou uitgroeien tot de "deviationele stilistiek" (dit wil zeggen de studie van de manieren waarop literaire teksten afwijken van de gangbare linguïstische conventies). Vanuit strikt taalwetenschappelijk oogpunt zijn de vroege teksten van beperkt belang, maar niettemin interessant voor de wordingsgeschiedenis van Todorovs poëticale opvattingen: ze geven een goed beeld van de zoektocht van de jonge theoreticus naar een nieuwe wetenschap van de literatuur, die hij later *poétique* (in *Qu'est-ce que le structuralisme? 2. Poétique*) en *narratologie* (in *Grammaire du* Décameron) zal noemen. De taalkundige inzichten die Todorov op de literatuur toepast, zijn vooral beïnvloed door de semiotiek van de Amerikaan Charles Morris. Tot ver in de jaren zeventig blijft hij bijvoorbeeld Morris' onderscheid tussen de semantische, syntactische en pragmatische aspecten van verbale tekens hanteren als basis voor zijn literaire analyses (o.a. *Les Genres du discours*).

TODOROV ALS STRUCTURALIST

Zoals bekend betekent de publicatie van het verzamelwerk *Théorie de la littérature* (1965) de doorbraak voor Todorov als literatuurwetenschapper. Dit boek, dat een aantal baanbrekende teksten van de belangrijkste Russische en Praagse formalisten bevat (onder wie Schlovski, Jakobson, Tynjanov, Eichenbaum, Vinogradov en Mukarovsky), zorgde voor een herontdekking van het formalisme in het Westen. Todorov zal het grote belang van het Russische formalisme voor de moderne linguïstiek en literatuurwetenschap steeds blijven onderstrepen. Het is in elk geval één van de pijlers van zijn literatuuropvatting, naast de Duitse romantiek (met name de *Athenäum*-fragmenten van Friedrich Schlegel) en het Noord-Amerikaanse *New Criticism* (met Empson en vooral de iets meer a-typische Northrop Frye). Het literatuurconcept van de vroege Todorov is structuralistisch omdat het stoelt op het idee van de onherleidbare, functionele autonomie van het literaire werk. Todorov toont weinig interesse voor de hermeneutische dimensie van concrete literaire werken – die is immers al te zeer afhankelijk van de specifieke context van de concrete lectuur –, maar des te meer voor de talige en formele grondvoorwaarden of structuren van de betekenis zelf. Met het oog op de beschrijving van die structuren maakt hij (in navolging van Morris) een onderscheid tussen drie "betekenisvolle eenheden": de semantische, de syntactische en de verbale dimensie van een tekst.

De *semantische* dimensie betreft de relatie tussen betekenaar en betekenis: in deze context komt de thematische diversiteit van literaire werken aan bod. Voor Todorov is de semantische dimensie zowel referentieel als paradigmatisch: betekenaars verwijzen altijd naar iets of iemand en ze dragen op die manier bij tot de constructie van een thematisch complex; ze kunnen daarom ook altijd worden vervangen door een parafrase. Het tweede belangrijke onderscheid op het niveau van de semantische dimensie is dat tussen "betekenis" (*signification*) en "symbolisering" (*symbolisation*): in het eerste geval refereert de vormelijke betekenaar aan een inhoudelijke betekenis; in het tweede geval fungeert de betekenis als een nieuwe betekenaar, die op zijn beurt naar een secundaire, "symbolische" betekenis verwijst. De *syntactische* dimensie van een literaire tekst heeft te maken met de manier waarop betekeniselementen zich tot zichzelf en tot elkaar verhouden. De betekeniseffecten die door deze combinatorische of "compositorische" relatie worden gegenereerd, noemt Todorov "syntagmatisch" (*le sens*) omdat ze de functie van betekenaars in het geheel het literaire vertoog bepalen. Hiermee zet Todorov zich af tegen de contemporaine taalkunde die naar zijn aanvoelen té zinsgebonden is en dus té weinig oog heeft voor het *discours* als talige eenheid. De *verbale* dimensie, ten slotte, omvat alle structuren en procédés die van een literaire tekst een zelfreferentiële totaliteit maken; ze is, met andere woorden, een hedendaagse variant van de Romantische ironie en van Jakobsons concept van de "poëtische functie." De *literariteit* van een literaire tekst, aldus Todorov, wordt in zeer hoge mate bepaald door de formele organisatie van materiële aspecten zoals stijl, tijd, vertelinstanties en vertelstandpunt.

HET LITERAIRE DISCOURS: EENHEID OF DIVERSITEIT?

Reeds in zijn vroegste werken staat Todorov uitvoerig stil bij de inhoud en de implicaties van zijn begrippenapparaat. Toch dient hierbij meteen opgemerkt dat het structuralisme van Todorov nooit naïef is. Herhaaldelijk stelt hij dat de gehanteerde classificaties en onderverdelingen niet inherent zijn aan het onderzoeksobject maar samenhangen met het literatuurwetenschappelijke discours. Voor Todorov kan er dus geen sprake zijn van een narratieve structuur die de literariteit van elke denkbare literaire tekst zou bepalen. Deze stelling komt nadrukkelijk tot uiting in het vaak geciteerde *Grammaire du* Décaméron (1969). Het boek opent wel met een aantal beschouwingen over een universele grammatica van narratieve structuren, maar de rest van de studie toont duidelijk aan dat de omvang en de draagwijdte van de structurele analyse bepaald worden door de specifieke tekst die het object is van de lectuur. Boccaccio's meesterwerk, dat tegelijk één (als raamvertelling) en divers (als afzonderlijke verhalen) is, illustreert uitstekend de plaats die Todorov methodologisch wenst in te nemen: die positie is noch Romantisch – tekstuele diversiteit en meerzinnigheid worden immers altijd door structuren en patronen gestroomlijnd –, noch orthodox structuralistisch – voor Todorov bestaan er geen universele narratieve invarianten. Todorovs literatuuropvatting wordt dus geschraagd door een zeer dynamisch tekstconcept: de syntactische, semantische en verbale dimensies van een tekst kunnen op heel uiteenlopende manieren met elkaar interageren zonder dat er ooit sprake hoeft te zijn van een omvattende, supratekstuele structuur en daarenboven heeft elke taaldaad – literair of niet – een specifieke impact op het geheel van structurerende beginselen dat de taal eigen is. Literair en niet-literair taalgebruik vormt een dynamisch gegeven dat onderhevig is aan historische evoluties en dat voortgestuwd wordt door structuurvreemde en normoverschrijdende impulsen. In zijn eerste echte monografie, *Littérature et signification* (1967), schrijft Todorov desalniettemin dat hij het literaire discours *als dusdanig* wil bestuderen eerder dan individuele werken. Dit betekent dat er volgens Todorov zoiets bestaat als 'het literaire discours', dat afdoende van het 'niet-literaire' discours onderscheiden kan worden – een stelling die trouwens zwaar onder vuur zal worden genomen vanuit poststructuralistische hoek. Voor Todorov is literatuur omwille van de dominante 'poëtische' functie ondoorzichtig, intransitief en niet-referentieel; 'niet-literaire' vertogen zouden dan transitief en referentieel zijn. Op het eind van de jaren zestig is Todorov ervan overtuigd dat vooral compositorische en distributionele aspecten de literariteit van teksten bepalen. Dit verklaart waarom hij zich tot aan het einde van de jaren zeventig hoofdzakelijk inlaat met de karakterisering en de typologie van vertoogvormen.

HET FANTASTISCHE

Het in 1970 gepubliceerde *Introduction à la littérature fantastique* is minder formalistisch en minder ambitieus, en het is waarschijnlijk ook één van Todorovs meest gewaardeerde werken. De auteur probeert er het discours van de fantastische literatuur af te bakenen door het fantastische als discursiviteitskenmerk te onderscheiden van aangrenzende kenmerken zoals het "vreemde" en het "wonderbaarlijke." Wezenlijk voor het fantastische is een gevoel van *onzekerheid*. Zowel in het literaire werk zelf als in zijn relatie tot de lezer heerst twijfel omtrent de vraag of de ambivalentie van het waargenomene toe te schrijven is aan een "illusie van het betekenen" of veeleer aan wetmatigheden die de waarnemer ontgaan. Omdat dit kenmerk zo wezenlijk is voor het fantastische leent dit soort literatuur zich uitsluitend tot een lectuur die niet poëtisch of allegorisch is: alleen dan wordt het fantastische niet herleid tot het herkenbare, geruststellende symbool van iets anders. De zeer specifieke definitie van de fantastische literatuur belet anderzijds niet dat dit genre voor Todorov de essentie zelf van de literatuur belichaamt, omdat het zo nadrukkelijk de grenzen tussen het reële en het irreële verkent. De concrete studie van de manifestaties van het fantastische in diverse literaire tradities komt niet zelden dogmatisch over. *Introduction à la littérature fantastique* wordt afgesloten met de stelling dat het verdwijnen van het fantastische in de twintigste-eeuwse literatuur te wijten is aan de opkomst van de psychoanalyse: Freuds interpretatiemodel annexeert en hergebruikt gaandeweg alle thema's die vroeger met het fantastische werden geassocieerd; voortaan zou het vreemde niet langer bevreemden maar verklaard worden.

FIGUURLIJKHEID

Hoewel Todorov in het begin van de jaren zeventig nog een bundel met vroege opstellen uitgeeft, waarin de analyse van discursieve vormen overheerst, verschuift zijn aandacht meer en meer naar de problematiek van de figuurlijkheid, een ander centraal thema in zijn œuvre. Reeds in de vroegste teksten was gebleken dat de *symbolisation* een belangrijke vorm van betekenen is, die echter vanuit linguïstisch perspectief niet exhaustief verklaard kan worden, en dat precies het referentiële karakter van de primaire betekenis in belangrijke mate verantwoordelijk is voor de ondoorzichtigheid van het literaire discours. In "Synecdoques", Todorovs eigen bijdrage tot de essaybundel *Sémantique de la poésie* (1979), gaat de auteur uitvoerig in op enkele figuurlijkheidstheorieën die met name in Frankrijk veel weerklank genoten (bijvoorbeeld die van Jean Cohen); ook in *Les Genres du discours* besteedt hij bijzondere aandacht aan de definitie en de typologie van diverse vormen van figuurlijkheid.

Veel belangrijker is het tweeluik dat Todorov aan de problematiek van de "symbolisering" wijdt. Hoewel dit tweeluik een fundamentele bijdrage levert tot de theoretische reflectie over de functie en de betekenis van figuurlijke vormen, heeft het tot op heden veel te weinig erkenning gekregen. In 1977 publiceert Todorov *Théories du symbole*, het eerste deel van het tweeluik. Todorov thematiseert er eerst en vooral de historische dimensie van het wetenschappelijke onderzoek omtrent figuurlijkheid: zo geeft hij een overzicht van de geschiedenis van de westerse semiotiek en retoriek van de Oudheid (Aristoteles, de stoïcijnse tekenleer, Augustinus) tot de twintigste eeuw (Freud, Saussure en Jakobson). De Franse klassieke retorica (Condillac, Du Marsais, Beauzée, Fontanier) en de Duitse Romantische poëtica krijgen hierbij ruime aandacht. Todorov profiteert van de gelegenheid om opnieuw verzet aan te tekenen tegen het Romantische *dictum* dat stelt dat aan iedere literaire tekst een eigen, immanente discursieve norm beantwoordt. Todorov verwerpt dit absolute pluralisme in naam van een normatiever geladen idee van pluralisme.

Symbolisme et interprétation (1978) verlaat het terrein van de theorie van de figuurlijkheid: inzet van het onderzoek is nu de manier waarop symbolen functioneren. Todorov stelt in die optiek dat een verdere verfijning van zijn symboolbegrip wenselijk is. Sommige symbolen doen immers een beroep op syntagmatische aanwijzingen (die deel uitmaken van het gevoerde discours: de *code sémique*), terwijl andere dan weer teruggrijpen naar paradigmatische *indices* die tot de culturele competentie van de recipiënt behoren (de *code symbolique*). Het belang van de "symbolische code" bewijst hoezeer de interpretatie van symbolen niet uitsluitend een zaak is van betekenis*structuren*: de lezer of recipiënt spelen een op z'n minst even belangrijke rol in dit proces. Hiermee breekt Todorov feitelijk met zijn zeer tekstgerichte structuralisme van de jaren zestig. Een historische overzicht van de patristische exegese en de traditionele filologische tekstverklaring resulteert vervolgens in de stelling dat er fundamenteel maar twee vormen van interpretatie bestaan, de finalistische en de operationalistische. De eerste strategie wil enkel een adequate methodologie ontwikkelen in functie van een betekenis waarvan wordt aangenomen dat ze *reeds bestaat*; de tweede beschouwt de betekenis als het resultaat van een vooraf geconcipieerde methode die verder niet ter discussie wordt gesteld. Hedendaagse voorbeelden van de finalistische interpretatiestrategie zijn de psychoanalytische en de marxistische lectuur van literaire teksten; de structuralistische benadering is daarentegen operationalistisch. Todorov speelt beide strategieën niet tegen elkaar uit: ze bestaan naast elkaar en ze zijn elk op hun eigen manier legitiem. Het wat dogmatische structuralisme uit de jaren zestig is duidelijk verdwenen. De voorkeur voor deze of gene interpretatiestrategie kan eigenlijk nooit logisch of analytisch beargumenteerd worden: ze is in essentie *ideologisch* bepaald. Deze idee kondigt de wereldbeschouwelijke oriëntatie van het latere werk aan. Ook in het openingsopstel van *Les Genres du discours* beklemtoont Todorov dat een typologie van vertogen niet alleen een zaak van taal en vorm is: de ideologische en de pragmatische context spelen eveneens een belangrijke rol. Die grotere intellectuele openheid blijkt verder uit het feit dat Todorovs denken minder eurocentrisch wordt: hij begint bijvoorbeeld interesse te tonen voor literaire teksten in het Sanskriet en het Luba.

(Jürgen Pieters)

HET LATERE WERK

De tweede 'fase' in Todorovs œuvre kondigt zich aan bij het begin van de jaren tachtig en wordt door sommigen bestempeld als 'neohumanistisch.' Doorgaans beschouwt men deze evolutie binnen Todorovs denken als een reactie op het strikt structuralistische (en bij uitbreiding dus ook principieel *anti*humanistische) denken dat de vroegere werken van de auteur kenmerkte. Toch lijkt het wat overdreven om hierbij van een regelrechte breuk te spreken. Ook in het werk van andere structuralisten zien we immers in de loop der jaren een groeiende aandacht ontstaan voor de problematiek van de menselijke identiteit en van de zelfvorming (Foucaults *gouvernement de soi et des autres*, om maar één voorbeeld te noemen). Bovendien is het zeer de vraag of een dergelijke aandacht resoluut in tegenstrijd is met het theoretische antihumanisme van rigiede structuralisten als Althusser en Lévi-Strauss. Een korte historische excursus kan één en ander verduidelijken.

In de vroege jaren zestig, tijdens de hoogdagen van het Parijse structuralisme, was het voor menswetenschappers allesbehalve evident om zichzelf als humanist te afficheren. De anderen (Sartre, Garaudy, De Beauvoir, Heidegger), dát waren humanisten. *L'Existentialisme est un humanisme*, beweerde Sartre nog kort na de Tweede Wereldoorlog. In de jaren zestig was het existentialisme *passé*, en het humanisme moest bijgevolg mee de dieperik in. De jonge garde, van wie Althusser op dat moment de meest zelfverzekerde was, pleitte voor een ware revolutie in het denken. Zijn op Marx geïnspireerde theoretische antihumanisme vormde de basisvoorwaarde bij uitstek om tot een sociale en politieke revolutie te komen die het onrecht moest wegnemen waartoe het vooruitgangsdenken ons in naam van de rationele Mens had veroordeeld. De Mens bestond niet, zeiden de antihumanisten; hij was een veralgemening, een abstracte denkconstructie die al wie niet aan het opgelegde profiel beantwoordde (vrouwen, zwarten, kinderen, oosterlingen) in de kou liet staan. Het spreekt natuurlijk voor zich dat de vlag van het humanisme verschillende ladingen dekt, toen zowel als nu. Voor Althusser sloeg de term op een vorm van denken die alles wou terugvoeren op het menselijke subject. In zijn ogen moest dat subject zelf object van onderzoek worden en diende de vraag naar de manier waarop de mens door allerhande ideologische processen wordt ingekapseld, centraal te staan. Het 'anti' bij Althusser impliceert niet dat zijn denken tegen de mens gericht is, maar wel tegen de mens als ultiem verklaringsprincipe.

Dertig jaar na Althussers oproep voor een radicaal antihumanisme is het blijkens het werk van Franse filosofen als Luc Ferry (*L'Homme-Dieu ou le sens de la vie*), André Comte-Sponville (*Le Mythe d'Icare*) en Alain Renaut (*L'Ere de l'individu*) al lang geen schande meer om een pleidooi te houden voor het humanisme. In 1985 publiceren Ferry en Renaut het aan Todorov opgedragen *La Pensée '68: essai sur l'antihumanisme contemporain,* en zes jaar later staan zij samen met Comte-Sponville en anderen in *Pourquoi nous ne sommes pas nietzschéens*, een pamflettaire bundel die al evenzeer gericht is tegen het op de Duitse filosoof teruggaande antihumanisme van de Franse (post) structuralisten. Doorgaans wordt Todorov – de late Todorov althans – in één adem genoemd met deze 'jonge wolven.' *Le Jardin imparfait* (1998) is overigens aan Ferry en Comte-Sponville opgedragen.

Dialogisme en alteriteit

Ook al vertoont Todorovs humanisme op het eerste gezicht een aantal gemeenschappelijke trekjes met Althussers vijandbeeld, toch is er een belangrijk punt van verschil. Humanistisch zijn voor Todorov die doctrines "die de mens als oorsprong en als eindpunt van het menselijke handelen" (*Le Jardin imparfait*, p. 14) beschouwen. Todorovs aandacht gaat met andere woorden uit naar het menselijke *handelen*, niet naar een rationeel paradigma dat abstracties oplegt aan de werkelijkheid en haar zo ten gronde reduceert. Op die manier komt zijn pleidooi voor een hernieuwd humanisme ironisch genoeg zelfs in de buurt van Althussers toenmalige apologie voor het *anti*humanisme: beiden willen immers zoveel als mogelijk rekening houden met de diversiteit en de veranderlijkheid van de werkelijkheid en van diegenen die haar bevolken.

Vanuit het gegeven van die diversiteit aan mensen en culturen pleit Todorov voor een vorm van kritiek die zich bewust is van haar eigen relatieve positie, maar zich niet laat verstikken door de gedachte dat vanuit die gedeelde relativiteit alle vormen van denken evenwaardig zouden zijn. In het slothoofdstuk van zijn bundel *Critique de la critique*, waarin Todorov de evolutie van zijn eigen werk overdenkt in de vorm van een strenge reflectie op de immanente aanpak van de Romantische esthetische ideologie waarvan ook zijn eigen structuralisme een voorbeeld was, wordt die vorm van kritiek "dialogisch" genoemd. Het is een manier van denken die het domein van de waarheid – het doel van het onderzoek – niet beschouwt als een vastliggend, te veroveren gegeven, maar als het steeds wisselende product van een ontmoeting tussen twee (of meerdere) stemmen: die van het zelf (het onderzoekende subject) en die van de ander (de onderzochte tekst, de auteur die men behandelt, de cultuur die men tracht te doorgronden). De taak van de criticus behelst bijgevolg niet langer het blootleggen van de betekenis van een tekst, of van de structuren die die betekenis opbouwen en sturen, maar een gesprek *met* de tekst, die als aanleiding (veeleer dan als eindpunt) fungeert in het tot stand brengen van een wisselwerking van ideeën die elkaar moeten voeden en vormen.

Het ligt voor de hand dat Todorov zijn nieuwe denkideaal typeert als "dialogisch." Toch zegt deze benaming meer over de evolutie van zijn werk dan op het eerste gezicht lijkt. In het ideaal van deze *critique dialogique* zit immers een impliciete referentie ingebouwd aan het werk van de Russische cultuurtheoreticus Mikhaïl Bakhtin, over wie Todorov reeds in 1981 een monografie publiceerde die in de Bakhtin-*Forschung* nog steeds wordt gezien als het eerste systematische overzicht van het œuvre van de grote Rus. Zoals de titel van deze monografie al aangeeft – *Mikhaïl Bakhtine: le principe dialogique* – vormt precies de gedachte van het dialogisme volgens Todorov de sleutel tot de diverse geschriften van Bakhtin. Net als bij Bakhtin slaat de term bij Todorov niet alleen op de pluriformiteit en de heterogeniteit van culturele en historische formaties, maar ook op het wezenlijke communicatieve (want talige) mechanisme van de intersubjectieve kennisopbouw.

Aan het werk van Bakhtin ontleent Todorov tevens de sturende gedachte dat "men in de schoot van het zijn de ander ontdekt." (*Mikhaïl Bakhtine: le principe dialogique*, p. 9) Volgens Todorov is immers ook de menselijke identiteit het product van een dialoog, een dialoog met de ander binnen de eigen groep en daarbuiten. De dialogische verhouding van culturen die worstelen met de problematiek van identiteit en alteriteit, is dé rode draad van Todorovs latere werken, gaande van *La Conquête de l'Amérique* (1982) over *Nous et les Autres* (1989) en *Face à l'extrême* (1991) tot *Le Jardin imparfait* (1998). Uitgangspunt van al deze werken is de historische vraag naar de samenlevingsmodaliteiten tussen verschillende culturen binnen eenzelfde fysieke ruimte. In zijn onderzoek van deze conflictueuze materie – de geschiedenis van de mensheid leert immers dat culturen vaker botsen dan dat ze in vrede samenleven – schuift Todorov de interculturele dialoog naar voren als het (moeilijk) te bereiken ideaal.

De ondertitel van *La Conquête de l'Amérique - La question de l'autre* – vat meteen de inzet van Todorovs onderzoek samen. *In concreto* behandelt hij in deze studie de confrontatie tussen zelf en ander aan de hand van het in tijd en ruimte specifiek afgebakende onderzoeksveld van de verovering van Midden-Amerika door Spaanse ontdekkingsreizigers in de zestiende eeuw. Deze historische materie – "de grootste genocide in de geschiedenis van de mensheid" (*La Conquête de l'Amérique*, p. 13) – vormt in Todorovs betoog niet zozeer de basis van een geschiedschrijving om de geschiedschrijving, als wel de aanleiding voor wat de auteur een "histoire du présent" noemt. Volgens Todorov valt immers de traditionele conceptie van de westerse identiteit in zekere zin terug te voeren tot de vroegmoderne periode die in *La Conquête de l'Amérique* centraal staat. Daar vindt onze omgang met de ander zijn wortels.

Het ideaal van een *histoire du présent*, een "geschiedenis van het heden", doet vanzelfsprekend denken aan de genealogische aanpak die Michel Foucault voorstond in een werk als *Surveiller et punir*. Het contrast tussen Todorovs boek en de werkwijze van Foucault is nochtans groot. Terwijl Foucault met zijn discoursanalyses de concrete institutionele inbedding van teksten en praktijken wil bestuderen, wordt Todorovs historische blik gestuurd door een semiotische interesse die culturele gegevens reduceert tot tekens in een systeem zonder enige aandacht voor de concrete werking van die tekens, voor de singuliere plaats die ze innemen in een veld van machtsverhoudingen. In de aanpak van *La Conquête de l'Amérique* is de linguïstische erfenis van het vroegere structuralisme dan ook nog duidelijk aanwezig. De inzet van de strijd tussen de Indiaanse inboorlingen en de Spaanse *conquistadores* valt volgens Todorov uiteindelijk terug te brengen tot een strijd tussen twee taalopvattingen: die van de Indianen gaat uit van een natuurlijke relatie tussen teken en referent, terwijl die van de Spanjaarden de louter conventionele aard (de culturele bepaaldheid) van tekensystemen vooropstelt. Dat de Spanjaarden erin slagen de Indianen te domineren heeft volgens Todorov blijkbaar meer te maken met een superieur inzicht in de werking van taal- en tekensystemen dan met fysieke en materiële machtsverhoudingen.

GESCHIEDENIS ALS *EXEMPLUM*

Een tweede bedenking waarmee we Todorovs aanpak in *La Conquête de l'Amérique* kunnen confronteren, betreft de historiografische methode die hij in deze studie ontwikkelt en die ook wordt ingezet in de latere werken. Eén ding staat buiten kijf: de historische praktijk van Todorov is door en door hodiecentrisch en teleologisch, ze dient het heden en de toekomst. De omgang met het verleden – ongeacht of het nu gaat om het eerste grote koloniseringsproject uit de zestiende eeuw, om de concentratiekampen in de Tweede Wereldoorlog (*Face à l'extrême*), of om de traditie van het Franse humanisme (*Le Jardin imparfait*) – is overgedetermineerd door een geschiedfilosofie die is geschreven in functie van haar (verhoopte) eindpunt. Dat eindpunt, zo schrijft Todorov in *Les Abus de la mémoire*, een methodologisch essay, vormt de parel op de kroon van een op en top morele reflectie. Todorov is niet op zoek naar de historische waarheid maar naar het moreel goede.

Zelf omschrijft Todorov zijn latere werk als een vorm van *histoire exemplaire*. Het is een historiografische praktijk die de studie van het verleden dienstbaar wil maken voor de verbetering van het heden. Uit het verleden, zo stelt Todorov onomwonden, moeten we lessen trekken die ons vandaag en morgen in staat stellen een betere wereld te creëren. De onmiddellijke vraag die deze apologie voor een moreel verantwoorde herinneringsarbeid oproept, is of een dergelijke historische praktijk nog wel een volwaardige *dialoog* met het verleden toelaat. De finaliteit van Todorovs onderzoek impliceert immers een zeer selectieve behandeling van het historische materiaal, dat wordt ingezet in functie van het beoogde doel. Ook in het beste geval blijft dialoog tussen heden en verleden wel erg partieel.

Wat Todorov concreet voor ogen staat in zijn latere werken, is de ontwikkeling van een multicultureel, kritisch humanisme dat idealiter ligt ingebed in een veld van vreedzaam met elkaar omgaande politieke democratieën. De werken die volgen op *La Conquête de l'Amérique* zijn geschreven in functie van dat (utopische?) ideaal. De eerste grote studie na het Amerika-boek draagt de veelzeggende titel *Nous et les autres* (1989). In dat boek gaat Todorov na hoe een aantal Franse denkers (onder wie Montaigne, Montesquieu en Rousseau) de voorbije eeuwen zijn omgegaan met de problematiek van de relatie tussen de eigen cultuur en die van de ander. Dat levert een typologische lectuur op van enerzijds een aantal racistisch en/of etnocentrisch geïnspireerde ideologieën waarvan grote Franse denkers als Tocqueville, Michelet en Lévi-Strauss gebruik maakten bij de definiëring van hun culturele zelfbeeld, en anderzijds van tegenreacties vanwege welmenende verdedigers van het culturele relativisme en/of van de superioriteit van de (exotische) ander boven het zelf (Chateaubriand, Segalen, Artaud).

Getemperd humanisme

Meer nog dan in *La Conquête de l'Amérique* bewandelt Todorov in *Nous et les autres* het pad van de intellectuele geschiedenis die zich minder bekommert om het materiële, discursieve functioneren van ideeën. Het meest memorabele onderdeel van *Nous et les autres* is niet zozeer terug te vinden in Todorovs lectuur van concrete teksten van deze of gene auteur, maar in het zeer persoonlijke slothoofdstuk waarin Todorov zijn bekende pleidooi voor een *humanisme bien tempéré* houdt. Uitgaande van de (ook volgens hem terechte) kritiek op de excessen van het traditionele humanisme, geeft hij in deze epiloog te verstaan dat het humanistische project evenwel niet *hoefde* te leiden tot rassenhaat, nationalisme en vrees voor de ander. Het getemperde humanisme dat hij in deze tekst met Rousseau en Montesquieu belijdt, is een vorm van denken en handelen die het midden houdt tussen de verfoeide dogma's van universalisme en relativisme en op die manier de negatieve spiraal van de 'dialectiek van de Verlichting' tracht te doorbreken.

Voor Todorov is blijkens *Nous et les autres* en een aantal rechtstreeks uit het betoog van dat boek voortvloeiende essays uit *Les Morales de l'histoire* (1991) niet langer de vraag naar het verschil tussen 'wij en de anderen' aan de orde, maar die naar het waardenonderscheid tussen goed en kwaad. Volgens hem is dat onderscheid niet louter cultureel bepaald (zoals de relativisten het willen), noch eens en voor altijd vastgelegd (zoals de universalisten het willen), maar het resultaat van een evenwaardige dialoog tussen mensen die op zijn minst dit gemeen hebben dat ze behept zijn met de mogelijkheid van vrije keuze en daardoor van hun leven kunnen maken wat ze willen. Dat dat laatste bijzonder fraai klinkt, maar niettemin moeilijk in praktijk te brengen is, beseft Todorov natuurlijk als geen ander. *Face à l'extrême* (1991), een studie van het menselijke gedrag in de concentratiekampen van de Tweede Wereldoorlog, plaatst op die manier al vanzelf een nuancerende noot bij zijn bevlogen ideaal. Maar ook in dit boek toont Todorov aan dat mensen zich zelfs in de meest extreme en erbarmelijke omstandigheden menswaardig kunnen gedragen en dat het ideaal van de intermenselijke dialoog niet per definitie op een illusie hoeft uit te draaien.

Le Jardin imparfait, ten slotte, (Montaignes metafoor voor het leven des mensen), bevat na *Nous et les Autres* vooral meer van hetzelfde. Opnieuw worden Montesquieu en Rousseau naar voren geschoven als architecten van het ideaal van een getemperd humanisme, daarin gesecondeerd door Benjamin Constant, wiens politieke filosofie in *Nous et les autres* opvallend afwezig was, maar over wie Todorov in 1997 een monografie publiceerde. (Over Constants werk had hij reeds in 1967 een essay geschreven, maar daarin was met name de roman *Adolphe* aan de orde.) Veel explicieter dan in zijn vorige boeken presenteert Todorov in *Le Jardin imparfait* het nieuwe humanistische denken als dé basisfilosofie voor de eenentwintigste eeuw. Met een (vrij obligate) referentie aan Pascals weddenschap roept hij in het slothoofdstuk de lezer op tot het aangaan van een *pari humaniste*. De krachtlijnen die het welslagen van die weddenschap moeten garanderen, klinken als een herformulering van de bekende slogans van de Franse Revolutie: *autonomie du je*, *finalité du tu*, *universalité des ils*. Kort samengevat moet de humanist vasthouden aan de eigen autonomie, zonder daarbij uit het oog te verliezen dat ook de ander vrij en autonoom is en als dusdanig benaderd dient te worden. Bovendien moet hij/zij zich bewust zijn van het feit dat zowel het zelf als de ander veranderlijke en dynamische gegevens zijn. Dat, en dat alleen, is wat van de mens een universeel gegeven maakt. Elke mens is uniek en zichzelf, en die uniciteit is wat ons met elkaar verbindt.

Beknopte bibliografie

Primaire literatuur

Théorie de la littérature. Textes des formalistes Russes, Paris, Seuil, 1965.
(éd.) *Recherches sémantiques* (*Langages*, 1:1 (1966)).
Littérature et signification, Paris, Seuil, 1967.
Qu'est-ce que le structuralisme? 2. Poétique, Paris, Seuil, 1968.
Grammaire du Décaméron, The Hague – Paris, Mouton, 1969.
L'Énonciation (*Langages*, 5:17 (1970)).
Introduction à la littérature fantastique, Paris, Seuil, 1970.
"Meaning in Literature: A Survey", in *Poetics*, 1:1 (1971), pp. 8-15.
Poétique de la prose, Paris, Seuil, 1971.
Théories du symbole, Paris, Seuil, 1977.
Symbolisme et interprétation, Paris, Seuil, 1978.
Les Genres du discours, Paris, Seuil, 1978.
(éd.) *Sémantique de la poésie*, Paris, Seuil, 1979.
Mikhaïl Bakhtine. Le principe dialogique, suivi de: *Écrits du Cercle de Bakhtine*, Paris, Seuil, 1981.
La Conquête de l'Amérique. La question de l'autre, Paris, Seuil, 1982.
Critique de la critique. Un roman d'apprentissage, Paris, Seuil, 1984.
Nous et les autres. La réflexion française sur la diversité humaine, Paris, Seuil, 1989.
Les Morales de l'histoire, Paris, Grasset, 1991.
Face à l'extrême, Paris, Seuil, 1991.
Les Abus de la mémoire, Paris, Arléa, 1995.
L'Homme dépaysé, Paris, Seuil, 1996.
Benjamin Constant: la passion démocratique, Paris, Hachette, 1997.
Éloge du quotidien. Essai sur la peinture hollandaise du XVIIe siècle, Paris, Seuil, 1997.
Le Jardin imparfait. La pensée humaniste en France, Paris, Grasset, 2000 (1998).
(éd.) *La Fragilité du bien. Le sauvetage des juifs bulgares*, Paris, Albin Michel, 1999.
(met Alain Finkielkraut & Richard Marienstras), *Du bon usage de la mémoire*, Genève, Tricorne, 2000.

Secundaire literatuur

BROOKE-ROSE, Christine, "Historical Genres / Theoretical Genres: Todorov on the Fantastic", in Idem, *A Rhetoric of the Unreal: Studies in Narrative and Structure, especially of the Fantastic*, Cambridge, Cambridge University Press, 1981, pp. 55-71.

DOSSE, François, *Histoire du structuralisme (2 vols.)*, Paris, La Découverte, 1992.

GROOT, Ger, "Getemperd humanisme. Gesprek met Tzvetan Todorov", in Idem, *Twee zielen. Gesprekken met hedendaagse filosofen*, Nijmegen, SUN, 1998, pp. 229-246.

HAWKES, Terence, *Structuralism and Semiotics*, London, Methuen, 1977, pp. 95-106.

SCHOLES, Robert, *Structuralism in Literature: An Introduction,* New Haven – London, Yale University Press, 1974, pp. 111-117.

STROHMAIER, Eckart, *Theorie des Strukturalismus. Zur Kritik der strukturalistischen Literaturanalyse*, Bonn, Bouvier, 1977, pp. 65-92.

V

DE ANDERE KANT VAN DE LITERATUUR

GEORGES BATAILLE
(1897-1962)

Laurens TEN KATE

DE ANGST VOOR HET TOEVAL

Sinds haar aanvang is de mensheid bang geweest voor het toeval. De vroegste religieuze offers zijn er een antwoord op, zoals ook de mythe. Het toeval is onmenselijk, omdat het voor de mensen gelijkstaat aan pure zinloosheid en willekeur. Het toeval onttrekt zich aan de maakbare werkelijkheid, omdat het ons alleen maar, zomaar, toevalt. En precies om deze reden vormt het de blinde vlek van rationaliteit en instrumentaliteit, die beide coördinaten van het menselijk denken en handelen. De fascinatie voor deze blinde vlek kenmerkt heel het œuvre van Georges Bataille.

Aristoteles was de eerste die het toeval filosofisch trachtte te doordenken: het toeval is "datgene wat noch onmogelijk noch noodzakelijk is." Maar door deze definitie geeft hij het tevens een plaats in het systeem van zijn *Eerste analytica*, en neutraliseert hij het toeval. Waar de mythe de duisternis van het toeval poogde te bezweren door haar godenverhalen, daar tracht de filosofie het te bezweren door het te vatten in een logische redenering. Het toeval houdt volgens Aristoteles eenvoudig het midden tussen de wetmatigheden van het leven en de zuivere onzin, tussen het werkelijke en het fictieve. Daarmee wordt het zowel serieus genomen – het is niet "onmogelijk", niet niets –, als streng onderscheiden van het wezenlijke, dat zich uitdrukt in de noodzakelijkheden die de denkende rede in de natuur ontdekt.

Bijna 2500 jaar later vraagt Bataille zich, in het spoor van Nietzsche, af of deze benadering van het toeval niet tekort schiet. In *Sur Nietzsche. Volonté de chance* (1944) tracht hij het toeval (*la chance*) niet zozeer te dénken – alsof dat mogelijk zou zijn –, maar bestudeert hij de ambivalente ervaring ván het toeval, die de mens kenmerkt. Wat betekent het dat wij het toeval vrezen en verdringen, en het tegelijkertijd opzoeken, ja "willen?" Aldus komt Bataille er toe Aristoteles' definitie om te draaien; het toeval mag dan "noch noodzakelijk, noch onmogelijk" zijn, wij kunnen ons er slechts toe verhouden als tot iets wat een vreemde noodzakelijkheid bezit, en tegelijk volstrekt tot het onmogelijke blijft behoren. De mens kan niet om die blinde vlek heen, en evenmin kan hij er greep op krijgen; hij kan het toeval niet niet-ervaren, maar evenmin kan hij het ervaren. We kunnen er slechts recht aan doen door het met noodzakelijke, haast obsessionele en tegelijk onmogelijke, in zekere zin hulpeloze, belachelijke woorden en beelden te naderen en weer te verliezen. Aan de articulatie van deze impasse zijn vrijwel al Batailles teksten gewijd.

Batailles leven en werk

Georges Bataille wordt geboren in 1897, heeft een verschrikkelijke jeugd (zijn vader, blind door syfilis en later waanzinnig, overlijdt in 1915; zijn moeder pleegt enkele jaren later zelfmoord). Na een korte periode van vroomheid vestigt hij zich in Parijs, waar hij zich in de jaren twintig als amateur werpt op de etnologie – hij is geboeid door de studies over vreemde culturen – en op de filosofie – hij leest Nietzsche, Hegel en Heidegger. Hij leeft in een haat-liefde-verhouding met de surrealistische beweging. Hij is enkele jaren lid van een Democratisch-Communistische Kring en richt in 1936 een eigen antifascistisch genootschap op, *Acéphale.* Intussen publiceert hij talloze artikelen en in 1928 zijn eerste roman, in een minieme oplage en onder pseudoniem, *Histoire de l'œil.* Zijn tweede, *Le Bleu du ciel*, schrijft hij in het midden van de jaren dertig, maar zal hij pas twintig jaar later uitgeven. In de oorlogsjaren schrijft Bataille, in ziekte en eenzaamheid teruggetrokken, de filosofische teksten die zijn denkweg verder zullen bepalen en die hij later zal bundelen als een *atheologische summa* – ik zal er op terugkomen. Aan het begin van de oorlog ontmoet hij Maurice Blanchot; een vriendschap ontstaat, die voor de ontwikkeling van beide mannen in veel opzichten beslissend zal zijn.

Na de oorlog richt hij samen met onder meer Blanchot het tijdschrift *Critique* op, dat nu nog steeds één van de toonaangevende bladen in Frankrijk is. Voorts schrijft hij verschillende theoretische werken: over de religie (*Théorie de la religion*, 1949), over economie en verkwisting

(*La Part maudite*, 1949), over politiek en soevereiniteit (*La Souveraineté*, geschreven in 1954; onafgewerkt), over erotiek (*L'Érotisme*, 1957), over kunst (*Lascaux ou la naissance de l'art*, 1955; *Manet*, 1955) en literatuur (*La Littérature et le mal*, 1957). Dat alles verhindert niet dat hij in deze jaren, evenals voor de oorlog, vrijwel geen bekendheid geniet; binnen het roerige intellectuele debat in Frankrijk – gedomineerd door Sartres existentialisme, waar hij zeer kritisch tegenover staat – speelt Bataille een uiterst marginale rol. Vanaf het begin van de jaren vijftig lijdt hij aan een spierziekte, die zijn dood in 1962 onvermijdelijk maakt.

KERNBEGRIPPEN, GRENSBEGRIPPEN: EEN WIJSGERIGE INTRODUCTIE

De vier werken die Bataille tijdens de oorlogsjaren schrijft (en tussen 1943 en 1947 publiceert) vormen dus het centrum van zijn œuvre. Allereerst *De innerlijke ervaring*, zijn wijsgerige debuut, dat niet los te denken is van het verhaal *Madame Edwarda*:

> Ik schreef dit kleine boekje in september en oktober 1941, net voordat ik 'De marteling' schreef, dat het tweede deel van mijn boek *De innerlijke ervaring* vormt. Beide teksten zijn naar mijn gevoel nauw met elkaar verbonden, en men kan de ene niet zonder de andere begrijpen... (*Œuvres complètes* V, p. 421; vert. LtK.)

Vervolgens *Le Coupable*, dat, als een oorlogsdagboek, voor het grootste deel over geweld en oorlog handelt, *Méthode de méditation*, een reeks thesen over de ervaring van soevereiniteit, en het al genoemde *Sur Nietzsche. Volonté de chance*, waarin de auteur zijn visie geeft op zijn leermeester en "broeder" Nietzsche, en diens "wil tot macht" tracht om te formuleren tot een paradoxale "wil tot toeval." Na de oorlog put Bataille zich uit in eindeloze plannen om dit viertal boeken te bundelen, al of niet uitgebreid met andere; geen enkel plan loopt op iets uit. Alleen de titel van deze bundeling blijft in alle varianten dezelfde: *La Somme athéologique*.

In dit atheologisch project dat Bataille maar niet tot een coherent, theoretisch geheel kon smeden, staan enkele begrippen centraal die zijn denken van begin tot eind hebben gedomineerd: die van "mens" en "God", en die van het "profane" en van het "sacrale." Daarbij gaat het Bataille niet zozeer om de beide polen van deze dichotomie zelf, maar om de spanningsverhouding, de dynamische grens tussen beide. Profaniteit en sacraliteit zijn niet twee 'gebieden' of 'sferen' die eenvoudig tegenover elkaar zouden staan en elkaars alternatief zouden vormen, alsof het hier om een klassiek dualisme zou gaan. Het gaat veeleer om de constante spanning of strijd tussen beide polen van de verhouding, polen die bovendien niet van dezelfde orde zijn: het sacrale is nooit het spiegel- of tegenbeeld van het profane, maar zijn 'buiten', zijn spook of blinde vlek, zijn ondenkbare alteriteit. Het is Bataille altijd om de grens tussen beide te doen, daar localiseert hij de ervaring waarop de boeken van zijn summa *in spe* zich richten – als de ervaring van een fundamentele 'tussenruimte', van een grens waarop men moet verwijlen, waarbij men moet stilstaan, van een spanning die onophefbaar is en die men dan ook moet uithouden. Anders gezegd: de communicatie waar Bataille zijn hele leven in geïnteresseerd is geweest, is de communicatie tussen deze beide polen, die om zo te zeggen voor hem wezenlijker is dan de polen zelf.

Alle kernbegrippen uit Batailles denken zijn uit deze atheologische spanningsverhouding tussen mens en God, profaniteit en sacraliteit af te leiden. Steeds gaat het om begrippenparen, waarbij de ene term staat voor de 'bekende' wereld van normaliteit, moraliteit en humaniteit, de andere voor die blinde vlek die als het ware insnijdt op deze wereld. En steeds gaat het om grensbegrippen, die minder naar zichzelf dan naar de grensruimte, de speelruimte tussen hen in verwijzen, en daarmee de traditionele opposities en binaire schema's ontregelen. Dat zagen we reeds bij het begrip van het toeval, dat Bataille zo inzet dat daarmee de tegenstelling tussen toeval en noodzaak of tussen het mogelijke en het onmogelijke wordt ontwricht – een tegenstelling die Aristoteles nog voor evident hield.

De belangrijkste conceptuele spanningsverhoudingen in Batailles denken kunnen als volgt worden samengevat: mens – God, profaan – heilig, het zichtbare – de blinde vlek, het mogelijke – het onmogelijke, rede – *non-sens*, weten – niet-weten, hoop – wanhoop, dag – nacht, goed – kwaad, normaliteit – extremiteit, fatsoen – genot, instrumentaliteit – soevereiniteit, plan – overgave (roes), berekening – impasse (dwalen), arbeid – verspilling, wet – exces (transgressie), rust – geweld, vrede – oorlog, individu – gemeenschap, autonomie – communicatie, beheersing – erotiek, leven – dood.

De atheologie nader bezien

Intussen mag het duidelijk zijn dat Batailles atheologie niet één of ander pleidooi voor een atheïsme inhoudt, of een 'theologie zonder God' zou zijn. Evenmin als zijn werk een pleidooi is voor het eindeloos overschrijden van grenzen (zoals men heden ten dage wel hoort verkondigen), maar een poging de grens zelf te denken in haar ondraaglijkheid én onontkoombaarheid, zo is zijn werk geen glorieuze overwinning op het christendom of op de religie in het algemeen, geen aankondiging van een definitief post-religieus tijdperk, alsof de beklemmende grenzen van de religie in onze cultuur eindelijk verdwenen zouden zijn. In deze zin zijn existentialisme en humanisme – en is eigenlijk ieder discours van de menselijke emancipatie – Bataille vreemd. Zijn werk is eerder een constante confrontatie met de door Nietzsche verkondigde "dood van God", opgevat als de ervaring van een open wond in onze wereld, cultuur en geschiedenis. Door de dood van God zijn de genoemde spanningsverhoudingen in de twintigste eeuw alleen maar verhevigd, daar ons "buiten" leeg is geworden, onze blinde vlek nu eerst werkelijk "blind" en verduisterd. De atheologie is de 'leer' van de afwezige God: *a-theos.*

Maar ook al is ons "buiten" leeg geworden, dat betekent nog niet dat het voor ons niet zou bestaan: wij kunnen, ja moeten met de leegte *communiceren,* zo is Bataille van mening. Deze sacrale communicatie kan men het concrete onderzoeksobject van Batailles atheologie noemen. Het is geen communicatie met God, maar met de lege plaats van God, daar waar we slechts in de duistere nacht kijken. Oog in oog staan met de afwezigheid van God is vreemd genoeg een 'goddelijke' ervaring: een ervaring waarin deze afwezigheid als het ware zelf aanwezig is, en waar de mens niet langer meer mens is en God niet langer meer God. Mens en God, beide zijn ze als gevallen engelen in een ontluisterde wereld. In deze ervaring is de mens eenzaam, van ieder "buiten" verstoken – alleen dit 'verstoken zijn' is zijn "buiten" –, en kan hij slechts steeds opnieuw de grenzen opzoeken die hem in de buurt van deze leegte brengen, om zo tot het uiterste van zijn mogelijkheden te gaan.

Een *innerlijke* ervaring: er is niets meer dat van buitenaf deze ervaring betekenis kan geven, geen traditionele God, geen waarheid. De ervaring is alleen met haar interioriteit, ze is haar eigen autoriteit, stelt Bataille in *De innerlijke ervaring* (p. 30). Deze innerlijke ervaring is een "reis naar het uiterst mogelijke" (p. 30), maar dit "uiterste" is slechts een plaats van "*aanvechting*" (p. 136): de zelfgenoegzaamheid van onze geschiedenis wordt er op sacrale wijze geschonden – Bataille neemt het begrip *sacré* heel letterlijk, volgens zijn etymologie: het is datgene wat schendt, insnijdt, openbreekt en onderbreekt. Atheologie is dus een onderzoek naar communicatie voor zover deze communicatie – ook die tussen mensen onderling: erotiek, vriendschap of ook socio-politieke betrekkingen zijn in dit opzicht voor Bataille niet wezenlijk onderscheiden van religie – als sacrale communicatie functioneert: als een "aanvechtende", schendende en ook schandalige communicatie.

Wij communiceren dus niet met God om met Hem één te worden en ons in Hem te identificeren, we communiceren daarentegen met Gods afwezigheid, Zijn 'dood', om gebroken te worden, onze identiteit te verliezen en ons 'zelf' prijs te geven:

> (...) de religieuze opwinding heeft in alle tijden altijd geleid tot het doen ontstaan van evenwichtige wezens, of min of meer evenwichtige, terwijl ik in plaats van die evenwichtige wezens de weergave wilde introduceren van een wanorde, van iets wat ontbreekt, en niet van iets wat vereerd dient te worden,

stelt Bataille in een interview vlak voor zijn dood.

Communicatie is volgens deze specifieke, atheologische benadering altijd een "zich prijsgeven" – *abandon, don de soi* –, een gave zonder dat men iets terugkrijgt, zonder uitkomst of heil. Ondanks Batailles fascinatie voor de mystieke tradities ligt hier dan ook zijn geschil daarmee: de tussenruimte van de communicatie, die spanning tussen mens en God, is voor Bataille fundamenteel heilloos en nutteloos, terwijl aan het eindpunt van de mystieke ladders meestal het heil van de verzoening en de verlossing gloort. De communicerende gave, de gevende communicatie analyseert Bataille steevast als een – moderne, seculiere – vorm van het "offer", dat archetype van religieuze rituelen en expressies, waarbij de mens zich volgens hem zonder bijbedoelingen, zonder calculaties in het grensgebied tussen profaniteit en sacraliteit beweegt om aldaar in een mimesis (het slachtoffer vervangt hen die het offer brengen) voor even "levend te sterven."

Het is opvallend dat deze atheologie dus geen godsleer is, geen spreken over God, maar een "leer" – *logos* – van de communicatie, en wel van die communicatie waarin het woordje "God" precies het moment representeert waarop de communicatie *onmogelijk* wordt en in een impasse geraakt:

> God, laatste woord dat inhoudt dat elk woord iets verder tekort zal schieten: je eigen welsprekendheid opmerken (zij is onvermijdelijk), erom lachen tot aan de onwetende afstomping (...).
> (*De innerlijke ervaring*, p. 63.)

God is voor Bataille niet meer dan dat eigenaardige woordje in onze taal dat niet tot ons bestaan herleid kan worden (onze arbeid, onze woorden, onze mogelijkheden, onze geschiedenis), en toch maakt het er deel van uit, niet als product, noch als een wezen of essentie, maar als "communicatie": als de duizeling die bij een blinde vlek hoort. Deze communicatie brengt niets tot stand, ze verwijst slechts onophoudelijk naar een leegte, zoals het woordje "God" een leeg begrip is: zijn betekenis ligt in de onderbreking van elke betekenis:

> Ik ga een doodlopende straat in. Iedere mogelijkheid is daar uitgeput, het mogelijke verbergt zich en het onmogelijke heerst streng. Oog in oog met het onmogelijke staan – buitensporig, onbetwistbaar –, wanneer niets meer mogelijk is, dat is in mijn ogen het goddelijke ervaren; het komt overeen met een marteling.
> (*De innerlijke ervaring*, p. 59.)

Deze "marteling" verwijst uiteraard mede naar de feitelijke achtergrond waartegen de teksten van *La Somme athéologique* ontstaan zijn: die van de Tweede Wereldoorlog. Het is alsof die tussenruimte, die grens van de ervaring die Bataille wenst te onderzoeken, alleen in het exces en in de extremiteit van het geweld gelocaliseerd kan worden. Daarom moet Batailles grensdenken ook altijd in nauwe samenhang met zijn visies op oorlog en geweld bestudeerd worden; wie dat verzuimt, zal weinig van de inzet en de koorts van dit œvre verstaan. Aan zulk verzuim zal ik mij niettemin schuldig maken, daar ik me in wat volgt zal beperken tot de relatie tussen filosofie en literatuur in Batailles werk.

TUSSEN LITERATUUR EN FILOSOFIE: HET NOODZAKELIJKE WOORD, HET ONMOGELIJKE WOORD

Blanchot heeft, sprekend over Bataille in zijn *L'Entretien infini* (1969), de innerlijke ervaring terecht benoemd als *expérience-limite*. Zij is niet een ervaring ván de grens, geen grenservaring in de gebruikelijke betekenis, waarbij de grens eigenlijk het object is van ons ervaren. Het gaat in deze dubbele, besluiteloze formulering van Blanchot om de grensruimte áls ervaring, om de ervaringsruimte als grens. Batailles discours, zowel het filosofische, 'wetenschappelijke' als het literaire, 'poëtische', tracht deze grensruimte telkens opnieuw te openen.

De nadruk op de schriftuur als ervaring en als ontmoeting maakt Batailles werk nu tot een geheel van *geëngageerde* teksten. Dit engagement moet niet verstaan worden in de politieke of maatschappelijke zin, waarbij de inhoud van een tekst een politieke of maatschappelijke boodschap zou uitdragen: de tekst als medium voor verandering van de werkelijkheid. Het engagement van bijvoorbeeld *Madame Edwarda* zet het medium, de taal, zelf op het spel en creëert zijn *eigen* soevereine werkelijkheid, die niet langer meer in de taal gevat kan worden.

Dit verhaal is een unieke en merkwaardige schepping; door Marguerite Duras en Susan Sontag is het één van de grootste teksten van de twintigste eeuw genoemd. Het handelt over een prostituée, Edwarda, en haar cliënt, de ik-figuur, die hun nachtelijke seksuele avonturen eerst binnen, later buiten het bordeel beleven. Ze gaan tot de grens van de lust en de schaamte tot ze uitgeput neervallen in een taxi. Maar de auto biedt slechts voor even bescherming en rust: weldra stapt Edwarda uit en verleidt de chauffeur. De spanning in het verhaal wordt nog opgevoerd doordat de auteur, die zich Pierre Angélique noemt, in passages tussen haken zijn eigen rol ter sprake brengt; zo ontstaat een verdubbeling van de ik-figuur. Deze schrijvende "ik", buiten het verhaal, die men in de moderne literatuurtheorie de "ik" van de *énonciation* zou noemen, staat angstig dichtbij de handelende "ik", binnen het verhaal, die men als de "ik" van de *énoncé* zou kunnen aanduiden, die altijd een actieve rol speelt in het vertelde verhaal. In het schrijven en denken probeert hij, zo zegt hij, een zelfde grens te bereiken als de beide hoofdpersonages in hun excessen. Het verhaal is minder opwindend dan verbijsterend, het laat bij de lezer een enorme beklemming achter.

De hoofdpersonages verbinden de liefde met een extreem geweld: het geweld van een overschrijding van iedere grens en regel. Edwarda bezwijkt bijna. Hun angst is ondraaglijk maar hun genot is evenredig aan hun angst. De erotische uitspattingen worden door de auteur beschreven als een poging "de nacht te verlichten", als het ware hun eigen verblinding, hun eigen "nacht" te zien, te aanschouwen. De twee minnaars doen een wanhopige poging aan hun verlatenheid, aan het risico waarin zij zich met hun omzwervingen begeven, een bestaan te verlenen, het onmogelijke te leven. De wisseling van licht, schemer en donker is een steeds weerkerend motief in het verhaal. De tocht door de stad eindigt, zoals gezegd, in een taxi; de laatste zinnen van het verhaal laten de drie betrokkenen als het ware opgaan in de nacht: "Ik deed het binnenlicht van de auto uit. Een droomloze slaap liet ons ten slotte ongemoeid, Edwarda, de chauffeur en mij (...)." (*Œuvres complètes* III, p. 30) Maar "ik" slaapt niet lang: als hij ontwaakt, verdwijnt hij in de nacht die hij welhaast zelf is geworden, vervolgt hij de zwerftocht waaraan hij zich identiek voelt: "(...) tot ik als eerste ontwaakte. Ik stapte uit en ging wankel, in duistere afwachting de nacht tegemoet." (*Ibid.*, p. 31)

In deze werkelijkheid van het exces, deze ruïne, worden schrijver én lezer *betrokken*, als in een schandaal. En zo, 'geëngageerd' in een verhaal dat hen geen enkele zekerheid laat, zelfs en juist ook niet de zekerheid van 'het verhaal', van de fictie, voelen schrijver en lezer de noodzakelijkheid van de woorden, de zinnen, de beelden. We voelen dat we niet langer "nee" kunnen zeggen tegen het schandaal.

Dwingende woorden, woorden als een besmetting: ze treffen ons op een absolute, definitieve wijze, omdat ze het onmogelijke met het noodzakelijke verbinden. Aan deze grens van de taal zijn ze even soeverein, krachtig, als naakt en kwetsbaar. Ze verdragen geen "commentaar", zoals Blanchot jaren later zal schrijven in *Après-coup* (1983), ze zijn zichzelf genoeg, niets kan ze aanvullen, verhelderen of kritiseren, diskwalificeren: *ils suffisent à ma vie*. Juist op dit punt – het schrijven vanuit een noodzaak, een ervaring – vullen verhaal en filosofische tekst, *Madame Edwarda* en *De innerlijke ervaring* elkaar aan. In het voorwoord tot *De innerlijke ervaring* neemt Bataille na enkele Nietzsche-citaten als volgt het woord:

> De enige delen van dit boek die geschreven móesten worden – daar ze stap voor stap met mijn leven overeenkomen – zijn het tweede, 'De marteling', en het laatste. De overige delen heb ik geschreven met de loffelijke zorg een boek te samen te stellen.
> (*De innerlijke ervaring*, pp. 21-22.)

Deze "woorden voor het leven", die niets heel laten, alles omdraaien, die het meeste obscene en lage plotseling aanwezig stellen als een nobele noodzaak, waarin de hoer, de engel en zelfs God ononderscheidbaar worden (Edwarda zegt ergens: "Ik ben God"), deze woorden die het schandaal zelf zijn, brengen het schrijven tot zijn meest naakte, afgekloven staat terug, daar waar niets meer te zeggen is behalve een eenvoudig "ja" tegen die ene ontmoeting met, die ene blootstelling aan de ander die mij binnenstebuiten keert – aan de vrouw Dirty uit *Het blauw van de hemel*, aan Edwarda. Blanchot schrijft in *Après coup*:

> Ons rest de naaktheid van het woord, van het schrijven, identiek aan dat koortsachtige zich blootstellen van haar die één nacht, en sindsdien voor altijd 'Madame Edwarda' is.
> (*Ibid.*, p. 91.)

Het noodzakelijke woord is een eenzaam woord. Het maakt zich los uit de keten van betekenaars, en daarmee uit de taal zelf; het gaat zijn eigen leven leiden, vanuit zijn eigen, ongehoorde betekenis. Degene die het uitspreekt, stapt in zekere zin uit de 'gewone', dagelijkse werkelijkheid waarin het nuttige, doelmatige en redelijke domineert. Het noodzakelijke woord creëert immers zijn eigen werkelijkheid, en degene die het uitspreekt is met deze unieke werkelijkheid alleen. De ontmoeting die in deze vreemde werkelijkheid plaatsvindt, werpt de mens terug op zichzelf, en leidt geenszins tot een versmelting of eenwording met de ander. "Ik" en de ander stellen ons bloot aan de grens die het einde betekent van elk gemeenschappelijk bezit: een 'relatie', een 'band.' 'Wij' 'hebben' niets...

De werkelijkheid die het noodzakelijke woord oproept en belichaamt, ís dit uiterste moment, dit "uiterst mogelijke" in de termen van *De innerlijke ervaring*, dat bestaat in een laatste blootstelling. 'Werkelijk' is deze werkelijkheid *als ervaring*, maar 'fictioneel' is ze omdat ze de alledaagse realiteit terzijde schuift en *onderbreekt* – beklemmend, betoverend en droomachtig als zij is. Zo bevindt zich het noodzakelijke woord tussen realisme en fictionalisme in, waar het eenzaam zijn onmogelijk bestaan leidt.

De ervaring waarop Bataille zich als schrijver en denker richt, schept dus een bijzondere taal: een taal die enerzijds al haar bouwstenen, de woorden, in hun ontoereikendheid laat oplichten en ze daarmee feitelijk overbodig maakt en uitwist, en die anderzijds juist de ruimte opent voor dat ene woord, dat *noodzakelijk* gezegd, geschreven, gelezen moet worden. Noodzakelijke woorden zijn het, omdat ze het onmogelijke schandaal belichamen, omdat ze niets meer doen dan – eenmalig – ruimte bieden aan wat niet gezegd kan worden. Batailles taal is er vol van; het begrip "nacht" is één van de meeste sprekende voorbeelden.

Men zou hier met recht kunnen spreken over "obsessionele woorden", zoals de Amerikaanse schrijver Paul Auster in zijn *Groundwork* doet in een gesprek uit 1978 met Edmond Jabès, wiens werk, wiens schrijven in menig opzicht uit dezelfde ervaring voortkomt als dat van Bataille en Blanchot, die hij dan ook regelmatig in zijn teksten bespreekt en becommentarieert. "Obsessionele woorden": ze brengen de taal aan haar grens, verwijzen weg van zichzelf naar deze grens, deze ontmoeting, maar ín deze 'zelf-uitwissende' verwijzing richten ze zich tegelijkertijd op in al hun noodzakelijkheid: we kunnen niet achter ze terug.

> *Paul Auster*: U sprak over obsessionele woorden. Er is een dozijn woorden en thema's die constant herhaald worden, op bijna elke bladzij van uw werk: "woestijn", "afwezigheid", "stilte", "God", het "niets", de "leegte", het "boek", het "woord", "verbanning", "leven", "dood"..., en het treft me dat elk van deze woorden in zekere zin een woord is aan gene zijde van het spreken, een soort grens, iets dat vrijwel onmogelijk uitgedrukt kan worden.
>
> *Edmond Jabès*: Precies. Maar tegelijkertijd: ook al kunnen deze dingen niet worden uitgedrukt, evenmin kunnen ze van elke betekenis ontdaan worden. We komen niet van ze af. Voor mij is het bijvoorbeeld onmogelijk, me te ontdoen van het woord "jood" of het woord "God."
> (*Groundwork*, pp. 202-203; vert. LtK.)

Deze obsessionele woorden in de tekst betekenen niets op zichzelf, maar wijzen in de richting van een afgrond, een leegte, een grens: daarin ligt hun intensiteit en daaraan ontlenen ze hun macht over ons. Jabès noemde het woord "God"; hij vervolgt:

> Wat ik bedoel met "God" in mijn werk, is iets waar we tegenaan lopen, een afgrond, een leegte, iets waartegenover we machteloos staan. Het is een afstand (...).
> (*Ibid.*, p. 203; vert. LtK.)

Verschillende van de woorden die Auster en Jabès hier opnoemen, hebben ook in Batailles taal een obsederende werking: "stilte", "dood", "afwezigheid", "afstand", "afgrond", "leegte", "woestijn/verlatenheid", en vooral het woordje "God."

In *Madame Edwarda* wordt de vertelling beheerst door dergelijke woorden, die, los van hun gangbare betekenis, los ook van een zinsverband, hun eigen soevereine werking hebben. Ik noemde het woordje "nacht" al; samen met "naakt" waart het als een plaag, een besmetting door de tekst. Zo vaak klinken ze, dat ze betekenisloos dreigen te worden, en nog alleen maar naar een duizeling (de afgrond waarover Jabès spreekt) lijken te verwijzen. Samen met de verwante termen "duister(nis)", "zwart", "naaktheid" en "naakt stellen", "ontbloten", komen deze begrippen zo'n veertigmaal voor in die enkele bladzijden van het verhaal.

Hebben we hier van doen met unieke taalverschijnselen, voorbehouden aan de grote geesten van de twintigste eeuw, en ver verheven boven de alledaagse realiteit? Nee, dergelijke unieke woorden zijn in al hun ontoegankelijkheid toch aan niemand onbekend; ze overvallen ons plotseling, op een dag, een moment en zijn vanaf dat moment onvervangbaar en eenmalig. Wellicht lijken ze op de woorden die een minnaar tegen zijn of haar geliefde spreekt, die tegelijkertijd zo inhoudsloos én vol betekenis zijn, alsof de verliefden de woorden zonder onderscheid 'van elkaars lippen drinken.' Misschien brengen ze een zelfde verblinding teweeg als die van – bijvoorbeeld – een verliefde vrouw, die zodanig geobsedeerd wordt door een beeld of kenmerk van haar geliefde dat zij hem bij de geringste gelijkenis overal meent te zien. Deze noodzakelijke woorden en beelden dringen zich aan je op, en je kunt geen "nee" meer zeggen. Als in een besmetting wordt je overvallen en geef je je over – aan wie, aan wat? Dat weet je niet eens: je geeft je aan het geven zélf, je verlangt naar het verlangen zelf, dat nooit meer mag stoppen, balancerend op de grens van intensiteit en waanzin. Je ziet je eigen verblinding, maar je kunt je eenvoudig niet meer terugtrekken uit deze vreemde schemertoestand: de ervaring is zonder reserve, zonder voorbehoud, zonder "mits."

Batailles schrijven: onderbreking, mimesis, om-schrijven

De schriftuur die aan deze blootstelling een ruimte, een talige scène wil bieden, die het onmogelijke tegelijkertijd als het noodzakelijke wil laten gelden, kan slechts in een rotsachtig landschap bestaan:

> Deze rotsachtige taal, deze onbuigzame taal vol breuken, steiltes en kloven, beschrijft een cirkel doordat ze naar zichzelf verwijst en zich in zichzelf keert door te vragen waar haar grenzen liggen alsof ze niets anders was dan een kleine nachtelijke bol die een vreemd licht uitstraalt dat de leegte aangeeft waaruit het afkomstig is en waarop het onherroepelijk alles richt wat het verlicht en aanraakt,
> (*De verbeelding van de bibliotheek*, p. 69.)

schrijft Michel Foucault over Bataille in zijn artikel "Inleiding tot de transgressie" (1963). Bataille schrijft dan ook in fragmenten, in breuken en in een veelheid van stijlen.

Fragmenten: vrijwel de hele *Somme athéologique* bestaat eruit. De fragmenten zijn zelden langer dan een bladzijde, sommige vormen slechts een enkele regel, een uitroep, een plotselinge inval. De witregels bepalen het aanzicht van de pagina's.

Breuken: voortdurend onderbreekt de schrijver zijn eigen tekst met uitweidingen, passages tussen haken of stukken gecursiveerde tekst. Soms breekt hij een bepaalde opbouw in een serie fragmenten plotseling af om op een andere manier verder te gaan. Het "plan" van de tekst moet gevolgd worden en tegelijk verijdeld. Het eerste deel van *De innerlijke ervaring* is daar een goed voorbeeld van.

Een veelheid van stijlen: een relaas van een extase op de wijze van de mystici, een verhalende passage – als literair proza –, dagboekaantekeningen, etnologische onderzoeksverslagen, taalexperimenten zoals die van de surrealisten, aforismen, filosofische analyses, het wisselt elkaar allemaal af in Batailles werk.

Het meest duidelijk komt het gebroken karakter van de teksten echter tot uiting in de onophoudelijke stijl*breuken*. Een filosofie die zich richt op de articulatie van een extreme ervaring, heeft klaarblijkelijk dit "fragmentarisme" en "interrumpisme" nodig. Ze kan en moet niet komen tot een eigen metataal, waarin een zekere distantie zou worden ontwikkeld ten aanzien van de verschillende invloeden die op haar inwerken. Ze vereist een ruwheid in haar teksten en ziet ervan af een samenhang aan te brengen die aan de tekst zelf voorafgaat: een samenhang tussen de verschillende registers die in de tekst worden geopend. Zo ontmoet men in *La Somme athéologique* geen consistente theorie, noch een afgerond denken, maar een reeks naakte en soms onderling tegenstrijdige vertogen en de bijbehorende personages, die alle de ervaring eerder presenteren dan representeren: de surrealist, de dichter, de verteller van verhalen, de mysticus, de etnoloog, de autobiograaf vormen even zovele gedaanten van de auteur Bataille. De tekst wisselt tussen deze gedaanten zonder ze op elkaar af te stemmen. Door dit alles krijgt de tekst een polyfoon en een promiscue karakter: zijn inzet en these kunnen onmogelijk in een logisch opgebouwd betoog verwerkt worden. Vandaar de vele stijlbreuken, vandaar de gebroken structuur der boeken.

De ervaring waarover Bataille wil nadenken verzet zich dus tegen een taal die boven haar zou staan, of anders geformuleerd, de tekst van bijvoorbeeld *La Somme athéologique* kan vanwege haar object niet langer boven haar object staan. Dat werpt de vraag op of hier eigenlijk nog sprake is van een object, dat door een subjectieve positie (die van de auteur) in een talige eenheid zou worden gevat. Een nieuw programma van de schriftuur is nodig, dat Bataille aan het begin van *De innerlijke ervaring* als volgt onder woorden brengt:

> De ervaring bereikt uiteindelijk de versmelting van het object en het subject, is als subject niet-weten, als object het onbekende. Daarop kan ze de intellectuele bedrijvigheid laten stuk lopen: herhaalde mislukkingen dienen haar even goed als de uiteindelijke gedweeheid die men mag verwachten.
> Wanneer dat is bereikt als een uiterst mogelijke, spreekt het vanzelf dat de filosofie in eigenlijke zin is opgeslokt, dat zij zich ontbindt, reeds losgemaakt van de eenvoudige poging tot een samenhang der kennis, zoals de wetenschapsfilosofie is. En zich ontbindend in deze nieuwe manier van denken, is zij slechts de erfgename van een fabuleuze mystieke theologie, die echter afgesneden is van een God en schoon schip maakt.
> (*De innerlijke ervaring*, p. 33.)

Het lijkt er dus op dat de stijlloosheid de basis voor Batailles stijl is. De chaos van genres en fragmenten waarin *La Somme athéologique* ons binnenvoert, kan men moeilijk anders zien dan als een antistijl. Toch is er in Batailles schrijven een bewuste en consequent gevolgde strategie aanwijsbaar, die men als de essentie van zijn 'stijl' kan beschouwen: die van het *om-schrijven* en *uit-schrijven*. Als de ervaring zich op gespannen voet bevindt met taal en discursiviteit, als ze niet geschreven of beschreven kan worden, dan moet men als het ware om haar heen schrijven. Men moet haar, al schrijvend, buiten de tekst laten (uit-schrijven), en haar op deze manier tot een open plek in de tekst maken, die tegelijkertijd afwezig en aanwezig is.

Niet de verschillende stijltypes zelf staan centraal, maar de ruimte tussen de stijlen: de ruwe overgangen, de breuken in de tekst. Bataille is geen mimeticus in de gebruikelijke zin, en zeker geen stijlkunstenaar zoals zijn vriend Queneau. Hij bootst de genres niet na, maakt ze zich niet eigen, maar 'ploft' zomaar middenin een bepaald genre en breekt het spoedig weer op een weinig subtiele wijze af, alsof hij over de stijlen geen werkelijke controle heeft. Het meesterschap van de schrijver is ver van Batailles teksten verwijderd. Zijn werk neemt dan ook een eigen, marginale plaats in binnen de traditie die met de *Exercices de style* in gang is gezet en die zich in de twintigste-eeuwse filosofie een plaats heeft verworven naast de kloeke, beproefde vormen van de kritische argumentatie. Bataille schrijft geen stijloefeningen, ook al zullen Queneaus meesterwerkjes zonder twijfel indruk op hem gemaakt hebben. En ofschoon zijn teksten omwille van hun stilistische promiscuïteit (er is niet meer sprake van één vast omlijnd discours) wellicht de voorloper van het postmoderne schrijven zijn, toch staan de fragmenten van *La Somme athéologique* tegelijk op zekere afstand van de actuele richtingen in het wijsgerige schrijven (Derrida's deconstructie of de mimesis-strategieën in Luce Irigaray's vroege werk). De mimetische momenten richten zich bij Bataille niet op de ontregeling en ontluistering van een specifiek discours – het "fallocratische", het "logocentrische" –, maar op de stilte tussen het ene en het andere discours, op de verlegenheid, de *gêne* tussen de stijlen, waarin slechts een ervaring aanwezig is die elk discours tot de stilte terugvoert. Wellicht tekent echter deze stilte een ongeprogrammeerd verzet aan tegen de *fallus*, tegen de *logos* van het westerse denken.

Batailles mimesis bestaat dus bij de gratie van haar eigen onderbreking, van de breuken tussen de stijlen. De mimesis is onschuldig, naïef, ze geschiedt van binnenuit totdat het gemimeerde op eigen kracht een grenspunt bereikt. Dit grenspunt fungeert als de onderbreking van de voortgang van de tekst, als een steeds opnieuw in te lassen pauze tussen de mimetische operaties. Op de ervaring van deze pauzes, die niet te be-schrijven is, nooit tot object kan worden, is Batailles om-schrijvende taal gericht.

Op deze wijze geeft de schrijver telkens blijk van een voortdurende onvrede met de stijlen waarin hij schrijft. Hij *hanteert* geen stijlen zoals de mimeticus sluw de stijlen nabootst en ze perverteert; daarin ligt niet de inzet van Batailles schrijven. Hij verwácht daarentegen iets van de stijlen die hij overneemt, zoals hij bijvoorbeeld iets verwacht van de mystiek en in deze fascinatie haast ongemerkt elementen uit een mystiek discours overneemt. In deze naïeve, soms bijna banale verwachting mimeert hij welhaast te openlijk, kopieert hij bepaalde stijlregisters te gemakkelijk, om de schone benaming van het mimetische schrijven nog waardig te zijn. Hij gaat in een stijl op, maar om er direct weer door te worden teleurgesteld, om haar dadelijk voor een andere in te ruilen – of haar te vermengen met vreemde, nauwelijks passende registers. Niet de subtiele mimesis *van* stijlen is aan zijn taal eigen, maar het vallen en opstaan *tussen* de stijlen.

De stijlbreuken verwijzen de lezer naar een lege plaats in de tekst, een *topos* die niet nader te benoemen is; zij is eenvoudig aanwezig, in het wit tussen de fragmenten (de fragmentarische aanpak maakt de voortdurende stijlwisseling natuurlijk veel gemakkelijker), maar ook in het wit dat Bataille zelf soms aanbrengt te midden van zijn woorden, en dat hij markeert met puntjes. Zulke leegten becommentarieert Bataille bijvoorbeeld in *Méthode de méditation*, waar hij ingaat op zijn verlegenheid het woord te nemen en de verveling, de onverschilligheid ten aanzien van de vraag welk woord in de mond te nemen, naar voren schuift als het lege centrum van zijn schrijven. Geen begrip, geen stijl is toereikend:

> Eerder duidde ik de soevereine operatie aan met de benaming "*innerlijke ervaring*" of "*uiterst mogelijke*". Ik duid haar nu ook aan met de benaming "*meditatie*". Van term veranderen wijst erop dat het me tegenstaat welke term dan ook te gebruiken ("*soevereine operatie*" is van alle de meest slaapverwekkende: "*komische operatie*" zou in zekere zin minder bedrieglijk zijn); ik geef de voorkeur aan "*meditatie*", maar dat klinkt nogal vroom.
> (*Œuvres complètes* V, p. 219; Bataille cursiveert; vert. LtK.)

Hier is nauwelijks sprake van mimesis, maar van een schrijven zonder strategie, dat om de stijlen en begrippen heendraait om uit te komen bij wat Jacques Derrida in "De l'économie restreinte à l'économie générale" (1967) omschreef als

> (…) een soort *potlatch* van tekens, waarbij de woorden verbrand, verteerd en verkwist worden in de vrolijke affirmatie van de dood: een offer en een uitdaging.
> (*L'Écriture et la différence*, p. 403; vert. LtK.)

BATAILLE NA BATAILLES DOOD

Zoals gezegd, bleef Batailles werk tijdens zijn leven vrijwel onopgemerkt. Dat verandert vrijwel onmiddellijk na zijn dood, allereerst in Frankrijk. Themanummers van *Critique* (1963) en van *L'Arc* (1967) hebben daartoe bijgedragen. De uitvoerige en fundamentele artikelen over Bataille van Michel Foucault en van Jacques Derrida, die respectievelijk in het eerste en in het tweede tijdschrift verschenen, zullen de receptie tot aan de dag van vandaag toonzetten. Foucault presenteert Bataille als de eerste denker van de grens als eigenstandige, filosofische categorie, terwijl Derrida in hem de eerste denker ziet die de soevereine ervaring van vrijheid in haar onmogelijkheid, ja lachwekkendheid heeft onderzocht. Beiden beschouwen Bataille als één der belangrijkste protagonisten van een "revolte" tegen de Hegeliaanse structuren die het westerse denken sinds twee eeuwen beheersen, met andere woorden: van een revolte tegen de dialectiek, tegen de alles in zich opnemende zelfverwerkelijking van de mens als subject.

In de voetsporen van Foucault en Derrida wendt zich spoedig een hele generatie van Franse filosofen en schrijvers tot Bataille: Roland Barthes, Philippe Sollers, Bernard Noël, Denis Hollier, Julia Kristeva, en wat later Jean-Luc Nancy. Batailles œvre wordt ervaren als een verborgen erfenis waarin een ieder staat; Blanchot, die vanaf het reeds genoemde *L'Entretien infini* (1969) regelmatig over Bataille schrijft, is in dit verband een getuige van het eerste uur. In een interview uit 1978 karakteriseert Foucault dit erfgoed als volgt:

> Nietzsche, Blanchot en Bataille hebben het mij mogelijk gemaakt me los te maken van anderen, bij wie ik mijn universitaire opleiding had gevolgd, begin jaren vijftig. (…) De eersten vertegenwoordigden voor mij een uitnodiging om de categorie 'subject', het primaat en de funderende functie van het subject, ter discussie te stellen. (…) En dit hield in dat men de proef op de som nam in een praktijk die het subject werkelijk vernietigen zou, of uiteen zou laten vallen, laten exploderen of transformeren in iets radicaal anders.
> (*Ervaring en waarheid*, p. 18.)

Maar jarenlang was die erfenis erg verbrokkeld: vandaar het initiatief om Batailles œvre vanaf 1970 in een integrale, kritische editie uit te geven (*Œuvres complètes*). Het twaalfde en laatste deel verscheen in 1988. Uiteraard maakt deze kapitale uitgave het werk definitief toegankelijk, zodat vanaf de jaren tachtig de aandacht ervoor internationaler wordt dan voorheen: in de wijsbegeerte, de letteren, de menswetenschappen, de kunst en de architectuur is Bataille een belangwekkend auteur en denker geworden.

Een opvallende paradox: hij die het spel, het toeval en het exces in het denken binnenbracht, figureert nu in de ernst van onze postmoderne canon, waarin immers alles een plaats mag hebben. Bataille zou er om grijnzen. Of zou de "denker van de grens" zich thans ontpoppen als de strenge criticus van de postmoderne grenzeloosheid?

BEKNOPTE BIBLIOGRAFIE

Primaire literatuur

Œuvres complètes, vols. I-XII, Paris, Gallimard, 1970-1988 (*Madame Edwarda*: in vol. III; *La Somme athéologique*: in vols. V-VI).
Georges Bataille. Choix de lettres 1917-1962, Paris, Gallimard, 1997.

Andere, hier niet besproken hoofdwerken:

La Part maudite, Paris, Minuit, 1949.
La Littérature et le mal, Paris, Gallimard, 1957.
L'Érotisme, Paris, Minuit, 1957. (Gedeeltelijk vertaald als *De erotiek*, Arena.)

Literair werk:

Histoire de l'œil, Paris, Pauvert, 1967 (1928). (*Het oog*, Kritak.)
Le Bleu du ciel, Paris, Pauvert, 1957 (1936). (*Het blauw van de hemel*, De Bezige Bij.)
L'Abbé C., Paris, Minuit, 1950.

Secundaire literatuur

BLANCHOT, Maurice, "L'expérience-limite", in Idem, *L'Entretien infini*, Paris, Gallimard, 1969, pp. 300-342.
—, *Après-coup*, Paris, Minuit, 1983, pp. 83-100 (o.m. over *Madame Edwarda*).
—, *La Communauté inavouable*, Paris, Minuit, 1983.
CHAPSAL, Madeleine, "Interview avec Bataille (1961)", in Idem, *Envoyez la petite musique...*, Paris, Grasset, 1984, pp. 132-142.
COPPENS, Günther (red.), *Rondom Georges Bataille. Tien lezingen over filosofie, kunst, ethica en politiek*, Leuven – Amersfoort, Acco, 1997.
DERRIDA, Jacques, "De l'économie restreinte à l'économie générale. Un hégélianisme sans réserve", in Idem, *L'Écriture et la différence*, Paris, Seuil, 1967, pp. 369-407.
FOUCAULT, Michel, "Inleiding tot de transgressie", in Idem, *De verbeelding van de bibliotheek. Essays over literatuur*, Nijmegen, SUN, 1986, pp. 55-77.
—, *Ervaring en waarheid* (gesprekken met D. Trombadori, 1978), Nijmegen, SUN, 1985.
KATE, Laurens ten, *De lege plaats. Revoltes tegen het instrumentele leven in Bataille's atheologie*, Kampen, Kok Agora, 1994.
— (red.), *Voorbij het zelfbehoud. Gemeenschap en offer bij Bataille*, Leuven – Apeldoorn, Garant, 1991.

—, "Een verschrikkelijke verantwoordelijkheid. Spel, geweld en ethiek bij Blanchot, Bataille en Levinas", in Annelies SCHULTE NORDHOLT, Laurens TEN KATE, Frank VANDE VEIRE (red.), *Het wakende woord. Literatuur, ethiek en politiek bij Maurice Blanchot*, Nijmegen, SUN, 1997, pp. 121-148.

SONTAG, Susan, "The Pornographic Imagination", in Idem, *Styles of Radical Will*, New York, Farrar, Straus & Giroux, 1969, pp. 35-73.

SURYA, Michel, *Georges Bataille. La mort à l'œuvre*, Paris, Gallimard, 1992.

Themanummers van tijdschriften: *Critique*, n°s 195-196 (1963); *L'Arc*, n° 38 (1967); *Yale French Studies*, n° 78 (1990).

MAURICE BLANCHOT
(°1907)

Annelies SCHULTE NORDHOLT

Eén van de grootste naoorlogse critici en denkers: zo wordt Blanchot al jaren beschouwd in Frankrijk, en nu ook daarbuiten. Zijn œuvre beslaat duizenden bladzijden essays en daarnaast ook romans en verhalen. Het vormt een rijke inspiratiebron voor denkers als Levinas, Bataille, Derrida, maar ook voor schrijvers, literatuurwetenschappers, kunstcritici en een enkel beeldend kunstenaar. Vreemd genoeg gaat die algemene erkenning gepaard met een zekere onbekendheid onder het ruimere publiek. Die onbekendheid heeft alles te maken met het heersende beeld: dat van een ondoordringbaar moeilijk œvre, al even ontoegankelijk als zijn auteur, die geldt als de grote afwezige op de Parijse intellectuele scène. Omdat Blanchot altijd elke vorm van openbare verschijning – lezing, interview – geweigerd heeft (van hem is zelfs geen foto in omloop), en nooit enige persoonlijke gegevens heeft vrijgegeven, wordt hij vaak afgeschilderd als ware hij geen man van vlees en bloed, maar een soort spook dat door de Franse letteren waart. Erger is dat deze beeldvorming de laatste jaren heeft geleid tot een politieke verdachtmaking. In het spoor van de 'affaires' Heidegger en Paul de Man is ook Blanchots vooroorlogse engagement voor katholiek rechts weer opgediept en hem ten laste gelegd door critici als Jeffrey Mehlman (*Legs de l'antisémitisme*, 1984), Steven Ungar (*Scandal and the After Effect: Blanchot and France since 1930*, 1995) en Philippe Mesnard (*Maurice Blanchot. Le sujet de l'engagement*, 1996). Deze commentatoren besteden echter veel te weinig aandacht aan Blanchots politieke stellingnames na de oorlog, die van hem voorgoed een man van links maakten.

Recentelijk is dit vervormende beeld krachtig ontzenuwd door Christophe Bidents *Maurice Blanchot. Partenaire invisible* (1998). Deze eerste "poging tot een biografie" herstelt op de eerste plaats het evenwicht tussen leven en werk. Als grote voorstander van het modernisme, die de "dood van de auteur" diepgaand doordacht heeft, is Blanchot zo overtuigd dat persoon en leven van de schrijver opgaan in de ervaring van het schrijven dat zijn lezers blind zijn geworden voor de indirecte maar indringende wijze waarop persoonlijke ervaringen – rouw en ziekte als een constante confrontatie met de dood – in zijn teksten, met name in zijn fictie, verweven zijn. Verder maakt Bident de balans op van Blanchots rechtse engagement in de jaren dertig, en wijst het zijn juiste plaats toe binnen diens denken. Dat engagement moet niet verdonkeremaand worden, zoals jarenlang het geval is geweest, maar het mag ook niet allesoverheersend worden zoals in de reeds geciteerde pogingen om Blanchots hele œuvre verdacht te maken.

Van politiek journalist tot schrijver

Maurice Blanchot werd geboren in 1907 te Quain (Boergondië), in een gezin uit de katholieke burgerij. Al op zestienjarige leeftijd vertrekt hij naar Straatsburg, waar hij wijsbegeerte en Duits studeert, en Émmanuel Levinas ontmoet. De vriendschap met Levinas, die hem al vroeg in aanraking brengt met het denken van Husserl en Heidegger, is van groot belang voor zijn verdere leven en denken. Eind jaren twintig belanden Levinas en Blanchot beiden in Parijs, waar de laatste promoveert op een proefschrift over het scepticisme en een tijdje medicijnen studeert, maar ook snel naam maakt als politiek journalist. Vanaf 1931 is hij redacteur buitenlandse politiek bij het rechtse katholieke dagblad *Le Journal des Débats*, waarvan hij later hoofdredacteur zal worden (tot het najaar 1940). Daarnaast werkt hij mee aan tal van extreem-rechtse bladen en blaadjes als *Revue française*, *Réaction*, *Revue du Siècle*, en later *Combat* en *L'Insurgé*.

Blanchots rechtse engagement uit de jaren dertig is iets dat in beginsel uit zijn milieu voortvloeide, dat van de katholieke, gegoede burgerij uit de Franse provincie. Deze had de verworvenheden van de Franse Revolutie nooit erkend, was dus tegen beter weten in monarchistisch, en daarmee tegen de parlementaire democratie gekant. Ze was daarnaast nationalistisch en conservatief, zoniet elitair op het sociale vlak. Wanneer in de jaren dertig het parlement regering na regering ten val brengt, en geen van deze regeringen in staat blijkt het hoofd te bieden aan de snel om zich heen grijpende economische crisis, noch aan het internationale dreigement van nazi-Duitsland, is dat voor Blanchot een bevestiging van zijn scepsis ten aanzien van het parlementaire systeem. Al in het voorjaar van 1933 neemt hij stelling tegen nazi-Duitsland en waarschuwt onaflatend tegen de herbewapening die in Duitsland aan de gang is. Hij stelt het naïeve pacifisme van Frankrijk aan de kaak, en bekritiseert elk onderhandelen met Duitsland. Naarmate Frankrijk, met name in 1936-1937, verder afglijdt in de richting van een catastrofe die hij reeds lang voorziet, wordt Blanchots toon steeds harder en polemischer. In zijn wanhoop en machteloosheid komt hij ertoe op te roepen om de Franse Staat via de gewapende strijd en de Terreur ten val te brengen.

Wanneer in mei 1940 Frankrijk binnen een paar weken onder de voet wordt gelopen, en het *Journal des Débats* al gauw de protégé wordt van het nieuwe Vichy-regime, trekt Blanchot zich terug als politiek redacteur. Vanaf 1941 zal hij er nog slechts een literaire kroniek verzorgen. De extreem-rechtse blaadjes heeft hij twee jaar eerder al de rug toegekeerd. Van de ene dag op de andere zal Blanchot dus geen enkel politiek artikel meer publiceren, niet tijdens de oorlog en ook niet daarna, wanneer hij zich geheel aan de literaire kritiek en het schrijven zal wijden. De oorlog is voor Blanchot een tijd van zwijgen en van een ingrijpende persoonlijke omwenteling, van politiek journalist naar schrijver. En wat belangrijker is, van een onverantwoordelijk, verbaal gewelddadig activisme naar het introverte engagement van een schrijver die op zoek gaat naar de diepste oorsprong van het schrijven en naar de onontkoombare verantwoordelijkheid jegens de ander waarvoor het ons stelt.

In deze omwenteling speelt de oorlog een essentiële rol. Gezien zijn jarenlange aanklacht tegen nazi-Duitsland en zijn nationalistische achtergrond is het geen wonder dat Blanchot al snel contacten onderhoudt met het Verzet, dat zoals bekend vogels van het meest diverse pluimage aantrok. Hoewel hij over de oorlogsjaren zelf altijd gezwegen heeft, weten we al langer van Levinas dat Blanchot diens vrouw en dochter hielp onderduiken. Zo hielp hij meer vrienden en kennissen, en reed hij vluchtelingen over de grens van de bezette zone, naar Quain, dat net in de vrije zone lag (zie Bident, p. 156). Blanchot zelf lichtte enkele jaren geleden een tip van de sluier op met de publicatie van de novelle *L'Instant de ma mort* (1994). In de hij-vorm onthult Blanchot hier een duidelijk autobiografisch voorval.

In de zomer 1944, toen hij in het familiehuis in Quain verbleef, deden de nazi's een inval en zetten hem tegen de muur. Door een samenloop van omstandigheden wordt hij op het laatste moment gespaard en kan de vlucht nemen. Achteraf gezien blijkt deze confrontatie met de dood een sleutelervaring van zijn hele naoorlogse werk te zijn. *L'Instant de ma mort* is het ongrijpbare moment waarop de dood daar is, en tegelijkertijd eindeloos uitgesteld wordt, en daarmee allesbepalend wordt in het verdere leven. De nog jonge Maurice Blanchot is zijn dood als het ware voorbijgeschoten, hij is een levende dode geworden, een overlevende, en precies van deze ervaring zullen het schrijven en de literatuur nu de doordenking en getuigenis moeten vormen. In zijn biografisch essay onderstreept Christophe Bident trouwens dat deze gebeurtenis slechts een hoogte- (of diepte-) punt vormt in een leven waarin ziekte en dood toch al overheersend zijn. Krap zestien jaar oud wordt Blanchot tijdens een operatie het slachtoffer van een medische fout waardoor zijn bloed voorgoed aangetast is (zie Bident, p. 25), vlak voor de oorlog verblijft hij wegens tuberculose in een sanatorium in zuidwest Frankrijk, en zijn leven lang lijdt hij afwisselend aan astma, griep, pleuris en ook aan zenuwaandoeningen, wat een structurele vermoeidheid, ja zelfs uitputting met zich meebrengt (zie Bident, p. 26). Ondanks, of misschien wel dankzij deze zwakte is Blanchot tot op hoge leeftijd enorm actief en productief geweest, hij is een overlevende ook in de zin van een *survivor*.

De korte literaire kronieken die Blanchot al tijdens de oorlog publiceert in *Le Journal des Débats* worden in 1943 gebundeld in *Faux Pas*, en groeien spoedig na de oorlog uit tot volwassen essays. Van 1945 tot 1957 – jaren van ongekende productiviteit – leeft hij teruggetrokken in Zuid-Frankrijk, en twaalf jaar lang onthoudt hij zich van elke politieke uitspraak. Hij overdenkt de radicale ommekeer die zich in hem voltrokken heeft en gaat geheel op in zijn nieuwe onderzoekingen. Pas in 1958, terug in Parijs, doorbreekt Blanchot zijn zwijgen. Twee keer neemt hij stelling tijdens de oorlog in Algerije. De eerste keer tegen de vrij ondemocratische machtsgreep van De Gaulle (13 mei 1958), waartegen hij samen met enkele vrienden het tijdschrift *Le Quatorze Juillet* opricht (de verschenen nummers werden in 1990 door het tijdschrift *Lignes* heruitgegeven). Later, in 1960, is hij initiatiefnemer van de *Déclaration sur les droits à l'insoumission dans la guerre d'Algérie*, waarin honderdeenentwintig intellectuelen hun steun betuigen aan de Franse deserterende of naar het Algerijnse kamp overlopende soldaten. Later nog, in 1968, neemt hij actief deel aan de meirevolte: hij staat op de barrikaden en schrijft anonieme stukjes en pamfletten. Uit deze schaarse openbare stellingnames is meer dan duidelijk waar Blanchot nu staat: terwijl hij in de jaren dertig hooghartig de parlementaire democratie als het slechtste regime beschouwde, verdedigt hij nu de democratische waarden van *le 14 juillet* – juist omdat zij zo kwetsbaar blijken te zijn tijdens deze parlementair onstabiele Vierde Republiek – tegen de dreiging van een machtsgreep door de spreekwoordelijke "sterke man." En steeds weer dat onverbiddelijke "neen" tegen de arrogantie van de macht: tegen de martelingen in Algerije roept hij op tot *insoumission* ofwel "burgerlijke ongehoorzaamheid" (1960), tegen de inertie van vastgeroeste verhoudingen bezingt hij in 1968 de "aanvechting" (*contestation*) en de "weigering" (*le refus*). Woorden die ook een sleutelrol spelen binnen zijn denken over taal en literatuur.

HET SCHEPPENDE WOORD VAN DE CRITICUS

In "Qu'en est-il de la critique?", een beschouwing over literaire kritiek uit 1963 die als inleiding werd gevoegd bij de tweede uitgave van *Lautréamont et Sade* (1963), haalt Blanchot Heidegger aan, die een gedicht vergelijkt met een klok die buiten in de openlucht hangt, en door een lichte sneeuwval tot trillen zou worden gebracht, een trilling die het gedicht vals zou doen klinken. Die sneeuw, zegt Blanchot, is het commentaar of de literaire kritiek, die derhalve een oneindige lichtheid moet hebben, en als sneeuw voor de zon weer moet verdwijnen, om plaats te maken voor het gedicht of het literaire werk zelf. Dat elke exegese de tekst van zijn zuiverheid zou beroven, gaat Blanchot te ver: een goed commentaar brengt de tekst "op harmonieuze wijze" in beweging, *jusqu'au désaccord* (*Lautréamont et Sade*, p. 10), een woord dat zowel een muzikaal ongelijke stemming betekent als onenigheid.

Moet de literair criticus zich dus geheel dienstbaar aan de tekst opstellen en, wanneer zijn werk gedaan is, weer daarachter verdwijnen? Ja, zegt Blanchot, het is zelfs zo dat dit terugtreden structureel bij de literaire kritiek hoort: zij voltooit en verwerkelijkt zichzelf alleen door zich weer terug te trekken (*Ibid.*, p. 10) en wel omdat ook zij inherent is aan het literaire werk zelf, en in het ontstaan ervan aan het werk is (*Ibid.*, p. 12). Op het diepste, meest verborgen punt van het literaire werk – het punt ook waar het uit voortkomt – ontwaart Blanchot namelijk een open ruimte, een leegte, een zwijgen. Om tot aanzijn te komen moet het werk die leegte overwinnen, er *to terms* mee komen, maar ook al wordt dit zwijgen overwonnen, toch blijft het in het werk besloten liggen, het vormt er de diepste, meest grondeloze grond van (zie *Ibid.*, p. 12). Het werk ontstaat dus in een permanente strijd tegen die oorspronkelijke leegte, waarvan de steriliteit van de schrijver één van de verschijningsvormen is. Terwijl het werk zelf die oorspronkelijke leegte slechts kan overwinnen, maar het daarmee ook het zwijgen oplegt, is het de taak van de literaire kritiek om die leegte weer tot spreken te brengen, om ervan te getuigen. Zij wordt dan "een klankruimte waar de niet-sprekende, onbepaalde realiteit van het werk" (*Ibid*, p. 12) even tot uitdrukking komt.

Een dergelijke opvatting van literaire kritiek is echter niet zonder moeilijkheden. Om tot dat diepste punt van het werk door te dringen moet de criticus zich als het ware onderdompelen in de tekst, hij moet in de huid van de auteur kruipen om de ervaring die eraan ten grondslag ligt na te voltrekken. Daarmee is zijn positie niet, als vanouds, die van een zelfstandige beoordelaar buiten het werk, maar van iemand die er zich geheel mee vereenzelvigt. Geen wonder dus dat Blanchot herhaaldelijk beschuldigd is van parafrase: meticuleus volgt hij de eindeloze kronkelingen van het denken van Kafka of Mallarmé, wars van elke vergelijking met een andere auteur, want voor hem doet elke vergelijking afbreuk aan het eigene van een auteur. In zijn artikel "Blanchot: schrijvende lezer of lezende schrijver" (*Het wakende woord*, pp. 203-215) stelt Jacq Vogelaar dit probleem centraal en concludeert dat Blanchot toch niet uitsluitend vanuit de immanentie van het besproken werk opereert. Bij tijd en wijle "kiest hij voor een archimedisch punt [dus boven of buiten het werk] om het hele werk te 'plaatsen.'" (*Ibid.*, p. 209) Dit zijn als ik het goed zie ook de momenten waarop hij in een werk de verborgen aanwezigheid van die oorspronkelijke leegte – wat hij noemt het *Neutrum* of het Buiten – ontwaart. Deze hoogst eigen vraagstelling tilt zijn kritische teksten ver uit boven het beschrijvende, parafraserende genre.

Door deze vraagstelling krijgt de literaire kritiek bij Blanchot een heel andere status dan die van bescheiden dienaar van de tekst. Doordat het kritisch spreken reeds besloten ligt in het werk zelf, er onafscheidelijk van is, vervalt elk onderscheid tussen 'secundair' commentaar en 'primaire', creatieve literaire tekst. De literair-kritische tekst "geeft zich uit voor het scheppende woord waarvan [hij] de noodzakelijke actualisering of, metaforisch gezegd, de epifanie is." (*Lautréamont et Sade*, p. 12) Epifanie: de literaire kritiek openbaart het literaire werk, brengt het tot spreken daar waar het een onderzoek vormt naar zijn eigen oorsprong en ontstaan, ofwel naar wat Blanchot graag noemt zijn eigen mogelijkheid of onmogelijkheid. Het woord "kritiek" krijgt in dezelfde tekst uit 1963 een Kantiaanse betekenis. Kritiek als een onderzoek naar de mogelijkheidsvoorwaarden van de ervaring, hier van de literaire ervaring (*Ibid.*, p. 13). Een vergelijking die later niet meer gebruikt wordt omdat de verschillen met Kant toch te groot zijn. Terwijl Kant de empirische ervaring, dus bij uitstek het domein van het mogelijke, onderzoekt, onthult de literaire ervaring een ruimte die daar haaks op staat, waar de empirische ervaring ontregeld raakt; in navolging van Bataille spreekt Blanchot daarom van het "onmogelijke" (*l'impossible*). Daarnaast heeft Kants onderzoek een kentheoretisch karakter, terwijl Blanchot benadrukt dat de literaire ervaring beleefd en doorleefd moet worden. Het is een existentiële ervaring die alleen in het schrijven zelf – van essays of fictie – haar beslag kan krijgen. Alleen in zijn a-priorische karakter is de literaire kritiek dan nog verwant met de Kantiaanse kritiek. Blanchots onderzoekingen betreffen niet zozeer het afgeronde, gepubliceerde werk als wel de ontstaansgeschiedenis ervan in het intiemste van de schrijver. Het werk zelf draagt daarvan de sporen, maar ook parateksten als dagboeken, poëticale teksten en brieven zijn in dit licht belangrijk, vandaar, bijvoorbeeld, Blanchots aandacht voor de dagboeken van Kafka. Het gaat hem niet om het boek als zodanig maar om het schrijven zelf, om wat hij vanaf de jaren zestig met anderen de "schriftuur" (*l'écriture*) noemt.

Blanchot vernieuwt de literaire kritiek, hij voert haar tot het uiterste, tot het punt waar de kritiek reflectie wordt op de ervaring van het schrijven en tegelijkertijd een voltrekken of doorleven van die ervaring. Zijn kritiek gaat niet alleen over het schrijven maar is zelf een schriftuur. Daarom kunnen we met Jacq Vogelaar zeggen dat Blanchot een "lezende schrijver" is, en niet een "schrijvende lezer", zoals het merendeel der critici. Centraal staat steeds zijn eigen schrijverschap, de vreemdsoortige ervaring waaraan hij als schrijver is blootgesteld. Beschouwingen over teksten van anderen zijn één van de manieren (naast eigen fictiewerk) om dat schrijverschap te doordenken.

Van recensie naar fragmentarisch schrijven

Terwijl de thema's die Blanchot bezighouden steeds dezelfde blijven, is hij constant op zoek naar nieuwe vormen van literaire kritiek. De vele korte recensies waarmee hij als criticus, tijdens de oorlog, begint, liggen nog dicht tegen het literair journalisme aan. Na de oorlog echter groeit Blanchot als spoedig uit tot een volwassen criticus met een zeer eigen vraagstelling, en de keuze voor de besproken auteurs heeft niets toevalligs meer. Mallarmé, Lautréamont, Kafka, Proust, Sade, Rilke, Char, Artaud, Musil, Beckett, en denkers als Pascal, Nietzsche, Heidegger en Bataille: met hen treedt Blanchot in gesprek in de vele essays die later gebundeld zullen worden in *La Part du feu* (1949), *L'Espace littéraire* (1955) en *Le Livre à venir* (1959). Eind jaren vijftig echter wordt het genre van het klassieke essay hem te zeer een keurslijf. In een poging, de discursieve vorm te verlaten, experimeert Blanchot in *L'Entretien infini* (1969) met "tweegesprekken" (*entretiens*) en met fragmentarisch schrijven. Beide experimenten beogen tevens de scheidingslijn tussen fictie en essay te doorbreken. Terwijl Blanchot in de jaren veertig en vijftig zijn belangrijkste romans en verhalen had geschreven, gaan fictie en essay nu door elkaar heenlopen in de tweegesprekken en fragmenten uit de jaren zestig en zeventig (*Le Pas au-delà* en *L'Écriture du désastre*).

"In de taal is de dood aan het werk"

Wie de vraag stelt naar de literatuur – naar de mogelijkheid van de literaire ervaring – stelt meteen ook de vraag naar de taal. Blanchots denken is dan ook in de eerste plaats een reflectie op taal, op literaire taal in het bijzonder. In de schrijfervaring wordt de taal van een (min of meer) dienstbaar instrument van betekenis tot een oorspronkelijk, scheppend vermogen. 'Scheppend' is in verband met Blanchot een misleidende term, want het schrijven heeft weinig of niets van doen met een wonderbaarlijke productiviteit. Integendeel, schrijven is juist in eerste instantie niet-schrijven, niet kunnen schrijven, een steriliteit of *writer's block* waarvan de schrijver zelf de betekenis veelal niet doorziet, maar die volgens Blanchot samenhangt met een verlies van het taalvermogen zelf. Antonin Artaud is hier een goed voorbeeld van. Toen de gedichten die hij *La Nouvelle Revue française* voor publicatie toestuurde geweigerd werden, schreef hij Jacques Rivière, de toenmalige directeur van het blad, een reeks brieven waarin hij uitleg gaf over de ervaring die aan de kwestieuze gedichten ten grondslag lag. In hun onvolkomenheid zijn de gedichten in zijn ogen een kostbare getuigenis van de ervaring van de onmogelijkheid om te schrijven, om de taal aan zijn wil te onderwerpen. Die weerbarstigheid van de taal en de steriliteit die eruit voortvloeien zijn voor Artaud echter niet het gevolg van zijn gebrek aan talent, maar horen structureel bij het schrijven, dat steeds opnieuw de confrontatie moet aangaan met een leegte en een zwijgen die niet tegenover de taal staan, maar er inherent aan zijn (zie "Artaud", in *Le Livre à venir*, pp. 53-63).

Die leegte, dat niets is inherent aan de taal omdat de taal ze zelf teweegbrengt. In de taal – en hier is Blanchot schatplichtig aan Hegel en aan de Franse Hegel-exegeet Alexandre Kojève – is namelijk negativiteit of ontkenning aan het werk (zie "La littérature et le droit à la mort", in *La Part du feu*, pp. 293-331). De taal is een ontkenningsbeweging van de zintuiglijke wereld die zij benoemt. Om zich als teken te kunnen opwerpen moet het woord de zaak in zijn singulariteit ontkennen, afwezig stellen, maar het herstelt deze in zijn algemeenheid, in de betekenis. Met Hegel stelt Blanchot dit verloren gaan van de singuliere zaak, en daarmee van de onmiddellijke werkelijkheid, gelijk met de dood. De negativiteit is niets minder dan "de dood aan het werk" (*Ibid.*, p. 326) en op allerlei manieren maakt Blanchot het geweldadige karakter van deze dood duidelijk: de taal als vermogen om de dingen te doden is een "uitgestelde moord", de betekenis ontstaat slechts ten koste van "een soort enorme slachting, een voorafgaande zondvloed."(*Ibid.*, p. 313)

Toch is deze dood Blanchot nog teveel een nuttige, positieve kracht: zij maakt immers betekenis en taal mogelijk, en is bij Hegel ook de drijvende kracht achter arbeid, denken en kennen, die allen vormen zijn van ontkenning en omvorming van een vooraf bestaande materie tot een product of begrip. In tegenstelling tot iemand als Artaud is Hegel de dood als confrontatie met de absolute leegte, met de afwezigheid van de wereld en het onvermogen om te spreken uit de weg gegaan. Zo heeft hij de werkelijke aard van de negativiteit die in de taal rondwaart miskend, dit wil zeggen: de negativiteit als een onbepaalde en eindeloze ontkenningsbeweging, die niet een bepaalde inhoud ontkent en daardoor ook geen betekenis produceert. In deze negativiteit is de dood daarom eigenlijk ook niet 'aan het werk', want de dood produceert of bewerkt niets. De dood is om met Bataille te spreken een *négativité sans emploi*, een werkloze, ongebruikte en onbruikbare negativiteit (*Œuvres complètes* V, p. 369).

Oog in oog durven staan met de dood, met het zwijgen en de afwezigheid: zo radicaal is de schrijfervaring bij Blanchot. Tegelijkertijd is het schrijven natuurlijk ook een overwinning daarop. Maar in die overwinning die elke tekst is, moet de confrontatie met dood en leegte voelbaar blijven. Dit is precies de paradox van het schrijven: dat het de leegte vult met woorden en de stilte tot spreken brengt, zonder evenwel die stilte, dat zwijgen verloren te doen gaan. Een onmogelijke opgave, maar die auteurs als Mallarmé, Artaud, Beckett en natuurlijk Blanchot zelf zich steeds opnieuw gesteld hebben.

"Schrijven, sterven"

Écrire, mourir, deze formule duikt herhaaldelijk op bij Blanchot. De weglating van het predikaat "is" zet een streep door elke mogelijke gelijkstelling tussen de twee ervaringen, er is slechts sprake van twee naast elkaar bestaande ervaringen, die parallel lopen zonder elkaar te overlappen. "Sterven" (*mourir*) staat hier tegenover de "dood" (*la mort*) zoals deze door Hegel als dialectische kracht is begrepen. Het sterven is de ervaring niet van de dood zelf – want daarvan kunnen we per definitie geen ervaring hebben – maar van de immer naderende dood. Het sterven als *infinitivum*, als de dreiging van iets dat altijd nog moet komen, dat afwezig is maar daardoor allesoverheersend wordt, op een drukkende manier aanwezig. Een dood die niet komt, die oponthoud heeft, maar tegelijkertijd niet aflaat te komen. Deze uitzichtloze situatie vormt het onderwerp van het verhaal *L'Arrêt de mort* (1948), waarin een dodelijk zieke vrouw zichzelf en daarmee de voorspellingen van de dokters overleeft, en in een staat geraakt die noch leven noch dood is, maar een angstaanjagend 'tussen' waaraan geen einde komt. Zij is ten prooi gevallen aan de "onmogelijkheid om te sterven" (*l'impossibilité de mourir*), die voor Blanchot synoniem is met het sterven. Dat het sterven onmogelijk is, betekent niet dat wij het eeuwig leven hebben, maar dat we altijd al aan het sterven zijn. We zijn, om met Derrida te spreken, stervelingen, van meet af aan stervenden, ofwel overlevenden (zie "Survivre", in *Parages*, 1986).

Het schrijven drukt deze ervaring niet uit, maar beleeft ze, doorleeft ze en overdenkt ze. Wanneer ik namelijk begin te schrijven, verlies ik mijzelf. Ik ben niet langer de persoon, het historisch en sociaal bepaalde individu dat ik in het dagelijkse leven ben, maar een onpersoonlijk, neutraal 'ik.' Dat 'ik' is niet langer een zelfstandig subject met een eigen wil, maar staat gelijk met een absolute passiviteit. Dit loskomen van het individuele 'ik' lijkt sterk op wat Proust beweerde in zijn *Contre Sainte-Beuve*: "een boek is het product van een ander ik dan degene die we tentoonspreiden in onze gewoonten, in de samenleving, in onze gebreken." Maar in tegenstelling tot dit andere, 'diepere' 'ik' van Proust is het schrijvende 'ik' bij Blanchot geen innerlijker, persoonlijker, rijker 'ik.' Integendeel, al schrijvende keert zichzelf binnenstebuiten, het wordt pure uiterlijkheid, oppervlakkigheid, een instantie die elke vorm van individualiteit voorafgaat: "iemand" (*quelqu'un*), een "man zonder eigenschappen", die een onpersoonlijk bestaan leidt. Niet déze mens maar wellicht het "Men" zoals Heidegger dat begrepen heeft, niet als een tekort of een tragische gesteldheid van de moderne mens, maar als een oorspronkelijke en daarom positieve dimensie van het menselijk bestaan.

Het lijkt alsof "sterven" niet meer is dan een metaforische benaming is van dit proces van terugtreden van het persoonlijke, individuele ik in het schrijven. Daarvoor is het relaas van dit sterven, dat in de verhalen maar ook in de kritische essays steeds opnieuw wordt uitgesponnen, echter te obsederend en te lichamelijk aanwezig. Bident stelt dan ook terecht dat het idee van het sterven als iets onpersoonlijks in feite terug te brengen is tot een uiterst persoonlijke ervaring: Blanchots leven wordt geritmeerd door ziekte en lijden, en hij is een paar maal direct met de dood geconfronteerd.

DE LITERAIRE GEMEENSCHAP

De veeleisende confrontatie met de dood maakt het schrijven tot een ogenschijnlijk eenzaam avontuur. Dat is tot op zekere hoogte juist, want nergens staat een mens meer alleen dan in de dood. En toch wordt voor Blanchot in deze uiterste situatie de relatie met de ander in zijn meest naakte essentie duidelijk. In het schrijven als confrontatie met het duister en het Buiten vindt wel degelijk een ontmoeting met de ander plaats. Dat blijkt herhaaldelijk in de verhalen uit de jaren veertig, waarin zich keer op keer uit de buitenste duisternis een figuur losmaakt, een schim waarmee de ik-figuur in contact poogt te komen. Zoals Orfeus zich omkeert en Eurydike, een schim uit het dodenrijk, in de ogen kijkt, zo moet deze ik-figuur – die de schrijver uitbeeldt – steeds opnieuw de ontmoeting met de ander opzoeken (zie "Le regard d'Orphée", in *L'Espace littéraire*, pp. 227-234).

In de jaren zestig wordt de bevreemdende relatie met de ander verder uitgediept in Blanchots uiteenzetting met Levinas en diens eerste hoofdwerk *Totalité et infini* (1961). Levinas' opvatting van de ethische relatie is voor Blanchot zeer herkenbaar. Levinas benadrukt de volstrekte onvergelijkbaarheid of andersheid van het ik en de ander: ten opzichte van mij is de ander absoluut in de zin van gescheiden, losgemaakt, transcendent. Er bestaat dus een oneindige afstand tussen ons, een afstand die voor Blanchot precies die nacht, die leegte en ruimte is waarvan reeds sprake was. Zowel voor Levinas als voor Blanchot is taal dan de enige relatie tot de ander die diens transcendentie waarborgt. Taal als het wonder dat er, ondanks of misschien wel dankzij die oneindige afstand, toch een relatie is: zij "overbrugt het onoverbrugbare, maar zonder het op te heffen of te verminderen." (*L'Entretien infini,* p. 89) Levinas echter stelt in de taal het gesprek voorop: het spreken *tot* een ander gaat aan het spreken *over* iets vooraf. Daarmee geeft hij een duidelijke voorkeur aan de mondelinge taal, zoals bijvoorbeeld in het onderricht het geval is. Voor Blanchot daarentegen is de taal die telkens weer de sprong naar de ander waagt de schriftuur, dus een bij uitstek schriftelijke taal. Dit is slechts één van de verschillen tussen beide denkers (zie ook mijn *Maurice Blanchot. L'écriture comme expérience du dehors*, pp. 340-348).

Naast Levinas is ook Bataille een belangrijke gesprekspartner in Blanchots denken over de relatie ik-ander. In *La Communauté inavouable* (1983) noemt Blanchot deze relatie in navolging van Bataille een "gemeenschap." De schriftuur sticht, zo stelt Blanchot, een gemeenschap, die in eerste instantie ook alleen binnen het literaire werk ontstaat en bestaat. Het schrijven zelf is een eigensoortige communicatie tussen schrijver en lezer, waarover Blanchot niet alleen theoretiseert in zijn essays, maar die hij ook ensceneert in één van zijn verhalen, *Celui qui ne m'accompagnait pas* (1953). Omdat hij uitsluitend binnen het verhaal bestaat, is de lezer hier niet de feitelijke lezer, maar de zogenaamde impliciete lezer, de lezer die de auteur tijdens het schrijven voor ogen staat. Niet een ideale, wenselijke lezer, maar een lezer binnen de tekst, die als figuur of personage deel uitmaakt van de tekst, zoals in *Celui* de gezel (*le compagnon*), die een obsederend gesprek met de ik-figuur voert.

Evenals bij Bataille is de gemeenschap bij Blanchot een ruimer begrip, dat meer omvat dan de literaire gemeenschap alleen. Zij wordt ook ervaren in de sfeer van de erotiek en in die van het sterven, twee extreme ervaringen die in Blanchots verhalen constant aanwezig zijn. Het lijkt wat vreemd om sterven en liefhebben in één adem te noemen, maar voor Blanchot brengen zij eenzelfde ervaring van eenzaamheid aan het licht, en van verlangen naar een onmogelijk samenzijn. Het samenzijn heft de eenzaamheid dus niet op: in de relatie tot de ander wordt de onoverbrugbare afstand tot diezelfde ander bewaard. Dit bewaren is dan ook de veeleisende ethische verantwoordelijkheid die Blanchot als schrijver thematiseert in zijn latere werken zoals *La Communauté inavouable* en *L'Écriture du désastre*.

Beknopte bibliografie

Primaire literatuur

L'Arrêt de mort, Paris, Gallimard, 1948. (*Oponthoud van de dood*, Hölderlin.)
La Part du feu, Paris, Gallimard, 1949.
L'Espace littéraire, Paris, Gallimard, 1955.
Le Livre à venir, Paris, Gallimard, 1959.
Lautréamont et Sade, Paris, Minuit, 1963.
L'Entretien infini, Paris, Gallimard, 1969.
La Communauté inavouable, Paris, Minuit, 1983. (*De onuitsprekelijke gemeenschap*, Hölderlin.)
L'Instant de ma mort, Montpellier, Fata Morgana, 1994.

Secundaire literatuur

BIDENT, Christophe, *Maurice Blanchot. Partenaire invisible*, Seyssel, Champ Vallon, 1998.
DERRIDA, Jacques, *Parages*, Paris, Galilée, 1986.
—, *Demeure. Maurice Blanchot*, Paris, Galilée, 1998.
GREGG, John, *Maurice Blanchot and the Literature of Transgression*, Princeton (N.J.), Princeton University Press, 1994.
HILL, Leslie, *Blanchot: Extreme Contemporary*, London, Routledge, 1997.
HOLLAND, Michael (ed.), *The Blanchot Reader*, Oxford, Blackwell, 1995.
LEVINAS, Émmanuel, *Sur Maurice Blanchot*, Montpellier, Fata Morgana, 1975 (pocketuitgave Le Livre de poche, serie "Biblio-Essais").
LUNYUE, Wang, *Approche sémiotique de Maurice Blanchot*, Paris, L'Harmattan, 1998.
MICHEL, Chantal, *Maurice Blanchot et le déplacement d'Orphée*, Saint-Genough, Nizet, 1997.
SCHULTE NORDHOLT, Annelies, *Maurice Blanchot. L'écriture comme expérience du dehors*, Genève, Droz, 1995.
—, ten KATE, Laurens & VANDE VEIRE, Frank (red.), *Het wakende woord. Literatuur, ethiek en politiek bij Maurice Blanchot*, Nijmegen, SUN, 1997.

VI

OP DE GRENS: LITERATUUR EN FILOSOFIE

MICHEL FOUCAULT
(1926-1984)[1]

Jacques NEEFS

INLEIDING: DE EVOLUTIE VAN FOUCAULTS LITERATUUROPVATTING

In het œuvre van Michel Foucault bezit elk boek een zekere graad van autonomie door de thematiek en de plaats die het bekleedt in de totaliteit van een reflectie die gestaag en rigoureus evolueert van publicatie tot publicatie. Op die manier ontstond een nieuwe manier om de politiek, de geschiedenis, en de ethiek te denken, een intellectuele praktijk die zich situeert op het snijvlak van de filosofie, de historiografie, de wetenschaps- en ideeëngeschiedenis. In het stadium van hun voorbereiding en productie werden die boeken – van *Histoire de la folie* tot *L'Histoire de la sexualité I-III* – als het ware uitgetest in een groot aantal artikels, interviews en interventies die in 1994 gebundeld werden in vier lijvige en chronologisch geordende volumes getiteld *Dits et écrits* (verder afgekort als D1, D2, D3, D4). In wat volgt, onderzoek ik de plaats van de literatuur in deze even indrukwekkende als polymorfe verzameling teksten.

Wat onmiddellijk opvalt, is de omvang en het systematische karakter van de verwijzing naar de literatuur tot 1970; daarna neemt het aantal referenties drastisch af om uiteindelijk praktisch helemaal te verdwijnen. In een onderhoud met Shikehido Hasumi uit 1972 (D2: 405-416) zegt Foucault: "Literaire instituties, instituties van de schriftuur: ik wil er niets mee te maken hebben." In hetzelfde interview had Foucault net tevoren herhaald dat hij zich voor slechts één

[1] Vertaling en bewerking van Jacques Neefs, "Michel Foucault et l'espace littéraire", in *Villa Gillet*, 3 (1995), pp. 165-181. Met dank aan de redactie van *Villa Gillet*. Wat de citaten van Foucault zelf betreft, werd, waar mogelijk, gebruik gemaakt van Michel Foucault, *De verbeelding van de bibliotheek. Essays over literatuur. Vertaald door J.F. Vogelaar en Y. van Kempen*, Nijmegen, SUN, 1986; in alle andere gevallen is de vertaling van mijn hand; voor de verwijzingen naar de bestaande vertaling gebruik ik de afkorting 'SUN', gevolgd door het paginanummer.

soort schrijvers bleef interesseren, namelijk "voor auteurs die als het ware (...) de grenzen van het denken verlegd hebben." "Blanchot, Bataille, Klossowski en Artaud hebben naar mijn aanvoelen iets doen verschijnen wat de taal zelf van het denken was." Wat daar op het spel staat, is het denken dat wil spreken, "het denken dat zich altijd tot op zekere hoogte aan deze of gene kant van de taal bevindt, dat altijd aan de taal ontsnapt." Tegenover deze auteurs stelt Foucault de "schrijvers" in de strikte van het woord, "zelfs grote schrijvers zoals bijvoorbeeld Flaubert of Proust." "Hoe vlotter alles geschreven is, hoe kleiner mijn interesse voor de geïnstitutionaliseerde schriftuur in de vorm van literatuur."(D2: 412) De afnemende interesse voor de literatuur heeft ook te maken met feit dat Foucaults aandacht in het begin van de jaren zeventig meer en meer verschuift naar de anonieme taal, naar het spreken van hen aan wie het recht op spreken ontzegd wordt:

> (...) die taal die zowel vluchtig als koppig is en die steeds door de literaire institutie en de institutie van de schriftuur werd uitgesloten, juist die taal boeit me meer en meer.
> (D2: 413.)

De kentering in Foucaults denken doet onwillekeurig denken aan de evolutie die Michelet teweegbracht in de negentiende-eeuwse Franse historiografie: beiden willen ze het woord geven aan hen die nooit hebben mogen spreken, beiden willen ze voeling krijgen met de taal die in de straten rondwaart, met woorden en vertogen die zich aan gene zijde van de officiële taal en literatuur bevinden. Ondanks alle verschillen komt Foucault hiermee eveneens dicht in de buurt van Dumézil en diens aandacht voor de grote anonieme vertogen die aan de oorsprong liggen van mythen en voor hun ontelbare onderlinge dwarsverbindingen. In dit eindeloze netwerk van vertogen bekleedt de "literaire ruimte" slechts een zeer bescheiden plaats.

Niettemin was diezelfde "literaire ruimte" tot aan het begin van de jaren zeventig voor Foucault van groot belang; meer nog: ze was essentieel voor de formulering en de organisatie van zijn denken. De eerste zin van het voorwoord tot *Les Mots et les choses* is een grandioos eerbetoon aan de literatuur: "Dit boek dankt zijn bestaan aan een tekst van Borges." De eerste tekst die Foucault ooit publiceerde, een inleiding tot de Franse vertaling van Binswangers *Traum und Existenz*

("Introduction" à L. Binswanger, *Rêve et existence*, 1955, D1: 65-119), is trouwens al gelardeerd met literaire 'citaten' van Char, Bernanos en Cocteau. Tot op zekere hoogte verraden deze eerste verwijzingen een welbepaalde filosofische en literaire vorming: de auteur wil blijkbaar een welbepaalde conventionele, klassieke schrijfstijl etaleren. Maar er is duidelijk meer aan de hand. Foucaults literaire voorbeelden moeten gezien worden tegen de achtergrond van het meer algemene intellectuele klimaat van die jaren waarin precies begrippen zoals 'literatuur' of 'œuvre' meer en meer plaats moesten ruimen voor conceptuele nieuwlichters zoals 'tekst' of 'schriftuur.' Zo bekeken is Foucaults literaire referentiekader in feite zeer selectief. Met uitzondering van schrijvers zoals Roger Laporte, Guyotat, Ollier en Robbe-Grillet komen de meeste belangrijke namen uit de eigentijdse literatuur niet in het stuk voor. Ontbreken op het appel: Queneau en Perec (terwijl ze voor een Roussel-lezer – en dat was Foucault – eigenlijk onvermijdelijke gesprekspartners zijn), en Claude Simon (terwijl Merleau-Ponty één van zijn eerste lezingen aan het Collège de France aan diens œuvre wijdde en dat voor een publiek met onder meer Foucault). Wat er ook van zij, Foucaults literaire canon is die van de modernistische kritiek van de jaren zestig. Volgens Shinizu situeert Foucaults omgang met de literatuur in die periode zich vooral op een drietal nivaus die meteen ook de centrale assen vormen van het globale 'archeologische' œuvre (*Histoire de la folie* en in nog sterkere mate *Les Mots et les choses* en *L'Archéologie du savoir*):

– het probleem van de waanzin (Hölderlin en Artaud);
– het probleem van de seksualiteit (Sade en Bataille);
– het probleem van de taal (Mallarmé en Blanchot).

De waanzin

In "Le «non» du père", een artikel dat in 1962 in Batailles *Critique* verscheen, verkent Foucault, via een lectuur van Hölderlin, de relatie tussen waanzin en œuvre. De concrete aanleiding van de tekst is de publicatie van Laplanches *Hölderlin et la question du père* (1961). De doorgedreven analyse van Laplanches studie doet de probleemstelling kantelen: volgens Foucault gaat Laplanche in de fout wanneer hij waanzin *en* œuvre naadloos en probleemloos aan elkaar rijgt. Als positief tegenvoorbeeld haalt Foucault Blanchot aan "wiens blik [ongetwijfeld] zou weerhouden worden door de grammaticale hoogmoed van die 'en' in 'waanzin *en* œuvre.'" Iets later, in "L'obligation d'écrire" (november 1964), een korte tekst over Nerval, komt Foucault terug op de verknoping van waanzin en œuvre:

> (...) voor ons, vandaag, belichaamt Nerval een zekere constante en verscheurde relatie tot de taal: van bij het begin en willens nillens werd hij bij de keel gegrepen door de lege verplichting om te schrijven. (D1: 437.)

Voorts staat Foucault in het Hölderlin-opstel stil bij "de inzinking van Jena", een "depressieve gebeurtenis" die verwijst naar een ruimer historisch gebeuren:

> (...) met de post-Kantiaanse crisis, de discussies over het atheïsme, de speculaties van Schlegel en Novalis, met het rumoer van de revolutie die werd gezien als de nadering van het hiernamaals, was Jena de plaats bij uitstek waar plotseling in de westerse wereld een leegte ontstond. (D1: 202; SUN: 52.)

Dit evenement laat niets onberoerd:

> De taal heeft zodoende een soevereine positie ingenomen; ze verschijnt alsof ze van elders komt, van een plaats waar niemand spreekt; maar ze kan pas tot een literair werk worden wanneer ze – terug naar de oorsprong van haar eigen spreken – haar spreken de richting uit laat gaan van deze afwezigheid.
> (D1: 202; SUN: 52-53.)

Met Hölderlin zet Foucault één van die haast heroïsche figuren neer die de grote historische breukmomenten in de orde van het spreken markeren:

> In deze context neemt Hölderlin een unieke en voorbeeldige plaats in: hij heeft openlijk een verbinding aangebracht tussen het werk en de afwezigheid van werk, tussen de vlucht van de goden en het verloren gaan van de taal. Hij ontdeed de kunstenaar van al zijn luister – als zou

hij zijn tijd vooruit zijn, zekerheden waarborgen en iedere gebeurtenis tot taalniveau verheffen.
(D1: 203; SUN: 53.)

De seksualiteit

Ook Sade is zo'n figuur, zij het eerder op het terrein van de seksualiteit. In *Les Mots et les choses* verschijnt Sade zowat als het embleem van de historische kentering die zich voltrekt op het einde van de achttiende eeuw. Maar tegelijk fungeert Sade als een soort van vergelijkingspunt waarmee Foucault zijn verhouding tot Bataille probeert te denken. Dat is overduidelijk het geval in "Préface à la transgression" (*Critique*, augustus – september 1963). Foucault thematiseert er de uiterst complexe relatie tussen exces, seksualiteit en taal – een problematiek die het verdere œuvre zal blijven beheersen en waarmee de naam van Bataille onlosmakelijk verbonden is: "Wat we vandaag zijn, hebben we voor een groot deel te danken aan Bataille", schrijft Foucault in het voorwoord tot Batailles *Œuvres complètes* (1970). Bataille is baanbrekend omdat hij iets op het spoor gekomen is dat alles overstijgt:

> Vinden we de mogelijkheid van een dergelijk denken eigenlijk niet in een taalgebruik dat juist het denken als zodanig uitschakelt en terugbrengt tot de onmogelijkheid van taal?
> (D1: 241; SUN: 65.)

Een dergelijke lectuur mondt uit in een doorgedreven reflectie op de taal waarbij de idee van grens centraal staat. Op dit punt is Foucault natuurlijk schatplichtig aan de modernistische kritiek van de jaren zestig, maar toch wijkt zijn lectuur sterk af van die van een Sollers bijvoorbeeld. Voor Foucault is de transgressie geen absoluut gegeven: wat via de transgressie aan de oppervlakte komt, zijn structuren van orde waarvan de impact en de macht moeten gedacht worden. Aan de hand van Bataille ontdekt en articuleert Foucaults vertoog een historisch breukmoment. Met Bataille kan de seksualiteit niet langer meer gedacht worden in termen van exces. De "verdwijning van het filosoferende subject", van het westerse denken is er mee gemoeid. In de "breking" (*fracture*) van dat filosofisch subject speelt Batailles ontregelende, veelvormige schriftuur een cruciale rol:

> Deze breking van het filosofisch subject worden we niet alleen gewaar als we in de taal van ons denken romans en theoretische teksten naast elkaar plaatsen. Het werk van Bataille toont die breuk veel gedetailleerder, in een voortdurende wisseling van verschillende taalniveaus, door een stelselmatige loskoppeling van het Ik dat begonnen is met spreken en al klaar staat om zijn taal te ontplooien en zich erin te installeren (...).
> (D1: 243; SUN: 68.)

> Deze ervaring vormt het exacte tegendeel van de beweging die minstens vanaf Socrates de drijfveer van de westerse wijsheid is geweest, dat wil zeggen de wijsheid die van de filosofische taal de serene eenheid van een subjectiviteit mocht verwachten die in haar zou zegevieren, daar deze subjectiviteit geheel en al door taal en in taal tot stand was gekomen.
> (D1: 243; SUN: 68-69.)

Het Bataille-opstel is echter niet de eerste tekst waarin Foucault het verband tussen gedrag, seksualiteit en taal belicht. Dat was reeds het geval in een essay uit 1962, "Un si cruel savoir" dat eveneens in *Critique* verscheen en dat voornamelijk handelt over Crébillons *Les Égarements du cœur et de l'esprit* (zie D1: 215-228). Bij Crébillon ontwaart Foucault een zeer subtiele "wetenschap omtrent de wereld" die zowel het spreken als het handelen betreft. Tactieken en strategieën worden er zorgvuldig geklasseerd: verleiden, in het verderf storten, misleiden, verlokken, enzovoort. Foucault ontwaart in dit weten een ware kunst van de intrige die aantoont op welke fijnmazige manieren de moderne codes en regels in verband met seksualiteit interageren met de ethiek.

De taal

De taal, ten slotte, is de protagonist in de grote opstellen over Blanchot, die van cruciaal belang zijn voor een beter begrip van de genese van Foucaults archeologie. "Le langage à l'infini" (*Tel Quel*, 1963) draait rond een reflexief-filosofische probleemstelling. In die optiek wil Foucault een "ontologie van de literatuur" ontwikkelen via een onderzoek naar de wijze waarop taal zichzelf als taal representeert (zie D1: 253). Maar die "ontologie van de literatuur" kan pas gestalte krijgen vanuit een archeologisch perspectief, dit wil zeggen vanuit een perspectief dat geschiedenis denkt in termen van onvergelijkbaarheid en discontinuïteit. Zo is de literatuur zelf een historisch gegeven, ze is op en top *modern,* en ontstaat pas van zodra taal en schriftuur reflexief worden:

> Voor ons is de schriftuur ongemeen dicht in de buurt gekomen van haar oorsprong, dat wil zeggen: van dat onrustwekkende geluid dat opstijgt uit in het diepste van de taal en dat ons, van zodra we ook maar een beetje de oren spitsen, datgene verkondigt waar we ons tegen willen beschermen en wat we terzelfder tijd willen aanspreken.
> (D1: 255.)

> Literatuur in de strikte zin van het woord ontstaat wellicht precies op dat moment op het einde van de achttiende eeuw wanneer een taal opduikt die niets ontziend elke andere taal opslokt en verteert, een taal die een duistere en overheersende figuur doet ontstaan waarin de dood, de spiegel, de verdubbeling en het oneindig gekabbel van woorden de dienst uitmaken.
> (D1: 260.)

De lezer ziet hier duidelijk hoe Foucault, via de omweg van ogenschijnlijk monografische essays, een kader uittekent waarbinnen de literatuur verwijst naar een ruimere historische context: literaire transgressie wordt slechts denkbaar en zegbaar tegen de (archeologische) achtergrond van omvattende structuren van orde.

De tweede grote tekst over Blanchot, "La pensée du dehors" (*Critique*, juni 1966) boort een ander thema aan. Blanchot, zo stelt Foucault, heeft voor een radicale, moderne ommekeer gezorgd:

> De Griekse waarheid werd eertijds aan het wankelen gebracht alleen al door de bewering 'Ik lieg.' De zin 'Ik spreek' stelt de hele moderne fictie op de proef.
> (D1: 518; SUN: 95.)

Die "moderne fictie" wordt geassocieerd met de figuur van Maurice Blanchot. In Blanchots werk dompelt het denken zich onder in de ondoorzichtigheid van de taal en moet het zich voortaan meten met de fictie. Taal en waarheid raken in elkaar verstrengeld en vormen een onontwarbaar kluwen:

> (...) als zodanig is het spreken niet hetzelfde als de waarheid of de tijd, de eeuwigheid of de mens, maar de altijd gedesintegreerde vorm van het Buiten (...).
> (D1: 539; SUN: 121.)

Uit die nieuwe manier om taal, oorsprong en dood met elkaar in verband te brengen, groeit een fundamenteel inzicht:

> (...) van zodra het spreken zich manifesteert als wederzijdse transparantie van oorsprong en dood, impliceert de bevestiging alleen al van het 'ik spreek' de dreigende belofte van de verdwijning, van de nakende verdwijning van datzelfde 'ik.'
> (D1: 539; SUN: 121.)

De idee van een "modern" breukmoment legt eens te meer de basis voor een meer omvattende reflectie omtrent de orde van het vertoog. Taal fungeert immers als de wezenskenmerk van elke ervaring en die vaststelling opent de mogelijkheid van een onderzoek naar het bestaan, het verschijnen en de proliferatie van vertogen, naar de ordeningsprincipes die zich in de taal inschrijven.

FICTIE, BEELD, RUIMTE

Het fictieve, de fictie: de problematiek is van levensbelang want de relatie tot de orde van het vertoog staat op het spel. Ook in die optiek is Foucaults omgang met literaire teksten veelbetekend, zij het van voorbijgaande aard. Raymond Bellour wijst terecht op deze dimensie van Foucaults œuvre, op de rol van artikels in de genese van de boeken, op het belang van literatuur voor de ontwikkeling van een denkstijl:

> Het exces dat Foucault doet ontstaan, neemt, schematisch gesproken, twee vormen aan: enerzijds de transgressie en het tot vervelens toe herhalen (Bataille, Blanchot); anderzijds de herhaling en de ontdubbeling (Flaubert, Roussel) via ruimten en series.
> (Raymond Belour, "Vers la fiction", in *Michel Foucault philosophe, rencontre internationale (Paris, 9-10-11 janvier 1988)*, Paris, Seuil, 1989, p. 175.)

Foucault zegt het wellicht het duidelijkst in "Distance, aspect, origine" (*Critique*, november 1963), een opstel over Robbe-Grillet:

> En indien iemand me zou vragen wat nu eigenlijk het fictieve is, dan zou ik haar of hem op de man af antwoorden: de talige zenuw van datgene wat niet bestaat, zoals het is.
> (D1: 280.)

De fictie bestrijkt het hele oppervlak van de taal.

Het artikel over Klossowski uit 1964, "La Prose d'Actéon (*N.R.F.*), belicht de kracht van het beeld (*simulacre*) in de structuur van literaire werken. Opnieuw fungeert de literatuur als een bevoorrechte getuige:

> (...) meer dan Klossowski's andere werken benadert *le Bain de Diane* wellicht het dichtst die schitterende – maar voor ons wel erg sombere – uitstraling van beelden.
> (D1: 335.)

De kracht van een werk, de aantrekkingskracht van een structuur, dat is wat Foucault in de literatuur aanspreekt. Die kracht komt vooral tot uiting in de manier waarop, in een literair werk, taal en ruimte zich tot elkaar verhouden. In de vroege jaren zestig hing deze thematiek in de lucht. Ik verwijs bijvoorbeeld naar Jean Roussets *Forme et signification* (1962) of naar het groeiende belang van de idee van verruimtelijking in de menswetenschappen (het opkomende structuralisme). Foucault zelf geeft een overzicht van de problematiek in "Le langage et l'espace" (*Critique*, april 1964), een opstel over Claude Ollier. De literatuur wordt er het medium bij uitstek voor een reflectie over de geometrie van vertogen.

Dezelfde aandacht voor ruimtelijke structuren in literaire werken blijkt uit Foucaults bespreking van *L'Univers imaginaire de Mallarmé* van Jean-Pierre Richard (1962). In dit artikel, "Le *Mallarmé* de J.-P. Richard" (*Annales*, september – oktober 1964) analyseert Foucault zowel de lectuurstrategie van de criticus als de grondoriëntatie van Mallarmé's poëtica. Hij beschrijft op een beklijvende manier Richards "uitgeholde" (*évidé*) sensualisme en hij toont hoe de criticus al lezende een theorie van het imaginaire ontwikkelt waarin de dood en de negatie van het sprekende subject fungeren als katalysatoren van beelden. Richard wordt geprezen als een modern criticus:

> Een dergelijke analyse maakt van Richards boek (...) een voorbeeldig werk: zonder zich te beroepen op concepten uit andere domeinen

> exploreert Richard het nog onontgonnen gebied van de literaire kritiek dat we zouden kunnen omschrijven als *de ruimtelijkheid van een werk*. (D1: 434; Foucault cursiveert.)

Wat Foucault vooral fascineert, is Richards *methode*: afzonderlijke elementen worden op verschillende manieren met elkaar verbonden, zodat de criticus heel dicht op de huid zit van de structuur van een tekst, van het avontuur van de taal. Die werkwijze, dit aaneenvlechten van schijnbaar uiteenlopende elementen verschilt in wezen niet veel van Foucaults eigen manier om via ontelbare (en onvoorspelbare) dwarsverbindingen structuren van vertogen op het spoor te komen. Het principe van Richards methode wordt niet bepaald "door de structuur van de taal (met haar retorische mogelijkheden) of door de structuur van een leven (met haar psychologische wetmatigheden)", ze is ingeschreven in de taal zelf die ze blootlegt: "Aan de basis van de methode ligt de ervaring van de taal, de verhouding van het sprekende subject tot het zijn van de taal zelf." (D1: 436) Mallarmé heeft die verhouding in een historisch unieke vorm gegoten en dat is precies wat Richard heeft weten aan te tonen. Eens te meer is in Foucaults lectuur de moderniteit als breukmoment het overheersende thema; Mallarmé is een embleem, de naam van een "historische" gebeurtenis, van één van die keerpunten waaruit een nieuwe *épistémè* geboren wordt. In "L'Homme est-il mort?" (*Arts et loisirs*, juni 1966) formuleert Foucault het zo:

> Vanaf *Igitur* bewijst de ervaring van Mallarmé (een tijdgenoot van Nietzsche) hoezeer de eigen en autonome logica van de taal meer en meer de plaats inneemt die tot voor kort door de mens werd ingenomen. Sindsdien kunnen we literatuur als volgt definiëren: het is de plaats waar de mens onophoudelijk verdwijnt ten voordele van de taal. Waar 'dat spreekt', houdt de mens op te bestaan.
> (D1: 543-544.)

Voor Foucault vormen literaire teksten geen studie-object *sui generis*: wat ze uitdrukken, suggereren of losmaken, stuwt het denken voort. Ze zijn bijzonder geschikt om historische breuken op het spoor te komen en zo een beter zicht te krijgen op de genese van nieuwe constellaties van vertogen en denkstijlen. Terzelfder tijd is literatuur het medium bij uitstek voor een onderzoek naar de reflexiviteit van de taal, naar de verhouding van subject en taal, en naar de autonomie van het fictieve. De twee dimensies van literatuur – de historische en de talige – komen uitgebreid en gedetailleerd aan bod in Foucaults studie over Roussel (*Raymond Roussel*, 1963). Tien jaar na die publicatie beschrijft Foucault in een interview het ontstaan van het boek als een bijna heimelijk avontuur:

> Mijn verhouding tot het boek over Roussel en tot Roussel zelf is iets heel persoonlijks waaraan ik heel mooie herinneringen bewaar. Het is, in de totaliteit van mijn œuvre, een apart boek. En gelukkig heeft niemand het in zijn hoofd gehaald om uit te leggen dat ik dit boek geschreven heb, omdat ik een boek over de waanzin heb geschreven en omdat ik later een boek over geschiedenis van de seksualiteit zou schrijven. Iedereen heeft dit boek over het hoofd gezien en daar ben ik heel blij om. Het is mijn schuilplaats, een liefdesgeschiedenis die enkele zomers lang geduurd heeft. Zonder dat iemand er iets van wist.
> (D4: 607-608.)

In *Raymond Roussel* toont Foucault met een bijzonder groot inlevingsvermogen en precizie op welke manier een œuvre zijn eigen structuren onthult en verhult, hoe de fictie haar eigen wetmatigheden genereert en hoe er aan die onthulling nooit een einde komt, integendeel: Roussels œuvre is niets dan onthulling, onthulling is de motor die de fictie doet draaien. In dit opzicht is Roussel niets anders dan een fantasmagorische vrijgezellenmachine die Foucault de merkwaardige energie geeft om een denken te ontwikkelen over de onthulling en de transformatie van de structuren die het denken zelf, de taal en de samenleving ordenen.

De drie functies van de literatuur tijdens de 'archeologische' periode

De "literaire" ruimte die Foucault via allusies op of grondige analyses van auteurs of œuvres uittekent, is bij nader toezien zeer scherp afgelijnd en enkel van belang voor de 'archeologische' periode. Niettemin kent hij aan de œuvres die hij frequenteert een bijzonder functie toe in de ontwikkeling van zijn eigen historische en theoretische reflectie. Literatuur is op drie verschillende manieren aanwezig en werkzaam in Foucaults œuvre van de jaren zestig. Ze is op de eerste plaats een soort van apoloog: als een korte, demonstratieve fabel *onthult* ze wat er met haar doorheen de tijd gebeurt. Op die manier maken, bijvoorbeeld, Bouvard en Pécuchet hun opwachting in "Theatrum philosophicum", een studie over Deleuzes *Différence et répétition* en *Logique du sens* (*Critique*, november 1970). Hun dwaling is een model om vergissing en dwaasheid te denken. *Le Neveu de Rameau* (in *Histoire de la folie*), Borges, Cervantes' *Don Quichot* en Sade (in *Les Mots et les choses*) vervullen dezelfde apologische functie: ze belichamen op een exemplarische manier een fundamenteel scharniermoment in de geschiedenis (ik verwijs in deze context ook naar die memorabele analyse, in *Les Mots et les choses*, van Velazquez' *Las Meniñas*). Bij elk van die momenten wordt Foucaults schriftuur uitermate intens, de fabel over het literaire werk krijgt de allures van een gebeurtenis. Een voorbeeld:

> Met al hun plotse en onvoorziene wendingen markeren de avonturen van Don Quichot een grens; met hen eindigt de oude wisselwerking tussen gelijkenis en tekens; hier ontstaan reeds nieuwe verbanden. Don Quichot is geen extravagant mens; hij is alleen de nauwgezette bedevaarder die halt houdt voor elk teken van de gelijkenis. Hij is de held van de Identiteit.
> (*Les Mots et les choses*, p. 60.)

Cervantes' boek legt een ommekeer bloot, het signaleert dat woorden en dingen zich op andere manier tot elkaar beginnen te verhouden:

> De *Don Quichot* is het negatief van de wereld van de Renaissance; de schriftuur is niet langer het proza van de wereld; de gelijkenis en de tekens hebben hun eeuwenoude verbond opgezegd; voortaan misleiden gelijkenissen, ze verworden tot inbeelding of waanbeelden; voortaan volharden de dingen in hun ironische, onveranderlijke dingheid: ze zijn alleen maar wat ze zijn; woorden dwalen avontuurlijk rond, zonder inhoud, zonder een gelijkenis om ze op te vullen (...).
> (*Ibid.*, p. 61.)

Daarmee is Don Quichot niet alleen de held van een boek, maar ook een held van de beginnende moderniteit: "De schriftuur en de dingen drijven uiteen. Tussen hen in zwalpt Don Quichot avontuurlijk rond." (*Ibid.*, p. 62) De stijl zelf van de *Don Quichot* – de reflexiviteit van het vertellen, de ironie – is eveneens een symptoom van die beginnende moderniteit. De enorme aantrekkingskracht van dit intellectueel stimulerende boek onderstreept zijn epochale karakter en het is alsof Foucaults eigen schriftuur ook energie put uit dit krachtige historische evenement.

Vervolgens beschouwt Foucault het literaire werk als een complex netwerk van blikken, disposities, stemmen: hij is gefascineerd door de structurele energie van fabels en overtuigd van hun nut voor de beschrijving van de complexiteit van ideeën en vertogen. Dat leert ons in elk geval "La Bibliothèque fantastique", een analyse van Flauberts *La Tentation de Saint-Antoine* (in het Duits: 1964; in het Frans: 1967; herwerking: 1970). Foucault brengt geduldig de dieptestructuur van Flauberts tekst in kaart en hij toont gaandeweg hoe blikken, houdingen en vormen van weten resulteren in een duizelingwekkend systeem van aantrekking en onthulling. Zo vernietigt Foucault de illusie als zou Flauberts tekst niets anders zijn dan een loutere proliferatie van figuren en beelden: in werkelijkheid is de tekst uiterst nauwgezet gearticuleerd en wordt de beeldenstroom gestuurd door structurele wetmatigheden. De studie over Jules Verne, "L'Arrière-fable" (*L'Arc*, mei 1966) gaat in dezelfde richting: hier is de narratieve structuur eveneens een epistemische structuur. De orde van het weten krijgt, dankzij Vernes verhaal, een dynamisch karakter waardoor precies die orde als orde zichtbaar wordt. In tegenstelling tot andere vertoogvormen bezit de literatuur dus een bijzonder vermogen om weten en wetmatigheden te structureren en leesbaar te maken voor een geschiedenis van het weten.

Ten slotte is literatuur belangrijk voor Foucault in de mate waarin ze speciale vormen van ervaring gestalte geeft. Zijn aandacht gaat dan vooral uit naar werken waarin de ervaring van het zijn van de taal of de structurering van het subject in en door de taal centraal staan, of die de ervaring van de schriftuur als iets radicaals en onherleidbaars thematiseren. De belangrijkste namen zijn hier natuurlijk Mallarmé, Artaud, Bataille en Blanchot, auteurs dus van werken die op zichzelf beschouwd reeds ervaringen *zijn*: ze verstenen op geen enkel moment tot monumentale of decoratieve *œuvres*, ze stralen kracht uit en doorbreken grenzen, en enkel en alleen al door hun bestaan wordt de mogelijkheid tot expressie voortdurend ontwricht. In een interview uit 1982 zegt Foucault:

> Ik hou van die werkvormen die niet uitgroeien tot een *œuvre*, maar die onafgesloten zijn en blijven omdat ze een ervaring zijn: Magritte, Bob Wilson, *Au-dessus du volcan*, *La Mort de Maria Malibran* (…).
> (D4: 244.)

Kunst is slechts waardevol naarmate ze iets belichaamt, naarmate ze onuitgegeven ideeën en emoties losmaakt, naarmate ze mogelijkheden creëert waarvan ze zelf de experimentele, niet-versteende articulatie is. Foucault verzet zich tegen elke poging om ervaring tot verstenen tot een monumentaal oeuvre, tegen de wil om een 'œuvre uit te bouwen': zijn ideaal is dat van de avontuurlijke iconoclast.

De ommekeer

Literatuur verpulveren om te zien welke ervaring en welke discursieve wetmatigheden zich onder het oppervlak verbergen, dat is, bondig samengevat, het hoofddoel van Foucaults essays over literatuur. Met "Qu'est-ce qu'un auteur?" (1969) veranderen de toon en de opzet echter grondig. Hier is er geen spoor meer van literatuur als exces, als geprivilegieerd medium. In deze erg belangrijke tekst staat Foucault stil bij de historiciteit van het begrip 'auteur.' De opkomst van het begrip is

> (...) een sleutelmoment in het individualiseringsproces in de geschiedenis van ideeën, kennis, literatuur, ook in de geschiedenis van de filosofie en in die van de wetenschappen.
> (D1: 792.)

Twee thema's worden aangesneden en dat in relatie tot de problematiek van de moderne schriftuur: hiermee wil Foucault aantonen hoezeer de schriftuur – ook de moderne – schatplichtig blijft aan het begrip 'auteur.' Verwijzend naar Beckett en de onverschilligheid ten aanzien van het subject dat spreekt ("Het heeft geen belang wie spreekt, iemand zegt dat het om het even is wie spreekt.") stelt Foucault dat de schriftuur "zich bevrijd heeft van het thema van de expressie" en hij herneemt het thema van de nauwe verwantschap tussen schriftuur en dood:

> Die verwantschap keert een eeuwenoud thema om; het verhaal of het Griekse epos stonden borg voor de onsterfelijkheid van de held, en indien de held bereid was om jong te sterven, dan was dat opdat de dood zijn leven zou verheerlijken en hem dus onsterfelijk zou maken: het verhaal maakte die aanvaarde dood goed.
> (D1: 793.)

Foucault spreekt van een typisch moderne omkering omdat de schriftuur voortaan verbonden is met idee van opoffering:

> Het werk (*œuvre*) dat vroeger tot onsterfelijkheid moest leiden, heeft nu het recht gekregen om te doden, het is moorddadig geworden ten opzichte van zijn auteur. Kijk naar Flaubert, Proust, Kafka.
> (D1: 793.)

Toch heeft die dood van de auteur niet alle sporen van het begrip 'auteur' uitgewist. Enkele begrippen beletten dat de dood van de auteur radicaal en consequent wordt doorgedacht. Eén van die begrippen is dat van 'œuvre', want wie 'œuvre' zegt, zegt ook 'auteur'; de auteur autoriseert een œuvre. Vandaar die mijmering over het risico om in de anonimiteit te verdwijnen:

> Wat stelden Sades schrijfsels voor zolang hij nog geen auteur was? Rollen papier waarop hij, gedurende zijn gevangenschap, zijn fantasmes eindeloos de vrije loop liet.
> (D1: 794.)

Foucaults achterdocht slaat ook op een welbepaald begrip van 'schriftuur' dat "op een listige manier de auteur in stand houdt." (D1: 795) Foucault viseert hier voornamelijk de moderne schriftuuropvatting waarvan hij echter wel de complexiteit en het gesofistikeerde karakter erkent:

> De manier waarop men vandaag de notie van schriftuur gebruikt, heeft inderdaad niets te zien met de act van het schrijven en de schriftuur is al evenmin de veruitwendiging (symptoom of teken) van wat iemand wil zeggen. Met een merkwaardige diepgang probeert men de mogelijksvoorwaarde van alles wat tekst is te denken, dus zowel de mogelijkheidsvoorwaarde van de ruimte waarin een tekst versnipperd wordt als die van de tijd die hij nodig heeft om zich te ontplooien.
> (D1: 795.)

Maar Foucault laat zich niet om de tuin leiden door die subtiliteit. Hij ziet in de absolute interpretatie van de schriftuur een soort van transcendentale vertaling van de vroegere (quasi-)theologische opvatting van de schriftuur als iets heiligs, iets absoluuts. Wat zich dus aandient als een radicale breuk, bestendigt bij nader toezien een problematische traditie: alleen wordt nu niet de auteur maar de schriftuur gesacraliseerd; de termen veranderen, de onderliggende logica blijft fundamenteel dezelfde (zie D1: 795-796). Er bestaat dus een scheidingslijn tussen zij die de moderne breukmomenten proberen te denken vanuit een negentiende-eeuwse, historisch-transcendentale traditie en zij die zich, zoals Foucault zelf, definitief van het juk van deze traditie proberen te bevrijden. Foucault historiciseert resoluut het begrip 'auteur' en ontdoet het zo van elke vorm van bijna sacrale autoriteit, hij schrijft het in in een constellatie van historische mogelijkheidsvoorwaarden. Deze radicale contextualisering heeft ook een "utopische" dimensie, want ze appelleert impliciet aan een andere, nieuwe orde van het vertoog:

> Men kan zich een cultuur voorstellen waarin vertogen zouden circuleren en gerecipieerd worden zonder dat er ooit sprake is van een auteursfunctie.
> (D1: 811.)

Zo komen we stilaan in de buurt van *L'Ordre du discours* (1970, 1971), Foucaults inaugurale rede aan het Collège de France. Die rede is een uiterst paradoxaal moment: een stem spreekt voortaan met het hoogste institutionele gezag maar terzelfder tijd wil ze niets anders dan zich onderdompelen in een oceaan van ontelbare andere en anonieme stemmen. Vanaf nu zal Foucault meer en meer het niet-gehoorde – dat niet zelden 'ongehoord' is – een stem in het historische en wijsgerige kapittel geven. De publicatie, in de jaren zeventig, van de dossiers over de familiemoordenaar Pierre Rivière of over de hermafrodiete Alexina B. moeten in dit licht gezien worden. En om voeling te krijgen met dat oneindige, anonieme spreken, om de ontroerende, vergeten en soms verontrustende schoonheid van de helden uit misdaad- of andere archieven terug tot leven te wekken, was het van essentieel belang om de autoriteit van de grote, geïnstitutionaliseerde literatuur te ontmaskeren als een illusie. In elk geval speelt de gecanoniseerde literatuur voor de Foucault van de jaren zeventig en tachtig geen enkele rol van betekenis meer. Ze heeft haar werk gedaan: via de lectuur van literaire, emblematische teksten ontdekte Foucault de fundamentele grenzen die de ruimte van de taal, de samenleving en de vertogen afbakenen. Met *L'Ordre du discours* begint een lange zoektocht naar de geschiedenis van het subject, het lichaam, het genot en de macht. Ook Foucaults stijl draagt de sporen van deze evolutie: zijn schriftuur wordt soberder, preciezer, lucider, minder barok en minder metaforisch.

Uit het Frans vertaald en bewerkt
door Koenraad Geldof

BEKNOPTE BIBLIOGRAFIE

Primaire literatuur

Histoire de la folie à l'âge classique, Paris, Gallimard ("Tel"), 1987 (1961, 1972). (*Geschiedenis van de waanzin in de zeventiende en de achttiende eeuw*, Boom.)

Naissance de la clinique, Paris, PUF ("Quadrige"), 1988 (1963). (*De geboorte van de kliniek: een archeologie van de medische blik*, SUN.)

Raymond Roussel, Paris, Gallimard ("Folio"), 1992 (1963).

Les Mots et les choses, Paris, Gallimard, 1966. (*De woorden en de dingen*, Ambo.)

L'Archéologie du savoir, Paris, Gallimard, 1969.

L'Ordre du discours, Paris, Gallimard, 1971. (*De orde van het spreken*, Boom.)

Moi, Pierre Rivière ayant égorgé ma mère, ma sœur et mon frère... Un cas de parricide au XIXe siècle présenté par Michel Foucault, Paris, Gallimard – Julliard ("Archives"), 1973.

Surveiller et punir, Paris, Gallimard, 1975. (*Discipline, toezicht en straf: de geboorte van de gevangenis*, Historische Uitgeverij.)

Histoire de la sexualité I. La volonté de savoir, Paris, Gallimard, 1976. (*Geschiedenis van de seksualiteit 1: De wil tot weten*, SUN.)

Herculine Barbin, dite Alexina B., présenté par Michel Foucault, Paris, Gallimard ("Folio"), 1993 (1978).

Histoire de la sexualité II. L'usage des plaisirs, Paris, Gallimard, 1984. (*Geschiedenis van de seksualiteit 2: Het gebruik van de lust*, SUN.)

Histoire de la sexualité III. Le souci de soi, Paris, Gallimard, 1984. (*Geschiedenis van de seksualiteit 3: De zorg voor zichzelf*, SUN.)

De verbeelding van de bibliotheek. Essays over literatuur, Nijmegen, SUN, 1986.

Résumé des cours, 1970-1982, Paris, Julliard, 1989.

Paressia: vrijmoedig spreken en waarheid, Amsterdam, Stichting voor Filosofies Onderzoek – Krisis, 1989.

Dits et écrits, I-IV, Paris, Gallimard, 1994.

Les Anormaux: cours au Collège de France, 1974-1975, Paris, Gallimard – Seuil, 1999.

Secundaire literatuur

BLANCHOT, Maurice, *Michel Foucault tel que je l'imagine*, Montpellier, Fata Morgana, 1986.

COLOMBEL, Jeannette, *Michel Foucault. La clarté de la mort*, Paris, Odile Jacob, 1994.

DELEUZE, Gilles, *Foucault*, Paris, Minuit, 1986.

DREYFUS, Hubert & RABINOW, Paul, *Michel Foucault. Un parcours philosophique au-delà de l'objectivité et de la subjectivité*, Paris, Gallimard ("Folio"), 1984 (1982).

DURING, Simon, *Foucault and Literature: Toward a Genealogy of Writing*, London – New York, Routledge, 1992.

ERIBON, Didier, *Michel Foucault (1926-1984)*, Paris, Flammarion, 1991.

—, *Foucault et ses contemporains*, Paris, Fayard, 1994.

MACEY, David, *The Lives of Michel Foucault*, London, Hutchinson, 1993.

MERQUIOR, José G., *Foucault*, London, Fontana Press ("Modern Masters"), 1985.

MILLER, David, *The Passion of Michel Foucault*, London, HarperCollins, 1993.

SCHMID, Wilhelm, *Die Suche nach einer neuen Lebenskunst: die Frage nach dem Grund und die Neubegrundung der Ethik bei Foucault*, Frankfurt aM., Suhrkamp, 1992 (1991).

GILLES DELEUZE
(1925-1995)

André COLOMBAT

L'ANTI-ŒDIPE, EEN DISJUNCTIEVE SYNTHESE

De publicatie van *L'Anti-Œdipe* in 1972 betekent voor Deleuze de doorbraak bij het grote publiek. Samen met Félix Guattari legt Deleuze in dit eerste volume van *Capitalisme et schizophrénie* de grondslagen van een nieuwe manier om filosofie te bedrijven waarvan de specificiteit onlosmakelijk verbonden is met de gebeurtenissen van mei '68. De stijl, het denken, het referentiekader, alles moest heterogeniteit genereren, alles moest "schizoïde" zijn, dit wil zeggen: gericht tegen de klassieke, statische, "paranoïde" voorstellingswijzen. Het meerzinnige was niet alleen een filosofisch thema, het moest voortaan in de praktijk worden omgezet. Met behulp van Lacan, Marx en Artaud keerden Deleuze en Guattari zich tegen de nieuwe psychoanalytische priesterkaste: in plaats van zich blind te staren op het "kleine, smerige" oedipale theater wilden ze de politieke, sociale en economische dimensies van het verlangen belichten. Met Reich, Miller en Rimbaud – en tegen het neostalinisme van de Franse K.P. en de rechtse reactie na mei '68 – koppelden ze het marxisme aan de problematiek van het verlangen.

Deleuze heeft de impact van de gebeurtenissen van mei '68 nooit ontkend of geringschat. Ook de samenwerking met Guattari bleef duren tot aan diens dood in 1992 en ze lag aan de basis van nog drie andere fundamentele werken: *Kafka – Pour une littérature mineure* (1975), *Rhizome* (1976) en *Mille plateaux* (1980). Dankzij Guattari, een oud-leerling van Lacan, een extreem-links militant en de grondlegger (met Jean Oury) van de "institutionele psychotherapie" in de *Clinique de la Borde*, is Deleuze veel vrijer gaan schrijven en denken. Voor Guattari, zo getuigt Deleuze, was de schriftuur een stroom, een waterval waardoor de meest uiteenlopende objecten uit diverse disciplines werden meegesleurd. Eigenlijk verzamelden beide vrienden theoretische elementen die ontleend werden aan de kunst, de natuur- en menswetenschappen en aan de filosofie, en dat met de bedoeling om er nieuwe concepten mee te creëren. Die concepten moesten rigoureus zijn, maar niet exact: beweging was het allesoverheersende motto. Stijl is dan niets anders dan de dynamiek van een concept, van het denken zelf. In *Qu'est-ce que la philosophie?* (1991) stellen Deleuze en Guattari dat grote filosofen en schrijvers één iets met elkaar gemeen hebben: ze vinden een heel eigen stijl uit die hun verhouding tot het denken en het leven uitdrukt, ze hebben nieuwe "singulariteiten" (*héccéités*, het Franse equivalent voor Duns Scotus' *haecietates*) in het leven geroepen. Er bestaat, met andere woorden, geen wezenlijk verschil tussen filosofie, literatuur, wetenschappen en techniek: voor Deleuze zijn dit slechts verschillende *modi* van het denken die hij nader probeert te karakteriseren en met elkaar in verbinding te brengen. Toch beperkt het denken en het œuvre van Deleuze zich niet tot de samenwerking met Guattari. Reeds in de vroege jaren zestig genoot hij erkenning als vooraanstaand filosoof en vooral als Nietzsche- (*Nietzsche et la philosophie*, 1962) en Proust-kenner (*Proust et les signes*, 1964). Filosofiehandboeken zullen wellicht de vele gezichten van Deleuze onthouden: de nauwgezette en veeleisende historicus van de filosofie (met essays over Hume, Spinoza, Bergson, Nietzsche, Kant, Foucault en Leibniz), de door bewonderaars belaagde en vereerde professor, de vriend, de filosoof van het post-mei '68-tijdperk, de co-auteur van *Capitalisme et schizophrénie*, de gezworen vijand van de *Nouvelle philosophie* (Bernard-Henri Lévy, André Glucksmann), de theoreticus van het evenementiële en van de film, de uitvinder van concepten, enzovoort. Maar los van al die verschillende aspecten is en blijft Deleuze een filosoof.

Gilles Deleuze, een Frans filosoof

Uit vrees voor de terugkeer van het subject berust er in de meeste studies over Deleuze een taboe op de biografische dimensie van het œuvre. Deleuze, daarentegen, verwijst in zijn monografische studies vaak naar de biografie van deze of gene auteur. Wat hem vooral fascineert, zijn de ontmoetingen – echte of abstracte – die in het leven van een filosoof of schrijver het denken als het ware vooruitstuwen. Ook voor Deleuze zelf zijn dergelijke ontmoetingen van essentieel belang. Deleuze wordt op 18 januari 1925 geboren in het 17e Arrondissement van de Franse hoofstad, een wijk die hij nooit zal verlaten. Hij loopt school aan het Carnot-lyceum en gedurende de oorlog wijkt hij samen met zijn vader (een ingenieur) en moeder uit naar de Normandische kust. In het laatste jaar van de middelbare school ontdekt Deleuze Baudelaire en de literatuur in het algemeen. Die ontmoeting markeert duidelijk het begin van de intellectuele zoektocht van de filosoof. Nog tijdens de oorlog wordt Deleuzes enige broer als lid van de weerstand gearresteerd en naar Auschwitz gedeporteerd waar hij sterft. Na de oorlog studeert Deleuze aan de Sorbonne: hij krijgt er les van Fernand Alquié, Georges Canguilhem, Maurice de Gandillac en Jean Hippolyte. In tegenstelling tot zovele andere intellectuelen wordt hij nooit lid van de communistische partij. In die periode raakt Deleuze ook bevriend met Michel Tournier, Michel Butor en de gebroeders Lanzmann. Tijdens de bijeenkomsten die door Marie-Madeleine Davy georganiseerd werden in het kasteel van Fortelle ontmoet hij pater Fessard, Pierre Klossowski, Jacques Lacan, Lanza del Vasto en Jean Paulhan. In 1948 behaalt Deleuze zijn einddiploma in de wijsbegeerte en hij geeft achtereenvolgens les in Amiens, Orléans en Parijs. Op het einde van de jaren vijftig huwt hij met Denise Paul. Tussen 1957 en 1959 is hij zowel docent aan de Sorbonne als onderzoeker aan het CNRS tot hij uiteindelijk aan de universiteit van Lyon benoemd wordt. Foucault zal later tevergeefs proberen om hem naar Clermond-Ferrand te halen. Tijdens meidagen van 1968 pendelt Deleuze tussen Lyon en Parijs. In 1969 verdedigt hij een doctoraat met als titel *Différence et répétition* (promotor was Maurice de Gandillac) en een bijkomende thesis over Spinoza (*Spinoza et le problème de l'expression*) bij Alquié. De ontmoeting met Guattari dateert eveneens van 1969. Kort daarna verhuist Deleuze naar de beruchte campus van Vincennes die enkele jaren later zal verplaatst worden naar Saint-Denis (Paris VIII). Vanaf dat moment geeft hij elke week een bijzonder geapprecieerd college 'tekstverklaring' waarin hij de thema's van zijn lopende boekprojecten behandelt. In 1987 neemt Deleuze afscheid van de universiteit met een college over Foucault en Leibniz. Door ernstige verwikkelingen ten gevolge van een longziekte beneemt hij zich op 4 november 1995 van het leven.

In Deleuzes œuvre staan enkele specifieke vragen centraal: Hoe kunnen we komaf maken met Kant, met het denken in termen van oordelen, met het tribunaal van de Rede? Kan individuatie, dit wil zeggen een dynamisch en heterogeen geheel van relaties tot de wereld en het denken, gedacht worden zonder terug te vallen in het subjectdenken? Hoe ontdekt of creëert men nieuwe vormen van individuatie die zich kunnen onttrekken aan het verlammende impact van het klassieke denken? Kan het platonisme door een wordingsfilosofie worden omgekeerd die niet vervalt in chaos of absolute zinloosheid? Hoe kan een vitalistische filosofie van de kracht op basis van Lucretius, Spinoza, Nietzsche en Bergson ontsnappen aan het zwarte gat van de negativiteit of aan Hegels dialectiek? Hoe brengt men concepten in beweging, hoe kunnen de beweging en het evenementiële als dusdanig gedacht worden? Deze vragen verklaren tot op zekere hoogte Deleuzes belangstelling voor de literatuur: voor hem is zij een geprivilegieerde bondgenoot van de filosofie in een proces van ontmaskeren, experimenteren en scheppen.

Het denken als slagveld

Of hij nu alleen schrijft of samen met Guattari, Deleuze hanteert vaak een treffende, onverwachte stijl. Zijn zinnen verleiden de lezer en dwingen haar of hem om zelf na te denken in plaats van zich tevreden te stellen met de 'openbaring' van deze of gene 'waarheid.' Deleuze komt voortdurend terug op deze idee die voor het eerst geformuleerd werd in *Proust et les signes*:

> Zonder iets dat doet nadenken en het denken geweld aandoet, is het denken niets. Datgene wat te denken geeft, is belangrijker dan het denken zelf, belangrijker dan de filosoof of de dichter.
> (*Proust et les signes*, p. 117.)

Denken is voor Deleuze (met of zonder Guattari) een soort van microfysica, een slagveld, een immanent universum of, zoals Guattari het uitdrukt, een "diagram", waar reactieve en actieve, paranoïde en schizoïde krachten, passies en affecten, macht en tegenmacht met elkaar in botsing komen. Verder berust elke vorm van authentiek denken op drie operaties: het denken definieert een problematiek, het creëert concepten en het vindt een stijl uit die vorm geeft aan de dynamiek van het denken zelf.

De vraag is natuurlijk door welke kracht het denken van Deleuze zelf voortgestuwd wordt. Van welke strijd is zijn œuvre het slagveld? Ook hier speelt de ontdekking en de kritische lectuur van de literatuur – Proust, Kafka, Carroll – een belangrijke rol. In het algemeen kan men stellen dat Deleuze vooral geboeid is door de immanente scheppingskracht van het leven; zijn œuvre genereert voortdurend nieuwe vormen van levendig denken. Vandaar ook de grote bewondering voor Bergson en diens dynamische levensfilosofie. Vanuit die optiek is elke artistieke, literaire, wetenschappelijke of filmische creatie de uitdrukking van een specifieke vorm van zijn: Deleuzes filosofie is dus duidelijk van expressivistische snit. Via de analyse van de manier waarop die verschillende zijnsvormen functioneren kan de filosoof de levensbevestigende krachten op het spoor komen die de kracht van het Leven zelf uitdrukken. Deleuzes opvattingen omtrent stijl en zijn veroordeling van het klassieke humanisme zijn dan weer van Nietzscheaanse origine. Er wordt ook vaak verwezen naar Rimbaud, één van de emblematische auteurs tijdens de meidagen van 1968.

Waartoe is literatuur in staat?

Sinds de publicatie van *Différence et répétition*, een sleuteltekst voor het hele œuvre, en het groeiende succes van Derrida's deconstructie staat Deleuze meer en meer bekend als een filosoof van de differentie. Voor Deleuze is differentie een louter intensieve kracht, ze is niet van de conceptuele orde maar creëert beweging. Dit differentie-denken is duidelijk beïnvloed door Bergsons filosofie van het *élan vital*, Spinoza en Nietzsches *Wille zur Macht* (zoals die door Pierre Klossowski werd geanalyseerd in *Nietzsche et le cercle vicieux*). Maar eens te meer speelt de literatuur een doorslaggevende rol. *Proust et les signes* (1964; uitgebreid in 1970 en 1973) is Deleuzes eerste belangrijke werk omtrent literatuur. *A la recherche du temps perdu* wordt voorgesteld als een semiotische leerschool: denken, zo zal Deleuze blijven herhalen, is immers ook leren omgaan met tekens, gevoelig worden voor bepaalde tekens en voor de werelden waarin ze circuleren. Zo leert de meubelmaker het hout 'ontcijferen', de dokter de ziekte en de kunstenaar het kunstwerk. Toch hangt het welslagen van dit leerproces niet alleen af van de goede wil van de leerling: het wordt gekenmerkt door dwang, provocatie en geweld, plotse vreugde en afgrondelijke ontgoocheling. Prousts verteller ontdekt geleidelijk aan het bestaan van vier soorten tekens en vier soorten werelden waaraan telkens een specifieke vorm van tijd beantwoordt: de lege tekens van het mondaine leven en de tijd die men verliest; de leugenachtige tekens in de wereld van de liefde en de verloren tijd; de wereld van de zintuigelijke tekens en de teruggevonden tijd uit het verleden en, ten slotte, de wereld en de tekens van het kunstwerk die alle andere tekens transformeren tot de teruggevonden Tijd in zijn absolute en zuivere gestalte. Wat er ook van zij, het is de ontmoeting met tekens die doet denken.

Deleuzes kritische methode omvat bij nader toezien een drietal operaties: ze is een ontmaskerende, experimentele en creatieve praktijk. Deleuze wil eerst en vooral statische voorstellingen, valse problemen en bedrieglijke vormen van identiteit ontmaskeren. Alleen op die manier komt hij de authentieke kracht van een werk op het spoor en uiteindelijk de vitale, scheppende dynamiek van het Leven en het denken. Het opstel over Sacher-Masoch begint bijvoorbeeld met een kritische analyse van het ogenschijnlijke onproblematische begrippenpaar 'sado-masochisme.' Vervolgens toont Deleuze aan dat sadisme en masochisme in wezen twee heterogene "series" zijn die functioneren op basis van twee verschillende, ja zelfs tegengestelde principes: de Sadiaanse ironie graaft naar de fundamenten van Kants morele wet om die beter te kunnen ontwrichten; de masochistische humor, daarentegen, neemt de morele wet als uitgangspunt en onderzoekt haar gevolgen op een manier die al even ontwrichtend is als de ironie.

Los van de Bergsoniaans aandoende ontmaskering van valse problemen, valse identiteiten en verschillen, mondt Deleuzes leespraktijk dus uit in een seriële kritiek. Het seriële denken van de heterogeniteit werd het meest systematisch geëxpliciteerd in *Logique du sens* aan de hand van lecturen van Lewis Carroll en Artaud. Deleuze probeert er ook het structuralisme op een dynamische manier te herdefiniëren. Dankzij de lectuur van Carroll komt Deleuze tot de vaststelling dat betekenis een broos, instabiel oppervlak is; ze is een "oppervlakte-effect" dat ontstaat door de kruisbestuiving van vier verschillende, fundamentele paradoxen: de paradox van de oneindige proliferatie, de paradox van de herhaling, de paradox van de neutraliteit van betekenis en de paradox van de onmogelijke objecten. Wat telt, is dus niet zozeer de betekenis op zich maar de (paradoxale) logica van de betekenis. Aan de basis van zin ligt onzin, niet als afwezigheid van zin maar als leeg vak (*case vide*), als exces, als instabiel effect van de voortdurende verschuivingen tussen betekenaars en betekenissen. Terwijl Carroll de protagonist is van die logica van de betekenis als oppervlakte-effect, wordt Artaud opgevoerd als een bijna christieke held die de directe confrontatie aangaat met het betekenisloze, met datgene wat het oppervlak van de betekenis openrijt en lichamelijke passie ontketent. Die verscheurdheid belicht Deleuze verder aan de hand van Lacan en vooral Melanie Klein. Dan komt het thema van de dood aan bod, de dood als neutrale en paradoxale kracht (Blanchot) die onlosmakelijk met het leven verbonden is. Voor Deleuze is de dood het monster uit de diepten – Carrolls Jabberwocky – dat het fragiele evenwicht van de betekenis dreigt te vernietigen, ze is een bedreiging waartegen de krachten van het leven zich op elk moment moeten verzetten. Voor kunstenaars en romanciers is de dood een kracht, een absoluut *Buiten* dat ze niet uit de weg mogen gaan: scheppen is een daad van verzet, een manier om zich niet door de dood te laten meeslepen.

Deleuzes literaire kritiek beweegt zich tussen twee uitersten. Enerzijds heb je de filosoof die vooral gefascineerd is door auteurs die statische, versteende en verstenende voorstellingen van leven en denken hekelen en ontwrichten: dit is de literaire kritiek als ontmaskering. Maar anderzijds is Deleuze op zijn minst evenzeer geboeid door die auteurs die, elk op hun eigen manier, de strijd aanbinden met die Buitenkant van het denken, met de "Chaosmos", met afgrondelijke krachten, met het dierlijke en het onpersoonlijke. Die confrontatie is niet zonder gevaar: Artaud verliest zichzelf in waanzin, Burroughs en Michaux in drugs, Fitzgerald in alcohol, Woolf in depressie en zelfmoord, Pound en Kerouac in fascistoïde fantasieën. Hier staan leven en denken letterlijk en figuurlijk op het spel. Tussen deze twee uitersten in, tussen de dood als verstening en de dood als ineenstorting, situeert Deleuze de scheppingskracht, de oneindige creatie van nieuwe levens-vormen.

BESTAAT ER EEN DELEUZIAANSE KRITIEK?

Hagiografen en andere tempelwachters verkondigen het met de grootste stelligheid: de uitdrukking 'Deleuziaanse kritiek, methode of synthese' is een *contradictio in terminis*. De tekstuele realiteit is minder eenduidig. Deleuze spreekt zelf van een "open systeem", van een "procédé" en zijn laatste werk over literatuur en filosofie kreeg niet toevallig de titel *Critique et clinique* mee. De vraag is dan wel welke *kritiek* en welke *kliniek* Deleuze precies bedoelt.

In *Kafka – Pour une littérature mineure* (1976) vertrekken Deleuze en Guattari van het onderscheid tussen hogere (*majeure*) en lagere (*mineure*) literatuur. De hogere literatuur is die van auteurs die deel uitmaken van de gecanoniseerde, nationale literaturen, die perfect een taal en de 'verheven stijl' beheersen en die zich richten tot een meerderheid. De cultuur en de taal van de meerderheid verwijzen dan niet zozeer naar een statistische werkelijkheid, maar naar een machtspositie. Anderzijds, zo schrijft Deleuze,

> (...) slaat die meerderheid, als analytische maatstaf, altijd op iedereen en niemand – op Odysseus –, terwijl de idee van minderheid synoniem is met het wordingsproces van elk individu, met het proces dat mogelijk wordt van zodra men van de norm afwijkt.
> (*Kafka*, p. 154.)

In die zin behoren we allemaal virtueel tot de minderheid. In de ontwikkeling van die marginale wordingsprocessen en van de vreemde taal die eigen is aan ieder individu spelen lagere literaturen een belangrijke rol. Lagere literaturen kunnen dan als volgt gekarakteriseerd worden: 1) het zijn uitdrukkingsvormen die verschillende minderheidsgroepen hanteren in de context van een meerderheidstaal die hun specifieke sociale situatie miskent (het Engels van de Afro-Amerikanen, bijvoorbeeld, of het Duits van de Praagse joden); 2) ze zijn door en door politiek, want gericht tegen hogere literaturen en alles wat deze impliceren; 3) ze hebben een collectieve dimensie. Net zoals Raymond Roussel vindt elk auteur van lagere literatuur zijn eigen "procédés" uit – Deleuze brengt ze in kaart in zijn opstellen over Kafka, Sade, Sacher-Masoch, Bene en Melville – en creëert op die manier, in de taal van de meerderheid, een *eigen* stijl, een *eigen* "vreemde taal."

Deleuze gaat echter nog een stap verder. Hij lanceert de idee om canonieke auteurs, om de hogere literatuur te lezen als ging het om lagere literatuur. Vertrekkende van de lectuur van Carmelo Bene definieert Deleuze deze "kritische operatie" als volgt: 1) elimineer alles wat voor stabiliteit zorgt; 2) varieer tot in het oneindige; 3) en vergeet niet alles in lagere literatuur om te zetten. Er bestaat dus zoiets als een hogere en een lagere kritiek. De hogere kritiek transformeert het denken in een Doctrine, het leven in Cultuur en de gebeurtenis in Geschiedenis: ze normaliseert, ze heeft het *over* iets, ze denkt in termen structuren en betekenissen, en ze lijkt te weten wat teksten 'willen zeggen.' De lagere kritiek, daarentegen, heeft oog voor de krachtlijnen en het denken die de tekst doorkruisen, voor de "procédés" die individuen ontwikkelen om de meerderheidstaal en -cultuur te verschalken en op die manier nieuwe uitdrukkingsvormen en concepten te ontdekken. De lagere criticus is dus eigenlijk een cartograaf, een *opérateur* die uit is op "procédés" in de Rousselliaanse betekenis van het woord, op wordingsprocessen die de taal *en* de wereld in beweging zetten.

De drie operaties van het denken: ontmaskeren, experimenteren, scheppen

De schrijver en zijn œuvre staan voor de uitdaging om vormconstructies, diagrammen, nevelwolken en plooien te creëren die onderdak bieden aan nieuwe kunst, nieuw denken en leven; ze moeten zich laten meeslepen door de dynamiek van het worden, zodat nieuwe "singulariteiten" (*héccéités*, *haecietates*) kunnen ontstaan:

> Een seizoen, een winter, een zomer, een uur, een datum: ze zijn allen absoluut uniek, ze ontlenen hun betekenis alleen aan zichzelf zonder de verwijzing naar een object of een subject. Het zijn singuliere elementen, omdat dat alles er in teken staat van de beweging of de rust tussen moleculen of deeltjes, tussen de kracht om te beroeren en de kracht om beroerd te worden.
> (*Mille plateaux*, p. 318.)

Vanuit die basisoptiek formuleren Deleuze en Guattari de idee dat de literatuur zich ontwikkelt volgens twee verschillende regimes; het eerste is historisch, het tweede eerder geografisch. De historische ontwikkelingsdynamiek berust op een aantal kernbegrippen zoals het 'ik', het subject en de blanke man (Christus of Odysseus): doorheen de geschiedenis zijn die begrippen onderhevig aan verschuivingen waardoor een zich alsmaar verder vertakkend netwerk ontstaat. Chronos schept zo een territorium, herinneringen, een geheugen en een structuur.

Het geografische regime is veeleer een effect van wordingsprocessen. De mannelijke norm, het ik worden eerst en vooral aan het wankelen gebracht door een proces van vrouw-worden dat zich veruitwendigt in verschillende affecten en ook in de stijl van een auteur. Vrouw-worden is vaak terzelfder tijd kind-worden, omdat zowel de vrouw als het kind tot minderheden behoren in een wereld die beheerst wordt door de 'blanke, volwassen man.' Dit betekent niet dat een schrijver of een werk de vrouw of het kind moeten nabootsen en nog minder vrouw-kind moeten spelen, maar wel dat betekenisstructuren op die manier ontwricht en herdacht worden dat het worden voor even in de taal en de literatuur kan oplichten. Bovendien moeten ook de vrouw en het kind hun vrouw- en kind-worden ontdekken zonder dit worden te verbinden met bestaande entiteiten zoals de man, de vrouw of het kind: daardoor zou immers een nieuw territorium ontstaan, een nieuwe betekenis*structuur*: "Zelfs zwarten moeten zwart-worden, zegden de Black Panthers; zelfs de vrouwen of de joden moeten vrouw- of jood-worden." (*Mille plateaux*, p. 357) Volgens Deleuze en Guattari is Henry James het verst gegaan in de exploratie van het vrouw- en kind-worden dankzij de kracht van zijn geheim, van zijn "procédé" dat zich altijd op een grens bevindt, ergens tussen de inhoud en de vorm van een uitdrukking:

> Is inhoud een zaak van inhoud of van vorm? – en het antwoord is feitelijk al gegeven: het ene, noch het andere. James behoort immers tot dat schrijversras dat meegesleurd wordt door een onweerstaanbare dynamiek van vrouw-worden. Hij is door niets anders gebiologeerd en vindt voortdurend nieuwe technieken uit die op maat van die passie gesneden zijn: de inhoud van het geheim wordt in deeltjes versplinterd, de vorm wordt gestroomlijnd. James heeft alle mogelijkheden verkend, van het kind-worden van het geheim (in *What Maisie knew* zijn het steeds weer kinderen die geheimen ontdekken) tot zijn vrouw-worden (het geheim, zoals in *Daisy Miller*, waar je dwars doorheen kijkt en dat niet meer is dan een zuivere lijn die nauwelijks een spoor heeft achtergelaten van haar doortocht). (*Mille Plateaux*, p. 355.)

Het vrouw- en kind-worden zijn echter geen doel op zich: dankzij hen ontdekt James "de mogelijkheid van de oneindige vorm van het geheim, van een vorm die zelfs geen inhoud meer nodig heeft en die het onwaarneembare zou omvatten." (*Ibid.* p. 355) Het samengaan van het vrouw-worden en het dier-worden genereert een identiek universum: "de seksualiteit verloopt via het vrouw-worden van de man en het dier-worden van het menselijke: uitstoot van deeltjes." (*Ibid.*, p. 341) Die ontdekking van deeltjes en van het moleculaire zet de deur open voor de ontwikkeling van nieuwe wordingsprocessen, zoals het onwaarneembaar-worden of het onpersoonlijk-worden. Zo tekenen een werk of een œuvre gaandeweg de harde, zachte of vage contouren uit van een cartografie, van een geografie.

Literatuur en filosofie hanteren misschien wel verschillende instrumenten – de eerste werkt met affecten, waarnemingen en flarden gewaarwording, de tweede met problemen en concepten –, maar ze lenen zich beiden tot twee fundamenteel verschillende denkstijlen, de *kritische* en de *klinische*. Ze zijn kritisch wanneer ze valse problemen, valse gelijkenissen en valse verschillen ontmaskeren en aan de kaak stellen. Ze worden klinisch van zodra ze zich gevoelig tonen voor affecten, voor tekens die ze zorgvuldig duiden als symptomen, als constructen, als vormen van expressie. Ze zijn ten slotte zowel klinisch als kritisch indien ze, naar Nietzscheaans model, de vinger weten te leggen op de kracht die het denken in de ban houdt. Tegen de achtergrond van de constante beweging van leven en denken tussen beide denkstijlen in, creëren literatuur en filosofie steeds nieuwe experimenten, nieuwe constructies, nieuwe "plooien" (*plis*) waarlangs leven en denken zich ongestoord een weg kunnen banen.

Grote schrijvers en filosofen hebben een eigen stijl, ze roepen personages in het leven, maar in geval van de filosofie zijn dat "conceptuele personages" – problematieken of datgene wat een denkstijl interessant maakt –, eerder dan singulariteiten of stukken gewaarwording zoals de literaire personages: ik denk hier bijvoorbeeld aan Leibniz' Advocaat van de Duivel, aan Plato's Troonpretendent, aan de Inquisiteur uit het begin van de 18de eeuw, aan Kants Rechter in het tribunaal van de Rede, aan Nietzsches Zarathustra of aan Kierkegaards Don Juan (zie *Qu'est-ce que la philosophie?*, pp. 60-81). Maar niettegenstaande dit onderscheid hebben de literatuur en de filosofie voor Deleuze slechts één doel: ze moeten nieuwe zinnen creëren, nieuwe uitdrukkingsvormen en nieuwe manieren om zich te verhouden tot het *buiten*. Alleen langs die weg – dus buiten de klassieke orde van de representatie en het dogmatische denken om – kan het leven "heruitgevonden" worden. Dat is het fundament van Deleuzes denken: een intuïtief aanvoelen van de eenduidigheid van het Zijn als een synthetisch-disjunctieve kracht, als een onpersoonlijk wordingsproces. In die zin doen we er goed aan Deleuze niet ter verwarren met het oppervlakkige cliché van de denker van de diversiteit, van het verlangen dat koste wat het kost moet bevredigd worden, van het gemakkelijke hedonisme. Het ware gelaat van Deleuze is een onweerstaanbare, afgrondelijke en terzelfder tijd gedisciplineerde passie voor het Zijn.

Uit het Frans vertaald en bewerkt
door Koenraad Geldof

BEKNOPTE BIBLIOGRAFIE

Primaire literatuur

Nietzsche et la philosophie, Paris, PUF, 1962.
Marcel Proust et les signes, Paris, PUF, 1964.
Nietzsche, Paris, PUF, 1965. (*Nietzsche*, Agora.)
Le Bergsonisme, Paris, PUF, 1966.
Présentation de Sacher-Masoch, Paris, Minuit, 1967.
Différence et répétition, Paris, PUF, 1968.
Logique du sens, Paris, Minuit, 1969.
Mémoire et vie. Henri Bergson, Paris, PUF, 1975.
(met Claire Parnet), *Dialogues*, Paris, Flammarion, 1977. (*Dialogen*, Kok Agora.)
Superpositions, Paris, Minuit, 1979.
Spinoza, philosophie pratique, Paris, Minuit, 1981.
Francis Bacon, logique de la sensation (2 vols.), Paris, Éds. de la Différence, 1981.
Cinéma I. L'image-mouvement, Paris, Minuit, 1983.
Cinéma II. L'image-temps, Paris, Minuit, 1985.
Foucault, Paris, Minuit, 1986.
Le Pli. Leibniz et le Baroque, Paris, Minuit, 1988.
Pourparlers 1972-1990, Paris, Minuit, 1990. (Gedeeltelijk vertaald als *Het denken in plooien geschikt*, Kok Agora.)

(met Félix Guattari), *L'Anti-Œdipe. Capitalisme et schizophrénie I*, Paris, Minuit, 1972.
(met Félix Guattari), *Kafka - Pour une littérature mineure*, Paris, Minuit, 1975.
(met Félix Guattari), *Rhizome. Introduction*, Paris, Minuit, 1976. (*Rizoom: een inleiding*, Rizoom.)
(met Félix Guattari), *Politique et psychanalyse*, Alençon, Bibliothèque des mots perdus, 1977.
(met Félix Guattari), *Mille Plateaux: Capitalisme et schizophrénie II*, Paris, Minuit, 1980.
(met Félix Guattari), *Qu'est-ce que la philosophie?*, Paris, Minuit, 1991.

Secundaire literatuur

BADIOU, Alain, *Deleuze: «La clameur de l'Être»*, Paris, Hachette, 1997.
BENSMAIA, Réda & TOUFIC, Jalal (eds.), *Gilles Deleuze: A Reason to Believe in this World*, Detroit (MI), Wayne State University Press, 1998.

BOGUE, Ronald, *Deleuze and Guattari*, London – New York, Routledge, 1989.

COLOMBAT, André, *Deleuze et la littérature*, New York – Bern – Frankfurt – Frankfurt aM. – Paris, Peter Lang, 1990.

LARDREAU, Guy, *L'Exercice diffère de la philosophie: à l'occasion de Deleuze*, Lagrasse, Verdier, 1999.

PISTER, Patricia, *From Eye to Brain. Gilles Deleuze: Refiguring the Subject in Film Theory*, Amsterdam, Universiteit Amsterdam, 1998 (proefschrift).

RODOWICK, David N., *Gilles Deleuze's Time-Machine*, Durham (NC), Duke University Press, 1997.

Speciale tijdschriftnummers over Deleuze (en Guattari): *L'Arc*, n° 49 (1972, 1980); *Semiotext(e)*, 2:3 (1977); *SubStance*, 13:3/4 (1984); *Le Magazine littéraire*, n° 257 (1988).

JACQUES DERRIDA
(°1930)

Nico VAN DER SIJDE

INLEIDING

Jacques Derrida: geroemd als een kritisch denker, maar ook verguisd als een nihilist. Zijn taalfilosofie, bijvoorbeeld, is beroemd én berucht. Hij is echter veel minder bekend als literair criticus. Nochtans speelt literatuur in zijn werk een voorname rol. Hij schreef diverse bewonderende essays over auteurs als Mallarmé, Joyce, Blanchot en Ponge. Ook in zijn filosofische werk verwijst hij vaak in juichende bewoordingen naar diverse literatoren. Opvallend is dat hij deze schrijvers anders benadert dan filosofen. Derrida "deconstrueert" de filosofen: hij speurt naar breuken en tegenspraken in het door de filosoof ontworpen systeem. Maar hij deconstrueert zelden of nooit een literaire tekst. Weliswaar bestaat er een "deconstructionistische" beweging in de literatuurkritiek, maar die inspireert zich op Derrida's deconstructies van *filosofische* teksten. Opmerkelijk maar waar: de inspirator van de deconstructionistische literatuurkritiek deconstrueert zelf geen literatuur. De vraag is dan: wat doet Derrida wél met literaire teksten? En ook: wat is voor hem de specifieke waarde van literatuur? Wat is volgens hem het onderscheid tussen literatuur en filosofie? Hoe valt één en ander vanuit zijn taalfilosofie te beargumenteren? Ik zal laten zien dat Derrida literatuur (beter: bepaalde experimentele literaire teksten) bewondert omdat daarin "het andere" wordt gedramatiseerd. Literatuur dramatiseert in taal 'iets' dat zich aan taal *onttrekt*.

DERRIDA'S TAALFILOSOFIE

In Derrida's optiek is taal onontbeerlijk omdat zij orde schept in de chaotische werkelijkheid, maar tegelijk is deze orde geen *sluitende* orde. Om te beginnen is de orde *arbitrair*: taal is geen spiegeling van 'de dingen zelf', en dus leggen 'de dingen zelf' de betekenis van taal niet vast. De werkelijkheid kent niet één of andere orde die dan vervolgens door taal wordt gespiegeld: integendeel, alleen dankzij taal ontstaat die orde. Daarbij doel ik niet alleen op onze woorden en zinnen, maar ook op de ordenende principes die onze waarnemingen structureren. Kant zei al dat iets in onszelf de gewaarwordingen ordent in een ruimtelijke en tijdelijke eenheid; de zintuiglijke gewaarwordingen van een roos (die al geen exact duplicaat van die roos zijn) worden in de voorstelling geordend, en pas daardoor kunnen wij die roos als een eenheid ervaren. Elke waarneming is beïnvloed door de zintuigen en door de categorieën waarmee wij de zintuiglijke informatie structureren: het *Ding-an-sich* kennen wij volgens Kant niet. Derrida bouwt hierop voort. We ervaren niet het ding *an sich*, maar het ding zoals het zich in de voorstelling aan ons voordoet. De voor-talige gedaante der dingen, de gedaante die nog geen enkele bewerking ondergaan heeft van enig verstandelijk principe, de gedaante der dingen voorafgaand aan welke waarneming dan ook, *die* gedaante is ons volkomen onbekend. Natuurlijk, wij kennen de dingen, maar alleen als tekens. En ook ons eigen ik kennen wij niet *an sich*. Ja, wij kennen onze gevoelens, waarden, normen, aandriften, drijfveren, liefdes en strevingen, maar dan louter als tekens: ons zelfbeeld is alleen een beeld, een interpretatie, een speculatief vermoeden.

Essentieel voor taal is haar veralgemenende en abstraherende karakter. Taal is pas echt taal als zij door meerdere mensen verstaan wordt: een woord dat slechts voor één persoon betekenis heeft, is niet werkelijk een woord. Bovendien brengt taal meerdere verschillende verschijnselen onder één noemer: elke boom is uniek, maar we noemen al die unieke dingen toch 'boom'; elk liefdesgevoel is per persoon en zelfs per situatie uniek, en toch spreken we steeds van 'liefde.' Zonder taal zouden wij zijn overgeleverd aan een chaotische vloed van strikt singuliere en daardoor onvergelijkbare indrukken. Alleen taal geeft enige greep op de wereld. Maar Derrida tekent daarbij wel aan dat deze 'greep' geen allesomvattende greep is. Ik zei al dat taal arbitrair is: het woord is geen spiegeling van 'de dingen zelf', en heeft dus geen verankering in zoiets als de 'objectieve feitelijkheid.' En daar komt dus nog bij dat taal abstractie maakt van de singulariteit en complexiteit der verschijnselen. Ter vergelijking: een plattegrond vergemakkelijkt de oriëntatie juist *omdat* het een versimpelend model is van de stad, maar hij omvat natuurlijk niet alle facetten van die stad. Zo ongeveer ziet Derrida ook de taal: als een voorlopige plattegrond die de dingen slechts zeer globaal in kaart brengt.

"HET ANDERE"

In een interview met Kearney, "Deconstruction and the other", is Derrida nog iets stellliger op dit punt. Eerst bekritiseert hij begrippen als 'referent.' Traditionele filosofen namen aan dat taal 'het ding zelf' weerspiegelde, en noemden dit 'ding zelf' dan de 'referent' van het woord. Derrida moet dit natuurlijk tegenspreken: taal is arbitrair, en 'refereert' dus niet in de *traditionele* zin des woords. Maar Derrida gaat wél uit van een bepaalde 'referentie': taal blijft volgens hem een relatie onderhouden met 'iets' buiten de taal, ook al blijft dit 'iets' dan zonder duidelijke contouren. Derrida spreekt in dit verband van *l'autre*, "het andere", datgene wat binnen onze interpretatieve horizon geen duidelijke vorm krijgt:

> Het andere dat zich aan gene zijde van de taal bevindt en toch de taal interpelleert, is misschien wel geen referent in de courante betekenis van het woord, maar dit betekent geenszins dat er helemaal *niets* buiten de taal zou zijn.
> ("Deconstruction and the other", pp. 123-124; Derrida cursiveert.)

Een zeer belangrijke uitspraak. Ten eerste zegt Derrida dat hij zich bezig houdt met "het andere", dat zich aan gene zijde van de taal bevindt. Bovendien zegt hij dat dit "andere" zich weliswaar "aan gene zijde" van de taal bevindt, maar niettemin de taal *interpelleert.* Het andere onttrekt zich aan de interpretatieve ervaring, maar roept tegelijk een interpretatieve ervaring op; het onttrekt zich aan interpretatie én het maakt interpretatie noodzakelijk. Hoe is dit mogelijk?

Om te beginnen moet ik eerst de status van "het andere" preciseren. Uit het bovenstaande valt op te maken dat het zou gaan om de dingen *an sich*, om de werkelijkheid in haar nog niet talig geïnterpreteerde gedaante. Deze werkelijkheid bevindt zich "aan gene zijde van de taal"; taal biedt ons wel een omgangsvorm *met*, maar geen spiegeling *van* 'de dingen zelf.' Toch is het onbevredigend om "het andere" als *strikt* buitentalig te omschrijven. Want ook "het andere" kennen wij uitsluitend in de vorm van interpretatieve ervaringen. Het beste is misschien om "het andere" op te vatten als datgene wat zich *binnen* een bepaalde interpretatiehorizon voordoet en zich terzelfder tijd *aan* die interpretatiehorizon onttrekt. Binnen een interpretatie doet 'iets' zich gelden als blinde vlek, en die blinde vlek is dan "het andere." Binnen een bepaalde betekenisafbakening blijft er 'iets' over dat zich merkbaar aan deze betekenisafbakening onttrekt. We kunnen "het andere" situeren op die plaatsen waar onze talige interpretatie van de wereld niet sluit. Clark omschrijft het als volgt:

> Het andere (...) moet de inzet van het kennen worden van zodra we beseffen dat zijn en kennen van een andere orde zijn.
> (*Derrida, Heidegger, Blanchot*, p. 10.)

Derrida gaat uit van een kloof tussen wat 'is' en wat wij kennen: in die kloof bevindt zich "het andere." Maar zonder taal hadden we geen besef van die kloof: "het andere" onttrekt zich aan de taal, maar *zonder* taal zouden we niet over "het andere" kunnen spreken.

Maar waarom *zouden* we eigenlijk over "het andere" spreken? Uit Derrida's werk distilleer ik twee redenen. De eerste is een moeilijk te verklaren fascinatie: een onverklaarbaar verlangen om althans een glimp van het onbekende op te vangen. Het feit alleen al dat onze binnenwereld en buitenwereld *an sich* onbekend zijn, geeft aanleiding tot onrust en onderzoekingsdrift. Het leidt tot een niet te stillen drang om te speculeren over de nog niet talig geïnterpreteerde gedaante van de dingen, en tot een niet te stoppen stroom van vermoedens over de ongearticuleerde schaduwzones in ons innerlijk. Deze fascinatie is kenmerkend voor Derrida, maar ook voor de door hem bewonderde schrijvers. Het komt echter volgens Derrida ook vaak voor dat "het andere" *ons* opzoekt: het manifesteert zich in onze ervaringen, of we dit nu willen of niet. Als we dan later over deze ervaringen spreken, dan zullen we aandacht moeten besteden aan "het andere" zoals zich dat toen voordeed. Wij zullen moeten laten zien dat deze ervaring gekleurd werd door een ongearticuleerd X: door iets dat wij niet kunnen beschrijven, maar dat wij niettemin toch *moeten* beschrijven. Dit ongearticuleerde X was immers datgene wat deze ervaring zo pregnant maakte.

Derrida alludeert in dit verband vaak op extreme ervaringen zoals beschreven door Bataille, Blanchot en Levinas. Een belangrijk voorbeeld is het leed in Auschwitz. De slachtoffers van de holocaust ervoeren leed en wanhoop die groter waren dan de woorden 'leed' en 'wanhoop.' De behoefte om deze ervaringen te benoemen is voor hen essentieel. Maar even essentieel is vaak de erkenning dat deze ervaring aan verwoording ontsnapt. Dat laatste moet, paradoxaal genoeg, ook verwoord worden: essentieel voor deze ervaring is dat ze niet te vangen is in woorden, en precies dát moet goed naar voor komen als je erover spreekt. Derrida bewondert daarom Celan, die koos voor een gebroken taal om aan te geven dat het leed van de holocaust een breuk was in de talige orde.

Er zijn nog andere ervaringen waarin "het andere" zich manifesteert. Zo is er doelloze pijn die noopt tot onmachtig wachten op de dood. Men kan deze ervaring benoemen met woorden als 'pijn', 'lijden', 'wanhoop', maar door zijn omvang en zinloosheid laat die pijn zich hiermee niet volledig vangen. In feite duidt "het andere", ondanks het enkelvoudige "het", dus op een veelheid aan ervaringen. Het enige gemeenschappelijke is dat steeds 'iets' als ongrijpbaar wordt *ervaren.* Wij kunnen "het andere" opzoeken uit fascinatie, en "het andere" kan óns opzoeken. Wij worden in dat laatste geval onvrijwillig geconfronteerd met wat Clark "de kloof tussen zijn en kennen" noemt. Eén reden voor deze kloof is dat taal arbitrair is en veralgemenend. Het leed in Auschwitz, bijvoorbeeld, onttrekt zich door zijn extreme karakter aan ieder bekend model; het vormt een unieke, singuliere ervaring. Een dergelijke singulariteit moet wel ontsnappen aan het per definitie algemeen mededeelbare en veralgemenende woord. Maar minstens zo belangrijk is dat de interpretatieve ervaring in dit geval een ervaring is van complexiteit. Het Auschwitz-slachtoffer zal een zekere orde scheppen door het gebruik van woorden als 'pijn', 'wanhoop', 'honger', enzovoort. Maar daarbij zal hij niet alleen merken dat die woorden niet alles dekken: hij zal ook ondervinden dat de vertrouwde betekenis van deze woorden geheel opengebroken wordt. Daardoor is de talige ervaring van dit gebeuren vol van ambiguïteit.

Derrida wijst dan ook op de complexiteit die taal kan verkrijgen in haar praktische gebruik. De betekenis van een woord is niet alleen maar de conventionele betekenis die vastgelegd is in woordenboeken:

het gaat volgens Derrida vooral om de specifieke betekenissen die het woord heeft in een specifieke context. Dat is op zich geen revolutionaire gedachte. Maar waar anderen aannemen dat die context de betekenis vastlegt, daar stelt Derrida dat de context de betekenis openbreekt. Tot de context behoren de bewuste intenties van de spreker, de onbewuste impulsen die achter deze intenties schuilgaan, de bewuste en onbewuste gevoelens van de hoorder, hun culturele achtergrond, hun sociale status, de concrete historische en geografische situatie op dat moment, de taal die zij spreken, hun politieke en levensbeschouwelijke voorkeur, hun persoonlijke voorgeschiedenissen, 'de dingen zelf' waarover gesproken wordt, enzovoort, enzovoort. Dat betekent dat de context onuitputtelijk is. Wie immers kent ooit precies de rol die zijn onbewuste impulsen spelen? Wie kan de onbewuste impulsen van de ander doorgronden? Wie kent ooit alle facetten van die ander zijn voorgeschiedenis? En hoe complexer de context is, hoe complexer het woord. Wat is de precieze betekenis van het woord "wanhoop" voor Celan, overlevende van de holocaust? Wat is de precieze betekenis van 'Ik voel mij slecht', uitgesproken door iemand die zich bodemloos depressief voelt? Wat was voor die ene persoon in het kamp Auschwitz (dus in die specifieke, singuliere, nauwelijks voorstelbare context) de betekenis van het woord 'pijn?'

Experimentele literatuur en "het andere"

Taal veralgemeent, zei ik eerder. Maar deze veralgemenende kracht kan onder acute hoogspanning komen te staan. De conventionele betekenissen kunnen in bepaalde contexten omslaan in volstrekte ambiguïteit. Als dat gebeurt, dan kunnen we volgens Derrida spreken van *l'expérience de l'autre*, "de ervaring van het andere." Vaak ook spreekt hij van *invention de l'autre*, om de nieuwheid en het onverwachte karakter van dergelijke ervaringen te benadrukken. In traditionele filosofische teksten wordt "het andere" gemarginaliseerd: men zoekt naar systematiek en bezweert de ambiguïteit. Daarom "deconstrueert" Derrida deze teksten: hij wil aantonen dat ook Kant, Plato en Hegel niet in staat zijn tot een *volledige* bezwering van ambiguïteit. "Het andere" manifesteert zich ook bij hen, namelijk op die plaatsen waar zij tevergeefs proberen om hun systeem sluitend te krijgen.

Maar bij literatuur zit dat anders. Hier wordt ambiguïteit niet bezworen, maar nagestreefd; "het andere" wordt er niet gemarginaliseerd, maar centraal gesteld:

> Iets als literatuur [*quelque chose de la littérature*] is begonnen indien het niet mogelijk is om te beslissen of, als ik over iets spreek, ik werkelijk over iets spreek (over het ding zelf, dit ding, voor zichzelf) (...). (*Passions*, p. 89.)

Een soortgelijke twijfel is volgens Derrida bij iedere taaluiting aan de orde: het is altijd in zekere mate twijfelachtig of je werkelijk 'over iets' spreekt omdat woorden arbitrair zijn en geen spiegels van 'de dingen zelf.' Daarom is er in elke taaluiting *quelque chose de la littérature*. Maar er is pas sprake van *littérature* als deze twijfel nadrukkelijk voelbaar wordt gemaakt. In het dagelijks leven zouden we weinig moeite hebben met een zin als *Le chef de bureau a téléphoné*, want we hebben een beeld van "het bureau" en de *chef de bureau*. Er is wel een zekere mate van onbepaaldheid (we kennen immers niet het bureau *an sich*), maar die is niet erg dringend. Maar deze zin staat ook in Kafka's *Das Schloss*. Daar nu is de zin op een wel heel onbepaalde context geënt. Geen van de boven genoemde zaken krijgt contouren, zodat de zin resoneert in een vacuüm. De hoofdpersoon staat voor raadselen: alles wat hij ziet en hoort, opent onbeantwoordbare vragen, zelfs een simpele opmerking over iemand die opgebeld heeft. Zijn wereld is vol van essentiële onzekerheid. In elke zin, zelfs de meest simpele, tasten de woorden in de leegte. Daarom is het proza van Kafka bij uitstek niet-cognitief van aard.

Daarbij past echter wel de kanttekening dat een *zuiver* niet-cognitief denken volgens Derrida niet mogelijk is. Zelfs in contexten waarin de betekenis van de woorden 'pijn' en 'wanhoop' volstrekt opengebroken wordt, blijft men toch het houvast zoeken van de woorden 'pijn' en 'wanhoop.' Het is volstrekt onmogelijk om geheel af te zien van rationele verwoording. Dit zou bovendien onwenselijk zijn: zonder verwoording is reflectie onmogelijk. Dus is talige structurering onontbeerlijk voor reflectie op "het andere." Derrida bepleit dus een ambivalente tussenpositie. Je moet je tot het irrationele verhouden, maar als rationeel wezen; je moet een non-cognitieve positie kiezen, maar zonder alle cognitieve structuren overboord te gooien. Ook literatuur bekleedt een onzekere tussenpositie.

Met woorden wordt getast naar iets dat 'voorbij' deze woorden ligt, vanuit de talige orde wordt gesproken over ervaringen die deze orde onder druk zetten.

Met "literatuur" doelt Derrida vooral op *experimentele* literatuur. De niet-cognitieve positie die hij zo waardeert, komt bij schrijvers als Joyce en Blanchot scherper naar voren dan bij Homerus, Goethe of Tolstoï. Meer in het bijzonder roemt Derrida het verlangen van experimentele literatoren om álles te zeggen, "alles + N." "Alles zeggen + N" betekent ook: meer proberen uit te drukken dan je kunt, meer proberen te denken dan gedacht kan worden. Literatuur moet juist ook plaats bieden aan datgene wat niet in de talige orde past: de wereld van de excessieve begeerten, de onbewuste impulsen, het betekenisloze, het zinloze leed, de irrationele vreugde, de angst, het naakte gegeven van onze sterfelijkheid, de onverklaarbare wanhoop. Dit vereist een inzet van alle stijlmiddelen: het aanwenden van alle ressources die de taal biedt, en een maximale ontplooiing van de talige ambiguïteit.

Derrida hamert sterk op die stijlmiddelen: evocatie van "het andere" vereist een experimentele stijl. Een harmonische, conventionele schrijfstijl zou de fundamentele vreemdheid van "het andere" onvoldoende recht doen. Het gaat er dus vooral om "het andere" te tonen door middel van een experimentele *stijl:* die stijl is dan vaak belangrijker dan de argumentatieve inhoud. Of liever: "het andere" is niet iets dat met argumenten kan worden onthuld, en precies dat moet in de stijl naar voren komen. Het raadsel Auschwitz maakt ons sprakeloos: precies die sprakeloosheid komt naar voren in de stamelende en hakkelende stijl van Celans poëzie. Filosofen als Adorno en Lyotard zien Auschwitz als een volstrekte ongerijmdheid, als een barst in elk rationeel wereldbeeld. Celan echter probeert die barst te *tonen* door dichtregels te schrijven vol breuken. Celan *toont* cesuren in de taal.

Dit "tonen" bedoel ik in de zin van Wittgenstein. Diens overbekende uitspraak luidt: "Waarover men niet spreken kan, daarover moet men zwijgen." Maar hij zegt ook: "Wat men niet kan zeggen, kan men tonen." Het gaat dan volgens Patricia De Martelaere om

> (...) een vreemd soort tonen, dat buiten iedere kennis en iedere communicatie valt, ongrijpbaar en onvertaalbaar, een gebaar dat iets wil teweegbrengen veeleer dan dat het iets wil zeggen of iets wil aanwijzen. (*Verrassingen*, p. 172.)

De kracht van muziek of bepaalde poëzie laat zich niet restloos parafraseren: het muziekstuk of gedicht kan "alleen nog worden getoond, opnieuw getoond en met aandrang worden herhaald: luister opnieuw, kijk opnieuw, lees nog een keer, in de hoop dat iets zichtbaar zal worden dat meer is dan al het zichtbare." Dit tonen vereist volgens De Martelaere "het loslaten van iedere interpretatiedrang", dus het afzien van parafrase in logisch-discursieve termen. De door Derrida geliefde schrijvers willen eveneens "tonen" wat zich niet "zeggen" laat, ze tasten met meerzinnige woorden naar gebieden waar de taal geen vat op heeft. En wat getoond wordt, is nooit meer dan een hypothese, een nauwelijks te begrijpen vermoeden.

De literaire enscenering: enkele voorbeelden

Derrida beklemtoont dit 'tonende' karakter van literatuur: hij spreekt geregeld van *théâtre* en *dramatiser*. Door een ambigue stijl ensceneert literatuur ervaringen van ambiguïteit: literaire teksten zijn één groot schouwtoneel van complexiteit. Dat stelt Derrida onder meer aan de orde in zijn essays over Artaud, "La parole soufflée" en "Le théâtre de la cruauté et la clôture de la représentation" (beide opgenomen in *L'Écriture et la différence*, 1967) en in "Forcener le subjectile." Artaud sprak letterlijk van een *théâtre de la cruauté*, een "theater van de wreedheid." Hij doelde daarmee op kunstvormen waarin het onbewuste driftleven in al zijn intensiteit zou worden getoond. Het gearticuleerde woord was daarvoor niet voldoende: daarin waren de volstrekt grillige driften tezeer verstold tot een afgeronde en stabiele vorm. Precies die vorm wilde Artaud ontwrichten: de woorden moesten exploderen, en door die explosie zouden zij een beeld bieden van de vormloosheid van onze driften. Zo schrijft hij:

> Le mystère des mystères est dans le verbe et dans le chant (...). Et pourquoi? Parce que: passakenouti loki esti/ loki est tenudi/ koni kropt ta kernipoula/ kerni poula ternupti/ ton ana diroula/ ton ana douri.

Het *mystère des mystères* blijft bewaard, omdat het niet wordt uitgelegd, doch gezongen. De semantiek en syntaxis is in het eerste zinnetje nog aan het werk, maar moet uiteindelijk wijken voor klank en ritme. Hier heerst niet de 'normale' koppeling van klank aan betekenis van het conventionele woord, maar de ongeorganiseerde klank die weigert tot betekenis te verstollen. In zijn toneelwerk ging Artaud nog verder: hem stond een chaotisch tafereel voor ogen vol ongestructureerde kreten, grillige lichtspelen, dolzinnige muziek, cryptische tableaus en woeste dansen. Een toneel dus dat een raadselachtig en ongrijpbaar veelvoud zou tonen. Opmerkelijk zijn ook Artauds tekeningen. Die stonden vol met dikke strepen, bewust aangebrachte inktvlekken, hiëroglyfische tekeningen, cryptische tekst waarin met betekenisloze klanken werd gespeeld. Dat alles was bedoeld om te ontsnappen aan het medium van de representatie. De portretten waren evocaties van driften die achter de oppervlakte schuilgingen: daarom werden de vormen bewust gebroken. Soms ook waren de tekeningen niets meer dan spel van kleur en grillige lijnen waarin geen enkele vorm te ontdekken viel. Soms zelfs werd de drager aangevallen: Artaud brandde met lucifers gaten in het papier, of bracht scheuren aan in het doek. Die gaten (vooral de brandgaten) moesten een idee geven van brandend verlangen, en van de wereld der driften in al zijn vonkende intensiteit. Tegelijk werd gesuggereerd dat er 'voorbij' de grenzen van de representatie getast moet worden om contact te krijgen met die wereld der driften. Er moesten gaten worden geslagen in het papier, bressen in de meest elementaire ondergrond van de geschilderde voorstelling. Door de conventionele vorm te laten omslaan in vormloosheid en ongestructureerde intensiteit wilde Artaud de vormloze intensiteit tonen van ons driftleven. Dit 'tonen' heeft dan een strikt hypothetische, niet-cognitieve status: Artaud claimt niet te weten 'wat' onze driften 'zijn', maar voert een *vermoeden* ten tonele. Wat hij toont, is puur tentatief: geen definitie, maar een grillig toneel dat het denken in permanente beweging zet.

Een ander voorbeeld is Mallarmé. Bij hem staan de klankwaarden, semantische resonanties en formele kwaliteiten voorop. Een simpel woord als *cygne* ("zwaan") wordt door hem van alle eenduidigheid beroofd. *Cygne* klinkt als *signe* ("teken" of "sterrenbeeld"), en op grond van deze toevallige klankverwantschap associeert Mallarmé de *cygne* met sterrenbeelden en tekens. In sommige van zijn gedichten (met name *Un coup de dés)* is sprake van een constellatie van sterren die als teken van "het Absolute" wordt geïnterpreteerd én fungeert als "dubbel" van de experimentele bladspiegel. Het sterrenbeeld is dus een zeer meerduidig teken, een cryptische flakkering in een niet minder polyvalent duister. Met dát cryptische *signe* associeert Mallarmé dus de *cygne*. Bovendien legt hij associatieve verbanden met het beeld van de dichter als stervende en zingende zwaan, met het beeld van de vogel als dichterlijke ziel die wil vliegen naar het onbereikbare, en met de *plume* (vogelveer, schrijfveer van de dichter). Dat de zwaan ook wit is, maakt nog meer associaties mogelijk: Mallarmé speelt met het wit van het lege blad en met de connotaties van "blanke" maagdelijkheid en ongereptheid, maar ook met erotische connotaties (de blanke huid van in koortsdromen gedroomde vrouwen) en met moederobsessies (het wit van de moedermelk en de moederborst). In deze associatieve context vervluchtigt het beeld dat het woord *cygne* normaal gesproken oproept: de alledaagse betekenis spat uiteen in een reeks van associatieve verbanden die berusten op klank (onder andere *cygne-signe*) en contingentie. De woorden aarzelen tussen klank en betekenis. In een filosofische tekst zou de taal zoveel mogelijk worden gebruikt ten behoeve van een duidelijke oriëntatie op het bestaan; Mallarmé echter toont talige werelden waarin oriëntatie nauwelijks meer mogelijk is. Daarmee is ook Mallarmé een voorbeeld van het 'tonende' literaire schrijven: zijn poëzie *toont* iets dat door filosofen als Derrida is *beredeneerd*. Derrida betoogt met filosofische argumenten dat de talige orde lacunes vertoont; Mallarmé op zijn beurt schetst poëtische taalwerelden vol lacunes. Volgens Derrida slaan woorden in bepaalde contexten om in ambiguïteit; Mallarmé laat dit laatste zien in zijn gedichten. Gesteld dat wij met Derrida aannemen dat onze talige structuren geen sluitende structuren zijn, dan rest er nog één vraag: stel dat wij aan onze woorden hun 'normale' eenduidigheid ontnemen, hoe zou de wereld er dan uit kunnen zien? Wat zou in dát geval onze interpretatieve ervaring van de wereld kunnen zijn? Mallarmé toont een hypothetisch antwoord op deze vraag, door ervaringen te evoceren waarin de ambiguïteit niet bezworen, maar juist ontplooid wordt. In die zin is Mallarmé voor Derrida een belangrijke aanvulling én inspiratiebron: Derrida heeft misschien meer taalfilosofische argumenten gegeven, maar Mallarmé is er beter in geslaagd om ervaringen van ambiguïteit te evoceren.

Ik wil in dit verband onderstrepen dat literatuur voor Derrida meer is dan taalspel alleen. Het taalspel bij auteurs als Mallarmé en Artaud staat immers in dienst van het zoeken naar andere, meer ambigue en complexe *ervaringen*. Het taalexperiment opent andere perspectieven op de wereld, toont andere mogelijkheden om de wereld te ervaren dan het conventionele taalgebruik. Dit was gedurende vele jaren het uitgangspunt van de *Tel Quel*-groep, waarmee Derrida een tijd lang enthousiast samenwerkte. En hij was zeker ook aangestoken door hun revolutionaire elan. Dit vuur is altijd blijven branden: Derrida geloofde weliswaar nooit in daadwerkelijke politieke revoltes, maar hij heeft wel altijd onderstreept dat het denken over de wereld zich meer open zou moeten stellen voor non-cognitieve ervaringen. Die staan centraal in experimentele literatuur. Eerder gaf ik aan dat experimentele literatuur zich van traditionele filosofie onderscheidt door haar niet-cognitieve karakter. Maar er is dus ook een zeker verschil tussen een experimenteel auteur als Mallarmé en een experimentele filosoof als Derrida. Laatstgenoemde geeft nog argumenten, definities en filosofische getinte redeneringen; de eerstgenoemde doet dit niet. Dit onderscheid is echter ook weer niet heel rigoureus vol te houden. Derrida heeft herhaaldelijk opgemerkt dat zijn eigen werk een soort onzekere 'tussen'-vorm is van literatuur en filosofie, en datzelfde heeft hij gezegd over zijn filosofische voorlopers Heidegger, Nietzsche en Levinas. Toch kan men voorzichtig de literator onderscheiden van de filosoof. De *filosoof* Derrida vindt men in de passages waarin hij traditionele filosofische argumenten weerspreekt en waarin hij met argumenten betoogt dat de talige orde vol complexiteit en onbepaaldheid zit. De *literator* Derrida vindt men in die passages waarin deze complexiteit *getoond* wordt door de complexiteit van Derrida's stijl. Zijn lezing "La différance" (in *Marges de la philosophie)* is bijvoorbeeld literair en filosofisch: filosofisch vanwege de argumentatie en omdat er uit meerdere filosofen wordt geput (Levinas, Heidegger, Nietzsche, Saussure...), literair omdat de tekst uiteindelijk uitmondt in een polyfonie van grillige perspectieven. Het principe van de *différance*, dat neerkomt op opschorting van elke definitieve eindbetekenis (elk "thema", elke "kern"), wordt in de tekst zelf getoond: door zijn complexiteit schort de tekst zelf elke definitieve eindbetekenis op.

DERRIDA'S LITERATUURBESCHOUWINGEN: TUSSEN LITERATUUR EN FILOSOFIE

In zijn essays over literatuur nu is Derrida eveneens zowel filosoof als literator. Zo benadert hij Artauds stijlmiddelen vanuit een filosofisch begrippenkader, en vergelijkt hij diens *théâtre de la cruauté* met noties van de filosofen Marx, Heidegger en Nietzsche. In dat opzicht is hij duidelijk een filosoof. Tegelijk is zijn stijl ook literair: zijn stukken over Artaud staan vol met cryptische allusies, woordspelingen, raadselachtige zinswendingen en passages die vele tegenstrijdige interpretaties toelaten. Zijn teksten over Artaud weigeren om tot een definitieve eindbetekenis te verstollen, evenals de teksten van Artaud zelf. Zijn stukken over Mallarmé zijn even meerduidig en raadselachtig als Mallarmé's poëzie, de passages over Genet (in *Glas*) zijn even associatief als het proza van Genet. Zijn stuk over Celan staat vol met cesuren, net als Celans poëzie. De literatoren proberen "het andere" te ensceneren door de complexiteit van hun stijl; Derrida op zijn beurt doet precies hetzelfde in zijn essays over deze literatoren. Hij spreekt als taalfilosoof over literatuur, maar hij doet dit met literaire stijlmiddelen. Het kenmerkende van literatuur is dat het raadsel áls raadsel gepresenteerd wordt en het andere áls anders: daarom moet men geen thema's of kernpunten zoeken in literatuur, maar het raadselachtige karakter ervan verbeelden. Dat tenminste is wat Derrida in zijn essays probeert.

Een heel duidelijk voorbeeld hiervan is *Parages*, Derrida's boek over Blanchot. Het bestaat uit vier essays die, net als de verhalen van Blanchot, steeds in andere woorden blijven draaien rondom hetzelfde punt. Het essay "Pas" is zelfs opgezet als fictieve polyloog van meerdere "stemmen": personages discussiëren over typische Blanchotmotieven maar komen tot geen enkele duidelijk omlijnde conclusie. De personages krijgen geen contouren: het is steeds volstrekt onduidelijk wie er spreekt, en zelfs om hoeveel verschillende personages het precies gaat. Aldus imiteert Derrida de stijl van Blanchot zelf; onder andere diens *L'Attente l'oubli* is eveneens opgezet als dwalende dialoog van cryptische "stemmen."

In *Parages* geeft Derrida soms filosofisch commentaar: hij spreekt bijvoorbeeld van "een *double bind* die van iedere dood een misdaad maakt, een gebeuren dat vreemd is aan de natuur." *(Parages*, pp. 162-163) De dood heeft geen zin, maar doorkruist iedere zin, stelt Derrida. Daarmee geeft hij filosofisch commentaar op het dilemma dat Blanchot toont. Vaker echter probeert Derrida de onmogelijkheid van het boven geschetste dilemma met stijlfiguren te tonen. Zijn dolzinnige taalspel in *Parages* is een poging om de complexiteit van de door Blanchot geschetste ervaringen te verbeelden. Zo speelt Derrida met de titel van Blanchots roman: *L'Arrêt de mort* betekent "doodsvonnis", maar ook "opschorting / uitstel van de dood" (*arrêter* = stilhouden, stoppen). Precies die dubbelzinnigheid kenmerkt ook J.'s lijden. Het vreselijke van haar "doodsvonnis" is juist het uitstel van die dood, maar tegelijk heeft zij voor die "verlossende" dood vreselijke angst zodat zij niet zonder meer tegen dit uitstel kiest. Zij en de verteller weten niet voor welk *arrêt* te kiezen: voor het doodsvonnis of voor het uitstel. De intensiteit van die aarzeling komt in diverse woordspelige zinnetjes van Derrida terug. Men zie zijn volgende stijlbloempje: *En tant que l'arrêt arrête l'arrêt, en tant que l'arrêt suspensif arrête l'arrêt décisif et que l'arrêt décisif arrête l'arrêt suspensif, l'arrêt de mort arrête l'arrêt de mort.* En ook: *L'arrêt s'arrête mais en s'arrêtant, comme arrêt, il donne le mouvement.* (*Parages* p. 160) Door de dubbelzinnigheid van *arrêt* wordt de betekenis van beide zinnen onbeslisbaar. Ik zei al dat het verhaal bij Blanchot vaak stokt en geen voortgang heeft: een soortgelijk effect probeert Derrida in zijn commentaar eveneens te bereiken. Net als Blanchot zelf verheft hij de onmacht van taal tot stijlmiddel.

Om de somberheid te verlichten, één wat vrolijker Blanchotmotief: de *amitié*. Vriendschap en liefde zijn relaties met een "ander", die volgens Blanchot (en Derrida) wezenlijk áls ander moet worden erkend. In het tweede deel van *L'Arrêt de mort* wordt een dergelijke *amitié* verbeeld. De verteller waagt zich daar, langzaam en voorzichtig, in een hotelkamer. Op de rand van die hotelkamer (gevuld door een massieve duisternis) 'voelt' hij een vrouwelijke aanwezigheid. Langzaam en aarzelend gaat hij naar binnen. Ineens wordt hij door angst overvallen en wil hij vluchten: precies op dat moment ziet hij "de dode en lege vlam" van haar ogen. Roerloos blijft hij staan, tijden lang: hij is bang haar schrik aan te jagen. Hij voelt "een groot geduld, zo'n eerbied voor deze eenzame nacht dat ik bijna niet bewoog, alleen mijn hand ging een beetje naar voren maar heel voorzichtig om niemand aan het schrikken te maken." Die hand ("nooit is er een geduldiger, rustiger, vriendelijker hand geweest") raakt een immens koude hand, een vorm die langzaam ontstaat in deze oneindige duisternis. De verteller beweegt niet, blijft zitten in geknielde houding ("om niet te groot te zijn"), en voelt zich oneindig ver verwijderd van het koude lichaam voor hem dat hem zelfs lijkt terug te duwen. In die positie nu laat hij zijn hand op dat lichaam rusten: dit lichaam "ontving, herkende en beminde" zijn hand. Hij omhelst haar, in wederzijdse stilte. Enige tijd later richt hij zich op, zeg zacht *Viens*, neemt haar bij de hand en leidt haar naar het bed. In de daarna volgende zinnen wordt steeds gesproken over haar geheim en de zachte aanraking van hun handen.

Kenmerkend is dat de verteller zijn geliefde niet ziet: zij is geen object met vaste vormen dat zich uitlevert aan het oog, maar een raadsel dat zich alleen voorzichtig tastend laat onderzoeken in het duister. De streling van de verteller is (in tegenstelling tot de borende blik van de filosoof) een poging om het geheim als geheim te ervaren. De vrouwelijke gestalte blijft een raadselachtige modulatie van het duister: de geduldige, discrete streling van de verteller getuigt van het grootste respect hiervoor. Hij doet immers geen enkele poging zich een concreet "beeld" van haar te vormen. Het *viens* van de verteller is, volgens Derrida, het tegendeel van een bevel: het is een verzoek aan de ander te komen áls de ander. Daarom wordt het *viens* zacht uitgesproken, en daarom wordt zo nadrukkelijk het *geduld* van de verteller genoemd. Kenmerkend is de discretie: het discrete zwijgen, als alternatief voor het definiërende spreken. De verteller prefereert de discrete verhulling, want elk zogenaamd 'onthullend' spreken zou onvoldoende recht doen aan het raadsel dat zijn geliefde voor hem vormt. Daarom ook doet hij geen enkele poging haar te zien: hij respecteert het haar verhullende duister, en laat het bij een voorzichtig tastend strelen. Levinas betoogde dat we het anders-zijn van de ander meestal onvoldoende respecteren omdat we ons overhaast een beeld van de ander vormen. Hij zocht, op filosofische wijze, naar een denken dat meer recht doet aan het gegeven dat de ander anders is dan ik. De literator Blanchot ensceneert een liefdeservaring waarin de ander nadrukkelijk als ander verschijnt. Deze ervaring wordt niet verklaard, maar alleen *getoond*.

In zijn commentaar geeft Derrida geen filosofische verklaring van de door Blanchot geënsceneerde discrete streling, maar probeert hij deze discrete streling te imiteren. Het commentaar verklaart de discretie van de streling niet, maar *toont* deze. Derrida zwijgt, discreet: hij geeft lange citaten uit *L'Arrêt de mort* en licht deze slechts met korte cryptische terzijdes toe. Interessant is ook dat Derrida elders in *Parages* zelf een raadselachtige liefde ensceneert. Ik zei eerder dat het commentaar in het essay "Pas" is opgezet als een polyloog van stemmen: fictieve personages discussiëren over Blanchot-passages. In die polyloog ontstaat soms de indruk dat bepaalde personages elkaars geliefden zijn. Deze "liefde" is dan even cryptisch als die bij Blanchot, omdat die personages volstrekt geen contouren krijgen: de lezer weet (zoals gezegd) nooit wie spreekt. Bovendien is Derrida met opzet dubbelzinnig. Zo zegt één van de stemmen: *Tu me fascines, je t'aime*. (*Ibid.*, p. 93) Maar op dat moment gaat de polyloog over het Blanchotmotief van de *fascination*. Misschien verklaart het personage oprecht zijn/haar liefde, maar het kan ook zijn dat hij of zij alleen een voorbeeld geeft van de *fascination*. Hoe de gesprekspartner de uitspraak opvat blijft eveneens in nevelen gehuld. Verderop is er weer zo'n passage: het is onduidelijk of het nog om dezelfde gesprekspartners gaat (je weet namelijk niet hoeveel "stemmen" er zijn in "Pas"), en ook of er hier wel sprake is van *amitié*. De polyloog gaat als volgt:

> (...) Indien u bijvoorbeeld zegt...'
> – 'Ik hou van je'
> Ja indien u mij dat zegt (...), spreekt u dan mij aan, de unieke?
> (*Ibid.*, p. 111.)

Weer dezelfde ambiguïteit: "ik hou van je" zou een 'echte' liefdesuiting kunnen zijn, maar ook een illustratief voorbeeld. De dubbelzinnigheid van *je t'aime* is groot: het is niet duidelijk wie spreekt, het is onduidelijk óf er sprake is van liefde, en áls er sprake is van liefde dan blijft deze ongedefinieerd. Passend is ook het gebruik van grote stukken wit: Mallarmé gebruikte veel witregels in zijn gedichten, als symbool van het ongedefinieerde en oningevulde dat schuilgaat tussen de woorden en zinnen. Op soortgelijke wijze gebruikte ook Blanchot stukken wit: een soort grafische equivalenten van lacunes in zijn verhalen. En zie, ook Derrida brengt met opzet lacunes aan in zijn raadselachtige polyloog waarin het raadsel van de liefde lichtjes wordt aangeraakt. Met typisch literaire middelen poogt Derrida dus het raadsel te respecteren: hij wil het andere niet definiëren, maar tonen.

BEKNOPTE BIBLIOGRAFIE

Primaire literatuur

L'Écriture et la différence, Paris, Seuil, 1967. (Gedeeltelijk vertaald als *Geweld en metafysica*, Kok Agora - Pelckmans.)

La Dissémination, Paris, Seuil, 1972.

Marges de la philosophie, Paris, Minuit, 1972. (*Marges van de filosofie*, Kok Agora - Pelckmans.)

Glas, Paris, Galilée, 1974.

"Economimésis", in Sylviane AGACINSKI (éd.), *Mimésis des articulations*, Paris, Aubier-Flammarion, 1975.

La Vérité en peinture, Paris, Flammarion, 1978.

La Carte postale. De Socrate à Freud et au-delà, Paris, Seuil, 1980.

Signéponge, Paris, Seuil, 1988 (1984).

"Deconstruction and the other (interview)", in Richard KEARNEY, *Dialogues with Contemporary Continental Thinkers*, Manchester, Manchester University Press, 1984.

Parages, Paris, Galilée, 1986.

Schibboleth. Pour Paul Celan, Paris, Galilée, 1986. (*Sjibbolet*, Garant.)

"Forcener le subjectile", in Paule THÉVENIN, *Antonin Artaud. Dessins et portraits*, Paris, Gallimard, 1986.

Psyché. Inventions de l'autre, Paris, Galilée, 1987. (Gedeeltelijk vertaald als *Hoe niet te spreken: Dionysius, Eckhart en de paradigma van negativiteit*, Kok Agora - Pelckmans.)

Ulysse gramophone. Deux mots pour Joyce, Paris, Galilée, 1987.

Donner le temps. 1: La fausse monnaie, Paris, Galilée, 1991.

"Répliques. Entretien sur Francis Ponge (Interview met Gérard Farasse)", in *Revue des sciences humaines*, n° 228 (1992), pp. 149-207.

"This Strange Institution Called Literature (Interview met Derek Attridge)", in Derek ATTRIDGE (ed.), *Jacques Derrida: Acts of Literature*, New York - Londen, Routledge, 1992, pp. 33-75.

Passions, Paris, Galilée, 1993.

Demeure, Paris, Galilée, 1998.

Donner la mort, Paris, Galilée, 1999.

Secundaire literatuur

BENNINGTON, Geoffrey, *Jacques Derrida*, Paris, Seuil, 1991.

CLARK, Timothy, *Derrida, Heidegger, Blanchot: Sources of Derrida's Notion and Practice of Literature*, Cambridge, Cambridge University Press, 1992.

GASCHE, Rodolphe, *The Tain of the Mirror: Derrida and the Philosophy of Reflection*, Cambridge (Mass.) – London, Harvard University Press, 1986.

HARTMAN, Geoffrey H., *Saving the Text: Literature / Derrida / Philosophy*, Baltimore - Londen, Johns Hopkins University Press, 1981.

MENKE, Christoph, *Die Souveränität der Kunst. Ästhetische Erfahrung nach Adorno und Derrida*, Frankfurt aM., Suhrkamp, 1991 (1988).

NORRIS, Christopher, *The Deconstructive Turn*, London – New York, Methuen, 1983.

—, *Derrida*, London, Fontana Press ("Modern Masters"), 1987.

SIJDE, Nico van der, *Het literaire experiment. Jacques Derrida over literatuur*, Amsterdam, Boom 1998.

SCHULTZ, William R. & FRIED, Lewis L.B., *Jacques Derrida: An Annotated Primary and Secondary Bibliography*, New York – London, Garland Publishers, 1992.

ULMER, Gregory, *Applied Grammatology: Post(e)-pedagogy from Jacques Derrida to Joseph Beuys*, Baltimore - Londen, Johns Hopkins University Press, 1985.

JEAN-FRANÇOIS LYOTARD
(1924-1998)[1]

Erik SPINOY

Jean-François Lyotard is zonder twijfel één van de bekendste en meest omstreden Franse filosofen van de laatste twintig jaar. Dat heeft veel te maken met het feit dat zijn werk sinds *La Condition postmoderne* (1979) een centraal referentiepunt vormt in het debat over het 'postmoderne.' Het zou echter een grove vereenvoudiging zijn Lyotards werk tot zijn (vermeende) standpunt in dit debat te reduceren. In de eerste plaats is zijn positie veel genuanceerder en kritischer dan ze doorgaans wordt voorgesteld. Daarnaast wordt zijn bespreking van deze problematiek bepaald door de grote bekommernissen van zijn werk en kan zij niet zonder ernstige vertekeningen daaruit worden losgemaakt. Ten slotte vormt het zoeken naar een "Antwoord op de vraag: wat is postmodern?" (1986a: 11) maar één moment van een filosofische reisweg die al een halve eeuw geleden werd aangevat en door opmerkelijke verschuivingen, discontinuïteiten en "afdwalingen" wordt gekenmerkt.

Lyotard begint zijn loopbaan als leraar in Algerije (1950-1952) en Frankrijk. Vanaf 1959 is hij achtereenvolgens verbonden aan de universiteiten van Nanterre, Vincennes en Paris VIII. In 1987 neemt hij zijn emeritaat, maar hij blijft tot zijn overlijden in 1998 actief als gasthoogleraar aan verschillende Europese en Amerikaanse universiteiten.

Wanneer Lyotard op de filosofische scène verschijnt, wordt die gedomineerd door het existentialisme, de fenomenologie en het marxisme. Zijn sympathie gaat aanvankelijk uit naar de fenomenologie en vooral naar het werk van Merleau-Ponty, zoals blijkt uit zijn

---

[1] De tekst die volgt, is een licht herwerkte versie van Erik Spinoy, "Getuigen van het geschil. Politiek in het recente werk van Jean-François Lyotard", in Rob Devos & Luc Vanmarcke (red.), *De marges van de macht. Filosofie en politiek in Frankrijk: 1981-1988,* Leuven, Universitaire Pers Leuven, 1995. Met dank aan de Universitaire Pers Leuven.

nog steeds gewaardeerde inleiding *La Phénoménologie* (1954). Korte tijd hierna gaat Lyotard over tot het ondogmatische marxisme van Leforts en Castoriadis' tijdschrift *Pouvoir ouvrier,* waarvoor hij meerdere artikelen over de Algerijnse kwestie schrijft. Die zullen later gebundeld worden in *La Guerre des Algériens* (1989). Deze overgang luidt een periode in van direct politiek engagement, die pas halfweg de jaren zestig wordt afgesloten. Sinds die tijd houdt Lyotard zich, een korte associatie met de studentenbeweging van mei '68 niet te na gesproken, ver van elke vorm van politiek militantisme. Hij wijdt zich weer aan de academische filosofie en in de eerste plaats aan het werk voor zijn *doctorat d'État,* dat in 1971 resulteert in *Discours, figure.* Lyotard levert in zijn proefschrift kritiek op het structuralisme, dat – geheel in de lijn van het westerse denken sinds Plato – uitsluitend aandacht heeft voor het "vertoog" ten nadele van de "figuur" (het zintuiglijke, het verlangen), hoewel die de uiteindelijke mogelijkheidsvoorwaarde van het vertoog vormt. Met *Discours, figure* geeft Lyotard de aanzet tot zijn "libidineuze" filosofie, die hij in *Dérive à partir de Marx et Freud* (1973), *Des dispositifs pulsionnels* (1973) en *Économie libidinale* (1974) verder uitwerkt. Deze filosofie houdt een radicale afwijzing in van alle kritiek ten voordele van de betekenisloze positiviteit van de "libidineuze intensiteiten." Ze kan als een bittere afrekening met het marxisme worden beschouwd. Lyotard noemt *Économie libidinale* later dan ook een "wanhopig boek", en omschrijft de libidineuze periode als een "vagevuur." De afwijzing van alle kritiek komt neer op een eliminatie van de gebruikelijke ethisch-politieke vragen. Hiermee staat Lyotard trouwens niet alleen, want de malaise ten aanzien van het politieke is in die jaren vrij algemeen onder de Franse intellectuelen. Kort na de publicatie van *Économie libidinale* treedt de vraag naar de rechtvaardigheid echter opnieuw nadrukkelijk op de voorgrond. Meteen keert ook de kwestie van het politieke expliciet in zijn werk terug. In *Au juste* stelt Lyotard immers dat het onmogelijk is om "het politieke territorium te betreden zonder de vraag naar de rechtvaardigheid te stellen." (*Au juste*, p. 177)

Afscheid aan de "grote vertellingen"

Eén van de kerngedachten in Lyotards werk is dat elke *representatie* onvermijdelijk het gerepresenteerde in zijn absolute singulariteit (de *pre-*

sentatie) verliest. Dit betekent niet dat representeren per se uit den boze is. Lyotard wil alleen het bewustzijn van de niet te dichten kloof tussen presentatie en representatie aanscherpen, én eraan herinneren dat elke presentatie op zeer uiteenlopende wijzen gerepresenteerd kan worden.

Dit laatste geldt natuurlijk ook voor de presentatie die door Lyotards eigen werk gevormd wordt. Een representatie van dat werk in het licht van de vraag naar de manier waarop Lyotard stelling neemt tegenover het politieke vormt weliswaar een onvermijdelijke "afdwaling" van dat werk en levert slechts één mogelijke voorstelling ervan, maar dat betekent niet dat ze daarom moet worden afgewezen. Lyotard suggereert trouwens zelf dat het mogelijk moet zijn om een overzicht van zijn werk te maken met de vraag naar het politieke als "leidraad." Zo stelt hij in *Au juste:* "Mijn excuus om te schrijven is altijd een politieke reden geweest." (*Ibid.*, p. 34) En in een ander interview spreekt hij de overtuiging uit dat een werkelijk filosoof onvermijdelijk ook een *politiek* filosoof is. Het kan dan ook niet verbazen dat verschillende inleidingen tot en commentaren bij Lyotards werk hem ook of zelfs in de eerste plaats als een "politiek denker" opvoeren.

De ontwikkeling van Lyotards politieke denken laat zich goed beschrijven met behulp van enkele termen waarmee hij in *La Condition postmoderne* (1979) en *Le Postmoderne expliqué aux enfants* (1986) opereert. Lyotard gebruikt daar in zijn reflectie over het postmoderne de inmiddels zeer bekende term "grote vertellingen", die hij als volgt definieert:

> De metavertellingen in kwestie (...) zijn de vertellingen die karakteristiek waren voor de moderniteit: geleidelijke emancipatie van de rede en van de vrijheid, geleidelijke of catastrofale emancipatie van de arbeid (...), verrijking van de hele mensheid door de vooruitgang van de kapitalistische technowetenschap, en zelfs, als men ook het christendom tot de moderniteit rekent (...), redding van alle schepselen door de bekering van de zielen tot het christelijke verhaal van de offerende liefde. De filosofie van Hegel totaliseert al deze vertellingen, en concentreert in die zin de speculatieve moderniteit in zich.
> (*Le Postmoderne expliqué aux enfants*, pp. 37-38.)

Christendom, *Aufklärung*, marxisme, kapitalisme, hegelianisme: ze legitimeren allemaal een project dat het subject in staat stelt de historische werkelijkheid te beoordelen en zijn handelen op dit oordeel af te stemmen. De grote vertellingen berusten volgens Lyotard echter op een fundamentele vergissing (een "transcendentale illusie"): ze geloven dat ze, aan het "einde van de geschiedenis", het object van een idee van de rede (namelijk de idee van de universele vrijheid) daadwerkelijk in de empirie zullen kunnen presenteren, terwijl het kenmerkende van ideëele objecten juist is dat ze onpresenteerbaar zijn. Als gevolg van deze vergissing wordt de praxis van de moderniteit gekenmerkt door verschillende vormen van terreur tegenover de empirie, die immers per definitie te kort schiet tegenover de idee. Het moderne streven naar de verwerkelijking van de idee resulteert onvermijdelijk in de verdachtmaking en vernietiging van de bestaande werkelijkheid. De moderne metavertellingen hebben als gevolg van deze praxis sterk aan geloofwaardigheid ingeboet. Het postmoderne is volgens Lyotard de hierdoor ontstane toestand van "delegitimatie" van de grote vertellingen. De term signaleert een algemene tendens in de ontwikkeling van het westers denken, maar kan ook naar een individueel ontwikkelingsproces verwijzen.

Met behulp van deze terminologie kan men Lyotards marxistische tijd beschrijven als een tijd van geloof in de "moderne vertelling" van het marxisme en de libidineuze geschriften als het product van de crisis die veroorzaakt werd door de teloorgang van dat geloof. Lyotard stelt trouwens zelf in een later interview dat *Économie libidinale* moet worden gelezen in het licht van "het einde van de grote vertellingen, of ten minste van dat laatste grote bevrijdingsverhaal dat het marxisme volgens mij is geweest." Deze crisis was in zekere zin noodzakelijk, zoals Lyotard ook elders suggereert wanneer hij zegt dat er geen werkelijk rationalisme is dat niet door een dergelijk "moment van volkomen nihilisme of scepticisme" heen moet. Vanuit dit "nihilisme" komt hij er immers toe opnieuw de vraag naar de rechtvaardigheid en het "goede" oordeel te stellen, maar dan ditmaal met het nodige "postmoderne" scepticisme tegenover doctrines en heilsvertellingen: "Ik vroeg me af wat men nog kan doen wanneer er geen groot revolutionair alternatief meer is en men desondanks op rechtvaardigheid gesteld is." Deze vraag verschijnt al kort na *Économie libidinale* in Lyotards geschriften. Het is in deze context dat het centrale begrip *paganisme* uit *Instructions païennes* (1977) en *Rudiments païens* (1977) moet worden begrepen:

> Onder heidens versta ik goddeloos, op zijn minst. En als we elkaar moeten instrueren (en niet ik u), dan is het dat we toch rechtvaardigheid willen. Dit is dan ook het onderwerp van mijn instructieve verhaal: rechtvaardigheid in de goddeloosheid.
> (*Instructions païennes*, pp. 10-11.)

Ook in het twee jaar later verschenen *Au juste* staat de vraag centraal hoe men rechtvaardig kan oordelen zonder daartoe over vooraf gegeven regels te beschikken.

Lyotards eerste en nog zeer voorlopige antwoord op deze vraag is terug te vinden in *La Condition postmoderne.* Eén van de centrale concepten van dit boek is het "taalspelen"-concept, dat Lyotard ontleent aan Wittgensteins *Philosophische Untersuchungen.* Er is volgens Lyotard niet zoiets als dé taal. Er zijn alleen maar heterogene taalspelen, die elk aan eigen regels gehoorzamen. Op dit uitgangspunt fundeert Lyotard een notie van rechtvaardigheid die oproept tot de verdediging van de heterogeniteit tegen alle pogingen om haar in een "hogere eenheid" op te nemen. Deze oproep impliceert onder meer een radicale afwijzing van de grote vertellingen, die juist sterk totaliserend zijn. Lyotard verwacht veel heil van alles wat de heterogeniteit vergroot en zo aan die tendens weerstaat: het uitzwermen van "kleine vertellingen", het bedenken van nieuwe "zetten", "regels" en zelfs van complete nieuwe taalspelen.

Wie in het licht van het latere werk op *La Condition postmoderne* terugblikt, merkt dat dit boek slechts een moment vormt in een langdurig denkproces, dat kort na *Économie libidinale* zijn aanvang neemt en uiteindelijk resulteert in *Le Différend,* het hoofdwerk van de jaren tachtig. Zo wordt *La Condition postmoderne* nog sterk bepaald door de scherpe afwijzing van het moderne gedachtengoed, wat onder meer tot uiting komt in het privilege dat aan het "narratieve" taalspel wordt toegekend ten nadele van het "theoretische" en in het cultiveren van de heterogeniteit als waarde op zich. In zijn latere werk staat Lyotard aanzienlijk positiever tegenover de moderniteit. Dit spreekt ook uit de terminologie: liever dan van het "postmoderne" spreekt hij voortaan van een "anamnese" of een kritisch "herschrijven" van de moderniteit.

LE DIFFÉREND: NAAR EEN FILOSOFISCHE POLITIEK

In *Le Différend* ontwikkelt Lyotard een meer geavanceerde versie van de "pragmatiek" uit *La Condition postmoderne.* Het uitgangspunt daarbij is een canonieke zin uit de filosofische traditie, die door Lyotard ter discussie wordt gesteld: "Ik denk, dus ik ben." Lyotard bestrijdt ten stelligste dat men uit "ik denk" zou kunnen afleiden dat "ik ben." Het enige wat men met zekerheid kan zeggen, is dat "ik denk" een "zin" (*phrase*) is. Dát er een zin is, is "het enige wat niet betwijfeld kan worden." (*Le Différend*, p. 9) Men zoekt in *Le Différend* echter tevergeefs naar een definitie van wat Lyotard precies onder "zin" verstaat. Dat is geen slordigheid: het heeft alles te maken met het feit dat Lyotards belangstelling minder uitgaat naar de zin als *quid* dan naar de zin als *quod* – minder naar de zin als beschrijfbare "werkelijkheid" en object van kennis dan naar de zin als "gebeuren", dat aan alle beschrijving en kennis voorafgaat. Lyotards "zin" mag bijgevolg onder geen beding worden verward met de zin zoals hij bijvoorbeeld door de grammatica of de linguïstiek wordt beschreven. *Le Différend* ontwikkelt geen "taalfilosofie" maar een "zinnenfilosofie": Lyotard is niet geïnteresseerd in de taal als systeem, maar in het "gebeuren" van individuele zinnen – die overigens blijkens de voorbeelden die Lyotard geeft heel wel "niet-talig" kunnen zijn. Zo zijn ook een blos van verlegenheid, het zwaaien met een Belgische vlag of het slaan van een kruis volgens Lyotard zinnen. Zelfs gevoelens zijn zinnen, zij het dan – omdat ze volstrekt "ongearticuleerd" zijn – van een heel bijzondere soort.

Elke zin vormt een presentatie van vier al dan niet gemarkeerde instanties in een specifieke configuratie: de zender, de ontvanger, de betekenis en de referent. Men kan een zin identificeren als behorende tot een specifieke "zinsfamilie" door na te gaan hoe de instanties erin georganiseerd zijn. Op grond hiervan kan men onder meer normatieve, descriptieve, cognitieve, prescriptieve, evaluatieve en interrogatieve zinnen onderscheiden. De identificatie van een zin vindt echter noodzakelijkerwijze plaats in een nieuwe zin, die wel het *quid* van de vorige – de zin als type – kan representeren, maar niet het *quod* – de zin als uniek en onherhaalbaar gebeuren. Zodra een zin wordt geïdentificeerd, wordt hij "vergeten" als gebeuren. Bovendien is de nieuwe zin op zijn beurt een *quod* dat per definitie aan elke representatie ontsnapt. Dit brengt ons bij één van de hoofdbekommernissen van *Le Différend* – en overigens van Lyotards hele werk: Lyotard wil eraan herinneren dat alle bewustzijn en conceptualisering in laatste instantie verwijst naar en afhankelijk is van een niet-integreerbare exterioriteit.

Aan deze fascinatie voor het gebeuren in zijn ongrijpbaarheid verbindt Lyotard echter vooralsnog geen conclusies met betrekking tot het politieke. De politieke relevantie van *Le Différend* ligt veeleer in Lyotards behandeling van de manier waarop zinnen met elkaar verbindingen aangaan. Op een zin volgt onvermijdelijk een nieuwe zin. Het is onmogelijk om niet "aan te knopen." Ook een onverschillig zwijgen, een wegwerpgebaar, een verontwaardigd "Bah!" of de zin "Ik weiger op deze vraag te antwoorden", zijn aanknopingen. Het is echter volstrekt onvoorspelbaar met welke zin precies zal worden aangeknoopt: "aanknopen is noodzakelijk, de manier waarop contingent." (*Ibid.*, p. 51) Op elke zin die uitgesproken wordt, volgt een stilte die bij wijze van spreken eindeloos veel aanknopingen mogelijk maakt. Niettemin is het aantal "opportune" aanknopingen relatief beperkt door de sturende invloed van de zogenaamde "discursieve genres." Deze "genres" bepalen de inzet van het spreken (overtuigen, amuseren, ontroeren, verleiden, onderrichten, vertellen,...) en ze maken de opeenvolging van zinnen aan die inzet ondergeschikt. Anderzijds is de sturende invloed van een discursief genre niet totaal. De eis dat men op een in het vigerende genre opportune wijze aanknoopt, laat immers nog altijd eindeloos veel mogelijkheden open om aan te knopen. Voorts formuleert een genre slechts "een minimum aan regels", die dan nog "aan veranderingen onderhevig" zijn. De dominantie van een genre bij elke nieuwe aanknoping wordt daarenboven door andere genres betwist: "een zin die gebeurt wordt de inzet van een conflict tussen discoursgenres." (*Ibid.*, p. 198) Ten slotte kunnen de genre-regels nooit uitsluiten dat er op een "niet-opportune" wijze aangeknoopt wordt.

Met elke zin die "gebeurt", opent zich dus een in principe eindeloos verschiet van mogelijke aanknopingen. Wanneer echter daadwerkelijk wordt aangeknoopt, wordt slechts één van die mogelijkheden gerealiseerd. Bijgevolg geeft elke aanknoping reeds op het meest fundamentele niveau, dat van de zin, aanleiding tot dispuut en (onvermijdelijk) onrecht tegenover alle zinnen die niet worden gerealiseerd en zo "het zwijgen worden opgelegd." Dat deze vaststelling niet louter academisch belang heeft, blijkt vooral wanneer ze wordt geherformuleerd op het "hogere" niveau van de genres met hun onderling onverzoenbare finaliteiten. Stel dat op een gegeven moment de volgende vraagzin "gebeurt": "Zijn experimenten op menselijke foetussen toelaatbaar?" Het antwoord op deze vraag kan tot ten minste drie "genres" behoren: het cognitieve ("ja, want dat vergroot onze kennis van het menselijk lichaam"), het ethische ("mijn geweten verzet zich daartegen") en het economische ("nee, de baten wegen niet op tegen de kosten"). Eén van deze genres zal het uiteindelijk halen: er moet immers hoe dan ook worden aangeknoopt. Hierdoor wordt aan de andere genres echter onvermijdelijk onrecht aangedaan.

Op dit punt introduceert Lyotard zijn begrip "geschil" (*différend*). Een geschil is een "conflict tussen ten minste twee partijen dat niet billijk beslecht kan worden bij gebrek aan een regel voor het oordeel die op beide argumentaties van toepassing is." (*Ibid.*, p. 9) Wordt het geschil beslecht op grond van een regel die voor slechts één of geen enkele partij geldt, dan is er sprake van onrecht (*tort*). Het slachtoffer van een onrecht bevindt zich in een bijzonder oncomfortabele en frustrerende positie: het kan zich enkel over het geleden onrecht beklagen in het idioom waarin het onrecht niet wordt (h)erkend. Stel dat de "rechter" zich voor zijn oordeel over het geschil naar aanleiding van de aanknoping bij de hoger genoemde vraagzin baseert op de regels van het economische genre, dan worden het cognitieve en het ethische genre automatisch in de slachtofferpositie gedwongen – een positie van radicale onmondigheid. Een geschil gaat bijgevolg gepaard met de onmachtige stilte van de benadeelde partij(en) – een "negatieve zin" (*Ibid.*, p. 29), die het ogenblik aanwijst waarop iets om formulering vraagt, maar binnen de vigerende regels niet geformuleerd kan worden. Het wordt ook vaak gesignaleerd door de "ongearticuleerde" zinnen van het gevoel – door gevoelens van onlust, depressie of woede, bijvoorbeeld. Een geschil manifesteert zich dus vaak op een esthetische manier, waarbij "esthetisch", zoals in Kants *Kritik der Urteilskraft*, begrepen moet worden als: "wat betrekking heeft op het gevoel."

Lyotards filosofie van het geschil heeft zeer ruime toepassingsmogelijkheden, want geschillen doen zich altijd en overal, op elk niveau ("zinnen", "genres"), voor. Vanuit dit perspectief geeft Lyotard een nieuwe invulling aan het politieke. Politiek is voor Lyotard veel meer dan alleen datgene waarmee politici zich bezighouden:

> (...) politiek is de dreiging van het geschil. Het is geen genre, maar de veelvuldigheid van genres, de verscheidenheid van finaliteiten, en bij uitnemendheid de kwestie van het aanknopen.
> (*Ibid.*, p. 200.)

Zo krijgt het cliché "Alles is politiek" een nieuwe betekenis: "Alles is politiek als politiek de mogelijkheid is van het geschil bij elke aanknoping." (*Ibid.*, p. 201)

Opnieuw dringt zich hier de vraag op naar de rechtvaardigheid, die nu kan worden geherformuleerd als: hoe kunnen we de in een geschil betrokken partijen recht laten wedervaren? Om over een geschil te oordelen beschikt de "rechter" niet over een vooraf gegeven regel. Hanteert hij toch zo'n regel, dan kan hij die alleen maar aan één bepaald genre ontlenen, waardoor hij de andere genres die in het geschil betrokken zijn, onrecht aandoet. Hij moet derhalve "oordelen zonder regel." Daarbij rijst natuurlijk de vraag of er wel een oordeelsvermogen denkbaar is dat zonder regel kan oordelen en toch niet vervalt in willekeur en onrechtvaardigheid. Lyotard antwoordt op deze vraag bevestigend en beroept zich daarvoor op Kant, die in de *Kritik der Urteilskraft* twee soorten oordeelsvermogen onderscheidt: het bepalende oordeelsvermogen, dat uitgaat van regels en daaronder particuliere "gevallen" subsumeert; en het reflecterende oordeelsvermogen, dat uitgaat van "gevallen" en pas nadien, "geval per geval", een toepasselijke regel probeert te vinden. Het reflecterende oordeelsvermogen is het eigenlijke vermogen van de kritiek – het vermogen, bijgevolg, dat de hele onderneming van Kants kritische filosofie eerst mogelijk maakt. De reflexiviteit is een "pre-doctrinair" vermogen: ze omschrijft de grenzen van het legitieme gebruik van de andere vermogens (de verbeeldingskracht, het verstand, de rede) en brengt gevallen aan het licht waarin een vermogen zijn bevoegdheid overschrijdt. Volgens Lyotard is de reflexiviteit ook bevoegd voor het "pre-doctrinaire" oordeel over "de politiek." Ze moet ons in staat stellen om over geschillen te oordelen – anders gezegd: ze moet de gevallen reveleren waarin één genre zijn regels aan andere genres oplegt en hen zo "onrecht" aandoet. In het hoger beschreven voorbeeld behoort ze te signaleren dat een aanknoping volgens de regel van het economische genre de aanspraken van het ethische en het cognitieve genre negeert. Wie streeft naar gerechtigheid in de politiek, heeft met andere woorden de plicht om te "getuigen van het geschil." (*Ibid.*, p. 11)

Hier blijkt ook dat de *filosoof* Lyotard, anders dan de *intellectueel*, die op grond van zijn doctrine de "goede" politiek aanwijst (zie *Le Tombeau de l'intellectuel*, 1984), beseft dat een politiek nooit méér kan zijn dan een "politiek van het minste kwaad." Geschillen zijn immers onvermijdelijk en alomtegenwoordig. De politieke plicht van de filosoof, aan wie Lyotard de Kantiaanse rol van "kritische wachter" toedenkt, bestaat erin om stem te geven aan wat overstemd wordt. Onontbeerlijke vereisten om deze opgave naar behoren te vervullen zijn een permanente waakzaamheid en een flexibele kritische ontvankelijkheid voor de geschillen die zich *hic et nunc* voordoen. Zoals de politiek nooit tot een finale "oplossing" kan worden gebracht, zo ook kan de kritische arbeid nooit worden afgesloten. Dit wil meteen ook zeggen dat een werkelijk kritische positie altijd een "gedistantieerde" positie is – een positie van verzet, die weerstand biedt aan de "terroristische" aanspraken op hegemonie van elk genre. Wel verandert de opponent met de context waarin de criticus zich bevindt. Zo kan men zich voorstellen dat het in traditionele samenlevingen een kritische plicht is zich te verzetten tegen de dominantie van het narratieve genre, meer bepaald van de mythe, die het verhaal vertelt van de oorsprong van de eigen etnie. In de hedendaagse westerse samenlevingen, daarentegen, is het meest dramatische geschil in Lyotards ogen dat tussen het economische genre en de andere genres. Zo ziet hij de inzet van het economische genre (het winnen van tijd) in toenemende mate dominant worden in tal van domeinen. Eén van Lyotards geliefkoosde voorbeelden is dat van de annexatie van de kunst en de gelijkschakeling ervan tot "cultuur." Zelfs het denken ontsnapt volgens Lyotard niet aan de druk van de *Vermarktung*. Een symptoom daarvan was in zijn ogen het ontstaan van een "snelle" en mediagenieke "nieuwe filosofie" in het midden van de jaren zeventig.

Nu wordt elke samenleving gekenmerkt door een strijd tussen genres en is er overal en altijd wel het één of ander genre aan te wijzen dat zijn particuliere regel tot een universeel gebod wil verheffen. Daarom is Lyotard wel verweten dat zijn eis om te "getuigen van het geschil" niet toelaat een onderscheid te maken tussen, bijvoorbeeld, de westerse sociaal-democratieën enerzijds en fascistische en stalinistische dictaturen anderzijds. Die beschuldiging moet worden afgewezen. Lyotard verdedigt juist op grond van de genoemde eis de "deliberatieve ordening" (*Ibid.*, p. 231) van het staatsbestel, omdat die op de "dissociatie" van de genres berust en bijgevolg meer ruimte laat voor het reveleren van geschillen. Deze ordening is in de westerse sociaal-democratieën wel en in het fascisme en stalinisme niet of enkel als een "parodie" terug te vinden. Dit onderscheid is voor Lyotard echter geen reden voor westerse zelfgenoegzaamheid. Ook in "onze" samenlevingen wordt de openheid van de deliberatieve ordening permanent bedreigd. Bovendien kan zelfs de meest "open" deliberatieve ordening het optreden van geschillen niet voorkomen.

IDEEËN VAN DE REDE ALS "LEIDRAAD" VOOR EEN ETHISCH-POLITIEKE PRAXIS

De ontwikkeling van Lyotards politieke denken in de jaren tachtig brengt hem ertoe opnieuw aan te knopen bij de grote erfenis van de moderniteit, die hij in de jaren zeventig nogal voortvarend en ongenuanceerd had afgewezen. Daarbij laat hij zich vooral inspireren door de kritische filosofie en de historisch-politieke geschriften van Kant. Een belangrijk Kantiaans begrip dat Lyotard voor zijn eigen werk over het politieke vruchtbaar maakt is dat van de "idee van de rede." Hieronder verstaat Kant een begrip waarvan het object niet direct in de aanschouwing gegeven kan worden. Ideeën mogen dan ook onder geen beding worden verward met begrippen van het verstand, die wel een direct presenteerbaar object hebben. Voorbeelden van ideeën zijn: de totaliteit van alle dingen, de eerste oorzaak van een causale reeks, de vrijheid, de eeuwige vrede, de gelijkheid van alle mensen.

Op grond van het begrippenpaar "ideeën van de rede" – "begrippen van het verstand" onderscheidt Lyotard twee "theoretische" genres: het cognitieve en het dialectische. Het cognitieve genre werkt met verstandsbegrippen en leidt – zoals de naam van het genre het al zegt – tot kennis van de werkelijkheid. Het dialectische genre werkt met ideeën van de rede en mag enkel regulatief gebruikt worden: het denkt de door het cognitieve genre beschreven werkelijkheid *alsof* ze met ideeën in overeenstemming zou kunnen worden gebracht. Zo is het mogelijk om de menselijke geschiedenis, die door het cognitieve genre enkel als een zinloze en chaotische opeenvolging van feiten kan worden beschreven, te herschrijven in het licht van de vraag of in deze chaos dan toch geen "tekenen" te vinden zijn dat de mensheid zich naar de absolute vrijheid of de eeuwige vrede ontwikkelt. De resulterende historische praxis "leest" (ordent) het feitenmateriaal met behulp van de "leidraad" van ideeën. Aldus slaagt ze erin om het perspectief op deze ideeën te behouden zonder idealiteit en werkelijkheid met elkaar te verwarren.

Het is volgens Lyotard typerend dat de moderniteit zich voor haar legitimatie op ideeën van de rede beroept. De grote vergissing van de moderniteit is echter dat ze deze ideeën voor verstandsbegrippen houdt. Als gevolg hiervan verkeert ze in de illusie dat ideeën als vrijheid en eeuwige vrede op termijn, aan het "einde van de geschiedenis", daadwerkelijk gerealiseerd zullen worden. Het verblinde streven naar de realisering van ideeën heeft ertoe geleid dat de "moderne" praxis zo vaak een "terroristische" praxis is geweest. Deze kritiek betekent echter allerminst dat de Lyotard van het midden van de jaren tachtig – de auteur van *Le Différend, Le Postmoderne expliqué aux enfants* en *L'Enthousiasme* – ervoor pleit om ideeën dan maar radicaal uit het ethisch-politieke vertoog te verbannen. In navolging van Kant breekt hij een lans voor een politiek die zich door ideeën laat inspireren, maar zich er tegelijk scherp van bewust is dat ideeën nooit meer kunnen zijn dan een oriëntatiepunt voor het denken en een richtsnoer voor het handelen. Lyotard verdedigt deze "gecorrigeerde" voortzetting van de moderniteit tegen een "postmodern" denken dat zich van ideeën niets aantrekt en zijn praktische uitwerking vindt in een puur pragmatische, op efficiënt en rendabel "beheer" van de samenleving gerichte politiek.

Het "onmenselijke"

In Lyotards werk sinds het einde van de jaren tachtig laat zich met betrekking tot het politieke een verschuiving van de belangstelling vaststellen. Deze verschuiving kan worden beschreven als een radicalisering van het geschil-concept. In *Le Différend* ontstaat het geschil wanneer de aanspraken van één of meer genres worden onderdrukt ter gelegenheid van een aanknoping. Dit geschil kan door de "kritische wachter" echter geëxpliciteerd worden: hij kan concepten vinden om het onder woorden te brengen, waardoor de verdringing en bijgevolg ook het onrecht waar de genres het slachtoffer van zijn, ongedaan worden gemaakt. In werken als *L'Inhumain, Heidegger et «les juifs», Pérégrinations, Lectures d'enfance, Moralités postmodernes* en *Chambre sourde,* daarentegen, concentreert Lyotard zich op wat hij in

Le Différend, met een op de late Heidegger geïnspireerde term, het "gebeuren" had genoemd. Het gebeuren is in zijn evenementialiteit ongrijpbaar voor alle conceptualisering: zodra het "betekend" wordt, is het verdwenen. Bijgevolg wordt het gebeuren door elke betekening ervan onrecht aangedaan. Het geschil dat hieruit voortvloeit, kan ditmaal niet door middel van concepten worden opgelost, maar is juist het (onvermijdelijke) gevolg en nevenproduct van de conceptualisering zelf.

Lyotard herinnert aan dit radicale geschil wanneer het probleem van de politieke organisatie ter sprake komt. De optimale politieke organisatie is volgens hem die van de hedendaagse westerse samenlevingen: alleen zij zijn "open systemen", die voortdurend in staat van reorganisatie verkeren. De reorganisatie geschiedt op grond van discussie en het daaraan verbonden streven naar consensus. Lyotard wijst deze procedure niet af, integendeel: hij erkent dat de discussie "een belangrijke politieke taak" (*Moralités postmodernes*, p. 119) heeft, maar hij herinnert er onmiddellijk aan dat elke discussie per definitie *conceptueel* is. Concept en gebeuren zijn tegelijk wezenlijk verbonden en onherroepelijk gescheiden: het concept verwijst naar het gebeuren en is er daardoor ten diepste afhankelijk van, maar het kan het gebeuren nooit in zichzelf integreren; omgekeerd kan het gebeuren dankzij concepten "bewaard" blijven, maar enkel in zijn afwezigheid, als datgene waarvan men naderhand (*après coup*) – *nachträglich*, zou Freud zeggen – vaststelt dat het "er geweest is." Het radicale geschil waar Lyotard onder meer in *Moralités postmodernes* de aandacht op vestigt, is dus dat waar het "preconceptuele" gebeuren het slachtoffer van is. Elke politiek, hoe oorbaar ze voor het overige ook mag zijn, is daardoor onvermijdelijk een "politiek van het vergeten." (*Ibid.*, p. 170)

Meteen vestigt Lyotard de aandacht op het fundamentele streven van de conceptualiteit om zich eens en voorgoed van de afhankelijkheid van het gebeuren te bevrijden en de radicale contingentie en transcendentie ervan onder controle te brengen. De utopie van de *logos* is de finale triomf van het conceptuele denken op de onvoorspelbaarheid, contingentie en betekenisloosheid van "wat zich geeft" – een droom van absolute beheersing en controle, waarin zich niets meer aan ons voordoet wat niet eerst werd begrepen, bedacht en bevolen. Het door deze utopie gemotiveerde streven naar "autoconstitutie" is volgens Lyotard in nog steeds toenemende mate kenmerkend voor de westerse samenlevingen. Het resulteert in de verdringing van het gebeuren, het verzwakken van de band tussen conceptualiteit en evenementialiteit, en een algemene "derealisering", "esthetisering" en "crisis van de grondslagen." Deze ontwikkeling brengt het gevaar met zich mee dat de discussie, die immers losgekoppeld dreigt te worden van "wat gebeurt", degenereert tot een inhoudsloze *conversation*.

Lyotards bespreking van het "onmenselijke" moet in dit perspectief gelezen worden. Lyotard onderscheidt twee soorten "onmenselijkheid": enerzijds de onmenselijkheid van het "systeem" van de hedendaagse kapitalistisch-democratische samenlevingen, dat zich ontwikkelt tot een steeds hogere graad van complexiteit, efficiëntie en beheersing en met het oog daarop alles onderwerpt aan de eis van transparantie, begrijpelijkheid en "leesbaarheid"; anderzijds de "onmenselijkheid" van het gebeuren, dat volstrekt ondoorzichtig is, zich aan elk begrip en voorschrift onttrekt en in elke interpretatie afwezig blijft.

De kritiek die Lyotard in aansluiting hierbij formuleert, is tweeledig. In de eerste plaats stelt hij dat de finaliteit van het "systeem" een andere is dan de emancipatie, het geluk en het welzijn van de mensheid: het systeem gebruikt de mensheid als (tijdelijk?) vehikel van zijn ontwikkeling. Ten tweede roept hij op tot een "anamnese" van het gebeuren (het "Ding", het "onbewuste affect", de *phônè*,...) dat het systeem in zijn streven naar helderheid en performativiteit wil doen vergeten. Deze verdringing moet worden bestreden in een eindeloos proces van – met een Freudiaanse term – *Durcharbeitung*. Dit proces moet volgens Lyotard op gang gehouden worden door de "schriftuur" – een praxis die gemotiveerd wordt door het streven naar het representeren van het gebeuren. Aangezien het gebeuren "in elke representatie ontbreekt" (*Heidegger et "Les juifs"*, p. 16), is dit streven per definitie tot mislukken gedoemd. Toch is het daarom niet zinloos: de steeds weer herhaalde pogingen om het gebeuren te representeren slagen immers op een paradoxale wijze wel in hun opzet, doordat ze eraan herinneren dat er "iets" is wat onherroepelijk aan representatie ontsnapt. Voorbeelden van deze "schriftuurlijke" activiteit zijn volgens Lyotard met name terug te vinden in de filosofie en de kunst. Beide disciplines worden daarmee gepromoveerd tot domeinen *par excellence* waarin zender en ontvanger blijk geven van een grote ontvankelijkheid voor het gebeuren en weerstand bieden aan de totalitaire ambities van het conceptuele denken. Kunst en filosofie functioneren aldus in Lyotards recente denken als het noodzakelijke "andere" van de sociopolitieke organisatie. Zoals we hebben gezien is die immers het product van argumentatie en wordt ze – zoals alles wat onder het regime van de *logos* staat – gekenmerkt door het streven om het gebeuren zo snel mogelijk in de discursieve orde op te nemen en het *als gebeuren* te laten vergeten.

Beknopte bibliografie

Primaire literatuur

La Phénoménologie, Paris, PUF, 1954.

Discours, figure, Paris, Klincksieck, 1971.

Dérive à partir de Marx et Freud, Paris, UGE, 1973.

Des dispositifs pulsionnels, Paris, UGE, 1973.

Économie libidinale, Paris, Minuit, 1974.

Instructions païennes, Paris, Galilée, 1977.

Rudiments païens, Paris, UGE, 1977.

(met Jean-Loup Thébaud), *Au juste*, Paris, Bourgois, 1979.

La Condition postmoderne. Rapport sur le savoir, Paris, Minuit, 1979. (*Het postmoderne weten: een verslag*, Kok Agora.)

"Introduction à une étude de la politique selon Kant", in Philippe LACOUE-LABARTHE & Jean-Luc NANCY (éds.), *Rejouer le politique*, Paris, Galilée, 1981, pp. 91-134.

"Discussions, ou: phraser après Auschwitz", in Philippe LACOUE-LABARTHE & Jean-Luc NANCY (éds.), *Les Fins de l'homme: à partir du travail de Jacques Derrida*, Paris, Galilée, 1981, pp. 283-310.

Le Différend, Paris, Minuit, 1983.

"Presentations", in Alan MONTEFIORE (ed.), *Philosophy in France Today*, Cambridge, Cambridge University Press, 1983, pp. 116-135.

Tombeau de l'intellectuel et autres papiers, Paris, Galilée, 1984.

"Interview with Georges van den Abbeele", in *Diacritics*, n° 3 (1984), pp. 16-21.

"Histoire universelle et différences culturelles", in *Critique*, n° 456 (1985), pp. 559-568.

"Judicieux dans le différend", in Idem *e.a.*, *La Faculté de juger*, Paris, Minuit, 1985.

Le Postmoderne expliqué aux enfants. Correspondance 1982-1985, Paris, Galilée, 1986. (*Het postmoderne uitgelegd aan onze kinderen*, Kok Agora.)

L'Enthousiasme. La critique kantienne de l'histoire, Paris, Galilée, 1986. (*Het enthousiasme: Kants kritiek van de geschiedenis*, Kok Agora – Pelckmans.)

"Gespräch mit Florian Rötzer", in Florian RÖTZER (Hrsg.), *Französische Philosophen im Gespräch*, München, Boer, 1986, pp. 101-118.

Heidegger et «les juifs», Paris, Galilée, 1988. (*Heidegger en 'de joden'*, Kok Agora.)

L'Inhumain, Paris, Galilée, 1988. (*Het onmenselijke: causerieën over de tijd*, Kok Agora – Pelckmans.)
Pérégrinations, Paris, Galilée, 1990.
Lectures d'enfance, Paris, Galilée, 1991.
Leçons sur L'Analytique du sublime, Paris, Galilée, 1991.
Moralités postmodernes, Paris, Galilée, 1993. (*Postmoderne fabels*, Kok Agora.)
Signé Malraux, Paris, Grasset, 1996.
La Confession d'Augustin, Paris, Galilée, 1995. (*Augustinus' belijdenis*, Pelckmans.)
Chambre sourde: l'anti-esthétique de Malraux, Paris, Galilée, 1998.
Misère de la philosophie, Paris, Galilée, 2000.

Secundaire literatuur

BENNINGTON, Geoffrey, *Lyotard: Writing the Event*, Manchester, Manchester University Press, 1998.
BILLOUET, Pierre, *Paganisme et postmodernité: Jean-François Lyotard*, Paris, Ellipses, 1999.
BRONS, Hendrik Richard & KUNNEMAN, Harry, *Lyotard lezen: ethiek, onmenselijkheid en sensibiliteit*, Amsterdam, Boom, 1995.
GUALANDI, Alberto, *Lyotard*, Paris, Les Belles Lettres, 1999.
PEPERSTRATEN, Frans van, *Jean-François Lyotard: gebeurtenis en rechtvaardigheid*, Kampen – Kapellen, Kok Agora – Pelckmans, 1994.
WILLIAMS, James, *Lyotard: Towards a Postmodern Philosophy*, Cambridge, Polity Press, 1998.
—, *Lyotard and the Political*, London - New York, Routledge, 2000.

VII

LITERATUUR EN MAATSCHAPPIJ

VAN KLASSENSTRIJD TOT *DISCOURS SOCIAL*: LITERATUURKRITIEK EN -THEORIE IN COMMUNISME, NEOMARXISME EN SOCIOKRITIEK

Koenraad GELDOF

DE MARGINALITEIT VAN DE PARTIJ EN VAN HET LITERAIRE DEBAT (1920-1929)

In 1920, tijdens het congres van Tours, wordt de Franse Sectie van de Communistische Internationale opgericht. Tot op het einde van het decennium leidt de partij die al snel omgedoopt wordt tot de PCF (*Parti Communiste Français*) een al bij al erg bescheiden bestaan in de marge van het politieke landschap. Ze lijkt bovendien meer in beslag genomen door kwesties van interne organisatie dan door de eigenlijke politieke actie: in geen tijd worden hinderlijke overblijvers uit de vroegere socialistische partij weggezuiverd en in de loop van de tweede helft van de jaren twintig krijgt de PCF meer en meer de allures van een op stalinistische maat gesneden partijapparaat. Ideologisch gezien vaart de partij een sectarische koers: ze stelt zich op als enige legitieme verdediger van de ware revolutie en weigert resoluut elke vorm van samenwerking met socialistisch links. Dit vanuit Moskou georchestreerde sectarisme vormt eveneens de voedingsbodem voor een uitgesproken anti-intellectualisme. Ofwel worden intellectuelen zonder pardon uit de partij gestoten, ofwel moeten ze zich volledig onderwerpen aan de partijtucht: in beide gevallen is argwaan de regel en dat blijft eigenlijk zo in de daaropvolgende decennia. In deze context – en in tegenstelling tot de situatie in Duitsland of Italië – is er dan ook nauwelijks sprake van een communistische of marxistische intellectuele cultuur. De ideologische en theoretische reflectie komt niet verder dan een uiterst elementaire *langue de bois* en voor thema's als literatuur en cultuur is er al helemaal geen plaats. Eén en ander blijkt duidelijk uit de houding van de PCF ten opzichte van Henri Barbusse en de surrealisten.

Met de publicatie van *Feu* (1916-1917) groeit Barbusse van de ene op de andere dag uit tot een symbool met een zeer groot internationaal prestige dat zelfs door Lenin instemmend werd geciteerd. In deze naturalistisch aandoende roman confronteert Barbusse de nationalistische mythe van de heilige oorlog tegen Duitsland met de onmenselijke barbarij van de loopgraven. Initieel is Barbusses pacifisme moreel eerder dan politiek of ideologisch, maar dat verandert na de oorlog. *Clarté* (1919) is wellicht de eerste ideologische *Bildungsroman* van het Franse interbellum: eerst is de held het prototype zelf van het conformistische burgermannetje, vervolgens verzet hij zich tegen de gruwelen van de oorlog en uiteindelijk komt hij tot het besef dat de ware oorzaak van de oorlog de sociale ongelijkheid is en dat pacifisme op zich dus niet volstaat. Hiermeer stoten we meteen ook op de kern van het dispuut tussen Barbusse en Rolland: de laatste verdedigt de autonomie van de intellectuelen die in hun hoedanigheid van behoeders van de cultuur moeten waken over de vrede, terwijl Barbusse veeleer pleit voor een sociaal en politiek – lees: communistisch – engagement (*Le Couteau entre les dents*, 1921). Rolland wantrouwt Lenin en de Revolutie van 1917; voor Barbusse zijn het iconen van de hoop op een nieuwe wereld en een nieuwe cultuur. In 1923 wordt Barbusse formeel lid van de PCF. Met deze zet haalt de partij op de eerste plaats een stuk symbolisch kapitaal binnen dat ze politiek wil exploiteren; in de schrijver Barbusse is ze hoegenaamd niet geïnteresseerd. Van zodra Barbusse het plan opvat voor een communistisch literair en cultureel blad dat ook zou openstaan voor niet-communistische schrijvers stuit hij op een onverbiddelijk *njet*. Hij kan zijn plan uiteindelijk toch realiseren via verwarde onderhandelingen met de Internationale maar wanneer het eerste nummer van *Monde* verschijnt (1928), staan de Moskouse partijbonzen aan de grond genageld: zoveel pluralisme was voor een communistisch blad onduldbaar en Barbusse wordt dan ook snel veroordeeld wegens burgerlijk, rechts 'deviationisme.'

De surrealisten vergaat het niet beter. Vanaf het midden van de jaren twintig solliciteren Breton & Cie steeds openlijker en nadrukkelijker naar een plaats in de PCF: in het surrealistische credo zien ze een revolutionair supplement voor de politieke ideologie – revolutionairder in elk geval dan de gezapige literatuur- en cultuuropvatting van Barbusse – en dus had de PCF er alle belang bij om Barbusse opzij te schuiven en Breton onder de arm te nemen. De liefde was echter op geen enkel moment wederzijds: Breton, Aragon en de anderen konden tot de partij toetreden – en ze doen dat trouwens in 1927 – maar dan zonder literaire ambities. Bij nader toezien hebben de surrealisten zich steeds verkeken op de PCF en het misverstand zou blijven duren tot het midden van de jaren dertig – dus ook nog na de expliciete veroordeling van het surrealisme op het congres van Kharkov in 1930.

Op zoek naar symbolisch kapitaal (1930-1939)

De ontwikkeling van een specifiek communistisch literair en literairkritisch vertoog is een fenomeen van de jaren dertig. De eerste stap in deze evolutie is het debat omtrent de zogenaamde "proletarische literatuur" (*littérature prolétarienne*) dat zich vooral concentreert in de periode 1931-1933. Het marxisme is een ideologie met totaliserende ambities en dus moest het zich vroeg of laat ook uitspreken over de literatuur en de cultuur. De vraag is dan: "Wat is, vanuit communistisch oogpunt, legitieme literatuur?" en vooral "wie produceert ze?" De Franse communistische literatuurkritiek (Jean Fréville, Paul Nizan) probeerde de betekenaar "proletarische literatuur" te monopoliseren door twee concurrerende interpretaties ideologisch te diskwalificeren. Noch de open en pluralistische interpretatie van Barbusse, noch de radicaal ouvriëristische lectuur die bijvoorbeeld door Poulaille (zie *Le Nouvel âge littéraire*, 1930) werd verdedigd – "proletarische literatuur" is literatuur die door en voor arbeiders moet geschreven worden – waren voor de communistische doxa aanvaardbaar: de eerste was té "rechts", de tweede té "links." Uiteindelijk wordt het debat op bevel van Stalin afgevoerd en moet het plaats ruimen voor een veel ambitieuzer project, namelijk de ontwikkeling van een communistische *esthetica*. In 1934 wordt te Moskou een groots opgezet congres voor revolutionaire schrijvers georganiseerd waar onder meer Nizan, Aragon en Malraux deel uitmaken van de Franse delegatie. Op dit congres wordt het socialistisch realisme boven de doopvont gehouden. Het socialistisch realisme definieert het wezen van de communistische kunst en literatuur: ze moeten een "waarheidsgetrouwe afbeelding" bieden van de sociaal-historische werkelijkheid en een duidelijke scheidingslijn trekken tussen negatieve, "burgerlijke" helden en hun positieve, "revolutionaire" tegenhangers, de vorm moet steeds ten dienste staan van de inhoud, en hun conclusie luidt onveranderlijk dat het kapitalisme gedoemd is om te verdwijnen, terwijl de opmars van de proletarische revolutie – met Stalin en de Sovjet-Unie voorop – niet te stuiten valt. Met het socialistisch realisme is de ideologische verknechting van kunst en literatuur totaal. Bovendien fungeert het als ultiem en doorslaggevend criterium in de beoordeling van niet-communistische kunst en literatuur: dus ook de verknechting van het kritische of theoretische vertoog is totaal.

Alleen: Moskou is Parijs niet. Reeds in 1934 duikt de notie van socialistisch realisme op in Franse communistische publicaties, maar het belang ervan is eerder strategisch dan doctrinair. *Binnen* de kringen van linkse en/of communistische auteurs wordt het etiket vooral gebruikt om de dominante positie van Nizan en Aragon, die intussen de huisschrijvers van de PCF geworden waren, te onderstrepen: hun romans krijgen steevast het label "socialistisch-realistisch" opgespeld, hoewel ze intrinsiek, inhoudelijk en formeel, niet beantwoorden aan de sovjetesthetica. Toegepast op niet-communistische auteurs wijst het positieve of negatieve gebruik van de term op de mogelijkheid of onmogelijkheid van een alliantie tussen deze of gene auteur en de PCF. Pierre Drieu La Rochelle valt volledig buiten het socialistisch realisme, Céline is misschien te redden (maar het misverstand wordt gauw de wereld uit geholpen) en Gides schriftuur, zo beweren communistische critici, evolueert onmiskenbaar in de richting van de socialistisch-realistische esthetica. Telkens valt op hoe arbitrair het gebruik van de term is: de manier waarop auteurs beoordeeld worden, hangt in laatste instantie uitsluitend af hun strategisch belang voor de PCF op een gegeven ogenblik. Dit heeft vooral te maken met het feit dat de politieke conjunctuur radicaal omslaat vanaf 1934. Het dreigende fascisme – ook in Frankrijk – haalt de PCF uit het isolement en er wordt voortaan gestreefd naar een breed antifascistisch front dat zowel communistische als niet-communistische krachten bundelt. De PCF wil door een dubbele en complementaire strategie haar symbolische en dus ook politiek-ideologische marktwaarde vergroten. Enerzijds worden Nizan en Aragon – de enige twee communistische organische intellectuelen die een zeker prestige hebben opgebouwd – aangemoedigd om te publiceren via niet-communistische kanalen en om de redacties van niet-communistische bladen te infiltreren. Anderzijds streven de PCF en de Communistische Internationale naar een zo groot mogelijke controle op antifascistische organisaties en manifestaties: ze hopen op die manier zoveel mogelijk symbolisch kapitaal rond de communistische zaak verzamelen. Het onophoudelijke geflirt met Malraux en, iets later, met Gide moet in dit licht gezien worden. Hoe dan ook, de PCF is tot deze strategie veroordeeld omdat ze zelf niet over de middelen – mensen en infrastructuur – beschikt om een groot symbolisch kapitaal op te bouwen. Dit gegeven maakt de communisten uiteraard kwetsbaar: elke breuk – Gide in 1936, Nizan in 1939 – is meteen een serieuze aderlating voor een partij die vanuit intellectueel, theoretisch en literair perspectief, uitermate bescheiden blijft: in het literaire debat halen de Franse communisten – Nizan en Aragon incluis – nooit hetzelfde niveau als hun Duitse (Brecht, Lukács, de Frankfurters) of Italiaanse (Gramsci) collega's.

Morele hegemonie, intellectuele armoede (1944-1956)

Na de bevrijding wordt de PCF door velen aanzien als de morele overwinnaar van de Tweede Wereldoorlog en de partij – *le parti des fusillés* – zou dit imago decennia lang uitmelken. Dat hierbij niet zelden een loopje met de geschiedenis werd genomen, speelde toen blijkbaar geen enkele rol. Men verzweeg bijvoorbeeld zedig dat, tussen mei 1940 en augustus 1941, de PCF zich slaafs had onderworpen aan de perverse logica van het Hitler-Stalin-pact en dat ze had aangestuurd op actieve collaboratie met de Duitse bezetter. Dankzij een bizarre mengeling van communistische en nationalistische propaganda kon de PCF zich daarna opwerpen als de enige betrouwbare behoedster van de Franse natie. Deze mythe werd des te geloofwaardiger door het feit dat de oorlog en het troebele Vichy-avontuur het rechtse contestataire ideeëngoed zwaar in diskrediet hadden gebracht. In de naoorlogse jaren bezit de PCF als het ware het morele en ideologische monopolie op antikapitalisme en antiliberalisme. Nooit waren het ledenaantal en het communistische electoraat groter als in die tijd. Maar ook op organisatorisch vlak groeit de PCF uit tot een heus machtsblok. Voor 1940 was de PCF een kwetsbare partij die haar symbolisch kapitaal voor een groot deel te danken had aan intellectuelen en schrijvers buiten de communistische invloedssfeer en ook na 1944 beschikt ze slechts over een klein aantal prestigieuze organische – dus: partijgebonden – intellectuelen zoals Aragon, Éluard en Picasso. Toch verschilt de naoorlogse situatie fundamenteel van die tijdens het interbellum: van een kwetsbare en afhankelijke speelster in het intellectuele en literaire veld groeit de PCF uit tot het centrum van een volwaardig en goed geolied cultureel subsysteem met eigen producenten en media. Het meest in het oog springende symptoom van deze evolutie is de toename van het aantal organische intellectuelen. Dankzij haar eigen vormingsorganisaties kan de partij deze intellectuelen kansen bieden die ze in het normale onderwijssysteem nooit zouden gekregen hebben. Bovendien beschikt de PCF nu over een uitgebreid netwerk van dagbladen, tijdschriften, boekenreeksen, boekhandels en uitgeverijen: de nieuwe organische intellectuelen kunnen voortaan symbolisch kapitaal verwerven zonder dat ze daarbij rekening hoeven te houden met de heersende normen en concurrentie in het intellectuele veld buiten de PCF. De partij is dus niet langer aangewezen op onzekere bondgenoten: ze kan rekenen op een eigen, hondstrouwe – want financieel en symbolisch afhankelijke – intelligentsia waarmee ze ideologische opponenten te lijf kan gaan. Intrinsiek stelt deze communistische culturele productie weinig of niets voor: alles – romans, essays, recensies, journalistiek – staat in het teken van de stalinistische orthodoxie, dus van een niets ontziend symbolisch geweld ten aanzien van ideologische concurrenten.

Sartre ondervindt als eerste wat dit concreet betekent: zijn argumenten *pro* existentialisme en *contra* communisme worden met een spervuur van scheldproza beantwoord. Maar die polemiek verraadt meteen ook de zwakte van het communistische ideologische apparaat: de mediatieke performantie op zich is geen waarborg voor succes, want intellectuele lichtgewichten zoals Garaudy of Kanapa zijn geen partij voor de in alle opzichten superieure Sartre. Daarom moet de PCF de hulp inroepen van de enige stalinistische filosoof met een internationale reputatie, namelijk György Lukács. Met *Existentialisme ou marxisme* (1948) hoopt de Hongaarse partij-ideoloog de existentialistische plaag in te dijken. De intellectuele armoede van het communistische discours bereikt een triest hoogtepunt in de jaren 1947-1953. Reeds in 1946 heeft Churchill het over een ijzeren gordijn dat de westerse wereld van het communistische blok scheidt, maar het hek is voorgoed van de dam wanneer Stalin iets later de stelling van de "twee wetenschappen" de wereld instuurt: Moskou decreteert dat er een onoverbrugbare kloof gaapt tussen de "burgerlijke" en de "proletarische" wetenschap, waarbij de eerste in principe altijd het onderspit moet delven ten opzichte van de tweede. Zo wordt de "burgerlijke" erfelijkheidsleer van Mendel verworpen in naam van het "proletarische" alternatief van Lyssenko. En tegenover de decadente "burgerlijke" literatuur – Proust, Joyce, Gide, Sartre – brengen communistische ideologen het "proletarische" socialistisch-realisme van André Stil en Louis Aragon in het geweer. Ideologie verwordt tot intellectuele absurditeit en alleen al het feit dat de Franse communistische intelligentsia jarenlang dergelijke onzin met de grootste stelligheid bleef verkondigen, getuigt van hun afhankelijkheid jegens de PCF: wiens brood men eet, diens woord men spreekt – een woord dat buiten de kanalen van de PCF geen schijn van kans zou maken. Die afhankelijkheid zal er trouwens voor zorgen dat vele intellectuelen zich slechts heel moeizaam zullen kunnen losmaken van het stalinisme en van de PCF: de uitgebreide getuigenisliteratuur terzake van vroegere communisten illustreert dit ten overvloede. De geschiedenis van de Koude Oorlog is echter niet gespeend van enige ironie: naarmate de polarisatie tussen links en rechts toeneemt, zoekt de Duivel van weleer, Sartre, steeds meer toenadering tot de PCF zonder evenwel zijn status van autonoom intellectueel op te geven. Zo kan hij in 1952 zowel "Les communistes et la paix", één van zijn meest stalinistische teksten, als *Saint Genet, comédien et martyr*, een hoogst on-communistische lectuur van een hoogst on-communistische auteur, publiceren. De communistische intellectuelen moeten het zonder die strategische manoeuvreerruimte stellen.

KORTE KRONIEK VAN EEN AANGEKONDIGDE DOOD (1956-1960)

Tot hier toe is de inbreng van de Franse communistische intellectuelen in de marxistische theorievorming en in de ontwikkeling van een marxistische literatuurtheorie onbestaande: hun denken en schrijven worden volledig overschaduwd door de ideologische imperatieven van het moment die op de koop toe doorgaans vanuit Moskou gedicteerd worden. In de naoorlogse jaren wordt deze intellectuele armoede enigszins gecompenseerd door een onmiskenbaar moreel en politiek prestige. Vanaf het midden van de jaren vijftig komt hierin echter verandering. Door ingrijpende evoluties in het politieke en culturele veld incasseert de PCF een dubbel terreinverlies: politiek boet de partij gaandeweg in aan belang – de lange doodstrijd van de PCF begint hier – en ze verliest haar controle op een aanzienlijk deel van de jonge intellectuelen (zelfs wanneer die partijlid zijn) en dus ook op de marxistische theorievorming. In dit proces is 1956 het jaar van de *politiek-ideologische* kentering. Op het XXste partijcongres van de Russische KP verkettert Chroestjov openlijk de personencultus rond de drie jaar eerder gestorven Stalin en veroordeelt hij de jarenlange terreur van het stalinistische regime. "Stalinistisch": de eretitel van weleer wordt een scheldwoord. 1956 is eveneens het jaar van de bloedige repressie van de Hongaarse opstand door het Rode leger. En nog steeds in 1956 publiceert Pierre Hervé zijn erg controversiële *La Révolution et les fétiches*: eindelijk zegt iemand hardop wat velen in stilte over de PCF denken. Hoe dan ook, door deze drie gebeurtenissen slaat de politiek-ideologische conjunctuur om: voor vele *compagnons de route* en organische intellectuelen – Sartre, Le Roy Ladurie, Lefebvre, Vailland – betekent 1956 het einde van een uitgeproken communistisch engagement onder het bannier van de PCF. Kort daarna zal de op z'n zachtst gezegd lauwe houding van de PCF ten aanzien van de Algerijnse onafhankelijkheidsstrijd de kritische intellectuelen nog meer afschrikken.

Vanaf het midden van de jaren vijftig zijn daarenboven de eerste tekenen merkbaar van drastische veranderingen in het *culturele* en *intellectuele* landschap. De *Nouveau roman* breekt met alles wat de traditionele en de communistische romanpoëtica's dierbaar is: het transparante personage, het realisme, de lineaire intrige, de onproblematische verteller. De *Nouvelle critique* (Barthes, Goldmann) en de auteurs die wat later tot de kern van het structuralisme zullen behoren (Lacan, Lévi-Strauss, Foucault, Althusser) radicaliseren deze trend. Het literaire en menswetenschappelijke landschap wordt dus op vrij korte tijd grondig herijkt en deze evolutie heeft zo haar gevolgen voor het Franse marxisme. Voor de enen – de *hardliners* binnen de PCF (vooral Garaudy) – vormt de vernieuwing een regelrechte bedreiging die ze met zeer beperkte intellectuele middelen proberen te bezweren; door intellectuele sclerose verliest de PCF vrij snel en voorgoed haar symbolisch krediet. Andere, meer autonome intellectuelen spelen in op de nieuwe tendensen en zien er een mogelijkheid in om het marxisme filosofisch en theoretisch te actualiseren. Dat is wat figuren zoals Goldmann en, wat later, Althusser zullen doen.

Ten derde is ook de *sociologische* en *demografische* evolutie van belang: tussen het midden van de jaren vijftig en zestig stijgt het aantal studenten in universiteiten en para-universitaire hogescholen exponentieel. Ze worden strikt wetenschappelijk-disciplinair gevormd en ze conformeren zich aan de wetten die het veld van de algemene intellectuele productie beheersen, niet aan de ideologische dogma's van een politieke partij zoals de PCF. Komen ze toch nog in contact met marxisme, dan is hun houding helemaal anders dan die van de klassieke, communistische organische intellectueel; hun omgang met marxisme is vooral theoretisch, ze staan open voor nieuwe – ook niet-marxistische – stromingen in cultuur en wetenschap, kortom: mede onder hun invloed wordt het Franse marxisme 'ge-intellectualiseerd.' Met enkele decennia achterstand doet zich in Frankrijk dezelfde evolutie voor als in Italië en Duitsland en verliest de PCF in elk geval haar monopolie op het marxisme als theorie.

In de loop van de jaren zestig wordt de impact van al deze factoren nog voelbaarder. De implosie van de PCF tijdens de jaren zeventig en tachtig stond dus eigenlijk al jaren in de sterren geschreven. En alsof dit alles nog niet genoeg was, verliest de PCF gaandeweg ook het monopolie op de politieke contestatie. Voor menig intellectueel is niet langer de Sovjet-Unie doorslaggevend; nieuwe iconen beheersen hun denken, schrijven en handelen: Castro, Ché, Lumumba, Mulele, Mao, Ho Chi Mihn. Ook andere, nieuwe thema's verdringen de klassieke, communistische ideologie van klassenstrijd en proletarische revolutie: het antikolonialisme en de derdewereldbeweging, de seksuele bevrijding, het feminisme, de waanzin, de *flower power*, het lot van de gevangenen, de hervorming van het hoger onderwijs, de ecologie zijn er enkele van. Mei '68 zal bewijzen dat orthodox partijcommunisme en politieke en intellectuele contestatie niet langer samenvallen.

Lucien Goldmanns genetisch structuralisme

Lucien Goldmann (1913-1970) is van Roemeense afkomst; hij studeert filosofie in Wenen en in 1945 vestigt hij zich voorgoed in

Parijs. In late jaren zestig is Goldmann ook van heel nabij betrokken bij de oprichting van het Instituut voor Literatuursociologie aan de Université Libre de Bruxelles. Goldmanns eerste publicaties staan in het teken van Kant (*La Communauté humaine et l'univers chez Kant. Études sur la pensée dialectique et son histoire*, 1948) en ook later blijft de filosofie een wezenlijk bestanddeel van zijn werk. Toch verschuift zijn aandacht meer en meer naar de literatuurstudie en meer in het bijzonder naar de problematiek van de literatuursociologie. Vele aspecten van dit vrij omvangrijke œuvre zijn niet langer evident of plausibel – soms zelfs ronduit gedateerd –, maar dat belet niet dat Goldmann, wetenschapshistorisch bekeken, een belangrijk figuur is: in Frankrijk is hij de eerste die probeert om een interdisciplinair onderbouwde sociologie van de literatuur te ontwikkelen en in de praktijk om te zetten. Theoretisch moet de literatuursociologie zoals Goldmann die begrijpt aan de volgende vereisten voldoen:

(a) ze is *contextueel* en is als dusdanig een remedie tegen elke vorm van tekstfetisjisme (dat, bijvoorbeeld, van de oerklassieke *explication du texte*, of dat van de structuralistische semiotiek en verhaaltheorie): literatuur staat niet op zichzelf, maar is een bij uitstek maatschappelijk fenomeen en zonder de verwijzing naar die maatschappelijke context blijft de studie van de literatuur abstract en zelfs misleidend;

(b) ze *totaliseert* en staat dus haaks op de zeer pointillistische aanpak van de relatie literatuur – maatschappij in de *critique historique* van Gustave Lanson en zijn opvolgers die de context al té zeer verengen in functie van individuele auteursbiografieën;

(c) ze *complexifieert* de relatie literatuur – maatschappij en op die manier wil Goldmann een correctief bieden op het simplistische en dualistische "basis-bovenbouw-schema" van de orthodoxe marxistische literaire theorie en op het platte determinisme dat daaruit voortvloeit (de economische basis determineert de bovenbouw); literatuur is nooit simpelweg een onmiddellijke weerspiegeling van deze of gene maatschappelijke positie of situatie;

(d) ze is van *neomarxistische* signatuur: de referentie aan (de jonge) Marx blijft essentieel, maar andere, al dan niet marxistische filosofen – Lukács (zoals we zullen zien, vooral die van *Die Seele und die Formen* (1911), *Die Theorie des Romans* (1916) en het cruciale *Geschichte und Klassenbewußtsein* (1923)), Kant, Hegel, Piaget –, spelen een op zijn minst even belangrijke rol in Goldmanns literatuursociologie; in tegen-

stelling tot het orthodoxe, geïnstitutionaliseerde communisme is zijn marxisme dus open, pluralistisch; theoretische essaybundels zoals *Recherches dialectiques* (1959) of *Sciences humaines et philosophie* (1966) leveren hiervan het sprekende bewijs;
(e) ze is *maatschappijkritisch*: literatuursociologie is niet zomaar een wetenschappelijke discipline naast andere; het onderzoek ontmaskert, via de studie van de literatuur, de onmenselijke, vervreemdende aspecten van de moderne, kapitalistische samenleving; ook de literatuur die vormelijk en inhoudelijk de toestand van vervreemding probleemloos bestendigt, wordt aan de kaak gesteld;
(f) ze is *humanistisch* en *utopisch*: Goldmanns maatschappijkritiek stoelt op de idee, op de utopie van een samenlevingsvorm waarin alle vervreemding verdwenen is, waarin de mens volwaardig mens is, waarin de wetten van ruilwaarde niet langer gelden, waarin de spiraal van verdinglijking doorbroken is, kortom waarin het kapitalisme volledig overstegen is; dit verklaart Goldmanns weerstand tegen het structuralistische antihumanisme en zijn fascinatie, tijdens de meidagen van 1968, voor de utopie van de *autogestion* (dit wil zeggen: de hervorming van de economie en de leefwereld in termen van kleinschaligheid, solidariteit, zelfbeheer, enzovoort).

Wat de onderzoekspraktijk betreft, concentreert Goldmann zich in de jaren vijftig en de vroege jaren zestig vooral op de Franse literatuur en samenleving van de zeventiende eeuw (Pascal en Racine). Daarna komt ook de meer contemporaine literatuur (o.a. Malraux, Robbe-Grillet, Genet, Ionesco en Beckett) ruimschoots aan bod.

De publicatie van *Le Dieu caché* in 1956 betekent voor Goldmann de doorbraak in de Franse academische en intellectuele milieus. Het boek vormt een essentiële stap in de ontwikkeling van een literatuursociologie die zowel oog heeft voor het begrijpen (*la compréhension*) als voor het verklaren (*l'explication*): de literatuursocioloog wil een welbepaalde literatuur uit de zeventiende eeuw maatschappelijk verklaren zonder daarbij evenwel de specificiteit van de literatuur en van het begrijpen van literatuur uit het oog te verliezen; de *genese* en de *structuur* van literaire werken moeten samen gedacht worden, vandaar het begrip 'genetisch structuralisme.' Zoals hierboven reeds gesteld, wijkt Goldmanns contextualiseringsstrategie op twee fundamentele punten af van de gangbare (orthodox-)marxistische praktijk terzake. Ten eerste is ze niet dualistisch. Goldmann vervangt de tweedeling basis–bovenbouw door een meerledig perspectief dat rekening houdt met op zijn minst vijf belangrijke componenten: het literaire werk – door Goldmann gedefinieerd als een "betekenisstructuur" (*structure significative*) –, het wereldbeeld (*vision du monde*), de mentale structuren (*structures mentales*), de sociale groep of (sub-)klasse en de maatschappelijke structuur. De literatuursocioloog gaat vervolgens op zoek naar correlaties tussen deze verschillende niveaus; Goldmann spreekt van *structurele homologieën*. In *Le Dieu caché*, bijvoorbeeld, toont hij aan dat er een dwingend verband bestaat tussen de kernthema's van Pascals *Pensées* en Racines tragedies, het jansenistische wereldbeeld en de maatschappelijke benarde positie van de sociale klasse van de ambtsadel (*noblesse de robe*). Deze laatste groep was door het groeiende centralisme van Lodewijk XIV steeds meer in de verdrukkking geraakt. De Zonnekoning verkoos de door hemzelf in het leven geroepen ambtenarij. De marginalisering van de ambstadel gaf voeding aan een mentaliteit die in het jansenisme een uitlaatklep vond voor haar frustraties. Sociale marginaliteit mondde ten slotte uit in een geloofsovertuiging waarin de weigering van het ondermaanse (en dus van de politiek) – de *refus intramondain* – een kernthema was. In het alledaagse leven bleef deze mentaliteit eerder diffuus. In grote literaire, filosofische en theologische werken wordt ze als het ware verdicht en gearticuleerd tot een *coherente* wereldvisie, tot betekenisstructuren.

De werkwoorden 'verdichten' en 'articuleren' zijn niet toevallig gekozen, want hier stuiten we op een tweede belangrijke verschil tussen Goldmanns genetisch structuralisme en het klassieke marxisme. Dat laatste is altijd blijven denken in termen van *weerspiegeling*: literatuur, bijvoorbeeld, weerspiegelt op een welhaast onmiddellijke manier de maatschappelijke context die de hare is. Niet zo bij Goldmann: betekenisstructuren en wereldbeelden zijn geen spiegels of passieve epifenomenen maar *productieve* krachten; dankzij hen ontstaat er iets wat anders niet zou bestaan, namelijk een *mogelijk klassenbewustzijn* of *collectief bewustzijn*. Met deze visie is Goldmann zeer schatplichtig aan Lukács' idee van het *zugerechnetes Klassenbewußtsein* en aan de Zwitserse epistemoloog en ontwikkelingspsycholoog Jean Piaget (de structuur als mentale, dynamische *creatie*, iets helemaal anders dus dan de structuren van het latere Franse structuralisme). Op het moment van het verschijnen werd *Le Dieu*

caché als erg gedurfd en vernieuwend gepercipieerd en niet helemaal onterecht. Het is dan ook niet verwonderlijk dat enkele jaren later, in het debat naar aanleiding van de publicatie van Barthes' *Sur Racine*, Raymond Picard, de paus van de academische Racine-studies, in zijn pamflet *Nouvelle critique ou nouvelle imposture* (1965) niet alleen Barthes over de hekel haalde maar ook Goldmann. Vandaag zien we iets beter de zwakheden van *Le Dieu* caché en van Goldmanns literatuursociologie in het algemeen:
(a) men kan zich afvragen of *in laatste instantie* de idee van structurele homologieën wel zo fundamenteel afwijkt van het weerspiegelingstheorema;
(b) de idee van structurele homologieën *suggereert* het bestaan van dwingende correlaties zonder evenwel die causale verbanden analytisch echt hard te maken;
(c) de semantisch-thematische dimensie van de literatuur krijgt alle aandacht, terwijl de vraag naar haar formele, retorische, talige aspecten volledig onderbelicht blijft;
(d) deze literatuursociologie bestudeert uitsluitend het *productieproces* van de literatuur zonder rekening te houden met de receptie-problematiek, dus met het concrete *functioneren* van literaire teksten, en dat hypothekeert ernstig haar *sociologische* en *historische* aanspraken;
(e) in navolging van Hegel en vooral Lukács denkt Goldmann systematisch en op alle niveaus in termen van *totaliteit* (alles houdt verband met alles, de delen drukken het geheel uit en het geheel de delen); verschillen, breuken, contradicties, ambivalenties, ze blijven noodzakelijkerwijze het *impensé* van deze theorie en dat is problematisch voor een (literatuur-)sociologie;
(f) Goldmanns theorie is intellectualistisch en elitair, want alleen grote denkers en grote literatuur (in de brede zin van het woord) zijn in staat mentale structuren om te zetten in *coherente* en expliciete wereldbeelden en betekenisstructuren; alles wat niet aan die basale eis tot coherentie voldoet, valt onherroepelijk buiten het bestek van het onderzoeksdomein en is, zo stelt Goldmann herhaaldelijk, cultureel-literair verdacht; deze normatieve esthetische ideologie brengt Goldmann in de buurt van Adorno.

Pour une sociologie du roman (1964) is Goldmanns tweede belangrijke bijdrage tot de literatuursociologie. Het boek valt in twee grote delen uiteen. Het eerste deel, "Introduction aux problèmes d'une sociologie du roman", kan gelezen worden als een vervolg op György Lukács' *Theorie des Romans* (1916; Franse vertaling met inleiding van Goldmann: 1968), waarin de Hongaar het verband tussen de Europese moderniteit en de opkomst van de moderne roman thematiseert. Lukács' diagnose was pessimistisch. Moderniteit betekent verbrokkeling, gebrokenheid: bindende, transcendente waarden zijn onmogelijk geworden. Het menselijke handelen kan niet meer begrond worden, de mens zwalpt stuurloos rond in een zinloze werkelijkheid. Dat is wat de roman uitspreekt: het *problematische karakter* van het moderne subject. Goldmann volgt Lukács' donkere diagnose, maar hij probeert de bijzonder gebalde, speculatieve en bij momenten zelfs ronduit cryptische taal van de *Theorie des Romans* om te zetten in een hedendaagser conceptueel en sociaal-historisch kader. Lukács' abstracte geschiedfilosofie moet plaats ruimen voor een genetisch-structuralistische analyse van de roman in het tijdperk van het moderne kapitalisme. Met andere woorden, Goldmann onderzoekt de structurele homologieën tussen de verschillende vormen van kapitalisme en romanvormen. Hij hanteert hierbij de volgende basisidee: de roman is het product van een burgerlijke en individualistische samenleving die beheerst wordt door de principes van economie en markt; hij drukt dan ook niet langer een collectieve ideologie of *vision du monde* uit, maar geeft gestalte aan het verlangen van in wezen problematische helden om een authentiek bestaan uit te bouwen. Naarmate echter de structuur van markt en economie evolueert, verandert ook de natuur van de problematische held. Goldmann stelt in de "Introduction" de volgende periodisering voor:

(a) de negentiende eeuw: de periode van het liberale, expanderende en triomferende ondernemerskapitalisme; de romanhelden uit die periode – Goldmann verwijst naar Goethe, Balzac, Stendhal en Flaubert – zijn demonische figuren die ten allen prijze een plaats in de maatschappij willen veroveren; het zijn helden die verteerd worden door een *wil* die zich niet zelden te pletter loopt op de wetten van de burgerlijke moraal;

(b) de eeuwwisseling en de eerste helft van de twintigste eeuw: de periode van het monopoliekapitalisme; de steeds sterkere concentratie van het kapitaal oefent een verstikkende invloed uit op het individu; romans uit die periode – Kafka, Proust, Joyce, Sartre, Camus, Malraux, enzovoort – deconstrueren de categorie van de held;

(c) de naoorlogse jaren: de dynamiek van concentratie en bureaucratisering zet zich verder door en het individu wordt volledig verstikt; in de *Nouveau roman*, bijvoorbeeld, is er geen sprake meer van een held; actanten lijken er ondergeschikt aan de regels van de vorm; de romanschriftuur heeft op de categorie van het personage dezelfde vernietigende impact als de moderne maatschappij op het individu.

Hiermee is het globale kader geschetst dat meteen ook de achtergrond vormt van het tweede deel van *Pour une sociologie du roman*, twee, lang uitgesponnen *casestudies* over Malraux en Robbe-Grillet. Goldmanns hypothese omtrent de evolutie van de roman heeft ongetwijfeld het voordeel van de duidelijkheid, maar – en dat is veel problematischer – ze is eveneens hoogst schematisch: ze doet niet alleen de literaire complexiteit geweld aan, ze is ook sociaal-historisch niet overtuigend. Opnieuw is de gelijkenis met de naoorlogse Frankfurter Schule en dan vooral met Adorno treffend: Goldmanns en Adorno's concrete esthetische canons mogen dan al sterk verschillen, de onderliggende ethisch-politieke normativiteit waarmee over literatuur gesproken wordt en het overkoepelende sociaal-historische doemscenario zijn identiek. Hier is bij nader toezien niet langer sprake van literatuursociologie maar van geschiedfilosofie. Wat er ook van zij, na *Pour une sociologie du roman* spitst Goldmann zijn activiteiten toe op een drietal domeinen: de theoretische reflectie, concrete literatuursociologische *casestudies* en politiek geladen analyses van de moderne samenleving. Dat resulteert in een groot aantal essays en werken zoals *Sciences humaines et philosophie* (1966), *Structures mentales et création culturelle* (1970); *Lukács et Heidegger* (1973) en *Marxisme et sciences humaines* (1976) werden postuum gepubliceerd.

De Althusseriaanse literatuurtheorie: Pierre Macherey

In 1965 publiceert Louis Althusser (1918-1990) *Pour Marx*, zijn eerste grote theoretische essaybundel waarmee de auteur in geen tijd het boegbeeld wordt van de structuralistische revolutie op het vlak van het marxisme. Tot dan toe was Althusser voor het grote publiek een nobele onbekende; in studentenkringen, daarentegen, en vooral aan de École Normale Supérieure liggen de zaken helemaal anders: als filosofiedocent en -repetitor oefent Althusser vanaf de jaren vijftig een zeer grote invloed uit op generaties van jonge intellectuelen – gaande van Foucault over Derrida en Bourdieu tot Bernard-Henri Lévy. Veel van Althussers belangrijkste inzichten zijn trouwens tot stand gekomen via seminaries. Een sprekend voorbeeld hiervan is het belangrijke *Lire «Le Capital»* (1965) waaraan, naast Althusser zelf, ook Étienne Balibar, Pierre Macherey en Jacques Rancière meewerkten. De grote aantrekkingskracht van Althussers werk tijdens de tweede helft van de jaren zestig en het begin van jaren zeventig heeft zeker te maken met de erg uitgesproken wil tot conceptuele en wetenschappelijke *rigueur*. Althussers radicale theorie dient zich bovendien aan als een valabel alternatief voor de weke, reformistische en conformistische ideologie van de PCF en ze biedt de mogelijkheid om de problematisch geworden Hegeliaans-humanistische varianten van het neomarxisme – Goldmann en Sartre voorop – te overstijgen en het marxisme tot één van de "pilootwetenschappen" van het structuralisme te maken. Een wat oubollig geachte filosofie werd zo van de ene dag op de andere getransformeerd tot een avant-gardewetenschap. De autonomie en de onmisbaarheid van de "theorie", één van de sleutelbegrippen in Althussers denken, maken ten slotte van de intellectueel, de 'theorie-producent' bij uitstek, dé essentiële pion in het marxistische discours; de PCF is dus haar monopolie op de ideologievorming kwijt. Dit belet echter niet dat Althussers houding op dit laatste punt onduidelijk is (zie vooral Jacques Rancière, *La Leçon d'Althusser*, 1974): in tegenstelling tot de 'meester' zullen rond 1968 vele jonge intellectuelen de PCF volledig links laten liggen. Ook de gespannen verhouding tussen Althusser en de radicaal gauchistische *Telquelliens* heeft onder meer met dit probleem te maken.

Althusser beschouwt zijn interventie als een *coupure épistémologique*: hij wil koste wat het kost bewijzen dat met Marx een totaal nieuw wetenschappelijk paradigma het licht ziet. Deze nieuwe epistemologie – die ook die van Althusser is – kan als volgt gekarakteriseerd worden:
(a) ze is *anti-expressivistisch*: de samenleving vormt geen totaliteit waarin een 'dialectische' relatie bestaat tussen het geheel en de delen; Althusser denkt veeleer in termen van autonome subsystemen – politiek, recht, economie, kunst en literatuur – die op gespannen voet met elkaar staan; contradicties zijn dus van wezenlijker belang dan homologieën;
(b) ze is *antihumanistisch*: Althusser en de zijnen verwerpen radicaal de Hegeliaans-humanistische problematiek van de vervreemding; zo

kan de sociaal-historische vraag naar het concrete *functioneren* van bijvoorbeeld ideologieën pregnanter gesteld worden;
(c) ze is *antirealistisch*: de theorie heeft niet tot doel een waarheid aan het licht te brengen die altijd al in een voorafgegeven object besloten lag, ze produceert haar eigen onderzoeksobject; het taaie, marxistische realisme wordt vervangen door een op de spits gedreven epistemologisch constructivisme.

Althussers postume autobiografische teksten (*L'Avenir dure longtemps*, 1992; *Journal de captivité. Stalag XA / 1940-1945*, 1992; *Lettres à Franca (1961-1973)*, 1998) leren ons dat literatuur voor hem een zeer grote, vooral existentiële waarde had. Op enkele zeldzame essays na zoals "Le 'Piccolo', Bertalozzi et Brecht" (*Esprit*, 1962), heeft Althusser zelf echter niet expliciet bijgedragen tot de literatuurtheorie. Dat is vooral het werk van Pierre Macherey. Hij publiceert in 1966 het invloedrijke *Pour une théorie de la production littéraire*, een op en top Althusseriaanse interventie in het domein van de literatuurtheorie. Het boek verschijnt als vierde deel in de door Althusser en François Maspéro gecreëerde reeks met de veelzeggende naam "Théorie." Het opzet van *Pour une théorie* is dubbel. Macherey zet zich eerst en vooral af tegen andere, al dan niet marxistische literatuuropvattingen. De studie van de literatuur, zo schrijft hij, moet zich hoeden voor een aantal "illusies" die men zowel in de klassieke *explication du texte*, de hermeneutiek, het Hegeliaanse neomarxisme als in de structuralistische teksttheorie (Barthes en Genette worden nadrukkelijk geviseerd) aantreft:
(a) de *empirische* illusie: critici gaan ervan uit dat het literaire object op zichzelf al een betekenis heeft die dan alleen maar aan de oppervlakte moet gebracht worden;
(b) de *normatieve* illusie: critici projecteren betekenis op het literaire werk zonder zich daar echt rekenschap van te geven;
(c) de *interpretatieve* illusie: critici zien in het literaire werk een totaliteit die rond één ondeelbare betekenis zou gecentreerd zijn;
(d) de *realistische* illusie: critici denken vaak dat de literatuur op een getrouwe manier de maatschappelijke werkelijkheid weerspiegelt.

De legitieme marxistische literatuurtheorie, daarentegen, is constructivistisch: ze moet haar onderzoeksobject, de literatuur, telkens opnieuw definiëren in functie van specifieke sociaal-historische contexten. Ze moet de onherleidbare autonomie van het literaire spreken respecteren zonder de context uit het oog te verliezen en ze moet vooral op zoek gaan naar contradicties, versprekingen en lacunes in het literaire vertoog.

Concreet gesproken is literatuur voor Macherey een autonome vorm van productie naast de ideologie en de theorie. Ideologie staat hier niet voor 'onwaarheid' maar voor "illusie": ze verwijst naar alle instituties, vertogen en praktijken die het subject in zijn alledaagse bestaan constitueren (denk aan Althussers befaamde "de ideologie interpelleert individuen als subjecten"). Theorie is de conceptuele arbeid die ideologievrije wetenschap en waarheid produceert. In deze constellatie bekleedt de literatuur een tussenpositie: ze staat niet boven de ideologie maar wordt er ook niet door opgeslokt. Literatuur, zo stelt *Pour une théorie*, is "fictie", iets "wat gemaakt is" en zich als dusdanig aandient. Met andere woorden, literatuur doorbreekt de ogenschijnlijke evidentie en 'natuurlijkheid' van de ideologie, ze laat ideologie *als* ideologie zien en vervult op die manier een essentiële kritische functie. Dit 'laten zien' is geen directe weerspiegeling van de empirische, sociaal-historische werkelijkheid: literatuur thematiseert de *taal* van de ideologie en vooral haar contradicties en haar stiltes. Hiermee is een cruciale stap gezet in de richting van een neomarxistische literatuursociologie waarin de *discoursanalyse* een fundamentele component is. Macherey zelf geeft weinig of geen aanzetten tot de verdere ontwikkeling van die discoursanalyse. Elementen hiervoor zijn wel terug te vinden bij Michel Pêcheux, Renée Balibar, Françoise Vernier, Michel Foucault en de latere sociokritiek. In *Pour une théorie* wordt het globale theoretische kader vervolgens toegepast op Lenin, Borges, Balzac en vooral Jules Verne. Zo laat Macherey zien op welke contradictorische manier Verne zich verhoudt tot het vooruitgangsdenken van zijn tijd. Die contradicties zijn geen teken van literaire en intellectuele minderwaardigheid maar juist de graadmeter van de specifiek literaire 'waarheid.'

Conceptueel en inhoudelijk is de breuk met de bestaande (neo) marxistische literatuursociologie totaal. Op één punt echter staat Macherey veel dichter bij die traditie dan hij zelf wil toegeven: net als Goldmann of de Frankfurter Schule kent hij aan de literatuur een absoluut geprivilegieerde status toe als ideologiekritische instantie. Alleen de literatuur is bij machte om ideologie als ideologie zichtbaar en ontcijferbaar te maken. Dit impliciete fetisjisme van het literaire vertoog is één van de meest problematische aspecten van *Pour une théorie de la production littéraire* en het blijft ook Macherey's latere essays over literatuur kenmerken (zie bijvoorbeeld *A quoi pense la littérature?*, 1990). Wat de receptie van *Pour une théorie* betreft, is de situatie vrij paradoxaal. Enerzijds is het belang van het boek onmiskenbaar: Macherey is een belangrijke schakel in de ontwikkeling van de latere sociokritiek. Anderzijds is de respons in Frankrijk op Macherey's interventie in de literatuurtheorie bescheiden gebleven en heeft de Althusseriaanse literatuursociologie weinig *concrete* onderzoeksresultaten opgeleverd. Het meeste succes kent Macherey wellicht in de Angelsaksische wereld. In de loop van de jaren zeventig schuiven jonge critici zoals Terry Eagleton (*Criticism and Ideology*, 1976; *Marxism and Literary Theory*, 1976) en de intellectuelen rond de bladen *Textual Practice* en *New Left Review* Althusser en Macherey naar voor als enig valabel alternatief voor de humanistisch-neomarxistische literatuursociologie van bijvoorbeeld Raymond Williams. In de Verenigde Staten vindt de Althusseriaans getinte literatuurtheorie vooral weerklank bij Fredric Jameson en Gayatri Spivak en in toonaangevende tijdschriften zoals *Diacritics* en in mindere mate *Critical Inquiry*.

"Marx is dood"

Dat blokletterde *Time Magazine* op het einde van de jaren zeventig. De Franse intellectuelen keerden zich massaal af van hun vroegere marxistische idolen en de PCF. In deze evolutie hebben verschillende factoren een rol gespeeld:
(a) de hooggespannen verwachtingen van mei '68 en de gauchistische idealen van het begin van de jaren zeventig werden nooit ingelost; op revolutionaire (en vooral theoretische) euforie volgt ressentiment;
(b) de (matige en sindsdien volledig herwerkte) Franse vertaling van Solsjenitzyns *Goelagarchipel* (1974) sloeg in als een bom; de mythe van het 'reëel bestaande communisme' wordt er op een nooit geziene manier onderuit gehaald als een gruwelijke leugen;
(c) de *Nouvelle philosophie* van gauchistische oudstrijders zoals Bernard-Henri Lévy (*La Barbarie à visage humain*, 1977) en André Glucksmann (*Les Maîtres penseurs*, 1977) ontmaskert het marxisme als een *in se* totalitaire ideologie; voor hen is Stalin geen historisch *accident*

de parcours maar een onvermijdelijk gevolg van Hegel en Marx; met de *Nouveaux philosophes* breekt ook voor de intellectueel een nieuw tijdperk aan, dat namelijk van de moderne massamedia; Lévy en de zijnen exploiteren maximaal de populaire pers, radio en televisie, en ze hebben op die manier bijgedragen tot de kentering van het intellectuele klimaat in Frankrijk tijdens de tweede helft van de jaren zeventig;
(d) de humanitaire catastrofes in Cambodja en Vietnam bewijzen voor velen het moorddadige karakter van het marxisme in al zijn varianten;
(e) op politiek vlak heerst in het linkse kamp een diepe malaise; communisten en socialisten slagen er maar niet in om de rechtse hegemonie te doorbreken, wat leidt tot onophoudelijke twisten;
(f) in 1980 vermoordt Althusser zijn vrouw in een vlaag van zinsverbijstering; de laatste marxistische meesterdenker verdwijnt van het toneel en met hem de droom van de strenge marxistische theorie.
De electorale afgang en de intellectuele verstarring van de PCF was reeds merkbaar vanaf de tweede helft van de jaren vijftig. Nu, in de loop van de jaren zeventig, implodeert het marxisme ook als symbolisch en intellectueel referentiepunt.

De sociokritiek

Als theoretisch paradigma heeft het (neo-)marxisme ook in de literatuurstudie een flink deel van zijn aantrekkingskracht verloren en plaats moeten ruimen voor nieuwe perspectieven op de literatuur zoals de deconstructie, het feminisme, de postkoloniale en culturele studies, enzovoort. Toch is dit slechts een deel van het verhaal. Met Macherey, Althusser en in iets mindere mate *Tel Quel* verdwijnt de ambitie van een strikt marxistische literatuursociologie, maar op het vlak van de concrete literaire kritiek blijft de invloed van het marxisme merkbaar. Tussen 1974 en 1980, bijvoorbeeld, verschijnt onder redactie van Pierre Abraham en Roland Desné een twaalfdelige *Histoire littéraire de la France* die loopt tot 1970. Het indrukwekkende project wordt uitgegeven door de Éditions sociales die nauw verbonden zijn met de PCF. Vele bijdragen zijn dan ook van een duidelijk marxistische signatuur. Zo hebben enkele medewerkers aan de volumes over de negentiende en de twintigste eeuw een uitgesproken voorkeur voor realistische auteurs (Balzac, Zola) die steevast gekarakteriseerd worden als “progressief” en "populair", terwijl experimentele vormen van literatuur (de Parnasse, Mallarmé) "formalisme" en "wereldvreemdheid" verweten worden. Andere bijdragen zoals die van Michel de Certeau, Anne Ubersfeld en Claude Duchet zijn dan weer veel minder ideologisch gekleurd en veel gevoeliger voor de vormelijke en talige specificiteit van de literatuur. Diezelfde Claude Duchet ligt mee aan de basis van een nieuwe stroming in de contextuele literatuurstudie, namelijk de sociokritiek. Onder zijn redactie verscheen in 1979 *Sociocritique*, een opstellenbundel met een zekere manifestwaarde (en met bijdragen van o.a. Françoise Gaillard, Marc Zimmerman, Henri Mitterand, Jacques Dubois, Pierre Macherey, Jacques Leenhardt, Uri Eisenzweig en Henri Meschonnic). De sociokritiek dient zich aan als een maatschappijkritische literatuursociologie die de sociaal-historische contextualisering van het literaire object wil verzoenen met een fijnmazige, discoursanalytische benadering: op die manier ontsnapt ze aan de problematische eenzijdigheid van tekstimmanente literatuurtheorieën (ongeacht of die hermeneutisch, structuralistisch of poststructuralistisch zijn) en van elke vorm van historisch of sociologisch reductionisme (dat de literaire tekst herleidt tot een passief effect van contextuele factoren). Hoewel er hier zeker geen sprake is van een homogeen theoretisch veld, berust het werk van de meeste sociocritici op een (variabele) combinatie van elementen uit de neomarxistische traditie (vooral Adorno, Benjamin, Althusser en Macherey; in mindere mate Gramsci, Lukács en Goldmann), de veldtheorie van Bourdieu, de structuralistische teksttheorie en semiotiek (Barthes, Genette en Greimas), Foucaults machts- en discoursanalytiek, en Bakhtins dialogisme en intertekstualiteitstheorie. Recentere auteurs zoals Pierrette Malcuzynski hebben ook aandacht voor het feministische differentie-denken en thema's die verband houden met de postkoloniale problematiek. Maar ongeacht dit vaak terugkerende referentiekader zijn de gehanteerde lees- en contextualiseringsstrategieën soms heel erg uiteenlopend. Dat bewijzen twee markante invullingen van het sociokritische project, namelijk Peter V. Zima's *tekstsociologie* of *sociosemiotiek* en Marc Angenots analytica van het *discours social*.

Net als Kristeva is Zima een leerling van Lucien Goldmann, maar in tegenstelling tot zijn leermeester hecht hij bijzonder veel belang aan de sociaal-historische functie van de *taal*. Zij is de cruciale schakel tussen literatuur en maatschappij. Volgens Zima kan de samenleving beschouwd worden als een weefsel van sociolecten of groepstalen. Elk sociolect heeft een specifiek lexicaal repertorium dat door al even specifieke semantische, binaire en hiërarchische filters gestructureerd wordt (bijvoorbeeld: goed – kwaad, rijk – arm, kapitaal – arbeid, fascist – communist, enzovoort). Vervolgens genereren lexicon en semantiek grotere eenheden of vertogen. Zima's sociaalhistorische basisintuïtie is dan de volgende: in de moderne, kapitalistische maatschappij circuleert de taal (zoals goederen of geld circuleren op de markt) en die exclusieve nadruk op de ruilwaarde van de communicatie vervlakt semantische verschillen; de ruil of sociale communicatie mondt uit in semantische "indifferentie." Dit geeft op zijn beurt aanleiding tot een proliferatie van *ideologieën* die de indifferentie te lijf gaan met een strak semantisch dualisme en narratieve schema's die zichzelf presenteren als de enig ware voorstelling van de 'Werkelijkheid.' De literatuur kan zich op twee manieren inschrijven in deze algemene *sociolinguïstische situatie*: ofwel is ze conformistisch en draagt ze verder bij tot de semantische vervlakking van taal en werkelijkheid, ofwel is ze kritisch en legt ze de mechanismen van de heersende sociolecten en ideologieën bloot en stelt ze de tirannie van de cynische ruilwaarde aan de kaak in naam van een impliciete of expliciete norm van authentieke communicatie. Die laatste is dan gebaseerd op een ethiek van de gebruikswaarde. De sociosemiotiek heeft tot doel om het ideologische spreken in kaart te brengen en aan te tonen waar, op welk moment en hoe de literatuur ontsnapt aan de ban van het ideologische spreken. Zima heeft deze sociosemiotiek geconceptualiseerd en geconcretiseerd in een nu al erg omvangrijk œuvre dat tenvolle de intellectuele nalatenschap van de eerste generatie van de Frankfurter Schule (van Adorno op de eerste plaats) assumeert. De helderheid en de toepasbaarheid van Zima's literatuursociologie nemen echter niet weg dat dit model op een aantal fundamentele punten problematisch is:

(a) de kernidee van semantische vervlakking door sociale communicatie vooronderstelt impliciet de utopie van een taalgebruik dat volledig ontsnapt aan de wetten van de ruilwaarde; op het vlak van de semiotiek reproduceert Zima (onbewust?) Goldmanns hypothese van een "natuurlijke economie" waarin elke vorm van vervreemding en inauthenticiteit opgeheven is;

(b) de sociosemiotiek is *esthetisch* zeer normatief; net als Adorno privilegieert Zima een welbepaald literair modernisme als norm (Kafka,

Musil, Beckett, enzovoort); wat niet aan die norm beantwoordt – ideologische literatuur, populaire tekstvormen, enzovoort – valt gewoon buiten het bestek van het onderzoek; die selectiviteit is literatuursociologisch onaanvaardbaar;
(c) de sociosemiotiek is *ethisch* zeer normatief: literatuur en concurrentiële theoretische paradigma's worden beoordeeld in functie van de ethische criteria (autonomie, reflexiviteit, open intersubjectiviteit, kritische rationaliteit...) die ook door de verschillende generaties van de Frankfurter Schule (van Adorno tot Habermas) gehanteerd werden en worden; dit maakt van Zima's tekstsociologie een al bij al vrij voorspelbare onderneming die de praktijk zelf van het lezen en het analyseren *bij voorbaat* uitholt;
(d) Zima's idee van de ontwikkeling van de westerse samenleving sinds de negentiende eeuw wijkt nauwelijks af van Adorno's of Goldmanns visie terzake; een onkritisch gehanteerde geschiedfilosofie maakt elk *effectief* sociaal-historisch onderzoek in feite overbodig en verklaart het uiterst schematische en wat simplistische beeld van de maatschappelijke context waarin de literatuur zich inschrijft; dit schematisme wordt verder in de hand gewerkt door de problematische gelijkstelling van samenleving en taal.

Angenots invulling van de sociokritiek is daarentegen veel gevoeliger voor de retorische en semiotische subtiliteiten van de communicatie. Blijft Zima schatplichtig aan het *grand récit* van de Kritische Theorie, dan is er bij Angenot veel meer ruimte voor zeer diverse *micro-analyses* waarin echter de vraag naar de contextuele inbedding van vertogen nooit uit het oog wordt verloren. Angenot werkt bovendien niet met een vooraf geconcipieerde theorie die vervolgens op concrete gevallen wordt toegepast: de discoursanalyse wordt telkens opnieuw ontwikkeld (en, indien nodig, aangepast) in functie van specifieke onderzoeksobjecten en -contexten. Deze strategie is dus ook beter geschikt om een antwoord te bieden op de sociokritische vraag bij uitstek, namelijk de vraag naar de sociaal-historische en discursieve specificiteit van vertogen (literaire en andere). Ten slotte – en dat is een ander essentieel verschil ten opzichte van Zima – is Angenot nooit bezweken voor het (neomarxistische) fetisjisme van een restrictieve modernistische canon: in zijn werk onderzoekt hij zowel hoge als lage literatuur en hanteert hij een breed en open cultuurconcept; alle vormen van spreken, schrijven en representeren – dus het *discours social* in zijn totaliteit – komen in aanmerking voor de studie van de culturele evoluties op een bepaald moment in een gegeven context. Dat maakt de vraag naar de eigenheid van het literaire spreken alleen maar boeiender. Angenots œuvre is zonder twijfel één van de interessantste invullingen van het sociokritische project in de jaren tachtig en negentig.

BEKNOPTE BIBLIOGRAFIE

Primaire literatuur

ALTHUSSER, Louis, *Pour Marx*, Paris, Maspero, 1965.

—, *Positions*, Paris, Éditions sociales, 1976.

—, *L'Avenir dure longtemps*, Paris, Stock – Imec, 1992. (*De toekomst duurt lang*, Prometheus.)

—, *Journal de captivité. Stalag XA / 1940-1945*, Paris, Stock – Imec, 1992.

—, *Lettres à Franca (1961-1973)*, Paris, Stock – Imec, 1998.

—, *Drie opstellen over kunst en ideologie*, Nijmegen, SUN, 1980.

— *e.a.*, *Lire «Le Capital»*, Paris, Maspero, 1965.

ANGENOT, Marc, *Le Roman populaire. Recherches en paralittérature*, Montréal, PUQ, 1975.

—, *La Parole pamphlétaire. Contribution à la typologie des discours modernes*, Paris, Payot, 1982.

—, *Critique de la raison sémiotique. Fragment avec pin up*, Montréal, PUM, 1985.

—, *Le Cru et le faisandé. Sexe, discours social et littérature à la Belle Époque*, Bruxelles, Labor, 1986.

—, *Ce que l'on dit des Juifs en 1889. Antisémitisme et discours social*, Paris, PU de Vincennes, 1989.

—, *Mille huit cent quatre-vingt-neuf. Un état du discours social*, Montréal, Le Préambule, 1989.

—, *L'Utopie collectiviste. Le grand récit socialiste sous la Deuxième Internationale*, Paris, PUF, 1993.

—, *Jules Guesde ou la fabrication du marxisme orthodoxe*, Montréal, CIADEST, 1997.

—, *La Critique au service de la révolution*, Leuven – Paris, Peeters – Vrin, 2000.

— (éd.), *Théorie littéraire*, Paris, PUF, 1989.

— *e.a.*, *La Littérature comme objet social*, Montréal, CIADEST, 1995.

— *e.a.*, *L'Esprit de censure*, Montréal, CIADEST, 1995.

BALIBAR, Renée *e.a.*, *Les Français fictifs. Le rapport des styles littéraires au français national*, Paris, Hachette, 1974.

DUCHET, Claude (éd.), *Sociocritique*, Paris, Nathan, 1979.

GOLDMANN, Lucien, *La Communauté humaine et l'univers chez Kant. Études sur la pensée dialectique et son histoire*, Paris, PUF, 1948.

—, *Jean Racine, dramaturge*, Paris, L'Arche, 1956.

—, *Le Dieu caché. Étude sur la vision tragique dans les* Pensées *de Pascal et dans le théâtre de Racine*, Paris, Gallimard, 1956.

—, *Recherches dialectiques*, Paris, Gallimard, 1959.

—, *Pour une sociologie du roman*, Paris, Gallimard, 1965.

—, *Sciences humaines et philosophie*, Paris, Gonthier, 1966.

—, *Structures mentales et création culturelle*, Paris, Anthropos, 1970.

—, *Situation de la critique racinienne*, Paris, L'Arche, 1971.

—, *La Création culturelle dans la société moderne*, Paris, Denoël – Gonthier, 1971.

—, *Lukács et Heidegger*, Paris, Denoël – Gonthier, 1973.

—, *Marxisme et sciences humaines*, Paris, Gallimard, 1976.

—, *Épistémologie et philosophie politique. Pour une théorie de la liberté*, Paris, Denoël – Gonthier, 1978.

— (éd.), *Littérature et société. Problèmes de méthodologie en sociologie de la littérature*, Bruxelles, Éditions de l'Université de Bruxelles, 1967.

— (éd.), *Sociologie de la littérature. Recherches récentes et discussions*, Bruxelles, Éditions de l'Université de Bruxelles, 1973

MACHEREY, Pierre, *Pour une théorie de la production littéraire*, Paris, Maspero, 1966.

—, *Hegel ou Spinoza*, Paris, Maspero, 1979.

—, *Comte. La philosophie et les sciences*, Paris, PUF, 1989.

—, *Que peut la littérature? Exercices de philosophie littéraire*, Paris, PUF, 1990.

—, *De gebroken spiegel: over de realistiese illusie. Pierre Macherey's opvattingen over realisme, weerspiegeling en de voorwaarden van de literaire produktie*, Nijmegen, SUN, 1981.

— & LEFEBVRE, Jean-Pierre, *Hegel et la société*, Paris, PUF, 1984.

NIZAN, Paul, *Pour une nouvelle culture*, Paris, Grasset, 1971.

PÊCHEUX, Michel, *Analyse automatique du discours*, Paris, Dunod, 1969.

—, *Les Vérités de la palice. Linguistique, sémantique, philosophie*, Paris, Maspero, 1975.

— *e.a.*, *Analyse du discours: langue et idéologies*, in *Langages*, n° 37 (1975).

— *e.a.*, *De taal kan barsten: spanning tussen taalkunde en maatschappijwetenschap*, Amsterdam, Stichting voor Filosofies Onderzoek / Krisis, 1991.

VERNIER, Françoise, *Une science de la littérature est-elle possible?*, Paris, Éditions de La Nouvelle Critique, 1972.

ZIMA, Peter V., *Goldmann, dialectique de l'immanence*, Paris, Éditions Universitaires, 1973.

—, *Kritik der Literatursoziologie*, Frankfurt aM., Suhrkamp, 1978.

—, *Textsoziologie. Eine kritische Einführung*, Stuttgart, J.B. Metzlersche Verlagsbuchhandlung, 1980.

—, *L'Ambivalence romanesque. Proust, Kafka, Musil*, Paris, Anthropos, 1980.

—, *L'Indifférence romanesque. Sartre, Camus*, Paris, Le Sycomore, 1982.

—, *Literatuur en maatschappij. Inleiding in de literatuur- en tekstsociologie*, Assen, Van Gorcum, 1981.

—, *Manuel de sociocritique*, Paris, Picard, 1985.

—, *Roman und Ideologie. Zur Sozialgeschichte des modernen Romans*, München, Fink, 1986.

—, *Ideologie und Theorie. Eine Diskurskritik*, Tübingen, A. Francke Verlag, 1989.

—, *Literarische Ästhetik. Methoden und Modellen der Literaturwissenschaft*, Tübingen, A. Francke Verlag, 1991.

—, *Die Dekonstruktion. Einführung und Kritik*, Tübingen, A. Francke Verlag, 1994. (*La Déconstruction. Une critique*, PUF.)

—, *Moderne / Postmoderne. Gesellschaft, Philosophie, Literatur*, Tübingen, A. Francke Verlag, 1997.

—, *The Philosophy of Modern Literary Theory*, London, Athlone Press, 1999.

— *e.a.*, *Textsemiotik als Ideologiekritik*, Frankfurt aM., Suhrkamp, 1977.

— [Hrsg.], *Literatur intermedial: Musik, Malerei, Photographie, Film*, Darmstadt, Wissenschaftliche Buchgesellschaft, 1995.

De tijdschriften *Littérature*, *Sociocritique / Sociocriticism* en *Discours social / Social Discourse* vormen de belangrijkste fora voor het sociokritische literatuuronderzoek.

Secundaire literatuur

ALPHEN, Ernst van, *Bang voor schennis? Inleiding in de ideologiekritiek*, Utrecht, Hes Uitgevers, 1987.

BERNARD, Jean-Pierre, *Le Parti communiste français et la question littéraire (1921-1939)*, Grenoble, PU de Grenoble, 1972.

CAUTE, David, *Le Communisme et les intellectuels français (1914-1966)*, Paris, Gallimard, 1967 (1964).

COHEN, Mitchell, *The Wager of Lucien Goldmann: Tragedy, Dialectics, and A Hidden God*, Princeton, Princeton University Press, 1994.

DREYFUS, Michel, *Le PCF, crises et dissidences*, Bruxelles, Éds. Complexe, 1990.

EAGLETON, Terry, "Macherey and Marxist Literary Theory [1975]", in Idem, *Against the Grain: Selected Essays (1975-1985)*, London, Verso, 1986, pp. 9-21.

—, *Criticism and Ideology: A Study in Marxist Literary Theory*, London, Verso, 1978 (1976).

—, *Marxism and Literary Criticism*, London, Methuen, 1976.

ELLIOTT, Gregory, *Althusser: The Detour of Theory*, London – New York, Verso, 1987.

FURET, François, *Le Passé d'une illusion*, Paris, Fayard, 1996.

GELDOF, Koenraad, "Pour une analytique de l'ambivalence (à propos d'*Ideologie und Theorie* de Zima)", in *Les Lettres romanes*, 46:1/2 (1992), pp. 99-108.

—, "Les écrivains et le marxisme en France: problématique d'ensemble et essai de périodisation", in Frank BAERT & Dominique VIART (éds.), *La Littérature française contemporaine. Questions et perspectives*, Leuven, Universitaire Pers Leuven, 1993, pp. 49-70.

—, *Analytiques du sens. Essais sur la sociologie de la culture*, Leuven – Paris, Peeters – Vrin, 1996.

—, *Kritische profielen. Opstellen over esthetiek, politieke filosofie en (Franse) literatuur*, Leuven, Peeters, 1999.

GOLDMANN, Anne *e.a.*, *Le Structuralisme génétique*, Paris, Denoël, 1977.

HIRSH, Arthur, *The French New Left: An Intellectual History from Sartre to Gorz*, Boston, South End Press, 1981.

JAMESON, Fredric, *Marxism and Form: Twentieth Century Dialectical Theories of Literature*, Princeton, Princeton University Press, 1971.

—, *The Political Unconscious: Narrative as a Socially Symbolic Act*, London – New York, Methuen, 1981.

JAY, Martin, *Marxism and Totality: The Adventures of a Concept from Sartre to Habermas*, Cambridge, Polity Press, 1984.

JUDT, Tony, *Le Marxisme et la gauche française, 1830-1981*, Paris, Hachette, 1987.

—, *Un Passé imparfait. Les intellectuels en France, 1944-1956*, Paris, Fayard, 1992.

KELLY, Michael, *Modern French Marxism*, Oxford, Blackwell, 1982.

KOCH, Stephen, *La Fin de l'innocence: les intellectuels d'Occident et la tentation stalinienne. Trente ans de guerre secrète*, Paris, Fayard, 1995.

MARTY, Éric, *Louis Althusser, un sujet sans procès. Anatomie d'un passé très récent*, Paris, Gallimard, 1999.

MOREL, Jean-Pierre, *Le Roman insupportable. L'Internationale littéraire et la France (1920-1932)*, Paris, Gallimard, 1985.

POMMIER, Gérard, *Louis du Néant. La mélancolie d'Althusser*, Paris, Aubier, 1998.

POSTER, Mark, *Existential Marxism in Postwar France: From Sartre to Althusser*, Princeton, Princeton University Press, 1975.

READER, Keith, *Intellectuals and the Left in France since 1968*, London – Basingstoke, MacMillan, 1987.

ROBRIEUX, Philippe, *Histoire intérieure du PCF (5 vols.)*, Paris, Fayard, 1980-1986.

VERDES-LEROUX, Jeannine, *Au Service du parti. Le parti communiste, les intellectuels et la culture (1944-1956)*, Paris, Fayard – Minuit, 1983.

—, *Le Réveil des somnambules. Le parti communiste, les intellectuels et la culture (1956-1985)*, Paris, Fayard, 1987.

WILLIAMS, Raymond, *Marxism and Literature*, Oxford, Oxford University Press, 1977.

LES TEMPS MODERNES EN *TEL QUEL*

Anna BOSCHETTI

DE FUNCTIE VAN TIJDSCHRIFTEN

Wat is een tijdschrift? Waarom is het medium sinds het eind van vorige eeuw zo belangrijk geworden en wat verklaart het succes van sommige tijdschriften? Men staat té weinig stil bij dit nochtans opmerkelijke verschijnsel en de uiteenlopende functies die het vervult. Wie de geschiedenis van een tijdschrift bestudeert, doet niet zelden een beroep op problematische categorieën. Zo wordt er veel belang gehecht aan de 'persoonlijkheid' en aan de 'intenties' van de individuen achter het blad, en de complexe en vaak kronkelige levensloop van een tijdschrift wordt krampachtig in één enkele 'formule' samengebald. Vaak wordt over een tijdschrift gesproken als ging het niet om een bij uitstek collectieve realiteit maar om een individu, waarvan men dan vervolgens – op een haast 'biografische' manier – de evolutie kan schetsen. Bourdieu, daarentegen, stelt terecht dat een tijdschrift een relationeel spanningsveld is (zie vooral *La Distinction* (1979) en *Les Règles de l'art* (1992)): zijn profiel hangt af van de sociale achtergrond van de medewerkers en van de structuur, op een bepaald ogenblik, van het literaire en intellectuele veld. De manier waarop een tijdschrift al dan niet weet in te spelen op de kansen die het veld biedt, beslist over de plaats en het belang van het blad, over de centrale, hegemonische of de marginale positie. Net als schrijvers zijn tijdschriften structureel opportunistisch. Niet toevallig worden cultuurtrends en trendbreuken vaak in verband gebracht met tijdschiften. Zet een aantal (bekende) namen in de lijst van de medewerkers, en je wekt al snel de indruk van een collectief project, ook al is er initieel zelden of nooit sprake van een echt platform of van een uitgewerkt programma. Het begrip 'existentialisme', bijvoorbeeld, verwijst eerder naar een hoogst diffuus maatschappelijk en cultureel verschijnsel dan naar een gemeenschappelijk filosofisch systeem. Het wordt courant vanaf 1944-1945, dit wil zeggen vanaf het ogenblik waarop Sartre en enkele anderen *Les Temps modernes* oprichten. Velen zien al gauw in Sartre de *goeroe* van een nieuwe denkwijze. Dit voorbeeld toont hoe belangrijk tijdschriften zijn in de culturele en intellectuele geschiedenis: ze kunnen efficiënter trends in het leven roepen dan een geïsoleerd denker of schrijver.

LES TEMPS MODERNES: ANATOMIE VAN EEN SUCCESFORMULE

Wie een tijdschrift opricht, oogst natuurlijk niet automatisch succes. Dat wordt bepaald door de mate waarin een tijdschrift bepaalde verwachtingen weet in te lossen en bij machte is om de structuur van het literaire en intellectuele veld maximaal in zijn voordeel uit te buiten. *Les Temps modernes* groeide in de naoorlogse periode uit tot een belangrijk blad omdat het het culturele veld wist te polariseren. Dat zoiets mogelijk was, had veel te maken met het – nationale en internationale – politieke en sociale crisisklimaat op dat moment. *Les Temps modernes* is amper boven de doopvont gehouden of de Koude Oorlog breekt uit. Specifiek Franse problemen waren de moeizame heropbouw van het land na de Tweede Wereldoorlog, de repressie, de ingrijpende herijking van het politieke landschap na de implosie van het hopeloos gecompromitteerde rechtse blok en de verpletterende verkiezingsoverwinning van de PCF in 1945. In die context van crisis en instabiliteit slaat Sartres filosofie van het *engagement* onmiddellijk aan: ze speelt in op de verwachtingen van vele hooggeschoolden die in een tijd van onzekerheid op zoek zijn naar een morele leidraad. In tegenstelling tot minder woelige tijden vervaagt de grens tussen cultuur enerzijds en het politieke, het sociale en het historische anderzijds: filosofie en literatuur worden resoluut werelds. Die onuitgegeven situatie vraagt om nieuwe begrippen en inzichten. Welnu, in een context waarin de vraag naar de morele en de politieke verantwoordelijkheid niets of niemand ongemoeid laat, komt Sartres visie op het geëngageerde subject als geroepen. Bovendien – en dat is een bijkomende troef – beklemtoont Sartre de dimensie van de individuele vrijheid: met de vraag naar het kritische engagement moet iedereen voor zich in het reine zien te komen. Hiermee staat Sartres filosofie haaks op de sectaire orthodoxie van de PCF die in die jaren politieke *Einzelgänger* – Sartre trouwens voorop – met een ongezien symbolisch geweld te lijf ging. Zowel in de met verve en pathos geschreven programmatische teksten – ik denk hier vooral aan de "Présentation" in het eerste nummer van *Les Temps modernes* (1944), aan *L'Existentialisme est un humanisme* (1946) of aan *Qu'est-ce que la littérature?* (1947) – als in romans en theaterstukken – denk aan zijn vele getormenteerde maar lucide helden – weet Sartre een breed publiek te verleiden, en dat buiten de gevestigde institutie van kritiek en contestatie – de PCF – om.

Wil een profeet gehoord worden, dan is gezag onontbeerlijk. In 1945 had Sartre reeds een aanzienlijk symbolisch kapitaal opgebouwd en dat was een doorslaggevende factor bij de oprichting van *Les Temps modernes*, net zoals destijds zonder Gides prestige *La Nouvelle Revue Française* wellicht ondenkbaar was geweest. Sartres symbolische machtspositie hangt samen met het feit dat hij verschillende, sociaal en cultureel belangrijke competenties in zijn persoon verenigt. Op het einde van de oorlog is zijn literaire œuvre reeds aanzienlijk *qua* omvang en in menig opzicht baanbrekend: dankzij de import van nieuwe narratieve technieken uit de Amerikaanse literatuur (Faulkner, Dos Passos) lijken Sartres romans en novellen Gide en Proust naar de achtergrond te verdringen. Voorts beheerst Sartre voor enige tijd de scène met zijn existentialistische theaterstukken. *L'Être et le néant* (1943) legt dan weer de basis voor een innoverend filosofisch systeem dat misschien wel schatplichtig is aan Husserl en Heidegger maar beide existentiële fenomenologen ook beweert te overklassen. Ten vierde is Sartre sinds het einde van de jaren dertig actief als publicist en dat blijft zo: in ontelbare interventies becommentarieert hij de literaire en filosofische actualiteit van de dag; als essayist overschaduwt hij – tenminste in termen van bekendheid en zichtbaarheid – concurrenten zoals Camus, Blanchot en Bataille. Ten slotte is Sartre als architect van de theorie van het engagement een soort morele leidsman geworden, een opvolger van die andere emblematische gestalten van de Franse intellectueel zoals Voltaire, Hugo, Zola en Gide.

Zoals het een profeet betaamt, staan Sartre en zijn nieuwe moraal symbool voor de breuk met de gevestigde orde. De ongegeneerde en non-conformistische levensstijl versterkt de boodschap van ethische bevrijding. En dankzij de filosofie ontdekt Sartre dat niets, maar dan ook niets de filosofische reflectie onwaardig is: een fenomenologische ontologie kan je ook ontwikkelen aan de hand van kelners, bierglazen, pijpen, lucifers. Sartre gooit de klassieke denkschema's en *topoi* overboord: het existentialisme schuwt het alledaagse niet, ook delicatere onderwerpen zoals (homo-)seksualiteit niet. Diezelfde vrijheidsdrang kleurt het imago: Sartre is geen specialist of een hoogleraar die zich in aula's of bibliotheken opsluit, maar een sterk gemediatiseerde figuur – wellicht één van de allereerste *stars* in de naoorlogse massamedia – die zich vlot in de openbaarheid beweegt. Sartres meest enthousiaste publiek is trouwens dat van de niet-universitair hooggeschoolden (leraren uit het secundair onderwijs, journalisten, publicisten, critici, jonge auteurs). Door hun vorming en hun beroep zijn ze zich scherp bewust van het feit dat interpreteren, evalueren en handelen gebaseerd moeten zijn op expliciete en consistente principes. Sartre levert ze hen, kant en klaar met daarbovenop een zweem van authenticiteit: zo lijkt het alsof Sartres publiek moeiteloos kan delen in een esoterische en exclusieve vorm van kennis, die meteen ook de weerstand voedt tegen de Franse universitaire filosofie.

Andere grote namen verhogen nog het prestige van *Les Temps modernes*. Met hun aanwezigheid versterken ze het beeld van het existentialisme als een nieuwe, erg florissante denkstijl. Simone de Beauvoir is niet alleen de gezellin van Sartre: dankzij haar romans en vooral dankzij de publicatie van *Le Deuxième sexe* (1949), een baanbrekend werk in de geschiedenis van het feminisme, wordt ze één van de boegbeelden van het existentialisme en van *Les Temps modernes*. Maurice Merleau-Ponty heeft een enigzins ander profiel dan Sartre: hij is wel academicus – auteur van het monumentale *Phénoménologie de la perception* (1945) – en hij hanteert een discretere en meer rigoureuze stijl. Zijn aanwezigheid in de redactie van *Les Temps modernes* is niet zonder strategisch belang: de naam van Merleau-Ponty garandeert de ernst en de degelijkheid van het blad. Op die manier kan *Les Temps modernes* ook het universitaire segment van de markt bespelen en bijdragen van gezaghebbende academici aantrekken. Door zijn brede interesse – Merleau-Ponty introduceerde in zijn filosofie thema's uit de linguïstiek, de antropologie, de beeldende kunst, de biologie, enzovoort – verruimt hij het intellectuele blikveld van *Les Temps modernes* en hij is eveneens bepalend voor de politieke koers van het blad tijdens de beginjaren.

Les Temps modernes biedt ook onderdak aan intellectuelen en schrijvers die weinig of geen uitstaans hebben met het existentialisme: Jean Paulhan, Michel Leiris, Albert Ollivier en Raymond Aron, die vrij snel met Sartre zal breken en gaandeweg zal uitgroeien tot de ware anti-Sartre (zie o.a. *L'Opium des intellectuels*, 1955; *Les Marxismes imaginaires*, 1970; *Histoire et dialectique de la violence*, 1973). Zolang het klimaat van onmiddellijk na de bevrijding overheerst, kan *Les Temps modernes* probleemloos zijn oorspronkelijke functie blijven vervullen: die van een ontmoetingsplaats voor intellectuelen die zich tijdens de oorlog hadden geëngageerd zonder zich hiervoor evenwel te beroepen op een politieke partij of op religieuze waarden. Die gemeenschappelijke achtergrond bedekt voor enige tijd de onderlinge en erg reële verschillen met de mantel der liefde. Dat maakt die ongeziene concentratie van literair talent en intellect rond *Les Temps modernes* mogelijk, en daardoor ontstaat het beeld van *Les Temps modernes* als centrum van het Franse intellectuele leven.

In zo'n constellatie verwerft het blad bijna een monopoliepositie in het literaire en intellectuele veld; potentiële concurrenten worden weggedrukt. Het voormalige vlaggenschip van de Franse intellectuelen, *La Nouvelle Revue Française*, heeft de storm van mei 1940 niet overleefd: samen met de nieuwe, collaborerende hoofdredacteur, Pierre Drieu La Rochelle, liep het uiteindelijk finaal op de klippen. Geen enkel ander blad – noch *Fontaine*, noch *Messages*, noch *Confluences* of *Terre des hommes* – was bij machte om dit gat op te vullen. Niemand bezit immers een symbolisch kapitaal dat vergelijkbaar is met dat van André Gide. Niemand: dit wil zeggen: niemand, behalve Sartre. Alleen hij is de *maître à penser* die met het nodige gezag *Les Temps modernes* kan voorstellen als de nieuwe *en* verbeterde uitgave van *La Nouvelle Revue Française*. In de reeds eerder geciteerde "Présentation" beklemtoont Sartre uitdrukkelijk de meerwaarde van de *littérature engagée* ten opzichte van de "zuivere literatuur" en dus ook de superioriteit van *Les Temps modernes* ten opzichte van *La Nouvelle Revue Française*. Andere, meer algemene bladen bevinden zich in dezelfde, moeilijke positie. Jean Wahls *Deucalion* (1946) is niet opgewassen tegen *Les Temps modernes* en ook Georges Batailles *Critique* blijft lange tijd eerder marginaal. *Critique* komt, wat profiel betreft, het dichtst in de buurt van *Les Temps modernes*. Het blad bestrijkt een brede waaier van onderwerpen en de redactie bestaat uit prestigieuze maar heel uiteenlopende figuren zoals Leiris, Blanchot, Klossowski, Bataille zelf en enkele buitenlandse filosofen waaronder

Éric Weil, Alexandre Koyré en Kojève. Stuk voor stuk dus interessante namen die echter niet over hetzelfde symbolische kapitaal beschikken als de briljante *normaliens* in de redactie van *Les Temps modernes*. Bovendien profileert *Critique* zich niet als een nieuwe, profetische instantie die de literatuur en de filosofie op ingrijpende manier wil herijken: het tijdschrift beperkt zich tot recensies, culturele informatie en korte commentaren. Ook de eerder ideologisch gekleurde tijdschriften zoals het christelijke *L'Esprit*, het communistische *La Nouvelle critique*, het Gaullistische *Liberté* of het traditioneel-conservatieve *La Table ronde* zijn niet bij machte om de strijd met *Les Temps modernes* aan te gaan. Daarvoor is hun intellectuele en literaire prestige te klein en hun aanbod al te zeer bepaald door een partijpolitieke of een klassengebonden agenda.

Het einde van een monopolie

De suprematie van *Les Temps modernes* komt voor het eerst in het gedrang tijdens de jaren 1952-1953: sociaal-politieke veranderingen, verschuivingen in het literaire en intellectuele veld en de evolutie van *Les Temps modernes* zelf spelen hierbij een rol. Naarmate de Koude Oorlog scherpere vormen aanneemt, verliest Sartre gaandeweg zijn vroegere geloof in de almacht van de literatuur. Onmiddellijk na de oorlog beschouwde Sartre – bijvoorbeeld in *Qu'est-ce que la littérature?* (1947) – de schrijver als dé verpersoonlijking bij uitstek van de geëngageerde intellectueel. Het bitter ironische *Les Mots* (1963) rekent genadeloos af met dit 'ideaal' dat nu ontmaskerd wordt als een "neurose." Er was echter ook een zekere druk van buitenaf, vanwege het publiek, want Sartre had met zijn vele ophefmakende tussenkomsten in publieke debatten de verwachting gewekt dat hij ook de brenger was van een openlijk eenduidige politieke boodschap. In de vroege jaren vijftig lost Sartre deze verwachting meer en meer in. Het hoogte- (of intellectuele diepte-) punt van deze evolutie is ongetwijfeld "Les communistes et la paix", dat in 1952 in *Les Temps modernes* verscheen. Sartre kiest er voor de PCF en de Sovjet-Unie en verkettert elke vorm van anticommunisme (*un anticommuniste est un chien*, schrijft hij ergens). Ironie van de geschiedenis: in 1946 was Sartre de anticommunist van dienst, terwijl Merleau-Ponty in *Humanisme et terreur* (1946) het opnam voor het stalinisme; in 1952 heeft diezelfde Merleau-Ponty al een tijdje *Les Temps modernes* én het stalinisme de rug toegekeerd, terwijl Sartre zich verliest in een – achteraf bekeken – problematisch filostalinisme. In *Les Aventures de la dialectique* (1955) zal Merleau-Ponty Sartre hiervoor trouwens genadeloos op de korrel nemen. De groeiende desinteresse van Sartre voor de literatuur en het vertrek van Merleau-Ponty die zowel de wetenschappelijke ernst als de drang naar intellectuele vernieuwing waarborgde, blijven niet zonder gevolgen voor *Les Temps modernes*: het blad verschraalt, het wordt een overwegend ideologische *Kampfplatz*. Sinds die tijd en tot op heden fungeert *Les Temps modernes* steeds meer als de spreekbuis voor onderdrukte minderheden overal ter wereld. Het tijdschrift is en blijft een belangrijk referentiepunt voor elke vorm van strijd tegen marginalisering en onrecht, maar terzelfder tijd is de intellectuele rijkdom en diversiteit uit de beginperiode verdwenen. Die relatieve verarming wordt bovendien in de hand gewerkt door de lange levensduur van *Les Temps modernes*: de vernieuwingsmachine van weleer groeide in de loop der jaren uit tot een institutie, en wie institutionalisering zegt, zegt meteen ook banalisering en routine.

Naast deze interne ontwikkelingen tast ook de evolutie van het intellectuele en literaire landschap de ooit zo ongenaakbare positie van *Les Temps modernes* aan. Vanaf de tweede helft van de jaren vijftig wordt Sartre en alles wat hij belichaamt meer en meer ter discussie geteld. Het absurde theater van Beckett en Ionesco en, wat later, de *Nouveau roman* van auteurs zoals Robbe-Grillet, Butor of Simon dienen zich aan als een radicaal en volwaardig alternatief voor Sartres esthetica. Los van de intrinsieke inzet – de creatie van een nieuw theater of een nieuwe romanpoëtica – is de polemiek eveneens strategisch: men is uit op een plaats in het literaire en intellectuele veld en in functie hiervan wordt de opponent gereduceerd tot een karikatuur. Het simplistische, stereotiepe en taaie beeld van een Sartre die de literatuur opoffert voor het politieke engagement dateert uit die periode. Dat men hiermee de waarheid geweld aandoet, spreekt voor zich. Sartres houding ten opzichte van de literatuur en het engagement barst van de paradoxen en de contradicties, en in al het polemische geweld vergeet menig *Nouveau romancier* hoeveel hij aan de zo verguisde Sartre – dit wil zeggen aan de auteur van *La Nausée* (1937), één van de eerste antiromans in de Franse literatuur, en aan de ontdekker van de nieuwe Amerikaanse literatuur – verschuldigd is. Hoe dan ook, de nieuwlichters vinden een meer dan gewillig oor bij uitgevers, critici en tijdschriften, die er alle belang bij hebben dat het monopolie van Sartre en *Les Temps modernes* doorbroken wordt. In 1953 en onder impuls van Jean Paulhan herrijst *La Nouvelle Revue Française* als *La nouvelle N.R.F.* uit haar as: programmatorisch staan de "zuivere literatuur" en de aandacht voor het vormexperiment centraal. Op hetzelfde moment richt Maurice Nadeau *Les Lettres nouvelles* op: het blad zal nog onbekende talenten zoals Perec en Barthes lanceren en introduceert nieuwe buitenlandse literatuur op de Franse markt. Ook de uitgever Jacques Julliard is intens op zoek naar nieuw talent: op een bepaald moment publiceert hij in één jaar niet minder dan veertig nieuwe namen.

Het effect van deze evolutie wordt snel duidelijk: samen met *Critique* en zijn uitgever Jérôme Lindon, creëren *La nouvelle N.R.F.* en *Les Lettres nouvelles* een doeltreffend circuit van literaire erkenning en canonisering naast dat van Sartre en *Les Temps modernes*. Minuit publiceert Bataille, Beckett en de *Nouveaux romanciers* niet als onderlinge concurrenten maar als auteurs die één ding met elkaar gemeen hebben: ze willen de literatuur verlossen van het Sartriaanse juk. Dit effect wordt gegenereerd door het intense samenspel van *Critique*, *La nouvelle N.R.F.* en *Les Lettres nouvelles*: Barthes en Nadeau schrijven ook in *Critique*, Blanchot in de *nouvelle N.R.F.* en Robbe-Grillet, de literaire adviseur van Lindon, profileert zich in *Critique* als de theoreticus van de *Nouveau roman*. De hegemonie van Sartre en *Les Temps modernes* komt nog meer in het gedrang als ook Seuil zich in het debat mengt. Eén van de huisauteurs van Seuil, Jean Cayrol, richt in 1953 *Écrire* op: het tijdschrift moet een kweekvijver voor nieuwe en vernieuwende schrijvers worden. Vier jaar later, in 1957, maakt Philippe Sollers er zijn debuut. Al deze strategieën wijzen in dezelfde richting: men wil een einde maken aan de Sartriaanse dominantie op het literaire vlak en het succes staat haast bij voorbaat vast, omdat Sartre en *Les Temps modernes* steeds minder aandacht aan de literatuur (en dus aan de literaire en kritische positie) besteden.

Maar ook uit filosofische en menswetenschappelijke hoek weerklinkt de roep naar verandering en vernieuwing steeds luider. Een aantal baanbrekende en expliciet anti-Sartriaanse en anti-existentialistische publicaties volgen elkaar in snel tempo op: in 1958 verschijnt

Lévi-Strauss' *Anthropologie structurale*, in 1961 Foucaults *Histoire de la folie à l'âge classique*, in 1963 Althussers *Pour Marx*, in 1964 Barthes' *Éléments de sémiologie* en in 1966 Lacans *Écrits*. Ondanks hun onderlinge verschillen richten deze auteurs hun pijlen op dezelfde doelwitten: hun werk is resoluut antimetafyisisch en antihumanistisch. Alle fundamentele principes van het Sartriaanse denken worden hier op hun kop gezet: een machtsovername in het intellectuele veld is in de maak. Wanneer Sartre in 1960 zijn *Critique de la raison dialectique* publiceert, wordt het boek door de nieuwkomers bestempeld als een gedateerd project dat vanuit marxistisch, psychoanalytisch en antropologisch oogpunt hopeloos achterop hinkt.

Tel Quel tussen avant-garde en opportunisme

In hetzelfde jaar 1960 stampt Sollers *Tel Quel* uit de grond. Strategisch bekeken, een meesterlijke zet: medewerkers met de meest uiteenlopende achtergrond binden de strijd aan met het existentialisme en schuiven het structuralisme naar voor als een volwaardig alternatief. De indruk van samenhorigheid wordt nog bevorderd door de interne reorganisatie van Seuil: naast *Tel Quel* verschijnt vanaf 1961 *Communications*, de menswetenschappelijke tegenhanger van *Les Temps modernes*. Er worden daarenboven nieuwe reeksen – bijvoorbeeld "Tel Quel" – gecreëerd waarin auteurs verschijnen die door *Tel Quel* in de schijnwerpers werden geplaatst. Seuil en *Tel Quel* worden op die manier de draaischijf van een radicale vernieuwing van de menswetenschappen: in de teksten van Barthes, Lacan, Derrida, Genette, Kristeva en Todorov moet het humanistische existentialisme definitief de baan ruimen voor de linguïstiek, de psychoanalyse, de modernistische literatuur en de post-fenomenologische filosofie. Maar het succes van *Tel Quel* en het structuralisme is niet alleen een zaak van strategie: in tegenstelling tot het hyperpolitieke *Les Temps modernes* voldoet Seuil blijkbaar ook aan nieuwe noden op de intellectuele markt. Vanaf de tweede helft van de jaren vijftig en de vroege jaren zestig wordt de problematiek van het engagement steeds minder urgent: het stalinistische communisme verliest al zijn krediet, de Algerijnse onafhankelijkheid maakt een eind aan een periode van crisis en instabiliteit en de economie bloeit als nooit te voren. Vernieuwing lijkt voortaan een zaak van wetenschap en literatuur, eerder dan van politiek en ideologie. De institutionele opmars van de nieuwe disciplines – antropologie, linguïstiek, psychoanalyse, enzovoort – is niet te stuiten: dankzij de "semiologie", de "grammatologie", de "narratologie" of de *sémanalyse* kunnen de Letterenfaculteiten hun bedreigde positie opwaarderen en de studie van de literatuur en de cultuur voortaan promoten als "pilootwetenschap." Het feit dat de nieuwe "theorieën" bijna onbegrensd waren – 'tekst' en 'samenleving' werden twee volledig omwisselbare grootheden –, verklaart tot op zekere hoogte de grote aantrekkingskracht van het structuralisme.

In tegenstelling tot Sartre in 1945 is Sollers bij de oprichting van *Tel Quel* in 1960 een nobele onbekende. Hij heeft twee romans op zijn naam waarvan de eerste, *Le Défi*, bekroond werd met de Prix Fénéon en de tweede, *Une curieuse solitude*, kon rekenen op lovende commentaren van Aragon en Mauriac. Sollers' symbolisch kapitaal – net als dat van de andere redactieleden (Jean-Edern Hallier, Jean-René Huguenin en Renaud Matignon) – is dus uiterst bescheiden. Maar Sollers raakt zeer snel vertrouwd met de regels van het spel en in geen tijd weet hij prestigieuze medewerkers aan te trekken. Sollers heeft een neus voor 'zaken' en dat hoeft niet te verwonderen gezien zijn afkomst en opleiding: hij groeide op in een milieu van industriëlen en hij liet de *École Normale Supérieure* links liggen voor de E.S.S.E.C. (*École Supérieure des Sciences Économiques et Commerciales*). Wat strategisch inzicht betreft, lijkt Sollers trouwens sprekend op die andere paus van de avant-garde, André Breton. Toen het surrealisme in het begin van de jaren twintig als groep naar voor trad, genoot ook Breton geen enkele literaire of intellectuele reputatie. En in beide gevallen wordt de evolutie van de groep en het tijdschrift niet gestuurd door een consistent en expliciet esthetisch of intellectueel project, maar veeleer door een intelligente strategie van de controverse en de provocatie. Wat Philippe Soupault ooit over Breton schreef, geldt eveneens voor Sollers: "Hij hield van wat hij ging verbranden, en hij verbrandde datgene waarvan hij hield." De teksten van Breton en Sollers intimideren, ze zijn doorspekt met polemiek en symbolisch geweld; beide auteurs schuwen het schandaal niet en ze voeren een permanente aanwezigheidspolitiek in pers en media, kortom: als geen ander weten ze hun zaak draaiende te houden en te verkopen.

Sollers begint zoals Breton dat ooit deed: hij herschrijft de literatuurgeschiedenis op een drastische manier. Auteurs die door het existentialisme werden doodgezwegen – Sade, Nietzsche, Lautréamont, Bataille, Artaud – treden nu op de voorgrond. Daarnaast publiceert en ondersteunt Sollers de *Nouveaux romanciers* die dankzij hun groeiende bekendheid zowat de 'peetvaders' van *Tel Quel* worden. Maar Sollers wil niet dat zijn blad gedegradeerd wordt tot een satelliet van de *Nouveau roman* en dus gaat hij op zoek naar nieuwe allianties. Briljante academici zoals Barthes, Foucault, Derrida en Faye worden binnengehaald en via *Tel Quel* krijgen deze nochtans moeilijke en uiterst kritische auteurs toegang tot een breder publiek. Door hun inbreng verliest *Tel Quel* zijn oorspronkelijke imago van een literair blad: het wordt vanaf het midden van de jaren zestig algemeen gepercipieerd als een laboratorium voor de ontwikkeling van radicale literaire *en* maatschappijkritische theorieën. De nieuwe ondertitel van het blad – *Science / Littérature* – zet vanaf 1967 deze evolutie nog meer in de verf. Ook het surrealisme wou meer zijn dan een louter literaire beweging en daarom beriep het zich op de toen nog vrij onbekende psychoanalyse. De verwijzing naar de (exacte) wetenschappen fungeert in *Tel Quel* op een analoge manier: de cultus van de theorie en het fetisjisme van begrippen als *écriture*, *texte* of *transgression* moesten duidelijk maken dat het tijdperk van de literatuur voorbij was. Wanneer Derrida en Foucault afhaken, vult Julia Kristeva vanaf 1967 de leemte op en kan *Tel Quel* zijn prestige van theoretisch laboratorium bewaren. Kristeva, die in 1967 met Sollers huwt, is een leerlinge van Barthes en Goldmann en is zowat de belichaming van de nieuwe intellectueel die op meerdere fronten tegelijk actief is: ze verzoent met verve de twee polen waarrond *Tel Quel* is opgebouwd – literatuur en wetenschap – en strategisch bekeken is ze door een juiste dosering van wereldse faam en academisch gezag een uitstekend uithangbord voor het blad. Bij nader toezien bekleden Sollers en Kristeva in *Tel Quel* dezelfde positie als destijds Sartre en de Beauvoir in *Les Temps modernes*: door hun hechte en doeltreffende samenwerking verwerven beide duo's de volledige controle over hun respectievelijke tijdschriften. In de tweede helft van de jaren zestig wordt *Tel Quel* meer en meer een politiek-ideologische oorlogsmachine. Deze politisering is in grote mate het gevolg van de voortdurende zoektocht naar distinctie (*distinction*) op de intellectuele markt. En opnieuw ligt de vergelijking met het surrealisme voor de hand. Net zoals Breton in de late jaren twintig een bondgenootschap wilde smeden tussen de esthetische avant-garde en de politieke avant-garde, de toenmalige PCF, treedt ook Sollers in dialoog met de communistische *maître à penser* van die jaren, Louis Althusser. De alliantie strandt en Sollers profileert *Tel Quel* als een links-revolutionair alternatief voor de PCF en de aarzelende Althusser: doctrinair onderscheidt het blad zich door een extreem maoïsme. Vanaf het midden van de jaren zeventig imploderen de links-revolutionaire ideologieën en dat is de directe aanleiding voor een nieuwe koerswijziging: *Tel Quel* omarmt de bijzonder mediatieke *Nouvelle philosophie* (met figuren zoals Bernard-Henri Lévy en André Glucksmann), het tijdschrift zingt uitgebreid de lof van de ooit zo verketterde Verenigde Staten en men bezint zich nu over het verband tussen de literatuur en het sacrale of over het totalitarisme in al zijn aspecten. Enkele decennia vroeger ruilde ook Breton het marxisme in voor een esoterische zoektocht naar een universeel symbolisme. De evolutie van *Tel Quel* getuigt hoe dan ook van een niets ontziend opportunisme: strikt genomen produceert deze pseudo-avant-gardebeweging niets nieuws, ze speelt voortdurend in op nieuwe trends en weet ze in haar voordeel om te buigen. Die strategie diende de eigen belangen: dankzij een systematische retoriek van het radicalisme en de ongeziene vernieuwing liepen Sollers & Cie steeds in de kijker en konden ze een centrale positie veroveren in het literaire en intellectuele veld. In die optiek is het einde van *Tel Quel* veelbetekenend: in 1982 zet Sollers de publicatie van het blad stop en hij ruilt Seuil in voor het prestigieuzere Gallimard, *Tel Quel* voor *L'Infini*, een nieuw platform dat zich nadrukkelijk aandient als een literair tijdschrift. Als schrijver distantieert Sollers zich bovendien van de vroeger zo verheerlijkte experimentele en hypermodernistische literatuur: romans als *Femmes* en *Portrait du joueur* getuigen van een ongeneerde terugkeer naar de traditionele verhaalvorm. Gaandeweg krijgt Sollers wat hij altijd al had gewild: *literaire* erkenning. Het masker van de militante intellectueel en theoreticus kan hij eindelijk afleggen. Over de *Tel Quel*-periode zegt hij in een interview het volgende:

> Wat had dat maoïsme om het lijf? (...) Het was gewoon leuk om in die tijd maoïst te zijn. (...) Ik hing de intellectueel uit omdat dat toen voor

de hand lag. En als ik wil, kan ik heel overtuigend uit de hoek komen: dus iedereen bekeek me ook als een intellectueel. Maar het duurde niet lang of het bedrog werd ontdekt: men weet immers maar al te goed dat ik geen intellectueel ben. Ik ben geen intellectueel, maar een schrijver; geen denker, maar iemand die van de geneugten van het leven houdt. (*Le Magazine littéraire*, n° 183 (1983))

Nog een ander voorbeeld van dit cynisme: hoewel *Tel Quel* een onmisbaar instrument is geweest voor de literaire opmars van Sollers, wordt het blad niet eens meer vermeld in de bio-bibliografische noot over de auteur in *Who's who in France*. Een sprekende stilte. Met *Tel Quel* verdwijnt ook het fenomeen van de intellectuele en de literaire avant-garde. *La Nouvelle Revue Française* en *Les Temps modernes* waren hiervan authentieke voorbeelden; het avant-gardisme van *Tel Quel* was minder duurzaam, minder diepgaand: de roep om vernieuwing verwordt er tot een holle en gewelddadige retoriek.

Uit het Italiaans vertaald
door Koenraad Du Pont

BEKNOPTE BIBLIOGRAFIE

BOSCHETTI Anna, *Sartre et* Les Temps modernes, Paris, Minuit, 1985.

—, *"Les Temps modernes* dans le champ littéraire, 1945- 1970", in *La Revue des revues*, n° 7 (1989), pp. 6-13.

—, "Des revues et des hommes", in *La Revue des revues*, n° 18 (1994), pp. 51-65.

BRANDT, Joan, *Geopoetics: The Politics of Mimesis in Post-Structuralist French Poetry and Theory*, Stanford, Stanford University Press, 1997.

FOREST, Philippe, *Histoire de* Tel Quel, *1960-1982*, Paris, Seuil, 1995.

FFRENCH, Patrick, *The Time of Theory: A History of* Tel Quel, Oxford, Clarendon, 1995.

— & LACK, Roland-François (eds.), *The* Tel Quel *Reader*, London – New York, Routledge, 1998.

MARX-SCOURAS, Danielle, *The Cultural Politics of* Tel Quel*: Literature and the Left in the Wake of Engagement*, University Park (Philadelphia), Penn State University Press, 1996.

KAUPPI, Niilo, Tel Quel. *La constitution sociale d'une avant-garde*, Helsinki, The Finnish Society of Sciences and Letters, 1991.

PINTO, Louis, *"Tel Quel:* Au sujet des intellectuels de parodie", in *Actes de la recherche en sciences sociales*, n° 89 (1991), pp. 66-77.

PIERRE BOURDIEU
(°1930)

Rudi LAERMANS

BELANG, INZET EN GRENZEN VAN BOURDIEU'S CULTUURSOCIOLOGIE

De figuur van Pierre Bourdieu hoeft hier allicht niet omstandig te worden geïntroduceerd. Bourdieu behoort inderdaad tot dat kleine kransje van sociologen wiens werk ook buiten een kleine kring van vakgenoten wordt gelezen of op z'n minst bekend is. Van de *homo academicus* genaamd Pierre Bourdieu heeft men gehoord – men, de spraakmakende, op Parijs georiënteerde intelligentsia die ook buiten Academia invloed heeft. Binnen de universitaire curricula maakte Bourdieu vooral naam tijdens de jaren tachtig. Dat was in niet geringe mate te danken aan de consequente vertaalarbeid van de Engelse uitgeverij *Polity Press*. Zij zorgde ervoor dat Bourdieu's belangrijkste geschriften wereldwijd toegankelijk werden, incluis minder bekende artikelen. Wellicht zou dat niet zijn gebeurd indien er vanaf eind jaren zeventig ook geen uitgesproken renaissance van de cultuurtheorie ware geweest: in de mentaliteitsgeschiedenis, de *cultural studies*, de symbolische antropologie, de cultuursociologie, en deels ook de vrouwen- en *gender*studies werd de aandacht voor 'harde' sociale structuren verruild voor de studie van representatie-regimes of 'teksten', van classificatiesystemen en *discours* of 'vertogen.' Onder meer Bourdieu's werk liet juist meerdere dwarsverbindingen toe tussen de nieuwerwetse interesse voor cultuur en de vroegere belangstelling voor sociale structuren. Ondertussen stoot dat œuvre evenwel op steeds meer kritiek. Hoge bomen vangen veel wind, zo zegt het spreekwoord – en zo lijkt het inderdaad ook Bourdieu te vergaan: eerst gelauwerd en geconsacreerd, thans in toenemende mate bevraagd en bekritiseerd (zie bijvoorbeeld Jeannine Verdès-Leroux' *Le Savant et le politique. Essai sur le terrorisme sociologique de Pierre Bourdieu*, 1998). Maar laten we niet te snel gaan en eerst even de grondlijnen van Bourdieu's œuvre bekijken. We stappen daarbij enigszins onterecht over zijn antropologische geschriften heen, zoals de vroege studies over Algerije (*Sociologie de l'Algérie*, 1961; met A. Sayad, *Le Déracinement*, 1964) en de latere, overwegend theoretisch georiënteerde publicaties zoals het volumineuze *Esquisse d'une théorie de la pratique* (1972) en *Le Sens pratique* (1980). Ook besteden we geen aandacht aan Bourdieu's recente politieke stellingnames (nogal impliciet in *La Misère du monde* (1993) en zeer nadrukkelijk in het pamfletachtige *Contre-feux. Propos pour servir à la résistance contre l'invasion néo-libérale* (1998)) of aan zijn uitstapjes in de richting van de filosofie (*L'Ontologie politique de Martin Heidegger*, 1988; *Méditations pascaliennes*, 1997) en de vrouwenstudies (*La Domination masculine*, 1998).

Bourdieu verwierf vooral bekendheid als cultuur- en kunstsocioloog. In de Franstalige sociologie maakte hij al snel naam met talrijke studies, waaronder het *magnum opus La Distinction* (1979) dat handelt over de relatie tussen culturele verschillen en klassenverschillen. Bourdieu mag dan al wel geen marxist zijn, ook in zijn visie stammen de dominante ideeën van de dominante klasse. Meer bepaald weet de burgerij haar cultuur of levensstijl tot de maatschappelijk legitieme te promoveren. Bourdieu spreekt in dit verband niet van ideologie (Marx – Engels) of hegemonie (Gramsci), wel van het uitoefenen van symbolisch geweld, bijvoorbeeld via het onderwijssysteem, dat de cultuur van de burgerij of dominante klasse aan de twee gedomineerde klassen – de kleinburgerij en de arbeiderklasse – oplegt (zie in dit verband *La Reproduction* (1971), een geruchtmakende studie over onderwijs en sociale ongelijkheid die Bourdieu samen met Jean-Claude Passeron schreef). Om deze op het eerste gezicht onwaarschijnlijke these enigszins plausibel te maken, geeft Bourdieu een hoogst specifieke omschrijving van de burgerlijke cultuur. Hij stelt die namelijk gelijk met wat gemeenlijk de hoge cultuur wordt genoemd, dit wil zeggen met het domein van de letteren en schone kunsten. Aldus begrepen lijkt het onderwijs inderdaad een meer algemene maatschappelijke erkenning voor een specifieke klassencultuur af te dwingen: het privilegieert de standaardtaal (zie *Ce que parler veut dire. L'économie des échanges linguistiques*, 1982) en canonieke vormen van cultuur – met name de Literatuur – met uitsluiting van regionale en sociale taalvarianten en andere cultuuruitingen zoals de *soap* of popmuziek.

Nu valt er *prima facie* natuurlijk al meteen heel wat af te dingen op de homologie tussen burgerlijke en hoge cultuur. Die is immers heel wat minder vanzelfsprekend dan Bourdieu keer op keer suggereert. De burgerlijke levenswandel omvat tenslotte veel meer praktijken dan alleen maar een actieve participatie aan de hoge cultuur. Of hij nu tot de economische of de culturele fractie van de dominante klasse behoort, de prototypische burger is bepaald niet alleen een boekenlezer en museumbezoeker. Volgens Bourdieu (*La Distinction*) staat echter de gehele levenswandel of *habitus* – zeg maar: de gehele gewoontehuishouding – van de burger in het teken van het "vorm-boven-inhoud"-principe of "formalisme" dat de kunsten nadrukkelijk onderschrijven. Of de modale burger nu voedsel of theater savoureert, of hij kleren of boeken koopt: altijd en overal getuigt zijn of haar handelen van een afstand ten opzichte van het praktische en het nuttige, steeds primeert het esthetische op het functionele, het mooie op het gemakkelijke. Kortom, in de visie van Bourdieu is de ideaaltypische burger altoos en overal een beetje estheet, ook op die momenten waarop hij/zij zich niet expliciet met literatuur of beeldende kunst inlaat.

Dat de onderscheiden deelname aan de hoge cultuur nauw samenhangt met meer algemene achtergrondkenmerken als inkomen, beroepspositie en – vooral – opleidingsniveau, weten empirisch ingestelde sociologen natuurlijk ook wel zonder *La Distinction* te consulteren. Bourdieu's voornaamste verdienste is dan ook de vertaling van zo onderhand welbekende feiten inzake de verschillen in kunstparticipatie in een meer algemene theorie van de hedendaagse klasssenmaatschappij. Edoch, hoe hedendaags is het door Bourdieu uitgetekende raamwerk nog? Slaat de karakterisering van de burgerlijke levensstijl niet op een zo stilaan verdwijnend tijdperk? Vallen in de huidige, vaak als 'postmodern' getypeerde cultuur nog wel zo'n eenduidige scheidslijnen te trekken tussen *high-* en *lowbrow*? En voor zover dat inderdaad nog kan, is het nog maar de vraag in hoeverre het onderwijs nog zoiets als een algemeen respect voor de hoge cultuur bijbrengt. Is de school nog wel zo maatschappelijk legitimerend als Bourdieu doet uitschijnen? Of is het met *La Distinction*, dat overigens voornamelijk empirisch materiaal uit de jaren zestig bevat, als met de bekende Hegeliaanse uil van Minerva: gepubliceerd op het ogenblik dat de bepleite maatschappijdiagnose door de veranderende samenleving werd ingehaald, ja voorbijgestoken en weerlegd? We willen deze vragen hier niet meteen van een sluitend antwoord voorzien. Van belang is veeleer de vaststelling dat Bourdieu ook in zijn meer algemene sociologie van de naoorlogse (Franse) samenleving aan de esthetiek en de kunstbeleving een cruciale plaats toekent. Door de verbinding met de *habitus* of de routineuze levenswandel van de modale burger en door zijn socialiserende en legitimerende functie in het onderwijs krijgt het domein der letteren en schone kunsten een onvermoede sociologische *portée*. Of daarmee hun maatschappelijk belang niet schromeloos wordt overschat, mag hier – nogmaals – een open vraag blijven. Bourdieu meent alvast van niet. Dat hij deze visie zo koppig verdedigt, heeft – zoals verder zal blijken – alles te maken met de realistische epistemologie die *La Distinction* en Bourdieu's andere geschriften schraagt. Deze epistemologie verklaart ook waarom Bourdieu steevast andere mogelijke beschrijvingen van de moderne maatschappij volkomen negeert of zonder enige nuance verkettert.

HET ARTISTIEKE VELD: AUTONOMIE ALS *CROYANCE* VERSUS COMMERCIE

Bourdieu's fascinatie voor de hoge cultuur spreekt ook uit zijn talloze beschouwingen over wat hijzelf "culturele velden" noemt. Bourdieu interesseert zich meer bepaald voor het functioneren van domeinen als de beeldende kunsten en – vooral – de literatuur. Dat laatste veld staat centraal in *Les Règles de l'art. Genèse et structure du champ littéraire* (1992), Bourdieu's literatuur- en kunstsociologische *summa*. In dit alweer erg volumineuze boek herneemt Bourdieu een aantal eerder gepubliceerde analyses en dat vaak zonder enige wijziging. Naast een strikt theoretisch deel bevat het onder meer een *in depth*-interpretatie van Gustave Flauberts *L'Éducation sentimentale* en een breedvoerige schets van de genese van een autonoom literair veld in het Frankrijk van de tweede helft van de negentiende eeuw.

Als het over het reilen en zeilen in de literatuur of de beeldende kunsten gaat, valt Bourdieu opvallend vaak terug op religieus geconnoteerde metaforen. *Les Règles de l'art* vormt hierop geen uitzondering. Noties als "doxa" en "heterodoxie", *sociodicee*, "consecratie", "fetisjisme", *illusio*... komen voortdurend terug. Bourdieu's kunstsociologie leest bij nader toezien als een eigenzinnige combinatie van inzichten ontleend aan de godsdienstsociologieën van Max Weber en – vooral – Émile Durkheim. De diverse culturele velden of kunstsferen zijn voor Bourdieu eigenlijk een soort van moderne, seculiere pendant van de traditionele geloofsuniversa. Meer zelfs, de autonomie van een cultureel veld als de literatuur berust volgens hem in de beruchte laatste instantie op... het "geloof" (*croyance*) in de autonomie van kunst. Dat "kunstgeloof" is dus constitutief voor de verzelfstandiging en het functioneren van zo'n veld. Daarom mogen de spelers in het veld – producenten zowel als consumenten – zich nooit van hun geloof bewust worden. Voor de bestudeerde binnenstaanders is de sociologische buitenstaandersblik als het ware verboden, op straffe van ontwrichting van het kunstveld. Bourdieu's kunstsociologie onderhoudt dus een heel specifieke relatie met haar studieobject. De sociologische waarheid stelt dat de legitiem geachte omgang met kunst en literatuur berust op een illusie, op een quasitranscendentale schijn die als een veralgemeend geloof in de autonomie van de kunst deze autonomie juist mede mogelijk maakt. Dat die abstracte visie op de kunst een vorm van – in marxistische termen – "vals bewustzijn" is, volgt overigens *linea recta* uit de al vermelde samenhang tussen kunstbeleving en burgerij. Anders dan de burgerlijke kunstconsumenten zelf menen, getuigt hun belangeloze liefde voor de kunst helemaal niet van een strikt individuele interesse. Veeleer veruitwendigt ze een meer algemene levensstijl, een 'overgeërfd' vermogen om, op grond van een voldoende hoog inkomen en scholingsgraad, haast intuïtief de praktisch-functionele attitude tussen haakjes te zetten en objecten louter vormelijk te contempleren.

Het geloof dat de literatuur of de beeldende kunst er alleen omwille van zichzelf zijn (het bekende *l'art pour l'art*), verklaart in de visie van Bourdieu ook het dominante discours over kunstwerken en kunstenaars. Artistieke objecten – boeken, schilderijen, sculpturen – zijn in dat vertoog het resultaat van een volstrekt autonome, oorspronkelijke creativiteit en verbeeldingskracht. De kunstenaar is een vriendelijk maar verward genie of een pathologische psychoot, maar hoe dan ook een eenling. Ook dit a-sociale individu doet wat hij doet op basis van een irrationeel, grondeloos geloof in de waarde van de kunst als zodanig. Dat valt echter alleen vol te houden zolang de distributie van kunst – bijvoorbeeld via betere uitgeverijen en boekhandels, of via galerieën en musea –, dit in alle opzichten zuivere geloof in de esthetische waarde van de verhandelde of getoonde kunstwerken bestendigt. Vandaar trouwens de volgens Bourdieu noodzakelijke negatie van geldelijke overwegingen in de diverse culturele velden. Geldkwesties vormen de verdrongen keerzijde van het kunstgeloof: de overtuiging dat het in een autonome kunstsector om niets anders dan de kunst – of de esthetische waarde – gaat, sluit een al te uitgesproken belangstelling voor verkoops- of publiekscijfers gewoonweg uit.

Wederom kunnen we de vraag stellen in of deze – toegegeven: nogal gesimplifieerde – voorstelling van zaken niet in grote mate door de feiten achterhaald is: literatuur is almaar sterker 'gemediatiseerd' – wat Bourdieu trouwens ook toegeeft –, er wordt openlijk op de beeldende kunstmarkt gespeculeerd, en overheden eisen van door hen betoelaagde musea of podiumkunstenorganisaties een publieksvriendelijke opstelling. Het is dus nogal vreemd om het functioneren van het kunstbedrijf terug te voeren op een zichzelf gedurig waarmakend, performatief geloof in de autonomie van de kunst. Dat Bourdieu zo hardnekkig aan deze stelling vasthoudt, hangt samen met een voor zijn cultuursociologie cruciale tweedeling, namelijk die tussen kunst en commercie, tussen "beperkte" (*production restreinte*) en "uitgebreide velden van culturele productie" (*grande production*). Ieder cultureel veld is een deels nationaal, deels internationaal netwerk van onderling verbonden individuele en sociale actoren (of instellingen, zoals uitgeverijen en musea). Maar anders dan in de uitgebreide velden, die zich richten op een massapubliek, hangen beperkte velden helemaal niet af van winstmaximering – bijvoorbeeld door een grote afzet; niet de commerciële instelling maar het geloof in de intrinsieke waarde van de voortgebrachte producten – versta: kunstwerken – schraagt de werking van een beperkt veld of *marché restreint*.

Dankzij de tweedeling tussen kunst- en massamarkten kan Bourdieu twee soorten economieën tegen elkaar uitspelen. Tegenover de op financiële winsten gerichte economie van de uitgebreide markten, waar succes synoniem is met de productie van bestsellers, staat de strikt symbolische economie van de beperkte velden voor literatuur, film of – algemener gesteld – kunst-met-hoofdletter (in zijn indertijd spraakmakende en sterk door Bourdieu's werk geïnspireerde essay met de zeer suggestieve titel *Kwaliteit is klasse* (1986) spreekt de Nederlandse socioloog Abram de Swaan van "kunstkunst"). In die laatste economie willen de spelers zoveel mogelijk symbolisch kapitaal of aanzien verwerven via de erkenning vanwege (concurrentiële) medespelers of *peers*, zoals bijvoorbeeld collegae-literatoren en aan universiteiten werkzame critici. In "La production de la croyance" schrijft Bourdieu:

> In deze economische kosmos die tot in de kern van zijn functioneren bepaald wordt door een 'afwijzing' van het 'commerciële', wat in feite neerkomt op een collectieve ontkenning van commerciële belangen en het streven naar winst, bezitten de meest 'anti-economische' handelingen, de gedragingen die op het eerste gezicht op de grootste onverschilligheid voor materiële beloningen lijken te duiden, en in een normaal 'economisch' universum onverbiddellijk veroordeeld zouden worden, een vorm van economische rationaliteit. [Want naast] een streven naar 'economische' winst waarin alleen maar getracht wordt om aan de vraag en de verlangens van de cliëntèle te voldoen (...) is er [immers] ook nog zoiets als de accumulatie van symbolisch kapitaal, een kapitaal waarvan het economische of politieke karakter ontkend en miskend wordt, en dat juist daardoor erkenning en 'legitimiteit' oplevert.
> (*Opstellen over smaak, habitus en het veldbegrip*, p. 246.)

(Pseudo-)complexe taal en (pseudo-)realisme

Bourdieu staat bekend als een moeilijke veelschrijver die zichzelf voortdurend herhaalt. Dat hij alvast van ingewikkelde formuleringen houdt, moge de zojuist aangehaalde passus afdoende bewijzen. Bourdieu beweert dat zijn complexe taalgebruik gegroeid is vanuit de noodzaak om als socioloog een breuk te markeren met het alledaagse taalgebruik en de daarin vervatte illusies (zie bijvoorbeeld *Réponses. Pour une anthropologie réflexive*, 1992). Alles wat vanzelfsprekend lijkt, moet in zijn visie het wantrouwen van de socioloog wekken. Want juist de talige *common sense* (of *doxa*) is de verzamelplaats bij uitstek van hele en halve onwaarheden, zoals bijvoorbeeld het geloof in het bestaan van Kunst. Wil hij de waarheid omtrent het sociale echt op het spoor komen, dan moet de socioloog met de omgangstaal breken en haar op maat van de eigen conceptuele besognes herijken. Deze idee stond al centraal in Durkheims *Règles de la méthode sociologique* dat erg nadrukkelijk waarschuwde voor de talige kracht der *prénotions* (doxische, onbereflecteerde ideeën). Bourdieu neemt deze waarschuwing bijzonder sterk ter harte. Het valt echter nog te bezien of de moeilijk te betwisten noodzaak van een zelfbesloten, theoretische taal synoniem is met een idiosyncratisch en ingewikkeld hergebruik van de omgangstaal. Bourdieu ontkomt inderdaad maar moeilijk aan de verdenking dat zijn schijnbaar academische proza uitgerekend een gebrek aan waarlijk nieuwe concepten moet verhullen.

Bekijken we bijvoorbeeld nog even de dubbele tweedeling tussen "beperkte" en "uitgebreide markten (of velden) van culturele productie" en tussen een strikt "economische" en een "symbolische economie." Bij nader toezien is die tweedeling weinig meer dan een descriptieve hérformulering van alom bekende, zij het ook normatiever geladen opposities als die tussen kunst en kitsch, hoge cultuur en massacultuur. De analytische meerwaarde die hiermee geboekt wordt, is echter verwaarloosbaar: men leert alleen op een wat afstandelijker manier het al bekende verwoorden. Van nieuwe concepten of nieuwe inzichten in de manier waarop kunst sociaal functioneert, is er in elk geval geen sprake: hier worden al langer ingeburgerde onderscheidingen, ja heuse stereotypen, alleen maar veredeld, tot quasi-concepten omgemunt. Bourdieu's werk verplicht de lezer helemaal niet om de sociale werkelijkheid *anders* te bekijken. De geciseleerde schriftuur en de zeer breedvoerige stijl kunnen dus niet verhullen dat de opgeleverde beschrijvingen blijven steken in een al bekend weten. Dit 'geruststellende' aspect van het *œuvre* en het gebruik van wat schematisch ogende en gemakkelijk hanteerbare tegenstellingen verklaren tot op zekere hoogte het grote internationale succes van Bourdieu.

Nogal wat critici – waaronder de reeds geciteerde Verdès-Leroux – storen zich ook terecht aan Bourdieu's pontificale betoogtrant. De kritiek is terecht maar blijft in de meeste gevallen aan de oppervlakte steken. Bourdieu's assertieve en zelfverzekerde taalgebruik, dat academische banvloeken noch (meestal impliciete) polemieken schuwt, vloeit immers voort uit een specifieke wetenschapsopvatting. *In nuce* bepleit Bourdieu namelijk een '*hard realisme*', en dat ondanks het feit dat vele uitlatingen wijzen op een constructivistische invalshoek (zie vooral *Réponses. Pour une anthropologie réflexive*, 1992). We zinspeelden daar trouwens al eerder op toen we het hadden over de particuliere verhouding tussen Bourdieu's kunstsociologie en haar studieobject: alleen de buitenstaander-socioloog kan de waarheid uitspreken over het kunstgeloof van de binnenstaanders. Daarmee ensceneert Bourdieu niet alleen een onoverbrugbaar verschil – en dus ook een geschil – tussen de kunstsocioloog en de modale kunstliefhebber. Hij is er tevens van overtuigd dat de in *Les Règles de l'art* ontvouwde veldanalyse de enig mogelijke is: ze levert een ware en objectieve voorstelling van het functioneren der beperkte markten op. Als zodanig gaat het niet om een mogelijke of contingente vorm van kunstsociologie, zelfs niet eens om een per definitie disciplinair beperkte observatie van de kunst. De voorgelegde theorie – maar, nogmaals, is het wel een theorie? – is de enige die in de sterkste zin van het woord met de kunstrealiteit correspondeert en die objectief en waarheidsgetrouw afbeeldt. Vandaar ook de vele tenauwerdood beargumenteerde uitvallen in *Les Règles de l'art* naar andere, concurrentiële kunst- en literatuuropvattingen zoals het Amerikaanse *New Criticism*, de Duitse hermeneutiek, het structuralisme van Gérard Genette, Foucaults discoursanalyse, het Russische formalisme, de marxistische literatuursociologie of de literatuursemiotiek (met Roland Barthes als kop van jut). Van een genuanceerde tegenargumentatie acht Bourdieu zich ontslagen, omdat hij er steevast vanuit gaat dat de door hem in de steigers gezette veldanalyse letterlijk 'de waarheid spreekt.'

Bourdieu's doxische realisme is wetenschapstheoretisch weinig overtuigend en het staat misschien ook wel haaks op de gehanteerde schriftuur. Indien 'het uitspreken van de waarheid' een hoogst ingewikkeld taalgebruik vergt, dan is er inderdaad toch wat aan de hand met Bourdieu's waarheidseconomie. De geclaimde onaanvechtbaarheid van de waarheid der veldbenadering – die als zodanig trouwens geen benadering meer is in de strikte zin van het woord – is het effect van een geëlaboreerde schrijf- en stijloefening, ze verplicht kortom tot... literatuur. De weergave van de geviseerde realiteit is louter talig en als dusdanig kan het resultaat onmogelijk een realistische afbeelding heten. Want hoe zou een per definitie geschreven, dus geconstrueerde tekst *überhaupt* de werkelijkheid objectief kunnen weergeven als enkel en alleen die tekst zélf voor zijn eigen waarheid instaat? Alles bij elkaar genomen zit ook Bourdieu's kunstsociologie gevangen in de bekende paradox van de (sociaal...) realistische literatuur. Ze wil de buitenwereld onbemiddeld weergeven via een medium – de taal – dat juist geen onmiddellijke afbeeldingsrelatie met de werkelijkheid toelaat.

De dynamiek van het literaire veld: sociologie of sociologisme?

Wat houdt de veldbenadering precies in? Hoe definieert ze de werking van bijvoorbeeld het autonome literaire veld? In de lijn van de globale karakterisering van beperkte velden in termen van een symbolische economie, beschrijft Bourdieu in *Les Règles de l'art* (1992) de diverse kunstvelden primair als een strijd om aanzien en/of erkenning. Deze nimmer definitief te beslechten slag om symbolisch kapitaal structureert alweer op een voor de betrokkenen ondoorzichtige wijze het handelen van de deelnemende partijen. Conform het hem verblindende geloof in de autonomie en waarde van de kunst maakt bijvoorbeeld een literator deze en niet gene artistieke keuze. Zo'n *prise de position* is voor de socioloog niets anders dan een onbewuste strategische zet, gericht op het verbeteren van de veldpositie van de betrokkenen. De individuele artistieke keuze voor een welbepaalde thematiek of specifieke stijl wordt in deze visie als het ware achter de rug van de betrokkenen om door hun streven naar symbolische kapitaalsvermeerdering gedetermineerd. Voor de socioloog-buitenstaander bezit het kwestieuze handelen daarom een doelrationeel of strategisch karakter. De schrijver zal dat uiteraard loochenen: hij maakt keuzes op intrinsiek artistieke gronden, louter en alleen gemotiveerd door een meer algemeen geloof in de waarde van de kunst.

Zonder het dus zelf terdege te (kunnen) beseffen, zouden kunstenaars zich bij hun artistieke selecties laten leiden door hun veldpositie en hun bezit aan symbolisch kapitaal. Wie een centrumpositie bekleedt, wil die behouden; nieuwkomers, daarentegen, proberen de aandacht op zich te vestigen middels een letterlijk opvallend werk. In die zin is een beperkte markt, zoals een literair veld, volgens Bourdieu inderdaad ook écht een markt. De actoren-kunstenaars gedragen zich – alweer: "onbewust" – als concurrenten die onderling wedijveren om het schaarse goed genaamd erkenning of symbolisch kapitaal. Ieder kunstwerk is een doelrationele zet in dit bikkelharde steekspel, een investering waarvan op korte of langere termijn symbolische winst wordt verwacht. De particulariteit van het kunstwerk hangt dan nauw samen met dit streven naar kapitaalsvermeerdering: een schrijver opteert voor een welbepaalde schriftuur omdat hij onbewust op een hogere veldpositie uit is. Om deze latente strategische rationaliteit te observeren, volstaat het volgens Bourdieu dan ook om de in een kunstwerk besloten artistieke keuze of *prise de position* met de veld- of kapitaalpositie van de maker te verbinden. Bourdieu spreekt in dit verband van een homologie of structurele verwantschap tussen "de ruimte der werken" en "de ruimte der posities" in elk kunstveld. Die homologie moet centraal staan in de kunst- en literatuurwetenschap en dat is precies het fundamentele breekpunt tussen Bourdieu's sociologie en de andere door hem afgewezen kunst en literatuuropvattingen. In *Les Règles de l'art* formuleert Bourdieu die homologie als volgt:

> De wetenschap van de kunstwerken heeft dus als specifiek object de relatie tussen twee structuren, de structuur der objectieve relaties tussen posities binnen het veld van de productie (en tussen de producenten die ze bekleden) en de structuur der objectieve relaties tussen de positie-bepalingen (*prises de position*) binnen de ruimte der werken.
> (*Les Règles de l'art*, pp. 324-325; vert. RL.)

In de visie van Bourdieu is het kortom voor alles zaak om veldposities en kunstwerken gedurig op elkaar te betrekken. Dat doet Bourdieu dan ook regelmatig in *Les Règles de l'art*. Een goed voorbeeld is de daarin ontvouwde interpretatie van de eertijdse impact van Flauberts werk. *Les Règles de l'art* was bij de verschijning in 1992 overigens voorzien van een blauwe papieren wikkel, waarop in grote letters de boodschap "Le Flaubert de Bourdieu" stond gedrukt; de zinspeling op Sartres beruchte Flaubert-studie ontging allicht niemand.

Bourdieu beschouwt Flauberts œuvre en in het bijzonder *L'Éducation sentimentale*, als een meesterlijke zet binnen het toenmalige Franse (Parijse?) literaire veld. Dat was verdeeld in twee kampen: estheten en realisten stonden elkaar als twee vijandige groepen naar het leven. Welnu, volgens Bourdieu (1992:55) werd "de (stilistische) formule van Flaubert" ten tijde van *L'Éducation Sentimentale* bepaald door "een dubbele weigering" (die overigens ook het werk van de impressionistische schilder Édouard Manet zou kenmerken). Naar eigen zeggen wilde Flaubert "het banale en middelmatige goed (be)schrijven"; *bien écrire le médiocre*, schrijft Flaubert in een door Bourdieu geciteerde brief aan zijn minnares Louise Colet. Met dit standpunt wist Flaubert alsnog de tegenstelling tussen estheten en realisten te overbruggen. Met het devies "goed schrijven" sloot hij aan bij de voorstanders van een zuivere *l'art pour l'art*, een louter op de

Vorm gerichte schriftuur (een ideaal dat in die tijd onder meer de Parnassiens en Théophile Gautier voor ogen stond). Tegelijkertijd interesseerde hij zich voor "de mediocriteit", wat in de lijn van het door Champfleury voorgestane realisme lag. Flaubert – of wellicht juister: "de Flaubert van Bourdieu" – streefde dus naar

> een esthetiek gebaseerd op de verzoening van de door de dominante voorstelling van de kunst op ongeoorloofde wijze gescheiden mogelijkheden; (kortom) naar een *realistisch formalisme.*
> (Bourdieu, 1992: 157; cursivering van Bourdieu – RL.)

Met deze synthese oversteeg Flaubert het toemalige literaire gehakketak en creëerde hij voor zichzelf een nieuwe positie binnen het literaire veld. Flauberts stilistisch-esthetische *prise de position* verzekerde de auteur van *L'Éducation sentimentale* zo ook meteen van een leidende rol en een navenant aanzien of symbolisch kapitaal. Flaubert werd als het ware in één klap *unumgänglich* voor alle professionele literatoren, omdat zijn "realistisch formalisme" een brug sloeg tussen de twee toenmalige literaire kampen.

Het voornaamste probleem met "de Flaubert van Bourdieu" is niet zozeer dat het om een al bij al vrij traditionele interpretatie van *L'Éducation sentimentale* gaat. Laten we ook over de vraag heenstappen of Bourdieu 'zijn' Flaubert niet een wel erg genie-achtige heldenrol laat spelen. Belangrijker is de vaststelling dat Bourdieu Flauberts geschriften tenauwerdood analyseert vanuit een formeel-stilistisch oogpunt. Ook in het openingsdeel van *Les Règles de l'art*, dat volledig is gewijd aan *L'Éducation sentimentale* en de titel "Flaubert analyste de Flaubert" draagt, beperkt Bourdieu zich tot een inhoudelijk gerichte, sterk realistische interpretatie. Ondanks het hardop erkende belang van formele kenmerken, komt Bourdieu dus niet toe aan een analyse van Flauberts schriftuur als zodanig. Deze opvallende formeel-narratieve blindheid is symptomatisch voor een globalere tendens in Bourdieu's kunstsociologie. Ondanks de geclaimde aanspraak op kunstwetenschappelijke exclusiviteit staat Bourdieu nooit stil bij de de materiële singulariteit van ieder kunstwerk. Taligheid, picturaliteit en andere kenmerken die een kunstwerk maken tot wat het is – een paradoxale eenheid van pure materialiteit en symbolische zeggingskracht – worden door Bourdieu consequent genegeerd in naam van de doorslaggevend geachte relatie tussen veldpositie(s) en esthetische keuzen. Dit reductionisme mondt uit in een wel erg schraal beeld van zowel de kunstpraktijk als het kunstwerk. In het licht van de al eerder gegispte absolutistische aanspraken van de veldanalyse ligt het volgende verdict dan ook voor de hand: in Bourdieu's werk verandert de kunstsociologie in *sociologisme* – in een analyse die haar claim op een universele geldingskracht slechts weet in te lossen ten koste van een sterk vereenvoudigde visie op de kunst en het kunstwerk.

EEN PANOPTISCHE BLIK OP HET LITERAIRE VELD

Maar laten we Bourdieu nog even verder volgen in zijn analyse van het literaire veld en andere beperkte markten. Kernachtig gesteld beveelt Bourdieu de kunstwetenschapper de bril van de politoloog aan: "kijk naar de machtsverhoudingen binnen het bestudeerde veld." Immers, in de hoog-concurrentiële slag om symbolisch kapitaal of erkenning zijn er gedurig (voorlopige) winnaars en (tijdelijke) verliezers. Het artistieke veld genereert voortdurend nieuwe krachtsverhoudingen tussen dominante en gedomineerde kunstproducenten, tussen gevestigden en nieuwkomers. De eerste groep beheerst het veld. Haar dominantie bezit alweer een primair symbolisch karakter. Het artistieke establishment bepaalt via haar productie en oordelen immers altijd ook welbepaalde esthetische maatstaven. Bourdieu (1992) spreekt in dit verband, daartoe allicht geïnspireerd door Webers inzichten over macht en gezag, van een legitimiteitsstrijd. Ook al weten de betrokken kunstenaars en andere actoren het niet, ze voeren volgens Bourdieu onophoudelijk *strijd om de definitie van de legitieme cultuur*; ook al beseffen ze het niet, literatoren, 'betere uitgeverijen' en critici zijn onderling gedurig aan het bakkeleien over het antwoord op de vraag welke literatuur wel en welke niet in aanmerking komt voor erkenning. Op een analoge manier zou bijvoorbeeld het theaterveld worden gestructureerd door van de strijd om de definitie van de esthetisch verantwoorde podiumkunst.

Nu hebben kunstwetenschappers uiteraard al langer aandacht voor processen van canonisering of consecratie. In de lijn van zijn analyse van het kunstgeloof stelt Bourdieu echter een andere terminologie voor. Hij gewaagt van het bestaan van een "esthetische orthodoxie" of "doxa" binnen ieder beperkt veld, dus binnen ieder artistiek "genre."

De strijd om symbolisch kapitaal binnen "de ruimte der (veld)posities" vertaalt zich daarom binnen "de ruimte der werken" in een voor buitenstaanders meermaals scholastisch aandoend dispuut tussen orthodoxe en heterodoxe kunstproducenten (en hun aanhangers binnen de kritiek, de kunstwetenschap, het publiek van *connaisseurs*...). De orthodoxen of gevestigden geloven in de onomstotelijke waarde van de vigerende canon. Deze opstelling is latent doelrationeel. De betrokkenen hebben immers een onmiddellijk belang bij de bestaande orthodoxie omdat die hun kunstpraktijk en veldpositie legitimeert. Maar ook nieuwkomers kunnen zich tot overtuigde verdedigers van de canon ontpoppen. Ook dan is er volgens Bourdieu sprake van een onbewuste strategische opstelling. Met hun opvallend conformisme aan de dominante esthetische regels hopen dergelijke nieuwkomers namelijk zo vlug mogelijk naar de hoogste veldregionen te kunnen doorstoten. Heterodoxe artiesten laten zich daarentegen weinig gelegen aan de heersende canon. Zij bepleiten nieuwe visies op de literatuur, de schilderkunst of het theater: zij gaan bewust de strijd om de legitimiteit aan en betalen daarvoor graag een prijs. Heterodoxe artiesten gaan doorgaans prat op hun perifere positie binnen het kunstveld. De status van gedomineerde wordt dan beschouwd als het waarmerk bij uitstek van een authentiek artistiek engagement, van een zuivere en belangeloze inzet voor een welbepaalde poëtica. Toch is dat alles alweer maar schijn, aldus Bourdieu. Want waarom zou men zich in zodanig sterke mate publiek engageren voor een artistieke visie, waarvoor men trouwens, ondanks de schijn van het tegendeel, wel degelijk een algemene erkenning wenst af te dwingen? Zoveel inzet hangt altijd ook samen met een "onbewust" machtsstreven, een zélf niet-geobserveerd verlangen naar aanzien en topposities in het beperkte veld. Kortom, het niet-zien van strategische overwegingen en het zien van nieuwe esthetische mogelijkheden zijn de voor- en keerzijde van dezelfde medaille.

Nu is het ongetwijfeld zo dat – met een uit de neocybernetica stammend onderscheid – een socioloog in tweede orde kan observeren wat de geobserveerde observator in eerste orde niet ziet (vergelijk met Laermans, 1999). Conform zijn realistische kentheorie duidt Bourdieu deze distinctie in termen van manifest ("bewust") en latent ("onbewust") enerzijds, "schijn" en "zijn" anderzijds. Sinds Luhmann weten we dat het in elkaar schuiven van deze twee onderscheidingen hoogst problematisch is. Het resulteert immers in de dubbele claim dat de schijn bedriegt én dat de tweede orde-observator – zeg maar: de socioloog Bourdieu – de achterliggende werkelijkheid doorschouwt. De door hem beschreven latente functies zijn dan niet langer contingente of anders-mogelijke tweede orde-observaties (of interpretaties) maar onbetwistbare weergaven van de realiteit. Als zodanig stelt Bourdieu zich ook op als een beterweter, ja hij bekleedt een bijna goddelijke positie. Tegelijkertijd heeft het opgeleverde weten noodzakelijkerwijs de gedaante van een zichzelf waarmakend, hard "functionalisme." De door de socioloog doorschouwde realiteit reduceert de geobserveerde handelingen én kunstwerken gedurig tot wat ze werkelijk zijn: namelijk zetten op het schaakbord van de kunst in functie van een groter aanzien of symbolisch kapitaal of van het behoud van een al verworven machtspositie, enzovoort.

Maar hoe plausibel is zo'n alomvattend functionalisme, dat op grond van het geclaimde werkelijkheidsgetrouwe weten altoos en overal latente strategieën onderkent? Vanuit een epistemologisch-constructivistisch standpunt oogt het alvast weinig overtuigend. Maar ook de feitelijke kenniswinst van een functionalistische sociologie *à la* Bourdieu is hoogst beperkt. Want of het nu over de negentiende-eeuwse literatuur of de recente schilderkunst gaat, onophoudelijk wordt hetzelfde verhaal verteld. Inhoud of vormkwesties spelen geen doorslaggevende rol. Ieder kunstwerk representeert altijd een veldpositie en een daarbij horende hoeveeldheid symbolisch kapitaal: elke artistieke uiting is 'in werkelijkheid' een op kapitaalsvermeerdering gerichte praktijk. Bourdieu vertelt dit verhaal telkens weer opnieuw, vaak met verve – zoveel moet men hem nageven –, maar ook zonder enige variatie. In Bourdieu's sociologie wint 'hetzelfde', de immer herhaalde bevestiging van het eigen gelijk, het dus steevast van de mogelijkheid van verandering. De ontvouwde analyse wordt kortom nooit geraakt door het geanalyseerde: de uitkomst staat bij voorbaat vast. Daar bestaat een woord voor: *doxa*. Maar ook zonder deze uitdrukking wordt het een lezer van Bourdieu's werk al snel duidelijk dat de enscenering van altijd weer dezelfde plot per definitie synoniem is met repetitiviteit en monotonie. En allicht is dàt het voornaamste bezwaar tegen Bourdieu's œuvre: het bevat nauwelijks variatie, het heeft zichzelf vergrendeld in een *huis clos* zonder ramen, zonder uitzicht op een buiten...

BEKNOPTE BIBLIOGRAFIE

Primaire literatuur

Sociologie de l'Algérie, Paris, PUF, 1961.
(met Abdelmalek Sayad), *Le Déracinement*, Paris, Minuit, 1964.
(met Alain Darbel), *L'Amour de l'art. Les musées d'art européens et leur public*, Paris, Minuit, 1966.
(met Jean-Claude Passeron & Jean-Claude Chamboredon), *Le Métier de sociologue*, Paris, Mouton, 1968.
(met Jean-Claude Passeron), *La Reproduction*, Paris, Minuit, 1971.
Esquisse d'une théorie de la pratique, Genève, Droz, 1972.
La Distinction. Critique sociale du jugement, Paris, Minuit, 1979.
Le Sens pratique, Paris, Minuit, 1980.
Questions de sociologie, Paris, Minuit, 1980.
Ce que parler veut dire. L'économie des échanges linguistiques, Paris, Fayard, 1982.
Homo Academicus, Paris, Minuit, 1984.
Choses dites, Paris, Minuit, 1987.
L'Ontologie politique de Martin Heidegger, Paris, Minuit, 1988.
Opstellen over smaak, habitus en het veldbegrip, Amsterdam, Van Gennep, 1989.
Les Règles de l'art. Genèse et structure du champ littéraire, Paris, Seuil, 1992. (*De regels van de kunst. Wording en structuur van het literaire veld*, Van Gennep.)
(met Loïc Wacquant), *Réponses. Pour une anthropologie réflexive*, Paris, Seuil, 1992. (*Argumenten. Voor een reflexieve maatschappijwetenschap*, Sua.)
e.a., *La Misère du monde*, Paris, Seuil, 1993.
Raisons pratiques. Sur la théorie de l'action, Paris, Seuil, 1994.
(met Hans Haacke), *Libre-échange*, Paris, Seuil, 1994.
Sur la télévision, Paris, Seuil ("Liber-Raisons d'agir"), 1996. (*Over televisie*, Boom.)
Méditations pascaliennes, Paris, Seuil, 1997.
Contre-feux. Propos pour servir à la résistance contre l'invasion néo-libérale, Paris, Seuil ("Liber-Raisons d'agir"), 1998.
La Domination masculine, Paris, Seuil, 1998.
Savoir faire: contribution à une théorie dispositionnelle de l'action, Paris, Seuil, 1998.
Les Structures sociales de l'économie, Paris, Seuil, 2000.

Secundaire literatuur

CALHOUN, Craig *e.a.* (eds.), *Bourdieu: Critical Perspectives*, Cambridge & Oxford, Polity Press, 1993.
DE SWAAN, Abram, *Kwaliteit is klasse. De sociale wording en werking van het cultureel smaakverschil*, Amsterdam, Meulenhoff, 1986.

DUBOIS, Jacques, *L'Institution de la littérature. Introduction à une sociologie*, Bruxelles, Labor, 1978.

HALL, Stuart (ed.), *Representations: Cultural Representations and Signifying Practices*, London, Sage, 1997.

HEINICH, Nathalie, *Ce que l'art fait à la sociologie*, Paris, Minuit, 1998.

GELDOF, Koenraad, "Autorité, lecture, réflexivité. Pierre Bourdieu et le jugement esthétique de Kant", in *Littérature*, n° 98 (1995), pp. 97-124.

—, "Du champ (littéraire). Ambiguïtés d'une manière de faire sociologique", in *Revue Canadienne de Littérature Comparée*, 24:1 (1997), pp. 77-89.

JENKINS, Richard, *Pierre Bourdieu*, London – New York, Routledge ("Key Sociologists"), 1992.

JURT, Josef, *Das literarische Feld. Das Konzept Pierre Bourdieus in Theorie und Praxis*, Darmstadt, Wissenschaftliche Buchgesellschaft, 1995.

LAERMANS, Rudi, *De lege plek. Opstellen over cultuur en openbaarheid in de provincie Vlaanderen*, Leuven, Kritak, 1993.

—, "Een té grove sociologische borstel? Kanttekeningen bij Pierre Bourdieu's *Les Règles de l'art*", in *Boekmancahier. Kwartaalschrift over kunst, onderzoek en beleid*, 6:1 (1994), pp. 6-25.

—, "Het relatieve gelijk van Pierre Bourdieu. De legitimiteit van kunst en cultuur binnen de postmoderniteit", in Joris VLASSELAERS & Jan BAETENS (red.), *Handboek Culturele Studies: concepten – problemen – methoden*, Leuven – Amersfoort, Acco, 1996.

—, "Complexiteit als opgave: Bourdieu's veldanalyse in systeemtheoretisch perspectief", in *Boekmancahier. Kwartaalschrift over kunst, onderzoek en beleid*, 8:4 (1996), pp. 534-548.

—, "Communication on Art, or the Work of Art as Communication? Bourdieu's Field Analysis Compared with Luhmann's Systems Theory", in *Canadian Review of Comparative Literature*, 24:1 (1997), pp. 103-113.

—, *Communicatie zonder mensen: een systeemtheoretische inleiding in de sociologie*, Amsterdam, Boom, 1999.

LUHMANN, Niklas, *Die Wissenschaft der Gesellschaft*, Frankfurt aM., Suhrkamp, 1992.

—, *Die Kunst der Gesellschaft*, Frankfurt aM., Suhrkamp, 1995.

— & FUCHS, Peter, "Blindheit und Sicht: Vorüberlegungen zu einer Schemarevision", in Idem, *Reden und Schweigen*, Frankfurt aM., Suhrkamp, 1989, pp. 138-178.

VERDES-LEROUX, Jeannine, *Le Savant et la politique. Essai sur le terrorisme sociologique de Pierre Bourdieu*, Paris, Grasset, 1998.

Themanummer: *Critique*, n°s 579-580 (1995).

VIII

NAMENREGISTER

OMTRENT DE AUTEURS

Jan BAETENS is als docent verbonden aan het Instituut voor Culturele Studies van de K.U. Leuven en aan de vakgroep Letteren en Kunst van de Universiteit Maastricht. Hij publiceerde talrijke artikels en boeken over de Franse poëzie, het stripverhaal en de fotografie. Samen met José Lambert was hij de eindredacteur van *The Future of Cultural Studies* (Universitaire Pers Leuven, 2000).

Yves BAUDELLE studeerde aan de École Normale Supérieure en is momenteel docent Franse literatuur aan de Universit é Charles de Gaulle (Lille III). Hij is specialist in de romaneske onomastiek en hoofdredacteur van het vaktijdschrift *Roman 20-50.*

Benjamin BIEBUYCK studeerde Germaanse talen en literatuurwetenschap aan de universiteiten van Gent en Basel; hij is sinds 1992 als onderzoeker verbonden aan het Vlaamse Fonds voor Wetenschappelijk Onderzoek en promoveerde in 1996 met een theoretische studie over de creatieve metafoor. In 1998 verscheen van hem *Die poetische Metapher. Ein Beiträg zur Theorie der Figürlichkeit* (Königshausen & Neumann). Verder verzorgde hij samen met R. Dirven en J. Ries de eindredactie van de bundel *Faith and Fiction: Interdisciplinary Studies on the Interplay between Metaphor and Religion* (Peter Lang, 1998), en hij publiceerde diverse artikels over Nietzsche, literaire theorie en Duitse literatuur.

Anna BOSCHETTI doceert Franse letterkunde & cultuurgeschiedenis aan de Universiteit van Rome. Haar studie *Sartre et "Les Temps modernes"* (1985) is een klassieker geworden in het veld van de literatuursociologische tijdschriftenstudie.

Henryk CHUDAK is hoogleraar moderne Franse letterkunde aan de Universiteit van Warschau waar hij de leiding heeft over een onderzoeksgroep ivm. de Franse literatuur van 1850 tot 1939. Hij is de auteur van een proefschrift over Jean Thibaudet en van werken over poëzie en literaire kritiek waaronder *La Responsabilité de la forme selon Roland Barthes* (1996), *Jean Starobinski, théoricien de l'inter-*

prétation compréhensive (1996), *La Nomenclature de la modernité en 1914* (1997), *La Théorie poétique de Pierre Reverdy* (1999), *Taine et le réalisme* (2000) en *Les générations symbolistes* (2000). Deze publicaties verschenen voor het merendeel in de reeks "Les Cahiers de Varsovie" van het *Centre de civilisation française*; uitgever zijn de Éditions de l'Université de Varsovie.

André COLOMBAT doceert Franse letterkunde en literaire theorie aan het Loyola College te Baltimore. Hij publiceerde *Deleuze et la littérature* (Peter Lang, 1990) en *The Holocaust in French Film* (The Scarecrow Press, 1993).

Dirk DE GEEST is hoogleraar Algemene Literatuurwetenschap en Moderne Nederlandse Letterkunde aan de K.U. Leuven. Hij verricht onderzoek over o.m. systeemtheorie en een functionalistische benadering van literaire verschijnselen en over poëtica- en interpretatiemodellen. Hij publiceerde onder meer *Literatuur als systeem, literatuur als vertoog. Bouwstenen voor een functionalistische benadering van literaire verschijnselen* (Peeters, 1996) en *Collaboratie of cultuur? Een Vlaams tijdschrift in bezettingstijd (1941-1944).* (Meulenhoff/Kritak, 1997).

Annik DUBIED is licentiate in de letterkunde en houder van een diploma in de communicatiewetenschappen. Ze promoveerde op een proefschrift over het *fait divers* en is momenteel werkzaam aan de Universiteit van Genève. Met Marc Lits publiceerde ze *Le fait divers* (PUF, "Que sais-je?", 1999).

Steven ENGELS studeerde Romaanse Taal- en Letterkunde, wijsbegeerte en algemene literatuurwetenschap aan de K.U. Leuven en hij is momenteel werkzaam als assistent Franse letterkunde en algemene literatuurwetenschap aan de KULAK. Hij bereidt een proefschrift voor over de twintigste-eeuwse Franse autobiografie en meer in het bijzonder over het autobiografische werk van Claude Mauriac.

Koenraad GELDOF is docent moderne Franse letterkunde en literaire theorie aan de K.U. Leuven. Hij publiceerde talrijke artikels in dit verband alsook *Analytiques du sens. Essais sur la sociologie de la culture*

(Peeters – Vrin, 1996) en *Kritische profielen. Opstellen over politieke filosofie, esthetiek en (Franse) literatuur* (Peeters, 1999). Met Rudi Laermans verzorgde hij de eindredactie van *Sluipwegen van het denken. Over Michel de Certeau* (SUN, 1996). Hij was ook mederedacteur van *Under Construction: Links for the Site of Literary Theory. Essays in Honour of Hendrik Van Gorp* (Universitaire Pers Leuven, 2000) waar hij verantwoordelijk was voor de sectie "Literary Dynamics."

Els JONGENEEL doceert algemene literatuurwetenschap en moderne Italiaanse letterkunde aan de Rijksuniversiteit Groningen. Ze promoveerde op een proefschrift over Michel Butor dat verscheen onder de titel *Michel Butor et le pacte romanesque: écriture et lecture dans* L'Emploi du temps, Degrés, Description de San Marco *et* Intervalle (José Corti, 1988). Met Barend van Heusden stond ze in voor de eindredactie van *Algemene Literatuurwetenschap: een theoretische inleiding* (Spectrum, 1993) en met Maarten van Buuren schreef ze *Moderne Franse Literatuur: van 1850 tot heden* (Nijhoff, 1996).

Rudi LAERMANS is als hoogleraar verbonden aan het Departement Sociologie van de K.U. Leuven waar hij theoretische sociologie en cultuursociologie doceert. Zijn onderzoek betreft vooral de sociale systeemtheorie, de cultuurtheorie en de kunstsociologie met een bijzondere aandacht voor de podiumkunsten. Recentelijk publiceerde hij samen met B. Wilson en J. Billiet de opstellenbundels *Secularization and Social Integration* (Universitaire Pers Leuven, 1998). Verder verscheen van hem ook *Communicatie zonder mensen: een systeemtheoretische inleiding in de sociologie* (Boom, 1999).

Anneleen MASSCHELEIN is als assistente verbonden aan de vakgroep Algemene en Vergelijkende Literatuurwetenschap van de K.U. Leuven. Ze bereidt een proefschrift voor over de conceptualisatie van het Freudiaanse begrip van het *Unheimliche* en ze publiceerde over literatuurwetenschap, psychoanalyse, film en Amerikaanse literatuur.

Jacques NEEFS is hoogleraar Franse letterkunde aan de Université Paris VIII en hoofdredacteur van het toonaangevende vaktijdschrift *Littérature*. Tot zijn belangrijkste publicaties behoren o.a. (met Marc Angenot *e.a.*) *La Politique du texte: enjeux sociologiques* (PU de Lille, 1992); (met Béatrice Didier *e.a.*) *Éditer des manuscrits* (PU de

Vincennes, 1996) en (met Béatrice Didier (éds.)) het meerdelige *Manuscrits de la Révolution* (PUF, 1991-1994).

Paul PELCKMANS is hoogleraar algemene literatuurwetenschap en Franse letterkunde aan de Universiteit Antwerpen (UFSIA). Hij publiceerde over historische psychologie en literaire mentaliteitsgeschiedenis. Hij is de auteur van *De ambitie van Werther. Een wandeling langs de tederheidscultuur* (De Nederlandsche Boekhandel, 1996) en van *Cleveland ou l'impossible proximité* (Rodopi, 2001).

Jürgen PIETERS is als assistent verbonden aan de vakgroep Nederlandse Letterkunde en Algemene Literatuurwetenschap van de Universiteit Gent waar hij onlangs promoveerde op een onderzoek naar de theoretische achtergronden van Stephen J. Greenblatts *New Historicism.* Hij was eindredacteur van de bundel *Critical Self-Fashioning: Stephen Greenblatt and the New Historicism* (Peter Lang, 1999). Onlangs publiceerde hij ook *De honden van King Lear. Beschouwingen over hedendaags theater* (Historische Uitgeverij, 2000). Daarnaast is hij hoofdredacteur van *Feit & Fictie. Tijdschrift voor de geschiedenis van de representatie.*

Annelies SCHULTE NORDHOLT is momenteel verbonden aan de vakgroep Frans van de Universiteit Leiden. Tot haar voornaamste publicaties behoren *Maurice Blanchot. L'Écriture comme expérience du dehors* (Droz, 1995) en de opstellenbundel *Het wakende woord. Literatuur, ethiek en politiek bij Maurice Blanchot* (SUN, 1997) waarvan ze samen met Laurens ten Kate en Frank Vande Veire de eindredactie verzorgde. Verder publiceerde ze artikels over Levinas, Jabès, Yourcenar. Ze werkt op dit ogenblik aan een studie over Proust.

Erik SPINOY promoveerde in 1994 aan de K.U. Leuven op een proefschrift met de titel *Twee handen in het lege. Paul van Ostaijen en de esthetica van het verhevene (Kant, Lyotard).* Hij doceert momenteel moderne Nederlandse letterkunde aan de Universiteit van Luik. Publiceerde talrijke essays over van Ostaijen en verzorgde met Gert Buelens de eindredactie van *De stem der Loreley. Over Paul van Ostaijen* (Bert Bakker, 1996). Onlangs verscheen van hem de essaybundel *De binnenstaander* (Vantilt, 2000).

Laurens TEN KATE studeerde theologie en filosofie. Zijn proefschrift, *De lege plaats. Revoltes tegen het instrumentele leven in Batailles atheologie* (Agora, 1994), verdedigde hij aan de Katholieke Theologische Universiteit Utrecht, waar hij verscheidene jaren doceerde. Hij publiceert regelmatig over de betekenis van Batailles werk binnen de hedendaagse cultuurfilosofie, en vertaalde Batailles *L'Expérience intérieure* in het Nederlands. Tevens publiceerde hij over Nietzsche, Foucault, Blanchot (*Het wakende woord. Literatuur, politiek en ethiek bij Maurice Blanchot* [A. Schulte Nordholt, F. Vande Veire en L. ten Kate, red.], SUN, 1997), Derrida, Nancy, Arendt en Bachmann. Binnenkort verschijnt *Flight of the Gods. Negative Theology in Contemporary Philosophy of Culture* (I.N. Bulhof and L. ten Kate (eds.), Fordham University Press, 2000). Verder vertaalde hij het werk van Odo Marquard ("*Einde van het noodlot?" en andere essays*, Agora, 1998). Thans is hij postdoc-onderzoeker aan de Theologische Universiteit van Kampen, waar hij werkt aan een studie over Barth en Derrida en de (on)mogelijkheid van een 'theologie van de differentie.' Naast zijn universitaire werk is hij fondsredacteur filosofie bij Uitgeverij Boom (Amsterdam).

Nico VAN DER SIJDE studeerde algemene literatuurwetenschap aan de Rijksuniversiteit Groningen waar hij ook als docent verbonden was aan de subfaculteit Algemene Literatuurwetenschap. In 1997 promoveerde hij op een proefschrift over Derrida dat een jaar later in boekvorm verscheen onder de titel *De visie op literatuur van Jacques Derrida* (Boom). Daarnaast publiceerde hij over Derrida in *De Revisor* en in *Krisis*. Hij is momenteel werkzaam als docent communicatie aan de Hogeschool Drenthe.

Franse literatuur na 1945

Jan Baetens & Koenraad Geldof (red.)

Franse literatuur na 1945 *is een driedelig, Nederlandstalig overzichtswerk dat de belangrijkste literaire, theoretische en essayistische stromingen in het naoorlogse Franse literaire veld in kaart wil brengen. Elk volume bestaat uit een algemene inleiding gevolgd door bijdragen van Franse, Nederlandse en Belgische specialisten. De essays zijn op een toegankelijke manier geschreven zonder evenwel aan kwaliteit en precisie in te boeten. Het perspectief van de verschillende bijdragen is zowel monografisch als kritisch: ze geven een overzicht van het werk van de geselecteerde auteurs met de nodige aandacht voor de intertekstuele en contextuele inbedding en ze maken eveneens een tussentijdse balans op. Alle essays worden bovendien gevolgd door een beknopte primaire en secundaire literatuurlijst, zodat de lezer zelf aan de slag kan.* Franse literatuur na 1945 *is dus duidelijk meer dan een louter encyclopedisch naslagwerk: 'klassieke' namen worden aan een eigentijdse evaluatie onderworpen en 'onbekende figuren' worden voor het eerst in het Nederlandse taalgebied geïntroduceerd. Een zorgvuldig en internationaal samengestelde ploeg staat borg voor de kwaliteit van het geheel.*

Deel 1: Figuren uit de canon (1998)

bevat, naast een algemene inleiding, bijdragen over Jean-Paul Sartre, Marguerite Yourcenar, Samuel Beckett, Jean Genet, Henri Michaux, Francis Ponge, Yves Bonnefoy, Claude Simon en Georges Perec.

Deel 2: Recente literatuur (1998)

opent eveneens met een algemeen overzicht van de stromingen in de hedendaagse Franse literatuur, gevolgd door bijdragen over Pascal Quignard, Pierre Michon, Renaud Camus, Pierre Bergounioux, François Bon, Didier Daeninckx, Régine Detambel, Jean Lahougue, TXT, *Jacques Roubaud, Jean Echenoz en Les Jeunes Minuit (met Jean-Philippe Toussaint en Christian Gailly).*

PRINTED ON PERMANENT PAPER • IMPRIME SUR PAPIER PERMANENT • GEDRUKT OP DUURZAAM PAPIER - ISO 9706

ORIENTALISTE, KLEIN DALENSTRAAT 42, B-3020 HERENT